Taiga Brahm, Claudia Wiepcke (Hg.)

Handbuch digitale Instrumente der Ökonomischen Bildung

Taiga Brahm, Claudia Wiepcke (Hg.)

Handbuch digitale Instrumente der Ökonomischen Bildung

WOCHEN
SCHAU
VERLAG

Bibliografische Information der Deutschen Nationalbibliothek

Die Deutsche Nationalbibliothek verzeichnet diese Publikation in der Deutschen Nationalbibliografie; detaillierte bibliografische Daten sind im Internet unter http://dnb.d-nb.de abrufbar.

Alle Downloadmaterialien zu diesem Buch finden Sie unter:
https://www.wochenschau-verlag.de/digitale-instrumente
Bitte wählen Sie dort den Reiter „Downloads" an.
Das Passwort zum Öffnen der Dokumente lautet: **R5fH8b3**

Der Beitrag „Open Educational Resources (OER) – Grundlagen und Beispiele aus der Ökonomischen Bildung" (Sandra Schön/Martin Ebner) steht im Downloadbereich im Open Access zur Verfügung (CC BY-NC-ND 4.0).

www.wochenschau-verlag.de

Umschlaggestaltung: Ohl Design
Gedruckt auf chlorfrei gebleichtem Papier
Gesamtherstellung: Wochenschau Verlag
ISBN 978-3-7344-1554-8 (Buch)
E-Book ISBN 978-3-7566-1554-4 (PDF)
DOI https://doi.org/10.46499/1993

Inhalt

Präsentation

Kollaboratives Arbeiten

Selbstständiges Lernen

Evaluation/Abstimmung

Taiga Brahm, Claudia Wiepcke

Potenziale digitaler Instrumente in der Ökonomischen Bildung

1 Einführung in das Themenfeld der digitalen Bildung

Bereits seit mehreren Jahren wird das Potenzial digitaler Medien für den Unterricht, insbesondere auch für den Wirtschaftsunterricht, erörtert (Arndt 2017; Kirchner 2018; Conrad 2020). Allerdings zeigte eine Studie der Bertelsmann Stiftung, dass sich nur ca. 15 % der Lehrkräfte im Bereich der Digitalisierung im Unterricht als versiert einschätzen (Bertelsmann Stiftung 2017). So konstatierten auch Schaumburg/Prasse (2019, 15): „In der Vergangenheit haben sich Schulen und Lehrpersonen – zumindest in Deutschland – mit der Integration digitaler Medien im Unterricht oft noch schwergetan." Schüler*innen nutzen hingegen Medien zu Lernzwecken wie z. B. Erklärvideos oder Lernspiele außerhalb der Schule zum informellen Lernen. Zumindest vor den durch die Corona-Pandemie notwendigen Schulschließungen fand das digitale Lernen weitgehend im informellen Lernbereich außerhalb der Schule statt (Harring/Witte/Burger 2018). Inwieweit die pandemiebedingte durchgängige Nutzung digitaler Medien nach dauerhafter Rückkehr der Schüler*innen in den Präsenzunterricht zu einem Schub der Digitalisierung, z. B. im Wirtschaftsunterricht, führt, bleibt abzuwarten.

In jedem Fall erfordert die Omnipräsenz digitaler Medien außerhalb des Unterrichts den Einsatz digitaler Medien auch im (Wirtschafts-)Unterricht seitens der Lehrpersonen, um anschlussfähig an die gesellschaftliche Entwicklung zu bleiben. Hinzu kommt, dass es auch Ziel von (Wirtschafts-)Unterricht ist, Schüler*innen für den mündigen Umgang mit digitalen Medien zu sensibilisieren und vorzubereiten. Entsprechende Bedeutung und Zielsetzungen werden deutlich in aktuellen Strategiepapieren/Kompetenzrahmen wie z. B. „Bildung in der digitalen Welt" (KMK 2016), „International Computer and Information Literacy Studie" (ICILS) 2018 (Eickelmann et al. 2019) wie auch in dem im Auftrag der EU-Kommission entwickelten Kompetenzmodell DigComp 2.2 (Vuorikari/Kluzer/Punie 2022). In den verschiedenen Kompetenzrahmen werden zentrale Kompetenzbereiche der digitalisierungsbezogenen Kompetenzen postuliert, über die Schüler*innen verfügen sollen. Digitale Bildung ist daneben auch in der Leitperspektive Medienbildung des Bildungsplans in Baden-Württemberg enthalten und auf das Fach Wirtschaft (Berufs- und Studienorientierung) anzuwenden. Wesentlich erscheint also, digitale Medien auch mit dem Ziel zu nutzen, die Medienkompetenz sowohl von Lehrkräften als auch von Schüler*innen zu fördern.

Gleichwohl zeigen Metaanalysen, dass der Einsatz digitaler Medien nicht zwangsläufig zu einem verbesserten Lernerfolg der Schüler*innen führt (z.B. Baker et al. 2018; Kates/Wu/Coryn 2018). Dabei wird deutlich, dass die Nutzung digitaler Medien im Unterricht allein nicht zur Unterrichtsqualität beiträgt. Sie darf folglich niemals Selbstzweck sein, sondern dient in erster Linie der Erreichung der fachbezogenen Lernziele. Dabei kommt es insbesondere auf den qualitativ hochwertigen Einsatz digitaler Medien an (Backfisch et al. 2021). Diese lernförderliche Nutzung digitaler Instrumente setzt gemäß dem Will-Skill-Tool-Modell von Petko (2012) die kompetente Anwendung der entsprechenden Medien und Werkzeuge (Skill) durch die Lehrperson, deren Motivation zum Einsatz (Will) und das Vorhandensein der Werkzeuge (Tools) voraus. Darüber hinaus ist es wesentlich, dass diese sinnvoll in den Unterricht integriert werden (Herzig 2014).

Mithilfe dieses Handbuchs soll ein Beitrag zu einer systematischen Integration und Anwendung digitaler Medien im Unterricht geleistet werden. Dabei konzentriert sich das Handbuch auf Medien und Werkzeuge, die im Wirtschaftsunterricht sowie in verwandten Fächern eingesetzt werden. Diese werden durch verschiedene Methoden ergänzt, z.B. durch Methodengroßformen (Euler/Hahn 2014) bzw. Makromethoden (Retzmann 2006), d.h. solche digital unterstützten Lernmethoden, die einen gesamten Lernprozess darlegen, sowie durch Mikromethoden. Digitale Medien umfassen im Folgenden solche Medien, die auf Grundlage digitaler Informations- und Kommunikationstechnologien (IKT) funktionieren. Digitale Werkzeuge sind hingegen Anwendungen bzw. Programme, die Lernende bei bestimmten Tätigkeiten wie Kommunikation oder Präsentation unterstützen. Es handelt sich dabei in der Regel um Programme für Computer oder Apps auf dem Smartphone oder Tablet (Albrecht/Revermann 2016).

Im Folgenden werden daher zunächst die Potenziale digitaler Medien anhand des aktuellen Forschungsstands reflektiert. Darauf folgt ein Überblick über die Zielsetzungen des Handbuchs und die Konzeption der Beiträge.

2 Potenziale digitaler Medien im Unterricht aus Sicht der Lehr-/ Lernforschung

Unter digitaler Bildung wird im Folgenden der Erwerb von Wissen und Kompetenzen verstanden, der Menschen dazu befähigt, an einer kulturellen, medialen und technischen Welt sowie an gesellschaftlicher Kommunikation teilzuhaben (siehe ausführlich zur Diskussion Diethelm in diesem Band). Dabei beschreibt digitale Bildung den gesamten Bildungsprozess mit dem Einsatz digitaler Medien zur Erreichung eines Lernziels. Sie befähigt Individuen, ihr Leben in einer digitalisierten Welt aktiv, reflektiert und mündig zu gestalten.

Digitale Medien bieten auf verschiedenen Ebenen eine Vielzahl an unterschiedlichen Potenzialen für den Schulunterricht. Um diese Potenziale zu erreichen, ist die didaktische Einbettung der Medien in den Unterricht grundlegend, indem beispielsweise die Lernvoraussetzungen der Schüler*innen und die Rahmenbedingungen der Unterrichtsstunde beachtet werden (Irion/Scheiter 2018). Im Folgenden werden vier zentrale Potenziale digitaler Medien gemäß aktuellem Forschungsstand dargelegt.

Mit Blick auf die Repräsentation und Veranschaulichung von Inhalten können Lehrpersonen mithilfe von digitalen Medien verschiedene digitale Hilfsmittel, z.B. Animationen, Videos, Dokumentationen oder auch Interviews, in ihren Unterricht einbinden. Dadurch wird das Potenzial der sogenannten **Multimedialität** angesprochen. Darunter wird die Darstellung kombinierter Inhalte verstanden, welche sowohl verbale als auch bildhafte Repräsentationen beinhaltet (Scheiter 2017). Diese kombinierte Darstellung von Inhalten kann „zu einem tiefergehenden Verständnis des dargestellten Sachverhalts" (Scheiter 2017, 35) führen (siehe auch Mayer 2014). Ein weiteres Potenzial in diesem Zusammenhang besteht in der **Multiperspektivität**, d.h. der Darstellung eines Inhaltes aus unterschiedlichen Perspektiven, unter anderem mithilfe verschiedener Quellen (Scheiter 2017). Auch hier bieten sich digitale Medien an, um diese verschiedenen Sichtweisen im Unterricht authentisch darstellen zu können.

Um die Diversität und Heterogenität der Schüler*innen besser berücksichtigen zu können, bieten digitale Medien verschiedene Möglichkeiten der Individualisierung von Lernprozessen. Zwei wesentliche Potenziale stellen in diesem Zusammenhang die Adaption und Adaptierbarkeit von Lerninhalten dar. Mit **Adaption** wird das Merkmal von digitalen Medien bezeichnet, wodurch der Lernstand und damit der Unterstützungsbedarf der Schülerin oder des Schülers durch das Medium erkannt wird und auf dieser Grundlage ein für sie passendes Lernangebot generiert wird (Schaumburg/Prasse, 2019). Folglich bekommen

Schüler*innen individualisierte Aufgaben gestellt, die auf Grundlage verschiedener Merkmale mithilfe digitaler Medien wie zum Beispiel einer Lern-App ermittelt wurden (Scheiter 2017). Im Gegensatz dazu bietet die **Adaptierbarkeit** die Möglichkeit, dass die Individuen, also Schüler*innen oder Lehrpersonen die Medien gestalten und auf diese Weise ihre Interessen einbeziehen (ebd.). So können beispielsweise Lernende Aufgaben und deren Schwierigkeit selbst aussuchen.

Eine weitere und komplementäre Möglichkeit der Individualisierung von Lernprozessen stellt auf die Schüler*innen bezogenes **Feedback** dar. Dabei erweist sich die manuelle Korrektur oftmals als sehr aufwändig, sodass digitale Medien einen Beitrag leisten, um das Lernen für die Lernenden sofort sichtbar zu machen (Voß 2019). Zusätzlich zur summativen Bewertung der Lösung (korrekt oder inkorrekt) kann Feedback in Form von Hinweisen, Erklärungen etc. automatisiert vermittelt werden (Scheiter 2017).

Letztlich verfügen digitale Medien auch über vielfältige Potenziale zur Unterstützung von Kollaboration im Lernprozess. Zunächst sind hier die Möglichkeiten der digitalen **Kommunikation** zu nennen, welche z.B. in Lernmanagementsystemen integriert sind wie Diskussionsforen, Direktnachrichten, Video-Konferenzsysteme oder Chat-Funktionen (Schaumburg/Prasse 2019). Dies eröffnet auch im Präsenzunterricht eine Kommunikationsmöglichkeit für die Schüler*innen untereinander sowie mit ihrer Lehrperson. Diese Kommunikationswerkzeuge ermöglichen darüber hinaus auch Kollaborationsprozesse, indem Schüler*innen in Gruppenarbeiten z.B. über digitale Plattformen ihren Arbeitsprozess oder Arbeitsergebnisse dokumentieren und mit ihren Gruppenmitgliedern und/oder der gesamten Klasse teilen können (ebd.). Sogenannte Kollaborationsskripte, die aus dem computergestützten kollaborativen Lernen (CSCL) stammen, bieten darüber hinaus die Möglichkeit, die Schüler*innen verstärkt bei Kooperationsprozessen zu unterstützen und gegebenenfalls Herausforderungen von Gruppenlernen zu vermeiden (z.B. Trittbrettfahrertum) (Scheiter 2017).

Als letztes, aber gleichwohl sehr bedeutsames Potenzial ist die **Motivation** der Schüler*innen zu nennen. So können digitale Medien zu verstärkter Authentizität des Lernmaterials führen, was das Interesse der Schüler*innen am Lernstoff fördert. Bis dato wurde digitalen Medien auch immer ein gewisser Neuigkeitseffekt zugeschrieben (Kerres 2018). Wesentlich ist, dass durch die oben bereits erwähnte sinnvolle didaktische Einbettung digitaler Medien in den Präsenzunterricht die Motivation dauerhaft erhalten bleibt. Dies ist durch die oben genannten Prinzipien der Adaptierbarkeit digitaler Lerninhalte möglich, da diese eine höhere Selbstbestimmung im Lernprozess fördern, was wiederum zu dauerhaft gesteigerter intrinsischer Lernmotivation führen kann (Scheiter 2017).

3 Bedeutung digitaler Medien und Werkzeuge aus Sicht der Ökonomischen Bildung

Während sich (nicht zuletzt beschleunigt durch die Corona-Pandemie) die technischen Rahmenbedingungen im Hinblick auf die Ausstattung mit digitalen Endgeräten sowie die technische Infrastruktur an vielen Schulen verbessert haben (und hoffentlich noch weiter verbessern werden), kann (auch) der lernförderliche Einsatz digitaler Medien im Wirtschaftsunterricht noch deutlich verstärkt werden. Es gibt zwar mittlerweile zahlreiche innovative Ideen zum digitalen Lernen in der Ökonomischen Bildung, wie „mission decision" als Internetspiel/ökonomisches Experiment oder App, Serious Games wie „MeisterPOWER" oder „Isle of Economy" wie auch vielfältige Apps sowie Websites zur Berufs- und Studienorientierung, z.B. „Planet Beruf" oder „Zukunft läuft". Diese sind jedoch in der Fachdidaktik der Ökonomischen Bildung noch nicht hinreichend verankert. Darüber hinaus ist der systematische Erwerb digitaler (Wirtschafts-)Kompetenzen bisher nur im Ansatz vorhanden (Staden/Howe 2013). Darunter wird die Befähigung zum Alltagshandeln in digital geprägten Wirtschaftssituationen verstanden, z.B. beim Konsum von Gütern oder Dienstleistungen über den Onlinehandel (Kirchner 2018). Die Vielfalt an digitalen Angeboten gleicht einem undurchschaubaren Labyrinth und kann zu Überforderungen und Desorientierungen bei Lehrkräften und Schüler*innen führen.

Hinzu kommt, dass Lehrpersonen Fortbildungsbedarf in diesem Bereich identifizieren. So wurden in einer Studie der Universität Potsdam zum Thema „Einstellungen von Lehrpersonen zu Fortbildungen (ELF)" 593 Lehrkräfte, die Wirtschaft unterrichten, zu ihren Fortbildungswünschen und -motivationen befragt. Übergeordnete Erkenntnis der Befragung war, dass der Fortbildungsbedarf vorrangig im Bereich des Lehrens und Lernens mit digitalen Medien liegt (Wunsch jeder zweiten Lehrkraft (47,1 %)). Die Untersuchung ergab, dass digitale Methoden und Medien im Wirtschaftsunterricht bisher signifikant seltener eingesetzt werden als klassische analoge Methoden. Nur knapp 30 % setzen Simulationen und nur 20 % computerbasierte Spiele wiederkehrend ein (Hochmuth/Kirchner 2019).

Es lässt sich resümieren, dass bereits viele digitale Angebote und Tools für die Ökonomische Bildung existieren. Diese sind in der Fachdidaktik und der Unterrichtspraxis jedoch noch nicht hinreichend verankert. Auch fehlt es an systematischen Evaluationen des Einsatzes bestehender digitaler Konzepte. Das vorliegende Handbuch setzt an der Frage des praktischen Einsatzes an und möchte einen Beitrag zur stärkeren Verankerung digitaler Instrumente im Wirtschaftsunterricht leisten. Gleichzeitig wird das Ziel verfolgt, die digitalisierungsbezogenen Kompetenzen der Schüler*innen zu fördern. Kirchner (2018) spricht in diesem Zusammenhang von einer notwendigen digitalen Souveränität von Schüler*innen. Sie werden dann als digital souverän bezeichnet, „wenn sie in der Lage sind, digitale Medien selbstbestimmt zu nutzen und sich in der zunehmend digital werdenden Gesellschaft sich selbst und anderen gegenüber verantwortlich zu verhalten" (ebd., 201). Digitale Souveränität in der Ökonomischen Bildung bedeutet dabei zunächst, ökonomische Zusammenhänge im Kontext von Digitalisierung zu erkennen, um selbstbestimmte ökonomische Entscheidungen treffen zu können. Die ökonomische Dimension digitaler Souveränität zielt darauf, Kompetenzen der Ökonomischen Bildung im Kontext digitalisierungsbezogener Kompetenzen einzubetten. Wie eingangs schon erwähnt, existieren aktuell unterschiedliche Kompetenzrahmen zur digitalen Bildung, die unabdingbare digitale Kompetenzen für eine gesellschaftliche Teilhabe formulieren. Den Kompetenzrahmen ist gemein, dass sie jeweils fünf bzw. sechs Kompetenzbereiche formulieren. Im Folgenden werden die Kompetenzbereiche des DigComp 2.2 (Vuorikari/Kluzer/Punie 2022) aufgezeigt, da dieser gegenwärtig der am weitesten entwickelte Kompetenzrahmen ist (für weitere Kompetenzrahmen siehe auch Diethelm in diesem Band).

Bettet man die digitalisierungsbezogenen Kompetenzen in die Kompetenzbereiche der Ökonomischen Bildung ein, so ist schnell ersichtlich, dass das Verständnis ökonomischer Zusammenhänge im Kontext von Digitalisierung als grundlegende selbstbestimmte ökonomische Entscheidung gilt. So tangiert z.B. die wirtschaftliche Nutzung und Verwendung (persönlicher) Daten bei Internetgeschäften und die Erkenntnis, dass diese beim digitalen Bezahlprozess gesammelt und zu Marketingzwecken verwendet werden, sowohl Kompetenzen der Verbraucher*innenbildung als auch die digitalen Kompetenzen 1) „Umgang mit Informationen und Daten" und 4) „Sicherheit: Persönliche Daten und Privatsphäre schützen" (Vuorikari/Kluzer/Punie 2022). Die Unterkompetenz „Auswerten und Bewerten von Daten, Informationen und digitalen Inhalten" sensibilisiert Jugendliche, nicht transparente Werbung sowie Produktplatzierung im TV und auf Social Media zu identifizieren und zu reflektieren. Der Bereich „Kreatives Nutzen von digitalen Werkzeugen und Medien zum Lernen, Arbeiten und Problemlösen" hat bspw. für Innovations- und Gründungsprozesse hohe Relevanz. Virtuelle Unternehmen, digitaler Handel, Veränderungen der Berufs- und Arbeitswelt 4.0 zeigen, dass digitale Bildung in nahezu allen Inhaltsfeldern und Kompetenzbereichen der Ökonomischen Bildung Relevanz hat (Kirchner 2018).

Tabelle 1: Digitale Kompetenzen nach dem DigComp 2.2

Kompetenzbereiche des DigComp 2.2	Unterkompetenzen
1. Umgang mit Informationen und Daten	• Recherchieren, Suchen und Filtern von Daten, Informationen und digitalen Inhalten • Auswerten und Bewerten von Daten, Informationen und digitalen Inhalten • Organisieren und Verwalten von Daten, Informationen und digitalen Inhalten
2. Kommunizieren und Kooperieren mit digitalen Technologien	• Interagieren • Austauschen • Zusammenarbeiten • Kennen und Einhalten von Umgangsregeln (Netiquette) • Aktiv Teilhaben an der Gesellschaft • Verwalten der eigenen digitalen Identität
3. Erzeugen digitaler Inhalte	• Entwickeln und Produzieren • Nutzen und Bearbeiten von fremden digitalen Inhalten • Wissen über Copyright und freie Lizenzen • Programmieren
4. Sicherheit	• Schutz von Geräten • Schutz von persönlichen Daten und Privatsphäre • Schutz von Gesundheit und Wohlergehen • Schutz von Natur und Umwelt
5. Problemlösung und Handeln	• Lösen von technischen Problemen • Ermitteln von eigenen Defiziten und Bedürfnisse und Finden von technischen Lösungen • Kreatives Nutzen von digitalen Werkzeugen und Medien zum Lernen, Arbeiten und Problemlösen • Identifizieren von digitalen Kompetenzlücken

Quelle: Vuorikari/ Kluzer/Punie 2022

4 Zielsetzung und Aufbau des Handbuchs

Das Handbuch richtet sich an alle, die sich für die Gestaltung von Ökonomischer Bildung (und verwandten Fächern) mit digitalen Methoden, Medien und Werkzeugen interessieren. Dazu gehören Lehramtsstudierende, Referendar*innen sowie Lehrer*innen für das Fach Wirtschaft, Verantwortliche für die Aus- und Weiterbildung von Lehrpersonen, z.B. an den Hochschulen oder in Studienseminaren.

Das Handbuch zielt darauf, einen aktuellen Überblick ausgewählter digitaler **Methoden** (z.B. Simulationen, Onlineplanspiele, WebQuests etc.), **Medien** (z.B. Apps, digitale Schulbücher, Lernvideos etc.) und **Werkzeuge** (z.B. Padlet, Book creator, mysimpleshow etc.) für die schulische Wirtschaftslehre zu geben und in die Funktionsweise sowie Anwendung einzuführen. Mit digitalen Werkzeugen lassen sich bspw. digitale Medien nutzen und erstellen (wie digitale Schulbücher oder Arbeitsblätter), digitale Methoden durchführen oder entwickeln (Quizze, Simulationen oder WebQuests) oder interaktive und kollaborative Lernsituationen gestalten (z.B. mithilfe von Padlet oder Mural). Die digitalen Medien und Werkzeuge werden sowohl im Kontext von formalen Lernumgebungen wie dem klassischen Unterricht als auch im Kontext des informellen Lernens, z.B. in außerschulischen Lernangeboten (YouTube oder projektbasiertes Lernen wie z.B. Schulfirmen) berücksichtigt.

Das Handbuch soll eine Hilfestellung bieten, digitale Methoden, Medien und Werkzeuge neben analogen Formen verstärkt im Unterricht einzusetzen. Das Handbuch geht nur bedingt auf theoretische Grundlagen zum digitalen Lernen ein. Es stellt eher digitale Werkzeuge vor, die auf konkrete Inhaltsbereiche der Ökonomischen Bildung angewandt werden und die die Kompetenzbereiche der digitalen Bildung sowie der Ökonomischen Bildung miteinander verzahnen. Die sukzessive Integration digitaler Instrumente in den Unterricht kann einen Beitrag leisten, digitalisierungsbezogene Kompetenzen in der Ökonomischen Bildung nachhaltig zu stärken, und trägt somit zur Stärkung der Souveränität der Schüler*innen bei.

Aufbau der Beiträge

Die Beiträge sind zweiteilig aufgebaut: Im ersten Teil wird die digitale Methode bzw. das Medium theoretisch eingeführt. Dies dient einer theoretischen Einführung für die Leser*innen des Handbuchs. Zunächst werden die Relevanz, eine Definition sowie Beschreibung der Methode bzw. des Mediums dargelegt. Darauf aufbauend wird die Methode bzw. das Medium didaktisch verortet. Dabei wird der Fokus auf die Kompetenzförderung in der Ökonomischen Bildung sowie auf die Förderung der digitalisierungsbezogenen Kompetenzen gelegt. Es folgen mögliche Ablaufphasen bzw. der Aufbau, die technischen Voraussetzungen für den Einsatz sowie die Stärken und Schwächen der Methode bzw. des Mediums.

Im zweiten Teil wird ein zu der Methode bzw. zu dem Medium passendes Beispiel für den Wirtschaftsunterricht zu einem repräsentativen (sozio-)ökonomischen Thema inklusive der passenden digitalen Werkzeuge vorgestellt, um zu zeigen, wie man das Werkzeug zu einem konkreten Thema in der Stunde einsetzen kann. Es wird Bezug auf die formalen Voraussetzungen des Werkzeugs genommen, wie die URL, die Kosten, die Registrierungsformalia sowie die Plattform, auf der das Medium verfügbar ist. Im Rahmen des Unterrichtsbeispiels gibt es eine kurze inhaltliche Einführung für die Lehrkraft für das ausgewählte Unterrichtsthema, einen Vorschlag für einen möglichen Unterrichtsverlauf sowie konkretes Unterrichtsmaterial.

Das Unterrichtsmaterial ist zusätzlich über einen QR-Code auf der Verlagshomepage unter dem Passwort R5fH8b3 abrufbar.

Nutzung des Handbuchs

Mit diesem Handbuch soll der schulische Wirtschaftsunterricht durch digitale Werkzeuge ergänzt werden. Neben den hier vorgestellten Einzelwerkzeugen sind von der Lehrkraft weitere bundesland- und schulbezogene Informationen zum Thema „Digitales Lernen" einzuholen. Es ist beispielsweise zu prüfen, ob die Schule über ein eigenes Medienkonzept verfügt und ob es Richtlinien oder Erlasse zu dem Thema gibt. Es ist zu empfehlen, erst einzelne oder wenige Werkzeuge zu nutzen und dann bei Bedarf diese durch weitere Werkzeuge zu ergänzen. Auf diese Weise kann vermieden werden, dass eine Überforderung aufseiten der Lernenden und Lehrenden entsteht. Des Weiteren ist bei der Nutzung digitaler Werkzeuge wichtig, die jeweils gültigen Datenschutzbestimmungen einzuhalten (siehe hierzu auch den Beitrag von Arfmann/Amtmann in diesem Band). Es ist daher ratsam, auf die Nutzung personenbezogener Daten zu verzichten bzw. diese auf ein Minimum zu begrenzen. Weiterhin müssen bei der Nutzung digitaler Werkzeuge das Urheberrecht sowie Datenschutzvorschriften beachtet werden.

Das Handbuch ist nach Haupteinsatzbereichen gekennzeichnet. Die Einsatzbereiche lassen sich wie folgt unterscheiden (Kirchner 2020):

- Ideenfindung
- Distribution
- Präsentation

- Kollaboratives Arbeiten
- Selbstständiges Lernen
- Evaluation/Abstimmung

Literatur

Albrecht, Steffen/Revermann, Christoph (2016): Digitale Medien in der Bildung. Arbeitsbericht Nr. 171, KIT Karlsruhe. Online: https://publikationen.bibliothek.kit.edu/1000103509/121969458 (Zugriff: 20.4.22).

Arndt, Holger (2017): Medien des Wirtschaftsunterrichts. Opladen.

Backfisch, Iris/Lachner, Andreas/Stürmer, Kathleen/Scheiter, Katharina (2021): Gelingensbedingungen beim Einsatz digitaler Medien im Unterricht – Kognitive und motivationale Voraussetzungen von Lehrpersonen. In: Beck, Nina/Bohl, Thorsten/Meissner, Sibylle (Hg.): Vielfältig herausgefordert. Forschungs- und Entwicklungsfelder der Lehrerbildung auf dem Prüfstand. Tübingen, S. 73–86.

Baker, James P./Goodboy Alan K./Bowman Nicholas D./Wright Alyssa A. (2018): Does teaching with PowerPoint increase students' learning? A meta-analysis. In: Computers & Education, 126, S. 376–387.

Bertelsmann Stiftung (2017): Monitor digitale Bildung. Bielefeld. Online: https://www.bertelsmann-stiftung.de/fileadmin/files/BSt/Publikationen/GrauePublikationen/BSt_MDB3_Schulen_web.pdf (Zugriff: 20.4.22).

Conrad, Matthias (2020): Emotionales Erleben und Wissenserwerb im computergestützten Wirtschaftsunterricht. Wiesbaden.

Eickelmann, Birgit/Bos, Wilfried/Gerick, Julia/Goldhammer, Frank/Schaumburg, Heike/Schwippert, Knut/Senkbeil, Martin/Vahrenhold, Jan (2019): ICILS 2018. Computer- und informationsbezogene Kompetenzen von Schülerinnen und Schülern im zweiten internationalen Vergleich und Kompetenzen im Bereich Computational Thinking. Münster. Online: https://www.waxmann.com/?eID=texte&pdf=4000Volltext.pdf&typ=zusatztext (Zugriff: 11.11.22).

Euler, Dieter/Hahn, Angela (2014): Wirtschaftsdidaktik. Bern.

Harring, Marius/Witte, Matthias D./Burger, Timo (2018): Handbuch informelles Lernen. Interdisziplinäre und internationale Perspektiven. Weinheim.

Herzig, Bardo (2014): Wie wirksam sind digitale Medien im Unterricht. Bertelsmann Stiftung. Online: https://www.bertelsmann-stiftung.de/fileadmin/files/BSt/Publikationen/GrauePublikationen/Studie_IB_Wirksamkeit_digitale_Medien_im_Unterricht_2014.pdf (Zugriff: 3.8.22).

Irion, Thomas/Scheiter, Katharina (2018): Didaktische Potenziale digitaler Medien. Der Einsatz digitaler Technologien aus grundschul- und mediendidaktischer Sicht. In: Grundschule aktuell, 142, S. 8–11. Online: https://www.pedocs.de/volltexte/2019/16559/pdf/Irion_Scheiter_2018_Didaktische_Potenziale_digitaler_Medien.pdf (Zugriff: 7.11.22).

Hochmuth, Jörg/Kirchner, Vera (2019): Einstellungen von Wirtschaft unterrichtenden Lehrpersonen zu Fortbildungen in diesem Feld: Ergebnisse eines Online-Surveys im Rahmen des ELF-Projekts. In: Zeitschrift für Ökonomische Bildung. Jahresband DeGöB, Doppelband 2019/2020, S. 118–150. Online unter: https://www.zfoeb.de/sondernummer_tagungsband_degoeb_2019_2020/2020_10002_118_150_hochmuth.pdf (Zugriff: 7.11.22).

Kates, Aaron W./Wu, Huang/Coryn, Chris LS (2018): The effects of mobile phone use on academic performance: A meta-analysis. In: Computers & Education, 127, S. 107–112.

Kerres, Michael (2018): Bildung in der digitalen Welt – Wir haben die Wahl. In: denk-doch-mal.de, Online-Magazin für Arbeit-Bildung-Gesellschaft, 02–18 (Berufliches) Lernen in digitalen Zeiten. http://dx.doi.org/10.13140/RG.2.2.28438.04160.

Kirchner, Martin (2020): Digitale Tools to go. Online: https://docplayer.org/192010148-Digitale-tools-to-go-martin-kirchner-stand-cc-by-sa-4-0.html (Zugriff: 9.12.22).

Kirchner, Vera (2018): Ökonomische Bildung für morgen. Ökonomisches Lehren und Lernen in Zeiten der Digitalisierung. In: Meier, Bernd (Hg.): Unser Bildungsverständnis im Wandel. Berlin, S. 193–210.

KMK – Kultusministerkonferenz (2016): Bildung in der digitalen Welt. Strategie der Kultusministerkonferenz (Beschluss vom 8.12.2016, in der Fassung vom 7.12.2017). Online: https://www.kmk.org/fileadmin/pdf/PresseUndAktuelles/2018/Digitalstrategie_2017_mit_Weiterbildung.pdf (Zugriff: 7.11.22).

Mayer, Richard E. (2014): Cognitive Theory of Multimedia Learning. In: Ders. (Hg.): The Cambridge Handbook of Multimedia Learning. 2. Auflage. New York, S. 43–71.

Petko, Dominik (2012): Teachers' pedagogical beliefs and their use of digital media in classrooms: Sharpening the focus of the "will, skill, tool" model and integrating teachers' constructivist orientations. In: Computers & Education, 58, S. 1351–1349.

Retzmann, Thomas (2006): Methodentraining für den Ökonomieunterricht I. Schwalbach/Ts.

Schaumburg, Heike/Prasse, Doreen (2019): Medien und Schule. Bad Heilbrunn.

Scheiter, Katharina (2017): Lernen mit digitalen Medien – Potenziale und Herausforderungen aus Sicht der Lehr-Lernforschung. In: Handbuch Schulmanagement, 164(4), S. 33–53.

Staden, Christian/Howe, Falk (2013): Digitale Medien und Internet in der Berufsorientierung. In: bwp@ Spezial 6 – Hochschultage Berufliche Bildung 2013, Fachtagung 02, S. 1–15. Online: http://www.bwpat.de/ht2013/ft02/staden_howe_ft02-ht2013.pdf (Zugriff: 20.4.22).

Voß, Stefan (2019): Im digitalen Zeitalter qualitätsorientiert lernen – Teil 1. Die lernförderlichen Potenziale digitaler Medien nutzen. In: SchulVerwaltung Baden-Württemberg, 2/2019, S. 36–41.

Vuorikari, Riina/Kluzer, Stefano/Punie, Yves (2022): DigComp 2.2. The Digital Competence Framework for Citizens. With new examples of knowledge, skills and attitudes. Luxemburg. Online: https://data.europa.eu/doi/10.2760/490274 (Zugriff: 20.4.22).

Einführende Grundlagen

Ira Diethelm

Digitale Bildung in der Schule – ein Systematisierungsversuch

1 Einleitung: Digitalisierung und digitale Bildung

Digitalisierung beschreibt im engeren Sinne die Erzeugung einer (binären) Repräsentation von Daten, die die automatische Verarbeitung mittels Computer und damit eine universelle Kommunizierbarkeit von Information[1] ermöglicht. Digitalisierung wird im öffentlichen Diskurs jedoch meist im weiteren Sinne genutzt. Dabei werden die Konsequenzen und Veränderungen der engeren Sicht auf Digitalisierung miteinbezogen. Gleichzeitig geht mit dem Adjektiv *digital* häufig auch Modernität oder Neuartigkeit einher (Brinda et al. 2019). Der Begriff *digitale Bildung* wird häufig als Schlagwort verwendet (häufig auf das Lehren und Lernen mit digitalen Mitteln eingeschränkt, seltener einschließlich informatischer Grundlagen gedacht) (ebd.).

In dieser Einführung wird daher versucht, die vielen Facetten von digitaler Bildung darzulegen. Sie ist mehr als die Nullen und Einsen in Computern und auch mehr als ein Werkzeug für Schulen, Ausbildung oder Hochschulen (auch Döbeli Honegger 2016).[2] Digitalisierung verursacht die Ablösung des Buchs durch den Computer als Leitmedium für die Bildung (ebd.). Sie ist daher nicht nur ein Unterrichtsmittel, sondern auch selbst ein Bildungsanlass, um die Mündigkeit der Bürger*innen sicherzustellen. In der Buchdruckgesellschaft war die Schrift (von der Alphabetisierung bis zu wichtigen literarischen Kulturgütern) nicht nur Werkzeug, sondern auch Bildungsinhalt. Ebenso ist in der Informationsgesellschaft die Digitalisierung die Voraussetzung zur gleichberechtigten gesellschaftlichen Teilhabe (Deutscher Bundestag 2011; KMK 2016; Döbeli Honegger 2016). Dieser Abschnitt will daher zur Klärung der

1 Das Wort Information besitzt keinen Plural, siehe: https://www.duden.de/rechtschreibung/Information (Zugriff: 07.11.2022).

2 Für eine vertiefte Auseinandersetzung mit Fragen von Digitalisierung und Schule allgemein soll an dieser Stelle explizit dieses Grundlagenwerk „Mehr als 0 und 1 – Schule in einer digitalisierten Welt" von Beat Döbeli Honegger (2016) empfohlen werden.

Sache[3] „Digitale Bildung" beitragen, ihre Facetten und Ziele aufzeigen und einige Strukturierungshilfen bereitstellen.

Allgemein bietet das Feld „digitale Bildung" einen sehr breiten Diskurs, der je nach Betrachtung zwischen sechs – seit der Strategie der Kultusministerkonferenz (KMK) zur Bildung in der digitalen Welt (2016) – und 35 Jahren – seit der Bund-Länder-Kommission (1987) – andauert. Schon vor der Pandemie verging kaum ein Tag, an dem das Thema nicht in den Medien aufgegriffen (und darüber berichtet) wurde, kaum eine Woche, ohne dass eine Tagung dazu stattfand.

In Zeitungsartikeln über digitale Bildung findet sich eine starke Fokussierung auf den Einsatz der technischen Hilfsmittel. Es wird über Dinge berichtet, die man sehen und anfassen kann (smarte Tafeln, Tablets) und die viel Geld kosten (z.B. die Schul-Cloud), oder über Dinge, die man nur wahrnimmt, wenn sie nicht vorhanden sind oder nicht wie erwartet funktionieren, wie z.B. das WLAN.

Verheißungsstrukturen sind immer zu finden, wenn etwas Neues, eine neue Sache, auf den Markt kommt, die irgendetwas besser oder anders macht als zuvor. Im Zusammenhang mit digitaler Bildung wird insbesondere oft suggeriert, dass mit der ggf. einmaligen technischen Ausstattung von Schulen oder Kindern das Problem (welches eigentlich?) behoben wäre. Ähnliches ist insbesondere rund um die anhaltenden Diskussionen zum DigitalPakt und den damit einhergehenden Milliarden zu finden. Damit stehen nach wie vor illusorische Erwartungen und eine Überschätzung der sogenannten „Digital Natives" im Zusammenhang, obwohl erwiesen ist, dass sich Kinder und Jugendliche nicht in ausreichender Weise digitale Kompetenzen selbst beibringen (z.B. ICILS13- und ICILS18-Studien, siehe Bos et al. 2014; Eickelmann et al. 2019). Auch wenig überraschend ist, dass die Lehrkräfte sich diese Kompetenzen kaum selbst aneignen. Gerade deutsche Lehrkräfte trauen sich im internationalen Vergleich den Einsatz von digitalen Medien im Unterricht wenig zu und nehmen selten an Fortbildungen dazu teil (ebd.).

2 Digitale Sachen

Digitale Bildung hat, grob gefasst, etwas mit „digitalen Sachen" zu tun, die aber nicht recht (wortwörtlich) fassbar sind und deren Zweck nicht immer klar kommuniziert wird. Eine kurze Begriffsklärung der „digitalen Sachen" sei daher hier

---

3 Die Wortwahl „Sache" geht auf „die zur Rede stehende Sache" aus der Didaktischen Rekonstruktion (Kattmann et al. 1997) zurück, die zunächst aus verschiedenen Perspektiven geklärt werden muss, bevor dafür ein passender Begriff für die didaktische Strukturierung gefunden werden kann.

eingeschoben. Die Diskurse im Zusammenhang mit „digitalen Sachen“ in Schule und Unterricht sind weit gefächert und werden – wohl auch in Ermangelung besseren Wissens – nicht selten mit Produktbezeichnungen geführt statt mit Oberbegriffen (iPad statt Tablet, Padlet statt Onlinepinnwand oder Zoom statt Videokonferenzsystem).

Eine Begriffsbestimmung aus der inneren Struktur heraus, was diese Sachen tun und was sie sind (mit Rückgriff auf technische Sachsysteme nach Ropohl 2009), endet bei dem Begriff Informatiksystem als Oberbegriff für alle Systeme, bestehend aus Hard- und Software sowie Netzwerkkomponenten, die automatisiert Information speichern, verarbeiten oder transportieren zur Lösung eines Anwendungsproblems (Claus/Schwill 2006).

Damit ist auch bereits ihr Zweck näher definiert. Sie verarbeiten Information. Das stimmt jedoch nur bedingt. Eigentlich verarbeiten, speichern und transportieren sie nur Daten, keine Information (z.B. Bell et al. 2018). Zu Information werden die Daten erst durch die Personen, die diese Daten wahrnehmen und verarbeiten. Je nach Sichtweise sind Menschen daher auch Teil von Informatiksystemen. Lässt man zur Vereinfachung die Menschen außen vor und konzentriert sich auf die Zwecke Information und Kommunikation, ist „Informations- und Kommunikationstechnologie” (IKT) ein für unsere Zwecke hier passenderer Oberbegriff.

Die digitalen Sachen gehören außerdem zu den Artefakten. Man findet sie nicht in der Natur. Sie sind Dinge, die von Menschen zielgerichtet mit einer bestimmten Intention zu einem festgelegten Zweck geschaffen wurden (Poser 2016). Wird der Zweck obsolet, verwandeln sich Artefakte in Müll, unabhängig von der Intention, mit der sie geschaffen wurden (ebd.). Die intendierten Zwecke der Produzentinnen und Produzenten sowie die der Nutzer*innen können außerdem durchaus voneinander abweichen. So wird beispielsweise gern übersehen, dass Lernsoftware auch von Unternehmen hergestellt wird, die ein bestimmtes Geschäftsmodell verfolgen, das z.B. das Erheben von Schüler*innendaten einschließt, und der Datenschutz-konforme Betrieb dieser Software im Unterricht damit gegebenenfalls nicht vereinbar ist, oder man sich den sogenannten Lock-in-Effekt[4] zunutze macht.

Es stehen jedoch nicht nur große Systeme und ihre Hersteller*innen im Mittelpunkt der Diskussion um digitale Bildung. Manchmal sind es auch ein-

4 Lock-in-Effekt: Der Wechsel von einem System zu einem anderen ist unattraktiv, da die Anfangsinvestition und die Wechselkosten hoch sind, z.B. beim Wechsel von Windows- zu Apple-Systemen und umgekehrt (Döbeli Honegger 2016).

fach Bilder, Dateien oder Kurznachrichten. Diese sind als digitale Artefakte gut zusammengefasst, wenn sie in digitaler Form speicherbar sind, auch wenn sie nicht interaktiv sind und selbst kein informationsverarbeitendes System darstellen. So ist beispielsweise ein E-Book ein digitales Artefakt ebenso wie ein Handyvideo oder ein Barcode. Die Sachen, auf denen sie abgespielt oder verarbeitet werden (E-Book-Reader, Smartphone oder Scannerkasse), stellen wiederum IKT-Systeme dar, die selbst auch wieder Artefakte sind.

Das Wort Artefakt wird gewählt, weil es die Existenz eines intendierten Zwecks erfordert (s.o.). Welcher Zweck dies ist, ist durch den Begriff Artefakt nicht festgelegt. Daher wird er hier absichtlich nicht mit dem Begriff Medium oder digitale Medien gleichgesetzt. Dies ist eine sehr wichtige Unterscheidung, die Gleichsetzung ist m.E. oft Grund für weitreichende Dispute rund um digitale Bildung.[5]

Im Folgenden wird daher nicht von digitalen Medien gesprochen, sondern von IKT-Systemen und digitalen Artefakten als Stellvertreter für den großen Bereich dieser digitalen Sachen, die wie folgt in Abb. 1 nach ihren Rollen strukturiert und weiter eingeteilt werden. Diese Einteilung hilft, die verschiedenen Einsatzzwecke und die Intentionen der Beteiligten zu erkennen und zu ordnen.

Es lassen sich im Wesentlichen vier Rollen identifizieren, in denen digitale Sachen (hier IKT-Systeme, digitale Artefakte) in Bildungszusammenhängen adressiert werden.

IKT-Systeme werden zum einen in Bildungszusammenhängen als **Organisationsmittel** verwendet, z.B. um Stundenpläne zu erstellen und zwischen Lehrkräften und Schülerinnen und Schülern zu kommunizieren. Sie dienen eher der Arbeitsorganisation der Schulleitung und Lehrkräfte und nur sekundär den Lernprozessen. In dieser Rolle finden sich z.B. Lernmanagementsysteme/Schul-Clouds, Entscheidungen zu „bring your own device" (BYOD, die Nutzung privater Geräte wie Smartphones oder Tablets im Unterricht) oder „get your own device" (GYOD, schulische Bereitstellung derselben) und auch die Verwendung von sogenannten „Learning Analytics" (automatisierte Lernstandserfassung, oft mit personalisierten Vorschlägen für den weiteren Lernweg) oder die Umstrukturierung des Unterrichts nach der Flipped-Classroom-Methode (Diethelm 2018a, 2018b).

5 Bei solchen Disputen kann es helfen, sich mit Ihrem Gegenüber darauf zu einigen, den eigenen Standpunkt jeweils einmal ohne den Begriff „digitale Medien" auszudrücken und sich auf die gemeinten Zwecke und Prozesse zu fokussieren statt auf die Gegenstände.

Abbildung 1: Vier Rollen von IKT-Systemen und digitalen Artefakten im Unterricht

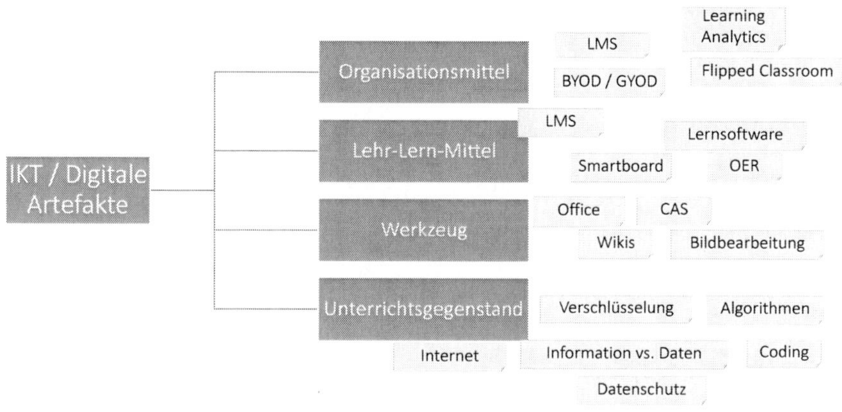

Quelle: Diethelm 2018a; 2018b

Die zweite wichtige Rolle ist die der **Lehr- und Lernmittel**. Beispiele dafür könnten eine WebQuest (siehe Frentz/Wiepcke in diesem Band) oder ein Online-Planspiel (siehe Eberle/Seeber in diesem Band) sein, eine interaktive Tafel oder sogenannte OER (Open Educational Resources, siehe Schön/Ebner in diesem Band) als Teilmenge von digitalen Artefakten. Diskussionen um den Mehrwert von digitalen Systemen im Unterricht sind meist hier zu verorten und auch die meisten Kapitel dieses Handbuchs konzentrieren sich auf diese Rolle.

In der dritten Rolle werden IKT-Systeme als **Werkzeug** genutzt, um Probleme zu lösen oder sich kreativ auszudrücken, um etwas zu simulieren, zu berechnen oder schlicht einen Brief zu schreiben, ein Bild zu bearbeiten, eine Präsentation oder einen Blog zu erstellen oder etwas zu automatisieren (ebd.). So überwiegt hier die Absicht, mit den IKT-Systemen wiederum ein digitales Artefakt herzustellen oder zu verändern, während bei der Rolle als Lehr- und Lernmittel das Lernen den Zweck darstellt. Vielfach sind je nach Unterrichtssituation die gleichen Sachen sowohl Lehr- und Lernmittel als auch Werkzeug. Insbesondere bei projekt- oder handlungsorientiertem Unterricht ist dies schwer zu trennen und eine Trennung auch nicht sinnvoll.

Bei der vierten Rolle ist nicht die Verwendung der IKT-Systeme im Unterricht entscheidend, sondern dass sie selbst als **Unterrichtsgegenstand** thematisiert und explizit Kompetenzen mit Bezug auf IKT-Systeme und digitale Artefakte gefördert werden. Hier steht das Ziel im Vordergrund, etwas über die digitale Welt zu lernen, unabhängig von der Anwesenheit oder Nutzung der Systeme im Unterricht. In diese Rolle fällt z.B. Unterricht, der den Datenschutz in den Blick nimmt, Geschäftsprozesse oder -modelle im Netz betrachtet oder mit Geheimschriften Verschlüsselung erklärt sowie in dem es um Algorithmen und deren Funktionsweise und Wirkung beispielsweise auf das Einkaufsverhalten oder die Meinungsbildung geht. Darunter fällt auch Unterricht, der in die Benutzung der Systeme einführt, um sie in den anderen drei Rollen anschließend nutzen zu können (Brinda et al. 2016).

Insbesondere diese vierte Rolle kommt sowohl im öffentlichen als auch im fachdidaktischen Diskurs der meisten Fächer bezüglich der Bildungsziele häufig zu kurz und soll im Folgenden genauer betrachtet werden.

3 Ziele digitaler Bildung

Bildungsziele allgemeinbildender Schulen werden in der Regel im Bildungsauftrag der Schulgesetze festgelegt. So findet man z.B. in dem des Landes Niedersachsens (NSchG), dass Schule die Persönlichkeit der Schüler*innen auf Basis der „liberalen, demokratischen und sozialen Freiheitsbewegungen" weiterentwickeln soll (NSchG 1998, §2(1)). Ähnliches findet sich in fast allen Bundesländern und auch in der KMK-Strategie zur „Bildung in der digitalen Welt" (KMK 2016). Die Schüler*innen sollen auf die Gesellschaft vorbereitet und zur aktiven Teilhabe in der digitalen Gesellschaft ausgebildet und zu einem selbstständigen und mündigen Leben in dieser digitalen Welt befähigt werden (ebd.) Das Land Berlin weist expliziter als Bildungsziel aus, „die Folgen technischer, rechtlicher, politischer und ökonomischer Entwicklungen abzuschätzen" (SchG Berlin 2004, §3(3),7).

Das bedeutet in der heutigen Zeit z.B., dass Schule sicherstellen muss, dass sich alle Kinder und Jugendlichen mit dem Unterrichtsgegenstand Digitalisierung beschäftigen müssen. „Ökonomische und ökologische Zusammengänge zu erfassen", „sich umfassend zu informieren und die Informationen kritisch beurteilen" (NSchG, §2(1)) zu können, stellt sich gerade im Zusammenhang mit den vorteilsbehafteten Algorithmen durchaus als Herausforderung dar. Auch dafür, sich im späteren „Berufsleben und im sozialen Leben zu behaupten und dieses verantwortlich mitzugestalten" (ebd.), soll die Schule die erforderlichen Kenntnisse und Fertigkeiten vermitteln. Dies gilt für alle Kinder und Jugendlichen. Es ist nicht optional.

Der amerikanische Bildungsminister Richard Riley (1993 bis 2001) formulierte den Bildungsauftrag etwas kompakter: „Education should prepare young people for jobs that do not yet exist, using technologies that have not yet been invented, to solve problems of which we are not yet aware." Dieser Bildungsbegriff folgt der Tradition der Aufklärung und dem Ziel der Mündigkeit, sich also seines Verstands ohne Leitung eines anderen bedienen zu können (Kant 1784). In heutigen Zeiten bedeutet dies insbesondere, dass man sich seines Verstands auch ohne die Leitung durch Maschinen bedienen können muss. Damit sind weniger Navigationssysteme als die Meinungsbildung durch Social-Media-Algorithmen gemeint.

Um als mündige Bürger*innen über den Einsatz von z.B. künstlicher Intelligenz und anderen IKT-Systemen entscheiden und dies kontrollieren zu können, sind Grundkenntnisse über Algorithmen und deren Grenzen nicht nur für einige wenige wichtig, die Informatikunterricht angewählt haben, sondern für alle. Wenn Bürger*innen zur Wahl gehen und damit Volksvertreter*innen bestimmen, die über Netzneutralität, selbstfahrende Pkw oder *Predictive Policing*, also vorhersagende Polizeiarbeit entscheiden, dann wird in der breiten Bevölkerung entsprechende Sachkompetenz benötigt, um urteilen zu können. Aber welche?

4 Digitale Kompetenzen

4.1 DigitalPakt und KMK

Im DigitalPakt-Papier (BMBF 2016, 10) wird digitale Kompetenz wie folgt definiert: Sie

> [...] bedeutet die Fähigkeit, Informationen zielgerichtet zu suchen, zu bewerten und eigene Inhalte in digitaler Form für andere Nutzer zur Verfügung zu stellen (suchen – bewerten – verbreiten). [...] Sie umfasst auch ein technisches Grundverständnis, das über die Bedienung aktueller Geräte hinausgeht und Grundkenntnisse über ihre Funktionsweise und diejenige digitaler Medien, über die Software-Entwicklung und Algorithmik, über Netzwerktechnologien und IT-Sicherheit bzw. Datenschutz beinhalten muss. Dazu zählen nicht zuletzt Grundfertigkeiten im Programmieren (coding).

Digitale Kompetenz soll nach der Strategie der Kultusministerkonferenz (KMK) integraler Bestandteil aller Curricula sein und jedes Fach soll fachspezifische Beiträge dazu leisten. Die geforderten Kompetenzen (siehe Einführungsbeitrag Brahm/Wiepcke) „gehen über die notwendigen informatischen Grundkenntnisse weit hinaus und betreffen alle Unterrichtsfächer" (KMK 2016, 12). Alle Schüler*innen, die seit Sommer 2018 in die Grundschule oder Sekundarstufe I eingetreten sind, sollen demnach am Ende der Pflichtschulzeit mindestens die darin festgelegten 61 Kompetenzen besitzen.

Die KMK-Strategie zählt 61 gewünschte Kompetenzen auf und ordnet diese sechs Bereichen zu: 1. Suchen, Verarbeiten und Aufbewahren, 2. Kommunizieren und Kooperieren, 3. Produzieren und Präsentieren, 4. Schützen und sicher Agieren, 5. Problemlösen und Handeln und 6. Analysieren und Reflektieren. Diese Kompetenzen sind zu einem großen Teil dem DigComp 2.1 (Carretero Gomez/Vuorikari/Punie 2018) entnommen, dem Europäischen Kompetenzrahmen für die digitale Welt. Jede Teilkompetenz des DigComp 2.1 wurde bei der Überarbeitung zum DigComp 2.2 (Vuorikari/Kluzer/Punie 2022) mit ausführlichen Beispielen zu den Bereichen Wissen, Können und Haltung (Knowledge, Skills and Attitudes) ergänzt, die darlegen, wie umfangreich diese Bereiche tatsächlich sind. Darin wird auch auf Nachhaltigkeit und Systeme künstlicher Intelligenz Bezug genommen. Im Anhang A2 des DigComp 2.2 findet sich darüber hinaus eine ausführliche Ergänzung von Kompetenzen, die im Zusammenhang mit KI-Systemen erforderlich sind.

4.2 Dagstuhl-Erklärung

Parallel zur KMK haben Anfang 2016 im Forschungszentrum Schloss Dagstuhl im Saarland Informatiker*innen, Medienpädagog*innen, Erziehungswissenschaftler*innen und andere Personen die Frage bearbeitet, was es genau bedeutet, die digitale Welt mit ihren stetig wandelnden Phänomenen und Artefakten als Unterrichtsgegenstand zu sehen. Als Konsens resultierte kein ausführlicher Kompetenzkatalog, sondern ein Modell, das eine langlebige Hilfe zur Ermittlung der zu betrachtenden Aspekte und Kompetenzen darstellt. Es weist drei Perspektiven auf:

Das Dagstuhl-Dreieck (Abb. 2) soll die Forderung und Einsicht verdeutlichen, dass die (immer neuen) Phänomene, Gegenstände und Situationen der digitalen, vernetzten Welt jeweils in die Mitte des Dreiecks zu setzen und mit Blick auf den Bildungsauftrag aus allen drei Perspektiven zu betrachten und auf langlebige Prinzipien zurückzuführen sind (GI 2016):

- „Die technologische Perspektive gibt Antworten auf die Frage nach den Wirkprinzipien von Systemen, auf Fragen nach deren Erweiterungs- und Gestaltungsmöglichkeiten. Sie erklärt verschiedene Phänomene mit immer wiederkehrenden Konzepten. […]
- Die gesellschaftlich-kulturelle Perspektive geht z.B. den Fragen nach: Wie wirken digitale Artefakte und IKT-Systeme und wie kann man Einfluss auf gesellschaftliche und technologische Entwicklungen nehmen? […]

Abbildung 2: Dagstuhl-Dreieck

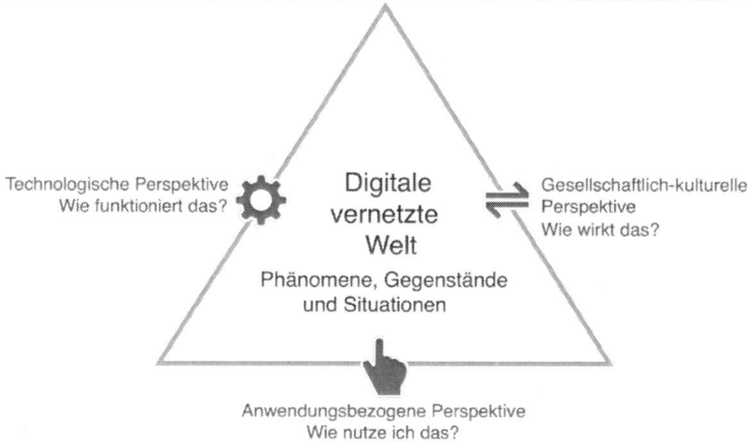

Quelle: GI 2016

- Die anwendungsbezogene Perspektive geht Fragen nach, wie und warum bestimmte Werkzeuge ausgewählt und genutzt werden. Dies erfordert eine Orientierung hinsichtlich der Funktionsumfänge gängiger Werkzeuge, in der jeweiligen Anwendungsdomäne und deren sichere Handhabung."

Betrachtet man z.B. das Phänomen der sozialen Netzwerke wie Instagram oder Facebook, reicht es zur Erfüllung des Bildungsauftrags nicht aus, zu wissen, wie man es benutzt und wo man gegebenenfalls Sichtbarkeitseinstellungen vornimmt (anwendungsbezogene Perspektive). Solches (produktspezifisches) Wissen ist für eine Handlungsfähigkeit wichtig, veraltet aber schnell. Mündigkeit erfordert, zu hinterfragen, wieso das soziale Netzwerk so erfolgreich geworden ist, welche gesellschaftlichen Veränderungen mit ihm einhergehen und welche Rolle die Globalisierung dabei einnimmt (gesellschaftlich-kulturelle Perspektive). Die technologische Perspektive liefert das nötige Hintergrundwissen, wie z.B. das Internet und soziale Netzwerke allgemein funktionieren, wie üblicherweise Datenbanken aufgebaut sind, wie sich Information aus der Verknüpfung von zwei Datenbanken generieren lässt und dass Administratorinnen und Administratoren und Auswertungsalgorithmen trotz der Einstellung *privat* auf die Daten zugreifen können. Dies ist z.B. für die Bewertung der Implikationen des Zusammenschlusses von Unternehmen wie Facebook, Instagram und WhatsApp und für den Transfer der Unterrichtsinhalte Voraussetzung. Denn ohne Grundkenntnis der Sache und ihrer Grenzen lässt sich kein fundiertes Urteil fällen. Das Dagstuhl-Dreieck greift damit frühe Erkenntnisse zu „Informatics in Elementary Education" von Tinsley und Tagg (1984) wieder auf (Brinda/Diethelm 2017).

4.3 Haus der digitalen Bildung

Bis hier wurde gezeigt, dass zu einer umfassenden digitalen Bildung nicht nur die Verwendung von digitalen Artefakten und IKT-Systemen im Unterricht zum Lernen und Organisieren gehört, sondern auch, dass das Erkennen und Verstehen der Grundprinzipien der digitalen Welt als Unterrichtsgegenstand eine wichtige Rolle einnehmen. Dazwischen kommt der Rolle des Werkzeugs als Gestaltungsmittel eine große Bedeutung zu. Nie waren so mächtige Werkzeuge so einfach zugänglich, sei es zur Gestaltung von Kunst, zur Kommunikation, Kollaboration, zur Verwaltung von Daten oder Automatisierung von Abläufen (z.B. Drossou/Krempl/Poltermann 2006). Durch neue Geschäftsmodelle, die auf der Auswertung der Nutzungsdaten statt auf Lizenzgebühren basieren (bspw. Google-Cloud-Dienste) und insbesondere durch Bewegungen der Open Source und des Creative Commons stehen viele Werkzeuge (bspw. Linux, LibreOffice, CryptPad, Gimp, BigBlueButton, Moodle u.v.m.) und Materialien kostenfrei zur Verfügung.

Zur weiteren Differenzierung der Facetten digitaler Bildung verknüpft man nun die Rollen von IKT-Systemen aus Abb. 1 mit den Perspektiven des Dagstuhl-Dreiecks aus Abb. 2, und erhält das sogenannte Haus der digitalen Bildung, in dem sich insgesamt neun Facetten digitaler Bildung identifizieren lassen (Abb. 3).

Im Dach des Modells befinden sich in der obersten Ebene die ITK-Systeme als Organisationsmittel (1.): Dort werden Entscheidungen beispielsweise über die Nutzung von Schulservern, Tablets im Klassenraum usw. gefällt. In der zweiten Ebene des Dachs befindet sich die Rolle als Lehr- und Lernmittel, die sich in den fachdidaktischen Einsatz (2.), bei dem beispielsweise über den Einsatz von fachdidaktisch spezifischen Lernmitteln wie Online-Experimenten oder WebQuests entschieden wird, und in den informellen, individuellen Einsatz (3.), wie etwa die Zuhilfenahme von Erklärvideos oder Nachschlagewerken, unterteilt werden kann. Während die Auswahl bei 2. eher die Lehrkraft trifft, findet bei 3. die Auswahl meist selbstgesteuert und interessengeleitet durch die Schüler*innen statt.

Das Dach des Hauses der digitalen Bildung ruht auf drei unterschiedlichen Säulen, die sich farblich voneinander unterscheiden und das Dagstuhl-Dreieck

Abbildung 3: Haus der digitalen Bildung

Quelle: eigene Darstellung, vgl. auch Diethelm 2018a; 2018b

repräsentieren. Dabei werden die Bereiche des Gestaltungsmittels/Werkzeugs (4. bis 6.) und des Unterrichtsgegenstands (7. bis 9.) betrachtet. Erst wenn die Schüler*innen die Kompetenzen in den Feldern 4. bis 9. beherrschen, ist ein reibungsfreier Einsatz und eine eigenständige Auswahl der genutzten Organisations- und Lernmittel im Dach des Hauses möglich.

Dies alles wiederum steht und fällt mit der Ausbildung und dem Habitus der Lehrkräfte. Auch sie müssen selbst die Kompetenzen besitzen und gleichzeitig ausgebildet sein, auch die Entscheidungen für die Möglichkeiten im Dach des Hauses selbst zu treffen und als Lehrkräfte und Schulleitung die Nutzung mitzugestalten, um ihre ganze Schule weiterzuentwickeln.

Legt man das Modell des Hauses der digitalen Bildung bei der Lektüre der KMK-Strategie zugrunde, ist diese abbildbar. Die unterschiedlichen Felder und Ebenen des Hauses lassen sich in den Aussagen der Kultusministerkonferenz wiederfinden.[6]

6 Das Haus der digitalen Bildung ist ursprünglich im Jahr 2016 bei meinem Versuch entstanden, mithilfe qualitativer Inhaltsanalyse die Aussagen und Kompetenzen der KMK-Strategie zu analysieren und zu ordnen. Die Namensgebung erfolgte 2017 durch meinen Kollegen Torsten Brinda während der gemeinsamen Arbeit an einer GI-Stellungnahme zur KMK-Strategie.

Das Haus kann auch insbesondere eingesetzt werden, um Schulcurricula oder die Verantwortlichkeiten für Kompetenzbereiche der KMK schulintern zu reflektieren und zu überarbeiten.

5 Implikationen für die Lehrkräftebildung

Digitale Bildung ist, wie gezeigt wurde, sehr facettenreich. Für die Lehrkräftebildung folgen daraus große Herausforderungen. Diese sollte mindestens alle neun Facetten aus dem Haus der digitalen Bildung berücksichtigen. Als Grundlage kann gefordert werden, dass ebenso wie alle Kinder und Jugendlichen auch alle Lehrkräfte zumindest die Kompetenzen besitzen sollten, die der DigComp 2.2 empfiehlt. Die KMK (2016) verlangt in ihrer ersten Strategie, dass alle Lehrkräfte zu Medienexpertinnen und Medienexperten werden. Wie hier Lücken zu schließen wären, ist jedoch offen.

Die Ergänzung „Lehren und Lernen in der digitalen Welt" der KMK (2021) führt die Herausforderungen in der Lehrkräftebildung näher aus und bezieht sich darin auf den europäischen Kompetenzrahmen DigCompEdu (Europäische Kommission 2017). Die KMK fordert insbesondere zusätzlich, dass Lehrkräfte neben den inhaltlichen und pädagogischen Kompetenzen auch Digitalisierungskompetenzen aufweisen sollen und dabei der Kompetenzbereich „Digitalität verstehen und leben" mitzudenken sei (ebd., 24). Das dort gewählte Kompetenzmodell für Lehrkräfte DPACK (Döbeli Honegger 2021) bezieht explizit das Dagstuhl-Dreieck mit ein (KMK 2021), um auch Lehrkräftekompetenzen auszudrücken, die berücksichtigen, dass Lehrkräfte in der Lage sein müssen, digitale Kompetenzen der Schüler*innen zu fördern. Dies ist auch Teil der Lehrer*innenbildungsstandards der KMK (2019), die beispielsweise verlangen, „Konzepte der Medienbildung und informatischen Bildung zur Medienkompetenzförderung" zu kennen ebenso wie „Grundprinzipien digitaler Technologien und rechtliche Bestimmungen, die die genutzten Werkzeuge, Unterrichts- und Organisationsmittel betreffen" (ebd., 9, 14).

Das VeLDi-Modell für die digitalisierungsbezogenen Kompetenzen von Lehrkräften fasst besteh•ende Modelle wie das oben genannte DPACK-Modell, den DigCompEdu und andere zusammen und weist insgesamt fünf große Bereiche aus, in denen Lehrkräfte Kompetenzen erwerben sollen, um diesen Herausforderungen und Ansprüchen gerecht zu werden (Mau et al. 2022):

Abbildung 4: VeLDi-Modell zu den Basiskompetenzen Digitalsierung für Lehrkräfte

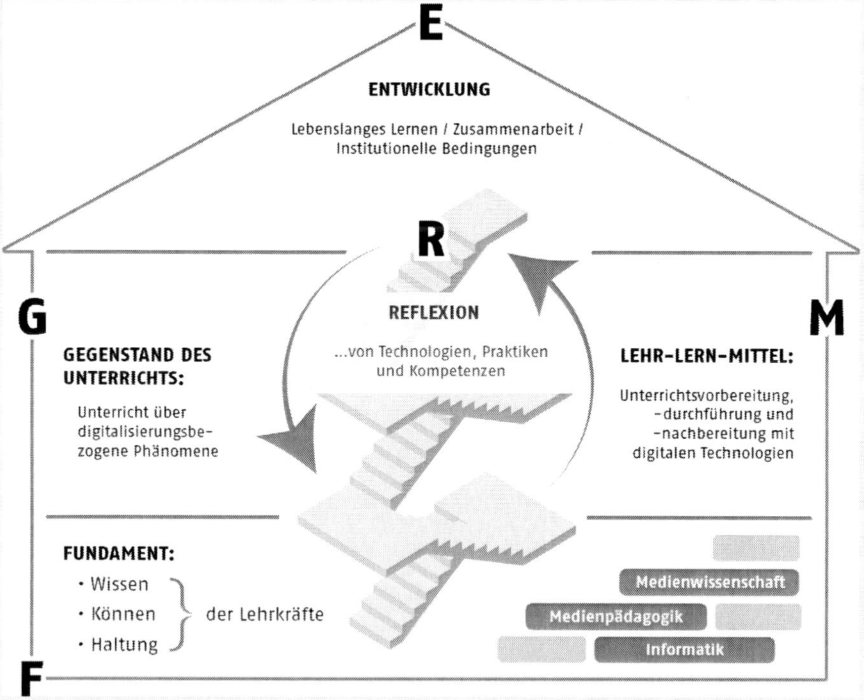

Quelle: Mau et al. 2022

- Fundament: Grundlagenwissen und Können sowie Haltung der Lehrkräfte in den Bereichen Informatik, Medienpädagogik, Medienwissenschaften, Datenschutz in Schulen usw.
- Unterrichtsmittel: Lehrkräftekompetenzen zum Einsatz von digitalen Medien zur Vorbereitung, im Unterricht, zur Nachbereitung und zum Geben von Feedback. Hier werden die digitalen Kompetenzen der Schüler*innen indirekt gefördert und vorausgesetzt.
- Unterrichtsgegenstand: Lehrkräftekompetenzen zur (fachspezifischen) Adressierung von digitalisierungsbezogenen Phänomenen (also beispielsweise zum Unterrichten über Geschäftsmodelle im Netz, Funktionsweisen von Kryptowährungen usw.). Hier werden die digitalen Kompetenzen der Schüler*innen direkt adressiert.

- Entwicklung: Kompetenzen zur Kooperation im Kollegium und Weiterentwicklung eigener Kompetenzen und der ganzen Schule.
- Reflexion: Abgleich der verschiedenen Kompetenzbereiche, der genutzten Technologien und ihrer eingeschriebenen Praktiken, bspw. gegebenenfalls von der DSGVO oder dem ursprünglichen Zweck abweichender Einsatz eines Tools als Unterrichtsgegenstand oder Unterrichtsmittel, Reflexion der nötigen Kompetenzen und Geräteausstattung für deren Einsatz aufseiten von Lehrkräften und Schülerinnen und Schülern als Entscheidungsgrundlage für die Einführung eines Kollaborationswerkzeugs.

Das VeLDi-Modell soll auch helfen, Fortbildungsprogramme zu planen oder zu analysieren und die eigenen Kompetenzen zu reflektieren (Mau et al. 2022).

An vielen lehrkräftebildenden Hochschulen entstehen sowohl aufseiten der Bildungswissenschaften als auch innerhalb oder in Kooperation mit Fachdidaktiken Studienmodule, die sich ganz unterschiedlich diesen Herausforderungen annehmen und sich dabei auf das eine oder andere oben genannte Modell beziehen.[7, 8]

Literatur

Bell, Tim/Tymann,Paus/Yehudai, Amiram (2018): The Big Ideas in Computer Science for K-12 Curricula. Bulletin of the European Association for Theoretical Computer Science, 124. http://bulletin.eatcs.org/index.php/beatcs/article/view/521 (Zugriff: 10.1.23).

Bos, Wilfried/Eickelmann, Birgit/Gerick, Julia/Goldhammer, Frank/Schaumburg, Heike/Schwippert, Knut/Senkbeil, Martin/Schulz-Zander, Renate/Wendt, Heike (2014): ICILS 2013 Computer- und informationsbezogene Kompetenzen von Schülerinnen und Schülern in der 8. Jahrgangsstufe im internationalen Vergleich. Münster.

BLK – Bund-Länder-Kommission für Bildungsplanung und Forschungsförderung (1987): Gesamtkonzept für die informationstechnische Bildung (16). Bonn.

---

7 Die hochschulübergreifenden Materialien des Projekts „Basiskompetenzen Digitalisierung“, in dessen Rahmen das VeLDi-Modell entstand, sind hier erreichbar: https://www.lehrerbildungsverbund-niedersachsen.de/index.php?s=ProjektBasiskompetenzenDigitalisierung (Zugriff: 7.11.22). Dort findet sich auch das ausführliche Expert*innenpapier, auf dessen Grundlage das Projekt entstand.

8 Eine Übersicht von Veranstaltungsformaten und -inhalten mit Bezug auf die informatischen Grundlagen für alle Lehrkräfte, die meist das Fundament und den Unterrichtsgegenstand adressieren, findet sich z. B. hier: https://ak-lk-bildung.gi.de/gute-beispiele (Zugriff: 7.11.22).

BMBF – Bundesministerium für Bildung und Forschung (2016): Bildungsoffensive für die digitale Wissensgesellschaft. Strategie des Bundesministeriums für Bildung und Forschung. Online: https://www.bmbf.de/bmbf/shareddocs/downloads/files/bildungsoffensive_fuer_die_digitale_wissensgesellschaft.pdf? (Zugriff: 18.4.22).

Brinda, Torsten/Diethelm, Ira (2017): Education in the Digital Networked World. In: Tatnall, Arthur/Webb, Mary (Hg.): Tomorrow's Learning: Involving Everyone. Learning with and about Technologies and Computing (11th IFIP TC 3 World Conference on Computers in Education, WCCE 2017, Dublin, Ireland, July 3–6, 2017). Cham, S. 653–657.

Brinda, Torsten/Brüggen, Niels/Diethelm, Ira/Knaus, Thomas/Kommer, Sven/Kopf, Christine/Missomelius, Petra/Leschke, Rainer/Tilemann, Friederike/Weich, Andreas (2019): Frankfurt-Dreieck zur Bildung in der digital vernetzten Welt. In: Pasternak, Arno (Hg.): Informatik für alle. Bonn, S. 25–33. DOI: 10.18420/infos2019-a1.

Carretero Gomez, Stephanie/Vuorikari, Riina/Punie, Yves (2018): DigComp 2.1. The Digital Competence Framework for Citizens. With eight proficiency levels and examples of use. Luxemburg. Online: https://publications.jrc.ec.europa.eu/repository/handle/JRC106281 (Zugriff: 18.2.22).

Claus, Volker/Schwill, Andreas (2006): Duden Informatik A–Z: Fachlexikon für Studium, Ausbildung und Beruf, Duden. 4. Auflage. Mannheim.

Deutscher Bundestag (2011): Zweiter Zwischenbericht der Enquete-Kommission „Internet und digitale Gesellschaft" – Medienkompetenz (Drucksache 17/7286). Online: dipbt.bundestag.de/doc/btd/17/072/1707286.pdf (Zugriff: 18.4.22).

Diethelm, Ira (2018a): Digitalisierung und Schule: zwischen Buzzword-Bingo und Allgemeinbildungsauftrag, Zeitschrift für Bildungsverwaltung (ZBV), 2/2018, S. 37–46.

Diethelm, Ira (2018b): Stellungnahme zum Bundestagsausschuss für das öffentliche Fachgespräch des Ausschusses für Bildung, Forschung und Technikfolgenabschätzung am Mittwoch, 17.10.2018 im Deutschen Bundestag, ADrs 19(18)37 g. Online: https://www.bundestag.de/resource/blob/573972/37590b970d6d530bcce7825efe39160e/Diethelm_Stellungnahme_37g-data.pdf (Zugriff: 07.11.2022).

Döbeli Honegger, Beat (2016): Mehr als 0 und 1 – Schule in einer digitalisierten Welt. Bern.

Döbeli Honegger, Beat (2021): DPCK statt TPCK. In: Beats Blog, Beitrag vom 20.3. Online: http://blog.doebe.li/Blog/DPCKstattTPCK (Zugriff: 19.4.22).

Drossou, Olga/Krempl, Stefan/Poltermann, Andreas (Hg.) (2006): Die wunderbare Wissensvermehrung. Wie Open Innovation unsere Welt revolutioniert. Hannover.

Eickelmann, Birgit/Bos, Wilfried/Gerick, Julia/Goldhammer, Frank/Schaumburg, Heike/Schwippert, Knut/Senkbeil, Martin/Vahrenhold, Jan (Hg.) (2019): ICILS 2018 – Deutschland, Computer- und informationsbezogene Kompetenzen von Schülerinnen und Schülern im zweiten internationalen Vergleich und Kompetenzen im Bereich Computational Thinking. Münster.

Europäische Kommission: Europäischer Rahmen für die digitale Kompetenz Lehrender (DigCompEdu) 2017, [online] https://ec.europa.eu/jrc/en/digcompedu GI – Gesellschaft für Informatik e. V. (Hg.) (2016): Dagstuhl-Erklärung: Bildung in der digitalen vernetzten Welt. Online: www.dagstuhl-dreieck.de (Zugriff: 1.6.22).

Kant, Immanuel (1784): Beantwortung der Frage: Was ist Aufklärung? Berlinische Monatsschrift, Dezember 1784, S. 481–494, Nachdruck in: Philosophische Bibliothek 512: Immanuel Kant: Was ist Aufklärung, Ausgewählte kleine Schriften, 1999. Hamburg, S. 20–27.

Kattmann, Ulrich/Duit, Reinders/Gropengießer, Harald/Komorek, Michael (1997): Das Modell der Didaktischen Rekonstruktion – Ein Rahmen für naturwissenschaftsdidaktische Forschung und Entwicklung. Zeitschrift für Didaktik der Naturwissenschaften, 3(3), S. 3–18.

KMK – Kultusministerkonferenz (2016): Bildung in der digitalen Welt. Strategie der Kultusministerkonferenz (Beschluss vom 8.12.2016, in der Fassung vom 7.12.2017). Online: https://www.kmk.org/fileadmin/pdf/PresseUndAktuelles/2018/Digitalstrategie_2017_mit_Weiterbildung.pdf (Zugriff: 7.11.22).

KMK – Kultusministerkonferenz (2019): Standards für die Lehrerbildung: Bildungswissenschaften (Beschluss der Kultusministerkonferenz vom 16.12.2004 i.d.F. vom 16.5.2019).

KMK – Ständige Konferenz der Kultusminister (2021): Lehren und Lernen in der digitalen Welt. Ergänzung zur Strategie der Kultusministerkonferenz „Bildung in der digitalen Welt“. Beschluss der Kultusministerkonferenz vom 09.12.2021. Berlin.

Mau, Torben/Diethelm, Ira/Friedrichs-Liesenkötter, Henrike/Schlöndorf, Christian/Weich, Andreas (2022): Lehrkräftebildung in der digital vernetzten Welt: Ein interdisziplinärer Kompetenzrahmen für (angehende) Lehrkräfte und dessen Umsetzung in einem Pilotseminar. In: Knackstedt, Ralf/Sander, Jürgen/Kolomitchouk, Jennifer (Hg.): Kompetenzmodelle für den Digitalen Wandel. Kompetenzmanagement in Organisationen. Berlin. https://doi.org/10.1007/978-3-662-63673-2_12.

NSchG – Niedersächsisches Schulgesetz in der Fassung vom 3. März 1998, zuletzt geändert 16.12.2021 (Nds. GVBl. Nr. 48/2021 S. 883) – VORIS 22410 01 –. Online: https://www.mk.niedersachsen.de/startseite/service/rechts_und_verwaltungsvorschriften/niedersachsisches_schulgesetz/das-niedersaechsische-schulgesetz-6520.html (Zugriff: 7.11.22).

Poser, Hans (2016): Homo Creator. Wiesbaden. https://doi.org/10.1007/978-3-658-08152-2.

Ropohl, Günter (2009): Allgemeine Technologie – eine Systemtheorie der Technik. 3. Auflage. Karlsruhe.

SchulG (Schulgesetz für das Land Berlin) (2004): (GVBl. S. 26), zuletzt geändert durch das Gesetz zur Anpassung schulrechtlicher Regelungen im Rahmen der SARS-CoV-2-Pandemie im Schuljahr 2021/2022 vom 31. März 2022 (GVBl. Berlin 2022 S. 153).

Tinsley, John David/Tagg, E. D. (1984): Informatics in Elementary Education (Proceedings of the IFIP WG 3.1 Working Conference on Informatics in Elementary Education in Malente, Germany, 25 to 29 July 1983). Amsterdam.

Vuorikari, Riina/Kluzer, Stefano/Punie, Yves (2022): DigComp 2.2. The Digital Competence Framework for Citizens. With new examples of knowledge, skills and attitudes. Luxemburg. Online: https://data.europa.eu/doi/10.2760/490274 (Zugriff: 1.6.22).

Sandra Schön, Martin Ebner

Open Educational Resources (OER) – Grundlagen und Beispiele aus der Ökonomischen Bildung

1 Einleitung

Bildungsressourcen, die „offen" oder auch „frei" zur Verfügung gestellt werden, sind solche, die kostenfrei genutzt, verändert und wiederveröffentlicht werden dürfen. Sie werden auch im deutschsprachigen Raum häufig als „open educational resources" oder kurz „OER" bezeichnet.

OER haben in den letzten 15 Jahren verstärkt an Aufmerksamkeit gewonnen. Mit offenen Bildungsressourcen werden unterschiedliche Erwartungen verbunden, z.B. größere Verbreitung und Nutzung der Materialien oder ein Beitrag zum freien Zugang zu Wissen. Ein bedeutender Meilenstein der OER-Bewegung war zuletzt die UNESCO-Empfehlung zu OER (2019). In vielen Ausschreibungen, unter anderem in Forschungsprogrammen, die von der Europäischen Kommission gefördert werden, ist die Erstellung von OER inzwischen obligatorisch. So gibt es zahlreiche Initiativen zum Aufbau und zur Erweiterung der OER-Infrastrukturen, z.B. Weiterbildungsprogramme, den Aufbau von OER-Repositorien und auch immer mehr Hochschulen, die systematisch OER-Aktivitäten ausbauen (für Österreich Edelsbrunner/Ebner/Schön 2021). Damit verbunden ist auch verstärkte Forschung zu OER – in der internationalen Fachliteratur v.a. im Hochschulkontext (Otto et al. 2021).

In diesem Beitrag wird zunächst eingeführt, wie das Urheberrecht praktische Anliegen von Lehrenden herausfordert und was sogenannte *offene Lizenzen* sind, die umfangreiche Nutzungen erlauben, wenn dies die Urheber*innen wünschen. Dann werden praktische Tipps zur erfolgreichen Suche und korrekten Nutzung bzw. Veröffentlichung von OER gegeben. Der Beitrag stellt zuletzt ausgewählte OER-Beispiele aus der Ökonomischen Bildung vor, unter anderem das erste offen lizenzierte Schulbuch im Themenfeld und offen lizenzierte Ressourcen von *ZUM Wirtschaft*.

2 Verständnis von OER

Das Urheberrecht schützt die Rechte von Urheberinnen und Urhebern (vgl. Arfmann/Amtmann in diesem Band). Gerade im Bildungsbereich, wo Lehrer*innen gerne unterschiedliche Materialien und Ideen für ihren Unterricht einsetzen möchten, z.B. in Form von digitalen Kopien, Neuzusammenstellungen oder mit Veränderungen, schränkt das Urheberrecht stark ein. Weil das Urheberrecht ein starkes Recht im Sinne der Urheber*innen ist, kann man z.B. in Österreich und Deutschland nicht darauf verzichten. Wenn Lehrer*innen Materialien im Internet veröffentlichen und dazu schreiben, „dieses Material darf gerne von anderen genutzt werden", ist diese Formulierung unpräzise und juristisch nicht ausreichend.

Wenn Personen oder Vorhaben rechtlich einwandfrei und für die Nutzer*innen möglichst einfach Materialien zur kostenfreien Nutzung, Veränderung und auch Wiederveröffentlichung zur Verfügung stellen möchten, können sie dafür sogenannte *offene Lizenzen* von Creative Commons nutzen. Creative Commons ist eine gemeinnützige Einrichtung, die Vertragstexte, sogenannte *Lizenzen*, für jedermann zur Verfügung stellt. Damit genügt es, auf eine entsprechende Lizenz bzw. die URL des Lizenztexts zu verweisen. Neben einer von und für Juristinnen und Juristen geschriebenen Variante der Lizenztexte gibt es auch kurze Beschreibungen, dass und unter welchen Bedingungen die entsprechend markierten Materialien genutzt werden können.

Solche mit offenen Lizenzen versehene und zugängliche Bildungsmaterialien bilden dann die offenen Bildungsressourcen (OER). Creative Commons stellt mehrere Lizenztexte und Varianten zur Verfügung, nur drei davon werden als *offene Lizenz* bezeichnet (siehe Tab. 1). Nur sie erlauben die kostenfreie Nutzung, auch Veränderungen und Wiederveröffentlichung der Materialien. Alle drei gibt es in mehreren Versionen, die neueste Variante (4.0) sollte für alle relevanten Rechtsgebiete weltweit gelten.

Tabelle 1: Offene Lizenzen von Creative Commons, Beispiele, Referenzen zum Lizenztext und Nutzungsmöglichkeiten

Bezeichnung für die Lizenz und Icon	Beispiel für Lizenz und Nutzungsmöglichkeiten	QR-Code
CC BY	z. B. CC BY 4.0 International https://creativecommons.org/licenses/by/4.0/legalcode Die Nutzung darf kostenlos erfolgen (inkl. Modifikation, kommerzielle Nutzung), sofern die Urheber*innen genannt werden, Angaben zur Lizenz gemacht werden, die gegebenenfalls vorgenommenen Änderungen benannt sowie jeweils verlinkt werden (z. B. Link/URL zur Lizenz, zum ursprünglichen Material).	
CC BY-SA (SA steht für „share alike“)	z. B. CC BY SA 4.0 International https://creativecommons.org/licenses/by-sa/4.0/legalcode Die Nutzung darf kostenlos erfolgen (inkl. Modifikation, kommerzielle Nutzung), sofern die Urheber*innen genannt werden, Angaben zur Lizenz gemacht werden, die gegebenenfalls vorgenommenen Änderungen benannt sowie jeweils verlinkt werden (z. B. Link/URL zur Lizenz, zum ursprünglichen Material). Zusätzlich müssen Materialien, die mithilfe der Ressource erstellt werden, in jedem Fall auch unter dieser Lizenz (CC BY-SA) veröffentlicht werden.	
CC0 („Public Domain“)	z. B. CC0 1.0 https://creativecommons.org/publicdomain/zero/1.0/legalcode Die Nutzung darf ohne jede urheberrechtliche Einschränkung erfolgen.	

Quelle: überarbeitete Version von Schön et al. 2017, 15, Tab. 1; basierend auf OERdeckel 2016; Creative Commons 2021

Bei den Varianten mit „BY“ ist dabei zwingend auf die Urheber*innen hinzuweisen, sie sind also auszuweisen. Bei der Variante mit „SA“ für *share alike* ist es notwendig, dass Veränderungen und Wiederveröffentlichungen der (neuen) Materialien stets wieder unter der gleichen Lizenz erfolgen. Am wenigsten Vorgaben gibt es bei Materialien, die unter „CC0“ veröffentlicht werden. Hier darf man sich beispielsweise nur nicht selbst als Urheber*in ausgeben, muss aber sonst nicht vieles berücksichtigen. Die Nutzung ist ähnlich unkompliziert wie bei Materialien, bei denen alle Urheber*innen schon vor mindestens 70 Jahren verstorben sind und die daher als gemeinfrei gelten. Solche gemeinfreien Materialien zählen auch zu den offenen Bildungsressourcen: Gedichte von Joseph Ringelnatz oder „Das Kapital“ von Marx können daher unkompliziert im Bildungsbereich genutzt werden.

3 Relevanz von OER

In der Literatur werden zahlreiche Vorteile von OER im Schulunterricht genannt. Für die Verwendung von OER im Unterricht sind u.a. folgende Szenarien mit einem OER-Schulbuch denkbar (Schön et al. 2017):

- Das OER-Schulbuch ist digital kostenfrei verfügbar; es kann kopiert, adaptiert, aktualisiert oder auf sonstige Weise angepasst werden.
- Auch Abwandlungen, z.B. Arbeitsblätter zum Buch, Tests zum Buch oder aktualisierte Texte, dürfen angefertigt, im Unterricht eingesetzt und auch veröffentlicht bzw. mit anderen geteilt werden.
- Diese Regelungen gelten auch für Eltern, Nachhilfeeinrichtungen oder die allgemeine Öffentlichkeit.
- Eine Einsicht in das Schulbuch und gegebenenfalls ein Vergleich verschiedener Schulbücher ist sowohl für Lehrer*innen als auch Eltern einfach möglich.
- OER-Schulbücher sind auch leichter für Schüler*innen mit Einschränkungen mit ihren Geräten und Applikationen nutzbar, da es keine besonderen technischen Hürden gibt, wie sie bei proprietären, d.h. herkömmlich urheberrechtlich geschützten digitalen Schulbüchern üblich sind.

Mit offenen Bildungsressourcen werden unterschiedliche positive Erwartungen verbunden, z.B. größere Verbreitung und Nutzung der Materialien, ein Beitrag zu Inklusion, die Nutzung in offenen Bildungsszenarien oder auch weniger urheberrechtliche Probleme (Ebner et al. 2016; TU Graz 2020). OER für den Schulunterricht wird in Deutschland auch kritisch durch Lobbyarbeit, z.B. den

Verband Bildungsmedien e.V., begleitet, da es tradierte Strukturen im Feld der Schulbuchverlage infrage stellt (Muuß-Merholz/Schön 2015).

Lehrer*innen nutzen gerne die zahlreichen Online-Materialien unterschiedlicher Anbieter*innen. In Schön et al. (2016) wird ausgeführt, dass die einfachere Erreichbarkeit von Online-Materialien dazu führen kann, „dass solche eventuell problematischen, politisch oder unternehmerisch gefärbten Materialien, mangels offen lizenzierter bzw. leicht erreichbarer Schulbuch-Alternativen (verstärkt) im Unterricht zum Einsatz kommen (Neumann 2015; van Treeck/Urban 2016)“. Nicht nur die bessere Nutzung sorgt also für Forderungen nach OER für den (sozio-)ökonomischen Unterricht. Heimstädt und Dobusch sehen auch „eine wachsende Zahl an tendenziösen Onlinematerialien“ als Problem angesichts des Kontroversitätsgebots von Lehre und Unterricht und fordern so gezielt, dass OER gefördert wird (2019). Dazu haben dieselben Autoren auch bereits Perspektiven von OER für die (sozio-)ökonomische Bildung an Schulen in Nordrhein-Westfalen aufgezeigt (2017).

Für Lehrer*innen der Ökonomischen Bildung sind OER und offene Lizenzen auch thematisch interessant, da sie neue Geschäftsmodelle und insbesondere Vertriebsmodelle nutzen (Schön/Ebner/Lienhardt 2011). Osterwalder und Pigneur (2011) haben beispielsweise mit der offen lizenzierten Canvas zur „Business Model Generation“ aufgezeigt, wie im Feld der Wirtschaftswissenschaft mit offenen Lizenzen neue Methoden eine schnelle Verbreitung und Adaption finden und dadurch bekannt werden.

4 OER suchen, nutzen und (wieder-)veröffentlichen

Dass offene Bildungsressourcen eine gewisse Prominenz bekommen haben, bedeutet nicht, dass viele Lehrende darin geschult sind, gezielt offene Bildungsressourcen zu suchen, zu nutzen oder auch bei passenden Stellen (wieder) zu veröffentlichen. Gleichzeitig ist auch der Aufbau entsprechender Infrastrukturen, z.B. OER-Verzeichnisse und -Archive, OER-Weiterbildungen oder auch OER-Beratungen, noch im Gange; auch wird verstärkt versucht, diese Angebote zu bündeln. Für die gezielte Beschäftigung von Lehrenden mit OER gibt es beispielsweise kostenfreie (und offen lizenzierte) Online-Kurse (beispielsweise „OER nutzen und erstellen“ auf der Plattform iMooX.at, siehe https://imoox.at/course/oermooc) sowie umfangreiche Informationen wie beispielsweise auf der zentralen deutschen Plattform OERinfo.de (https://open-educational-resources.de/).

Wer aus dem Kontext Ökonomischer Bildung und Schule interessiert ist, kann z.B. eine Suche auf der Plattform WirLernenOnline.de beginnen. Dort gibt es u.a. ein Fachportal Wirtschaft, bei dem Materialien für Lehrer*innen redaktionell betreut dargestellt werden. Abb. 1 zeigt einen Screenshot der Seite mit ausgewählten Materialien, die als OER zur Verfügung stehen.

Abbildung 1: Screenshot von ausgewählten Materialien der Plattform WirLernenOnline.de, Fachportal Wirtschaft

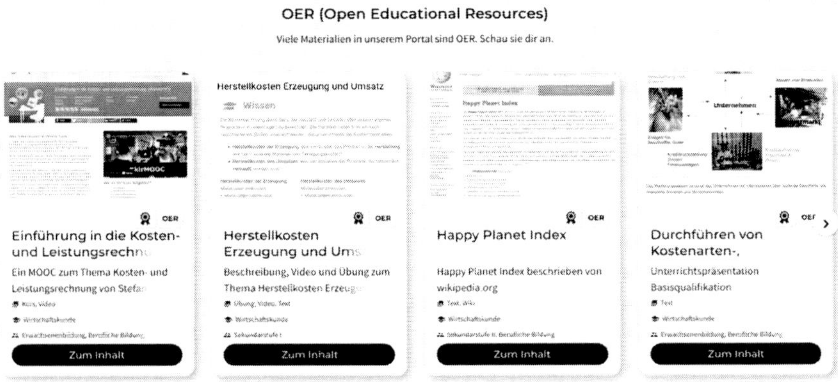

Online: https://wirlernenonline.de/portal/wirtschaft/ (Zugriff: 28.1.21)

Die Verwendung von OER im Unterricht ist kostenfrei, auch wenn man selbst z.B. ein Honorar dafür bekommt, also die OER kommerziell nutzt. Allerdings gibt es bei der Nutzung von OER auch Regeln, die in Tab. 1 beschrieben wurden. So ist es notwendig, auf Urheber*innen hinzuweisen, auf die Lizenz und auch auf Änderungen des Materials. Werden Materialien unter CC BY-SA genutzt, müssen die neuen Materialien ebenso unter dieser Lizenz veröffentlicht werden. Die Nutzung ist also – ähnlich wie beim wissenschaftlichen Zitat – nicht ganz trivial. Eine Hilfestellung bietet die TULLU-Regel (Borski/Muuß-Merholz 2016). Dahinter verbirgt sich eine Eselsbrücke, welche Angaben korrekterweise bei der Nutzung von OER Dritter gemacht werden müssen.

Auch ein Canvas zum Erstellen von OER (Edelsbrunner et al. 2021) oder auch Onlinewerkzeuge wie der Lizenzhinweisgenerator.de für Bilder, erstellt von Wikimedia, sind wichtige Unterstützungen im Lehralltag.

Die Nutzung von OER beschränkt sich dabei keineswegs auf Lehrer*innen. Auch Schüler*innen haben die Möglichkeiten, OER z. B. für Referate zu nutzen. Abbildungen müssen so nicht aus proprietär geschützten Schulbüchern entnommen werden und können ohne Schwierigkeiten online gestellt werden. Projekte zur gemeinsamen Entwicklung einer Onlineausstellung zu einem sozialwissenschaftlichen Thema oder das gemeinsame Wiki zur beruflichen Orientierung, das mit Schülerinnen und Schülern der Partnerschule gefüllt wird, sind Szenarien, die mit OER als Grundlage denkbar werden.

5 OER-Praxisbeispiele für den Wirtschaftsunterricht

Im Folgenden werden ausgewählte Beispiele von OER beschrieben, die für den Wirtschaftsunterricht an deutschsprachigen Schulen entwickelt wurden. Durch die Lizenzierung der Materialien steht der aktiven Bearbeitung, Modifikation und Wiederveröffentlichung auch im Rahmen von Schüler*innenprojekten nichts entgegen.

5.1 Ein offen lizenziertes Schulbuch für Wirtschaftspolitik

Till van Treeck und seine Kolleginnen und Kollegen haben in mehreren wissenschaftlichen Beiträgen darauf hingewiesen, dass sozioökonomische Unterrichtsmaterialien häufig einseitig informieren bzw. insbesondere die leicht zugänglichen Internetmaterialien von den Interessenverbänden, z. B. dem Verband der Deutschen Wirtschaft, tendenziös argumentieren. Als einseitig werden u. a. auch Beiträge der Schulbuchverlage betrachtet (Kramer 2015; van Treeck/Urban 2016; Schön et al. 2017). In der Folge entstand ein offen lizenziertes Lehrbuch, das sich für den Schulunterricht in der Sekundarstufe II sowie auch die Lehre in der Hochschule eignet und laut Selbstbeschreibung die unterschiedlichen Perspektiven in der Wirtschaftswissenschaft betont (Forschungsinstitut für gesellschaftliche Weiterentwicklung 2016). Die Kapitel auf der Website Wirtschaftspolitik.cc umfassen Themen wie Ziele der Wirtschaftspolitik, einen Grundkurs Volkswirtschaftliche Gesamtrechnung, Stabilität der Wirtschaft sowie einen kritischen Blick auf das Bruttoinlandsprodukt und das magische Viereck. Neben Texten und Abbildungen werden auch 50 responsiv-gestaltete Diagramme und

50 interaktive Elemente (siehe Selbstbeschreibung auf Wirtschaftspolitik.cc) eingesetzt. Abb. 2 zeigt exemplarisch einen Ausschnitt aus Kapitel 1.

Abbildung 2: Screenshot eines Ausschnitts des ersten Kapitels von wirtschaftspolitik.cc

Quelle: Screenshot des Dashboards, Text: CC BY 4.0 International von Till van Treeck, Julian Becker; das Zitat von Milton Friedman stammt aus dem Video: Milton Friedman, Living Within Our Means (1975), Min. 1:55.; Das Foto von Milton Friedman steht unter der Lizenz CC0 1.0 Universell (CC0 1.0) Public Domain Dedication. Online: https://ifso.sowi.uni-due.de/open/wipo/ (Zugriff: 28.1.22)

5.2 ZUM Wirtschaft: offen lizenzierte Materialiensammlung

Die Zentrale für Unterrichtsmedien (ZUM) im Internet ist die älteste deutschsprachige Sammlung von frei zugänglichen Materialien für den Unterricht. Sie enthält auch eine Sammlung von offen lizenzierten Unterrichtsbeschreibungen und Materialien zum Schulfach Wirtschaft (https://unterrichten.zum.de/wiki/Wirtschaft). Zu den beliebtesten Materialien gehören die Beschreibung des Kanzlersimulators und Unterrichtsideen zum Bruttoinlandsprodukt. Die Materialiensammlung und Impulse werden hier meist von Lehrerinnen und Lehrern zur Verfügung gestellt und können dadurch gut im Unterricht integriert werden.

5.3 Youth Start und DOIT: Materialien für junge soziale Entrepreneur*innen

Die Materialien von Youthstart.eu sind umfangreiche Onlinematerialien für die Ausbildung von ganzheitlich orientiertem, sozialem Entrepreneurship und inspirierend von der Grundschulstufe an. Die Materialien stehen leider nicht unter einer offenen Lizenz wie eingeführt zur Verfügung, da die kommerzielle Nutzung ausgeschlossen wird. Der Nutzung im Schulunterricht sollte das aber nicht entgegenstehen. Auch im Rahmen des EU-Projekts DOIT entstanden zahlreiche Materialien zur Entwicklung von jungen sozialen Entrepreneurinnen und Entrepreneuren in sogenannten *Makerspaces*: Die Materialiensammlung zeigt auf, wie man im (außer-)schulischen Kontext Kinder und Jugendliche anleitet und darin stärkt, Innovationen mit sozialem Impact in Werkstätten mit digitalen Werkzeugen zu entwickeln (DOIT-Europe.net; Schön et al. 2019). Es werden dazu zahlreiche Handreichungen für Workshops für die in Abb 3 gezeigten „7 Schritte des DOIT-Programms" zur Verfügung gestellt.

Abbildung 3: Die 7 Schritte des DOIT-Programms

Quelle: CC BY 4.0 International DOIT, http://DOIT-Europe.Net, H2020-770063, Online: https://www.doit-europe.net/programme#workshop-manuals (Zugriff: 26.10.22)

5.4 OER für die Lehrer*innenbildung in Wirtschaftsdidaktik

Nicht zuletzt gibt es auch OER-Angebote für die Lehrer*innenbildung. Ein Beispiel dafür ist das „Offene Lehrbuch zur Wirtschaftsdidaktik" (Brahm/Ring/Rudeloff 2021). Die Beiträge von unterschiedlichen Autorinnen und Autoren sind offen lizenziert, können also auch in den Hochschulen adaptiert und angepasst werden, sodass die wirtschaftsdidaktischen Impulse auch vergleichsweise einfach integriert werden können. Das Lehrbuch umfasst dabei Beiträge zu wirtschaftsdidaktischer Professionalität, zu zentralen Themen der Ökonomischen Bildung, zu makro- und mikrodidaktischen Überlegungen sowie zum Assessment von Lernerfolgen.

Literatur

Brahm, Taiga/Ring, Malte/Rudeloff, Michelle (2021): Offenes Lehrbuch zur Wirtschaftsdidaktik. Online: https://uni-tuebingen.oerbw.de/edu-sharing/components/render/86bc4aaf-884c-45b2-8d17-55651789b493/1.18 (Zugriff: 3.3.22).

Borski, Sonja/Muuß-Merholz, Jöran (2016): OER leicht gemacht mit der TULLU-Regel, Beitrag auf OERinfo vom 05.12.2016. Online: https://open-educational-resources.de/oer-tullu-regel/ (Zugriff: 3.3.22).

Creative Commons (2016): Website Creative Commons. Online: http://de.creativecommons.org (Zugriff: 3.3.22).

Ebner, Martin/Freisleben-Teutscher, Christian/Gröblinger, Ortrun/Kopp, Michael/Rieck, Katharina/Schön, Sandra/Seitz, Peter/Seissl, Maria/Ofner, Sabine/Zwiauer, Charlotte (2016): Empfehlungen für die Integration von Open Educational Resources an Hochschulen in Österreich. Graz. Online: https://fnma.at/content/download/1432/4903 (Zugriff: 3.3.22).

Edelsbrunner, Sarah/Ebner, Martin/Lari, Christina/Schön, Sandra (2021): Canvas zur Erstellung einer offenen Lehr-/Lernressource (OER). TU Graz Lehr- und Lerntechnologien für OEAA. https://doi.org/10.3217/c8zht-dhj07.

Edelsbrunner, Sarah/Ebner, Martin/Schön, Sandra (2021): Strategien zu offenen Bildungsressourcen an österreichischen öffentlichen Universitäten. Eine Beschreibung von nationalen Strategien, Whitepapers und Projekten sowie eine Analyse der aktuellen Leistungsvereinbarungen. In: Wollersheim, Heinz-Werner/Karapanos, Marios/Pengel, Norbert (Hg.): Bildung in der digitalen Transformation, Tagungsband der GMW 2021. Münster, S. 31–36.

Forschungsinstitut für gesellschaftliche Weiterentwicklung (2016): Konzept und Inhalte für ein offenes Schulbuch für den sozioökonomischen Unterricht in der Sekundarstufe II, Beitrag vom 21.11. Online: http://www.fgw-nrw.de/forschung/uebersicht/forschung-fgw/news/konzept-und-inhalte-fuer-ein-offenes-schulbuch-fuer-den-soziooekonomischen-unterricht-in-der-sekunda.html (Zugriff: 3.3.22).

Heimstädt, Maximilian/Dobusch, Leonhard (2017): Perspektiven von Open Educational Resources (OER) für die (sozio-)ökonomische Bildung an Schulen in NRW und in Deutschland. Düsseldorf. Online: https://www.researchgate.net/publication/321310248_Perspektiven_von_

Open_Educational_Resources_OER_fur_die_sozio-okonomische_Bildung_an_Schulen_in_NRW_und_in_Deutschland#fullTextFileContent (Zugriff: 3.3.22).

Heimstädt, Maximilian/Dobusch, Leonhard (2019): Ein Plädoyer und vier Szenarien für offene Schulbücher. In: Makronom, Beitrag vom 18. Online: https://makronom.de/oer-oekonomische-schulbildung-ein-plaedoyer-und-vier-szenarien-fuer-offene-schulbuecher-30143 (Zugriff: 3.3.22).

Kramer, Bernd (2015): Kinder, die Griechen sind selbst schuld. In: Spiegel Online, Artikel vom 14.8. Online: http://www.spiegel.de/lebenundlernen/schule/unterrichtsmaterial-zur-eurokrise-sehr-einseitig-a-1048073.html (Zugriff: 3.3.22).

Muuß-Merholz, Jöran/Schön, Sandra (2015): Freie Bildungsmaterialien (OER) in der Schule, In: Ebner, Martin/Köpf, Elly/Muuß-Merholz, Jöran/Schön, Martin/Schön, Sandra/Weichert, Nils: Ist-Analyse zu freien Bildungsmaterialien (OER), Die Situation von freien Bildungsmaterialien (OER) in Deutschland in den Bildungsbereichen Schule, Hochschule, berufliche Bildung und Weiterbildung im Juni 2015. Berlin, S. 35–76. Online: https://o3r.eu/images/band10.pdf (Zugriff: 3.3.22).

Neumann, Dominik (2015): Bildungsmedien Online. Kostenloses Lehrmaterial aus dem Internet: Marktsichtung und empirische Nutzungsanalyse. Bad Heilbrunn.

OERdeckel (2016): Website OERdeckel. Online: https://oerdeckel.wordpress.com (Zugriff: 3.3.22).

Osterwalder, Alexander/Pigneur, Yves (2011): Business Model Generation. Ein Handbuch für Visionäre, Spielveränderer und Herausforderer. Frankfurt/M.

Otto, Daniel/Schröder, Nadine/Diekmann, Daniel/Sander, Pia (2021): Offen gemacht: Der Stand der internationalen evidenzbasierten Forschung zu Open Educational Resources (OER). In: Zeitschrift für Erziehungswissenschaften, 24, S. 1061–1085, https://doi.org/10.1007/s11618-021-01043-2.

Schön, Sandra/Allaert, Isabel/Friebel, Luisa/Geser, Guntram/Hollauf, Eva-Maria/Hornung-Prähauser, Veronika/Vloet, Frank/Unterfrauner, Elisabeth (2019): Making Social Innovators. Workshop Designs für und mit jungen Sozialen Innovator/inn/en von 6 bis 16, (DOIT Handbuch). Veröffentlichung des Horizon-2020-Projekts DOIT, EC Förderprojektnummer 770063. Salzburg. Online: https://www.researchgate.net/publication/352573088_Making_Social_Innovators_--_Designs_fur_und_mit_jungen_sozialen_Innovatorinnen_von_6_bis_16/references#fullTextFileContent (Zugriff: 3.3.22).

Schön, Sandra/Kreissl, Katharina/Dobusch, Leonhard/Ebner, Martin (2017): Mögliche Wege zum Schulbuch als Open Educational Resources (OER). Eine Machbarkeitsstudie zu OER-Schulbüchern in Österreich. Band 7 der Reihe „InnovationLab Arbeitsberichte“, herausgegeben vom Forschungsbereich InnovationLab der Salzburg Research Forschungsgesellschaft mbH, gleichzeitig erschienen als Band 15 der Reihe „Beiträge zu offenen Bildungsressourcen“ [http://o3r.eu]. Salzburg. Online: http://l3t.eu/oer/images/band15.pdf (Zugriff: 3.3.22).

Schön, Sandra/Ebner, Martin/Lienhardt, Conrad (2011): Der Wert und die Finanzierung von freien Bildungsressourcen. In: Meißner, Klaus/Engelien, Martin (Hg.): Virtual Enterprises, Communities & Social Networks, Proceedings der GeNeMe. Dresden, S. 239–250.

TU Graz (2020): Richtlinie zu offenen Bildungsressourcen an der Technischen Universität Graz (OER-Policy), November 2020, Graz. Online: https://www.tugraz.at/fileadmin/user_upload/tugrazExternal/02bfe6da-df31-4c20-9e9f-819251ecfd4b/2020_2021/Stk_5/RL_OER_Policy_24112020.pdf (Zugriff: 3.3.22).

UNESCO (2019): Recommendation on Open Educational Resources (OER), 25 November 2019. Online: https://www.unesco.org/en/legal-affairs/recommendation-open-educational-resources-oer (Zugriff: 3.3.22).

van Treeck, Till/Urban, Julia (2016): Wirtschaft neu denken: Blinde Flecken in der Lehrbuchökonomie. Berlin.

Nico Arfmann, Stefanie Amtmann

Die Rechte Dritter bei der Nutzung digitaler Medien

Das digitale Zeitalter bringt Nutzerinnen und Nutzern digitaler Medien sehr viele Vorteile, kann aber bei gleichzeitig unsachgemäßer Verwendung mit vielen Nachteilen verbunden sein. Gerade bei der Erstellung von Bildungsinhalten, speziell bei der Erstellung digitaler Bildungsinhalte, wird oft auf das Internet zurückgegriffen. Das Internet weiß fast alles. Es ist schnell verfügbar. Der Inhalt für digitale Bildungsinhalte muss faktisch „nur noch" zusammengestellt werden. So können nicht nur Fotos ohne Weiteres von fremden Webseiten kopiert und in eine Präsentation eingepflegt werden, sondern auch ganze Textpassagen aus relevanten Aufsätzen kopiert werden. Diese vermeintlich einfache Art der Mediennutzung ist jedoch mit äußerster Vorsicht zu genießen. So ist besonders darauf zu achten, dass bei dieser Art der Erstellung digitaler Bildungsinhalte nicht Rechte Dritter verletzt werden (von Lewinski 2020). Als solche kommen insbesondere fremde Urheberrechte in Betracht (Wandtke 2021). Ein weiteres, sich daran anschließendes Thema ist der verantwortungsbewusste Umgang mit personenbezogenen Daten, die beim Einsatz digitaler Hilfsmittel erhoben werden, denn auch Schulen und Bildungseinrichtungen haben datenschutzrechtliche Vorgaben zu beachten (Hansen 2021; BMBF 2020).

Dieser Beitrag befasst sich mit urheber- und datenschutzrechtlichen Gesichtspunkten bei der Erstellung digitaler Inhalte sowie beim Einsatz digitaler Hilfsmittel und stellt überblicksmäßig dar, was Schüler*innen und Lehrer*innen beim Einsatz digitaler Medien zu beachten haben.

1 Urheberrechtliche Gesichtspunkte beim Einsatz digitaler Inhalte

Bei der Erstellung von Materialien, z.B. Präsentationen, besteht das Risiko, die Nutzungsrechte an urheberrechtlich geschützten Werken zu verletzen. Zu nennen sind hier in etwa die Fälle, in denen Inhalte nicht ausschließlich selbst erstellt wurden, sondern zur Ausarbeitung der Bildungsmaterialien auf Grafiken, Tabellen und Fotos aus dem Internet zurückgegriffen wurde (Katzenbach 2017).

1.1 Urheberrechtlicher Schutzumfang: Die wichtigsten Definitionen

Im Zentrum des urheberrechtlichen Schutzes steht das sogenannte Werk. Werke im Sinne des Urhebergesetzes sind dabei persönliche geistige Schöpfungen, die ein Mindestmaß an Gestaltungshöhe aufweisen (§ 2 Abs.2 UrhG). Geschützt werden zunächst persönliche Schöpfungen, also Ergebnisse eines menschlichen Schaffensprozesses. In Abgrenzung dazu sind solche Werke, die nur von Maschinen oder Tieren geschaffen sind, nicht urheberrechtlich geschützt.

Als weiteres Merkmal setzt der urheberrechtliche Schutz der Arbeitsergebnisse voraus, dass das Werk individuelle Züge aufweist. Insoweit spricht man auch von der sogenannten „Gestaltungshöhe“ (Wandtke et al. 2012). Das Mindestmaß an Gestaltungshöhe gibt also den Grad der Individualität an, den das Werk aufweisen muss. Hintergrund dieses Erfordernisses ist, dass durch das Urheberrecht dem Grunde nach nicht die Banalität, sondern nur das Besondere für den Urheber dauerhaft wirtschaftlich nutzbar gemacht werden soll.

Eine hinreichende Gestaltungshöhe ist dann zu verneinen, wenn das Arbeitsergebnis ausschließlich alltäglich üblich oder durchschnittlich technisch bedingt ist (sogenanntes Allerweltsschaffen). In der Rechtsprechung ist dabei allerdings eher die Tendenz zu verzeichnen, dass schon bei einem geringen Abstand vom Alltäglichen (die sogenannte „kleine Münze“) einem Werk ein urheberrechtlicher Schutz zugesprochen wird.

Zudem zählt das Urhebergesetz all jene Objekte auf, an denen Urheberrechte entstehen können. So genießen die Werke der Literatur, der Wissenschaften und der Kunst urheberrechtlichen Schutz. Der Schutz reicht dabei von Sprachwerken, wie beispielsweise Gedichten und Computerprogrammen, über Werke der Musik bis hin zu Lichtbildwerken und Werken der bildenden und angewandten Kunst (Wandtke 2021).

Ausgehend von diesen Definitionen kann man in der Regel davon ausgehen, dass solche Inhalte, die man bei der Erstellung digitaler Bildungsmaterialien benutzt, urheberrechtlich geschützt sind.

1.2 Urheberrechtliche Nutzungsrechte

Möchte man derart urheberrechtlich geschützte Werke nutzen, so muss man, wenn man das Werk nicht selbst erstellt hat, in der Regel die entsprechenden Nutzungsrechte für die Nutzung erwerben. Lediglich in Ausnahmefällen (siehe hierzu Abschnitt 1.3) ist die Nutzung fremder Werke auch ohne einen solchen Rechteerwerb möglich.

1.2.1 Inhaber*innen ausschließlicher Nutzungsrechte

Originäre*r Inhaber*in sämtlicher Nutzungsrechte an dem urheberrechtlich geschützten Werk ist immer derjenige oder diejenige, der oder die das Werk ursprünglich geschaffen hat. Sinn und Zweck des Urheberrechts ist dabei, dass der Urheberin oder dem Urheber durch die Zuordnung dieser sämtlichen Nutzungsbefugnisse auch das ausschließliche Recht zugewiesen wird, den wirtschaftlichen Nutzen aus seinem bzw. ihrem Werk zu ziehen. Im urheberrechtlichen Kontext bedeutet dies, dass die Urheberin oder der Urheber zur kommerziellen Ausweitung ihres oder seines Werks Nutzungsrechte – im Allgemeinen auch Lizenzen genannt – auf Dritte überträgt.

So überträgt beispielsweise ein*e Journalist*in aufgrund seines bzw. ihres Anstellungsvertrags bei einem Zeitungsverlag die Rechte an seinen/ihren Texten und Fotos auf den Arbeitgeber, den Zeitungsverlag. In ähnlicher Weise erfolgt eine Rechteübertragung beispielsweise, wenn ein*e Designer*in für ein Unternehmen ein Logo entwirft. In diesem Fall wird sich das beauftragende Unternehmen regelmäßig sämtliche Nutzungsrechte an den Logoentwürfen sichern (Wandtke 2021).

Beabsichtigt man also, ein urheberrechtlich geschütztes Werk zu nutzen, so muss man zunächst denjenigen oder diejenige ausfindig machen, der oder die Inhaber*in der ausschließlichen Nutzungsrechte an dem entsprechenden Werk ist. Mit diesem oder dieser Rechteinhaber*in gilt es dann, eine vertragliche Abrede zur Nutzung abzuschließen.

1.2.2 Individueller Lizenzvertrag oder standarisierte Lizenzvereinbarung

In der Praxis erfolgt der Rechteerwerb von der Rechteinhaberin oder dem Rechteinhaber entweder im Rahmen eines individuell ausgestalteten Lizenzvertrags oder aber über standarisierte Lizenzvereinbarungen eines/einer Content-Händler*in (Groß 2020).

Die erste Konstellation ist dabei sicherlich die aufwendigste Version für den Erwerb von Rechten urheberrechtlich geschützter Werke. Oft steht hier der Aufwand, der mit der Ausarbeitung der individuellen Lizenzvereinbarung verbunden ist, nicht im Verhältnis zur beabsichtigten Lizenzierung.

Der einfachere und in der Regel auch kostengünstigere Weg ist der Erwerb von Nutzungsrechten an urheberrechtlich geschützten Werken über Webseiten von Content-Händlerinnen und -Händlern. Deren Geschäftsmodell besteht darin, fremde urheberrechtlich geschützte Werke, wie zum Beispiel Fotos und Grafiken, einem größeren Kreis von Nutzerinnen und Nutzern zugänglich zu machen. Dabei gibt es zahlreiche Anbieter*innen, die auf Basis von unterschiedlichsten Lizenzmodellen den Erwerb von Nutzungsrechten an dem urheberrechtlich geschützten Content vermitteln. Am Markt etabliert sind einerseits Modelle, bei denen man eine klassische Nutzungslizenz für konkrete Nutzungsarten und für einen konkret bestimmten Nutzungszeitraum erwirbt. Zugleich gibt es diverse Angebote, bei denen man an den urheberrechtlich geschützten Werken auch weitgehend unbeschränkte, insbesondere zeitlich unbeschränkte, Nutzungsrechte erwerben kann (z.B. Free-License-Modelle).

1.2.3 Open-Content-Lizenzen

Von großer Bedeutung sind zudem urheberrechtlich geschützte Werke, die sogenannten Open Content Lizenzen unterworfen sind. Unter Open Content Lizenzen versteht man die der Allgemeinheit zur Verfügung stehende Möglichkeit, solche urheberrechtlich geschützten Werke, die unter eine solche Lizenz gestellt wurden, frei, also insbesondere unentgeltlich, zu nutzen (Einfeldt 2019). Im Vergleich zu individuellen Lizenzvereinbarungen wird hier gerade kein individueller Vertrag mit jedem oder jeder Nutzer*in geschlossen. Vielmehr kommt der Vertrag sozusagen „konkludent“ mit der Nutzung des Werks zustande. Um diesen ganzen Prozess zu vereinfachen, wurde eine Reihe von Standardlizenzen entwickelt, die von Urheberinnen und Urhebern für ihre Werke genutzt werden können. Am bekanntesten sind beispielsweise:

- die Creative-Commons-Lizenzen (CC-Lizenzen) (siehe Schön/Ebner in diesem Band);
- die Digital-Peer-Publishing-Lizenz (DPPL);
- die GNU General Public License (GPL).

Die einzelnen freien Lizenzen unterscheiden sich im Wesentlichen dadurch, in welchem Umfang die Nutzung der urheberrechtlich geschützten Werke zulässig ist. Andererseits geben die Lizenzvereinbarungen aber auch detailliert vor, was im Fall einer Nutzung des Werks zu erfolgen hat. In der Regel sind bei der Veröffentlichung eines geschützten Werks der oder die Urheber*in zu nennen. Auch ist es erforderlich, auf die jeweils einschlägige freie Lizenz und die konkret anwendbaren Lizenzbedingungen hinzuweisen (Einfeldt 2019).

1.3 Schranken des Urheberrechts

Der Abschluss einer Lizenzvereinbarung ist dann nicht notwendig, wenn die Urheberrechte an dem entsprechenden Werk zwischenzeitlich schon erloschen sind oder schutzwürdige Belange der Allgemeinheit entgegenstehen.

1.3.1 Urheberrecht erloschen

Das Urheberrecht erlischt 70 Jahre nach dem Tod der Urheberin oder des Urhebers (§ 64 UrhG). Für den Fall, dass das Urheberrecht mehreren Urhebern zusteht, so erlischt es 70 Jahre nach dem Tod des längst lebenden Urhebers oder der längst lebenden Urheberin (§ 65 Abs. 1 UrhG). Kann man also sicherstellen, dass der oder die Urheber*in des Werks zwischenzeitlich mehr als 70 Jahre tot ist, so kann man das Werk frei nutzen.

Aber auch hier ist Vorsicht geboten. Das Erlöschen des Urheberrechts führt insoweit lediglich dazu, dass das Werk, welches zum Beispiel in einer öffentlichen Ausstellung eines Museums zu sehen ist, von jedermann fotografiert werden kann. Man ist dann in Bezug auf die eigene Fotografie in den entsprechenden Nutzungsrechten uneingeschränkt. Das Löschen des Urheberrechts führt aber nicht dazu, dass bereits hergestellte Kopien des Werks ohne Weiteres benutzt werden können. Ist beispielsweise eine Fotografie eines Werks, bei dem die Urheberrechte erloschen sind, auf einer Webseite abrufbar, so kann sich im Zweifel die- oder derjenige, die oder der die Fotografie erstellt hat, auf eigene Rechte berufen. Hier müsste man dann also doch wiederum die entsprechenden Nutzungsrechte, und zwar von der Fotografin bzw. dem Fotografen, erwerben (Pohlhausen 2021).

1.3.2 Schutzwürdige Belange der Allgemeinheit

Das deutsche Urheberrecht sieht zudem zugunsten der Allgemeinheit Einschränkungen der urheberrechtlichen Befugnisse vor. In den Fällen, in denen das Interesse der Allgemeinheit an einer Nutzung des Werks dem Recht der Urheberin bzw. des Urhebers überwiegt, ist es der Allgemeinheit bzw. jedermann gestattet, das Werk ohne den Abschluss einer entsprechenden Nutzungsvereinbarung zu nutzen (Wandtke 2021). Teilweise ist die entsprechende Nutzung dann gebührenfrei oder zum Teil nur gegen Zahlung einer Vergütung zulässig. Folgende Einschränkungen können genannt werden:

(1) Recht der Privatkopie

Das Recht zur Erstellung von Vervielfältigungen zum privaten oder sonstigen Gebrauch ist nach dem Urheberrechtsgesetz zulässig (§ 53 UrhG). In diesen Fällen kann man das Werk zur privaten Nutzung vervielfältigen. Zu denken ist hier beispielsweise an das Herunterladen eines Zeitungsartikels auf den eigenen Rechner zur eigenen Informationsverschaffung.

Anders ist dies hingegen, wenn die Kopie nicht allein zum privaten Gebrauch, sondern zu beruflichen Erwerbszwecken sowie zum Gebrauch durch eine juristische Person erfolgt. Wird der heruntergeladene Zeitungsartikel – im obigen Beispiel – also an eine Arbeitskollegin oder einen Arbeitskollegen weitergeleitet, greift das Privileg der Privatkopie nicht. Vielmehr ist hier stets der Erwerb von Nutzungsrechten erforderlich.

(2) Zitatrecht

Gestattet ist ferner die Nutzung eines fremden urheberrechtlich geschützten Werks als Zitat (§ 51 UrhG). Zweck des Zitatrechts ist es, die Auseinandersetzung mit fremden Gedanken zu ermöglichen. Das Zitatrecht ist dabei Grundlage eines kulturellen und wissenschaftlichen Fortschritts. Eine der Voraussetzungen für ein urheberrechtlich zulässiges Zitat ist dabei die Erfüllung des Zitatzwecks. Das heißt, zwischen dem Zitat und der eigenen Ausführung muss ein innerer Zusammenhang bestehen. Zu den anerkannten Zitatzwecken gehört die Belegfunktion, sprich, das Zitat belegt eine Ausführung oder eine Eigenausführung wird veranschaulicht, etwa durch das Zeigen einer Abbildung.

(3) Kopierechte in Schulen

Gerade in Schulen und Bildungseinrichtungen ist die Beachtung urheberrechtlicher Vorgaben von großer Bedeutung. Insbesondere tritt hier häufig die Frage auf, in welchem Umfang Unterrichtsmaterial verwendet werden darf. Grundsätzlich dürfen Unterrichtsmaterialien zur Veranschaulichung des Unterrichts und der Lehre bereits veröffentlichter Werke in einem konkret definierten Umfang verwendet werden (§ 60a UrhG). Wichtig ist hierbei aber immer, dass es sich um einen nicht kommerziellen Zweck handelt. Der konkret definierte Umfang hängt dann entscheidend davon ab, welches Lehrmittel verwendet wird, und wird im Folgenden erläutert (BMBF 2020):

- Printmedien, die bereits veröffentlicht wurden, wie beispielsweise Bücher, Arbeitsbücher, Sachhefte, Romane, Artikel oder Ähnliches dürfen in sogenannter „Klassenstärke" vervielfältigt und, insbesondere auch in digitalen Lehrangeboten, öffentlich zugänglich gemacht werden. Der Umfang dieser Fotokopie beschränkt sich allerdings lediglich auf einen Auszug. Keinesfalls sieht das Urheberrechtsgesetz das Kopieren eines ganzen Mediums vor, sondern lediglich 15 % eines jeweiligen Werks.
- Kleinere Werke, sogenannte Werke geringen Umfangs, dürfen hingegen vollständig gezeigt, kopiert und verwendet werden. Was unter Werken geringen Umfangs zu verstehen ist, ergibt sich hier aus der Gesetzesbegründung. So soll der Umfang einer zulässigen Nutzung beispielweise für Printmedien bei 25 Seiten und für Filme bei fünf Minuten liegen. Das heißt, es dürfen beispielsweise Gedichte, Kurzgeschichten oder Liedtexte in diesem Kontext ohne Einschränkung genutzt werden.

2 Persönlichkeitsrechtliche Gesichtspunkte beim Einsatz digitaler Inhalte

Ein anderer Problembereich ist die Frage, ob die Nutzung eines Fotos gegebenenfalls die Rechte derjenigen Person verletzt, die auf dem Bild bzw. Foto abgebildet ist.

2.1 Recht am eigenen Bild

Relevant ist hier ein Teilbereich des allgemeinen Persönlichkeitsrechts nach Art. 2 Abs. 1 i. V. m. Art. 1 Abs. 1 Grundgesetz, nämlich das Recht am eigenen Bild.

Das Recht am eigenen Bild besagt, dass es letztlich die Entscheidung jedes Einzelnen ist, wie eine von ihm erstellte Fotografie genutzt wird. Hier gilt die Regel, dass es grundsätzlich einer Einwilligung des bzw. der Fotografierten bedarf. Nur in ganz bestimmten Ausnahmetatbeständen ist die Einholung einer individuellen Einwilligung des bzw. der Fotografierten nicht erforderlich. Ein solcher Ausnahmetatbestand liegt vor, wenn es sich bei der abgebildeten Person um eine Person der absoluten oder relativen Zeitgeschichte handelt, die Fotografie eine Person zeigt, die bei einem Aufzug, z. B. einer Demonstration, teilgenommen hat, oder aber es sich um eine Fotografie handelt, auf der die Personen nur als Beiwerk neben einer Landschaft oder sonstigen Örtlichkeit erscheinen (Hille 2021).

Ist hingegen eine Einwilligung des bzw. der Abgebildeten erforderlich, ist es ratsam, diese Einwilligung auch schriftlich festzuhalten. In dieser schriftlichen Einwilligung kann dann der gestattete Nutzungsumfang genau festgehalten werden. Gleichzeitig dient eine solche schriftliche Fixierung auch zu Beweiszwecken.

2.2 Fotos aus dem Internet

Komplizierter wird hingegen die Situation, wenn man sich die entsprechenden Fotos über eine*n der bereits beschriebenen Content-Händler*in verschafft hat oder wenn man Fotos, die einer Open Content Lizenz unterliegen, nutzt. In diesen Fällen kann man zwar aufgrund allgemeiner Erfahrungen in der Praxis einigermaßen sicher gehen, dass der Rechteinhaber tatsächlich auch mit der Einräumung der Nutzungsrechte an seinem Werk einverstanden ist. Auf der anderen Seite besteht dann aber doch eine große Unsicherheit, ob die Person, die auf dem Foto zu sehen ist, tatsächlich in die Nutzung seines Bildnisses in dieser Form eingewilligt hat. Hier verbleiben also stets Risiken, die man in diesem Kontext auch nicht ausschließen kann.

Erwirbt man hingegen die Nutzungsrechte an dem Foto direkt von dem Fotografen oder der Fotografin, so sollte man im Rahmen der Verträge zumindest sicherstellen, dass der Fotograf bzw. die Fotografin zusichert, dass durch das Foto keine fremden Rechte – hier also keine Rechte von Dritten am eigenen Bild – verletzt worden sind (Hille 2021).

3 Datenschutzrechtliche Gesichtspunkte beim Einsatz digitaler Medien

Ein weiterer wesentlicher rechtlicher Aspekt beim Einsatz digitaler Medien ist der Umstand, dass hierbei in der Regel auch personenbezogene Daten der beteiligten Personen erhoben werden. Ob dabei die Datenerhebung im konkreten Fall zulässig ist bzw. welche rechtlichen Vorgaben dabei zu beachten sind, bestimmt sich anhand der Datenschutz-Grundverordnung (DSGVO 2018).

Mit Einführung der DSGVO im Mai 2018 wollte der Gesetzgeber den Schutz der Betroffenen, also derjenigen Personen, deren Daten erhoben werden, erhöhen. Zugleich aber sollte ebenso dem Umstand Rechnung getragen werden, dass es sich bei Daten von natürlichen Personen auch um ein Wirtschaftsgut handelt und demnach die Nutzung der Daten, unter Beachtung der gesetzlichen Vorgaben, zulässig sein muss. Die DSGVO versucht, zwischen diesen beiden konträren Positionen zu vermitteln.

3.1 Prinzip – Verbot mit Erlaubnisvorbehalt

Die wesentlichen Grundmerkmale der DSGVO sind das sogenannte Prinzip des Verbotes mit Erlaubnisvorbehalt. Das Prinzip des Verbotes mit Erlaubnisvorbehalt geht davon aus, dass die Datenerhebung und Verarbeitung personenbezogener Daten grundsätzlich unzulässig sind, es sei denn, der oder die Betroffene willigt ein oder aber es liegt ein entsprechender gesetzlicher Ausnahmetatbestand vor. Derartige Ausnahmetatbestände sehen beispielsweise die Art. 6 ff. DSGVO vor.

So ist in etwa im Rahmen eines Vertragsverhältnisses die Erhebung der Daten eines Vertragspartners bzw. einer Vertragspartnerin zur Abwicklung des Vertrags oder zur Durchführung vorvertraglicher Maßnahmen, wie etwa der Erstellung von Angeboten, zulässig.

In Bezug auf den Einsatz digitaler Medien im Schulunterricht bedeutet das, dass zunächst hinterfragt werden muss, ob die damit verbundene Datenerhebung entweder aufgrund eines gesetzlichen Ausnahmetatbestands gestattet ist oder ob die Einwilligung der Betroffenen, zum Beispiel der Schüler*innen oder deren Eltern, eingeholt werden muss. Ist kein Ausnahmetatbestand ersichtlich oder bestehen hier Unsicherheiten, sollte unbedingt eine entsprechende Einwilligung eingeholt werden.

Bei Minderjährigen, die ihr 16. Lebensjahr vollendet haben, bedarf es keiner Einwilligung der oder des Sorgeberechtigten oder deren/dessen Zustimmung in die Einwilligung. Vielmehr kann der Jugendliche eigenständig und wirksam in die Datenverarbeitung einwilligen. Anders sieht dies in Bezug auf Kinder unter 16 Jahren aus. Hier ist die Rechtmäßigkeit der Datenverarbeitung von der Einwilligung der sorgeberechtigten Person und ihrer Zustimmung in die Einwilligung abhängig.

3.2 Sicherheit der personenbezogenen Daten

Ein weiterer zentraler Kern der DSGVO (2018) ist der Umstand, dass die hiernach rechtmäßig erhobenen Daten sowohl mit technischen als auch mit rechtlichen Mitteln vor einer unzulässigen Verarbeitung durch Dritte geschützt werden müssen.

So müssen je nach Einzelfall Verschlüsselungstechniken genutzt, sichere Passwörter vergeben und Software-Updates regelmäßig installiert werden, um Sicherheitslücken zu schließen. Eine rechtliche Schutzfunktion übernimmt dabei die rechtliche Ausgestaltung der Auftragsverarbeitungsverhältnisse. Dies sind Situationen, in denen die- oder derjenige, die oder der die Daten erhoben hat, Dritte mit der Erhebung bzw. Erfassung von Daten beauftragt. Nutzt man insoweit beispielsweise als Bildungsträger Software-Tools im Internet (u.a. sogenannte Software-as-a-Service-Applikationen), so werden etwa die Nutzungsdaten der betroffenen Personen auf den entsprechenden Serversystemen gespeichert. Verantwortlich – im rechtlichen Sinne – für die Erhebung dieser Daten bleibt allerdings der Bildungsträger. Ihn trifft damit letztendlich auch die Verpflichtung, dafür zu sorgen, dass diese Daten rechtskonform verarbeitet werden, und insbesondere auch, dass die Daten von dem Drittanbieter jederzeit gelöscht werden müssen. Die konkreten Rahmenbedingungen dieser Auftragsverhältnisse werden über Auftragsverarbeitungsverträge geregelt, die der Bildungsträger dann in den benannten Situationen auch abschließen muss (Arning/Baumgartner/Braun 2020).

Setzt man als Bildungsträger daher derartige Drittanbieter ein, so ist einerseits der Abschluss von Auftragsverarbeitungsverträgen obligatorisch, andererseits sollte auch bei der Auswahl des Anbieters bzw. der Anbieterin darauf geachtet werden, dass diese*r hinreichend technischen Schutz der erhobenen Daten gewährleisten kann.

3.3 Informationspflicht und Rechte der betroffenen Personen

Eine weitere wesentliche Säule der DSGVO (2018) ist die Verpflichtung der verantwortlichen Stelle, über die Erhebung von personenbezogenen Daten und die Rechte des bzw. der jeweils Betroffenen zu informieren. Der Grundgedanke ist dabei, dass ein effektiver Datenschutz nur dann gewährleistet werden kann, wenn diejenigen, deren Daten erhoben werden, auch Kenntnis von dem Umfang dieser Datenerhebung haben. Der bzw. die mündige Nutzer*in soll sozusagen die „Herrschaft" über seine Daten behalten. Flankiert wird diese Informationspflicht durch weitere Betroffenenrechte der DSGVO, wie das Auskunftsrecht (Art. 15 DSGVO), das Recht auf Berichtigung (Art. 16 DSGVO), das Recht auf Löschung von Daten (Art. 17 DSGVO) und das Widerspruchsrecht (Art. 21 DSGVO). Auf diese Weise haben die Betroffenen nicht nur ein Recht darauf zu erfahren, wie ihre Daten verarbeitet werden, vielmehr haben sie beispielsweise ein Recht auf Löschung ihrer Daten, sollte es keinen gesetzlichen Grund für die weitere Verarbeitung und Speicherung der Daten geben.

Der Bildungsträger hat die Betroffenen dabei umfassend zu informieren und im Rahmen der Information insbesondere auch anzugeben, auf welcher rechtlichen Grundlage die Datenerhebung erfolgt, welche Daten gespeichert werden und auch, wie lange eine Datenspeicherung vorgesehen ist.

3.4 Umsetzung von Datenschutz in der Praxis

Der Bildungsträger, der digitale Medien einsetzt, muss demnach in vielerlei Hinsicht datenschutzrechtliche Vorgaben beachten. Dabei setzt die gesetzeskonforme Umsetzung der rechtlichen Vorgaben ein großes Detailwissen der maßgeblichen Normen voraus. Hinzu kommt, dass nicht selten ein hohes Maß an technischem Sachverstand für die Umsetzung datenschutzrechtlicher Vorgaben erforderlich ist.

Aus diesem Grund ist dringend anzuraten, den Einsatz digitaler Medien durch Fachleute begleiten zu lassen. Zu denken ist zunächst an den bzw. die Datenschutzbeauftragte*n des Bildungsträgers, der bzw. die den Einsatz neuer Bildungsangebote nicht nur begleiten sollte, sondern sogar begleiten muss. Verbleiben dann noch rechtliche Unsicherheiten, so können auch die Aufsichtsbehörden darum gebeten werden, bei konkreten Fragestellungen einen rechtskonformen Weg aufzuzeigen. Hier ist dann auch auf die umfassende Veröffentlichungspraxis der Datenschutzbehörden zu verweisen. So sprechen die Landesbeauftragten für Datenschutz regelmäßig Empfehlungen aus, wie bestimmte technische Vorgänge datenschutzkonform umgesetzt werden können (BMBF 2020).

4 Zusammenfassender Überblick

Bei der Verwendung digitaler Medien ist man auf der sicheren Seite, wenn man grundsätzlich davon ausgeht, dass digitale Inhalte urheberrechtlich geschützt sind. Das heißt, jede einzelne Nutzung, sei es das Kopieren von Bildern von einer Homepage oder das Kopieren ganzer Textpassagen, muss vom Inhaber bzw. von der Inhaberin der jeweils betroffenen Nutzungsrechte vertraglich autorisiert werden. Eine vertragliche Nutzungsvereinbarung ist dann nicht erforderlich, wenn die kopierten Bilder oder Textpassagen für private Zwecke genutzt werden. Darüber hinaus gestattet das sogenannte Zitatrecht die Verwendung eines angemessenen Werkteils – beispielsweise in einer wissenschaftlichen Arbeit – unter Nennung der entsprechenden Quelle. In Schulen und Bildungseinrichtungen sind im bestimmten Umfang ebenfalls freie Werknutzungen möglich.

Dasselbe Regel-Ausnahme-Prinzip kommt im Datenschutzrecht zur Anwendung. Grundsätzlich ist die Datenerhebung und Verarbeitung personenbezogener Daten unzulässig, es sei denn, der oder die Betroffene willigt ein oder aber es liegt ein entsprechender gesetzlicher Ausnahmetatbestand vor.

Insgesamt handelt es sich sowohl beim Urheberrecht als auch beim Datenschutzrecht um nicht leicht zu durchdringende Rechtsgebiete, welche jedoch durch die zunehmende Digitalisierung immer mehr an Bedeutung gewinnen. Um nicht die Rechte Dritter durch die Nutzung digitaler Medien zu verletzten, ist es im Zweifel daher immer ratsam, sich je nach Problemstellung detaillierter mit den betroffenen Rechtsfragen auseinanderzusetzen.

Literatur

Arning, Marian/Baumgartner, Ulrich/Braun, Ingo (2020): Praxishandbuch DSGVO. Frankfurt/M.

BMBF – Bundesministerium für Bildung und Forschung (2020): Urheberrecht in der Schule. Berlin.

DSGVO – Datenschutz-Grundverordnung (2016): Verordnung (EU) 2016/679 des europäischen Parlaments und des Rates vom 27. April 2016 zum Schutz natürlicher Personen bei der Verarbeitung personenbezogener Daten, zum freien Datenverkehr und zur Aufhebung der Richtlinie 95/46/EG (Datenschutz-Grundverordnung). Online: https://eur-lex.europa.eu/legal-content/DE/ALL/?uri=celex%3A32016R0679 (Zugriff: 7.11.22)

Einfeldt, Nico (2019): Open Content Lizenzen und das Bearbeitungsrecht. Göttingen.

Groß, Michael (2020): Lizenzvertrag. Frankfurt/M.

Hansen, Marit (2021): Digitalisierung in der Schule. Datenschutz mitdenken. Baden-Baden.

Hille, Patrick (2021): Das Recht am eigenen Bild als Doppelrecht. Berlin.

Katzenbach, Christian (2017): Die Regeln digitaler Kommunikation. Berlin.

Lewinski, Kai von (2020): Medienrecht. München.

Pohlhausen, Philine (2021): Das Original in der Fotografie im Lichte des Urheberrechts. Baden-Baden.

Wandtke, Artur-Axel (2021): Urheberrecht. Berlin.

Wandtke, Artur-Axel/Dietz, Claire/Kauert, Michael/Schunke, Sebastian (Hg.) (2012): Urheberrecht. Berlin.

Ideenfindung

Luisa Scherzinger

Digitales Brainstorming in der Ökonomischen Bildung

1 Einführung in das digitale Brainstorming

Die Kreativmethode Brainstorming zur gruppenbasierten Findung von kreativen und innovativen Ideen ist seit ihrem Bekanntwerden in den 1950ern nicht mehr aus dem Unterricht und der Wirtschaft wegzudenken. Vier Grundprinzipien sind nach dem Urheber Osborn (1953) dabei zu beachten: Quantität über Qualität, keine Kritik gegenüber anderen Ideen, die Einbringung von ungewöhnlichen und fantasievollen Ideen sowie die Weiterentwicklung anderer Ideen sind erwünscht. Trotz der großen Beliebtheit wird seit Langem kritisiert, dass das verbale Brainstorming mit abwechselnden Sprechgelegenheiten die Ideenproduktion sogar hemmen kann, weil nicht parallel zugehört und mitgedacht werden kann, es zu Trittbrettfahrerverhalten kommt oder weil eigene Ideen vergessen, verworfen oder, aus Angst sich zu blamieren, gar nicht geäußert werden (Paulus/Kenworthy 2019). Um diesen Nachteilen zu begegnen und alle Teilnehmenden zur aktiven Partizipation anzuregen, kann das klassische Brainstorming auch als digitales Brainstorming durchgeführt werden. Letzteres wird in der Literatur häufig auch als elektronisches Brainstorming bezeichnet. Hierbei werden die Ideen zu einer Problemlösung oder Fragestellung schriftlich und ohne zu sprechen am Computer eingegeben und sofort für alle oder zumindest einen Teil der Gruppenmitglieder sichtbar. Das digitale Brainstorming hat sich als produktivitätsfördernde Methode erwiesen, die im Vergleich zum regulären Brainstorming oder ab einer Gruppengröße von neun Personen auch im Vergleich zur individuellen Ideenfindung von neun Personen zu qualitativ hochwertigeren Ideen führen kann (DeRosa/Smith/Hantula 2007). Im vorliegenden Artikel wird das digitale Brainstorming für den Einsatz im (bilingualen) Wirtschaftsunterricht zunächst theoretisch eingeordnet und anschließend wird die Anwendung anhand eines Praxisbeispiels näher erläutert.

2 Didaktische Verortung und Kompetenzförderung durch digitales Brainstorming

Das digitale Brainstorming ist durch seine Lernenden- und Problemorientierung sowie sein situatives, selbstgesteuertes und kooperatives Herangehen grundsätzlich in der konstruktivistischen Didaktik (Reinmann/Mandl 2006) zu verorten und gilt als eine handlungsorientierte Methode (Herrlitz et al. 2004). Die Methode ist ganz besonders für die Ökonomische Bildung geeignet, da das digitale Brainstorming in der Regel von einer Problem- oder Fragestellung ausgeht und sich der Wirtschaftsunterricht sowohl an allgemeinbildenden Gymnasien als auch an beruflichen Wirtschaftsgymnasien ebenso durch eine hohe Problemorientierung auszeichnet (KM BW 2016/2021). Im Wirtschaftsunterricht sollte beim digitalen Brainstorming eine an der Lebenswelt der Lernenden orientierte, authentische und möglichst offene ökonomische Problem- oder Fragestellung gewählt werden, welche entweder die direkte Problemlösung oder das freie Assoziieren von Ideen zur Aktivierung des Vorwissens zum Ziel hat. Solch eine Problem- oder Fragestellung bietet für Schüler*innen die Möglichkeit, kreative und innovative Lösungen zu finden und kann gleichzeitig eine gute Vorbereitung auf den späteren Berufsalltag darstellen. Schließlich wird Kreativität durch den Wandel der Arbeitswelt mit vermehrt partizipativen Unternehmensstrukturen und fortschreitenden Digitalisierungsprozessen immer wichtiger und sollte daher auch eine größere Rolle in der Berufsvorbereitung spielen (Rauner 2019).

Im Vergleich zum verbalen Brainstorming können Beiträge beim digitalen Brainstorming gleichzeitig und anonym abgegeben werden, sodass Schüler*innen ihrer Kreativität freien Lauf lassen und sich ohne Bewertungsängste und Verzögerungen einbringen können (Furnham 2000), wodurch sich die Methode auch für schwächere Schüler*innen eignet. Im Ergebnis kann dies wiederum zu mehr kontroversen Beiträgen (Cooper et al. 1998) und somit auch zu vielseitigeren Perspektiven im Ideenpool führen. Die verschiedenen Lösungsvorschläge oder Ideen müssen dann im Plenum oder in Kleingruppen wiederum kritisch diskutiert und (aus)sortiert werden, bevor sich auf eine gemeinsame Lösung geeinigt wird. Durch diese Aushandlungsprozesse können das kritische Denken, die Teamfähigkeit und durch das bilinguale Format auch die Sprachkenntnisse gefördert werden. Diese drei Fähigkeiten werden als wichtige unternehmerische Kompetenzen eingestuft (Rat der Europäischen Union 2015). Der hierbei entstehende Umgang und die kritische Auseinandersetzung mit verschiedenen Perspektiven sind zudem ganz im Sinne der Mehrperspektivität des Wirtschaftsunterrichts (KM BW 2016), der Perspektivenvielfalt und des Perspektivenwechsels des auf Kreativität und gemeinsames Lernen ausgelegten bilingualen Unterrichts und auch des schulübergreifenden Leitfadens Demokratiebildung (KM BW 2019).

Durch den kreativen Gebrauch und die Zusammenarbeit über digitale Instrumente besitzt das Brainstorming zudem das Potenzial, digitalisierungsbezogene Kompetenzen wie die Problemlösung, die Gestaltung und Entwicklung digitaler Inhalte und die Kommunikation sowie Kooperation mit digitalen Technologien zu fördern (Carretero Gomez/Vuorikari/Punie 2017). Darüber hinaus kann die Ideenfindung und -präsentation auch multimedial aufgezogen werden, wobei schriftliche mit bildlichen Beiträgen kombiniert werden können. Die multimediale Präsentation von Lerninhalten mithilfe digitaler Medien hat sich für Schüler*innen als lernförderlich erwiesen (z.B. Mayer 2002). Weiterhin konnte gezeigt werden, dass digitales Brainstorming anhand von Wortwolken im Fremdsprachenunterricht eine effektive Schreibvorbereitungsmethode für das Verfassen von fachspezifischen fremdsprachlichen Texten sein kann (Rashtchi/Porkar 2020). Neben Wortwolken können aus dem Ideenpool auch Ablaufstrukturen erstellt werden, welche dann beispielsweise mithilfe des *Book Creators* und der Methode *Digital Storytelling* in einen Businessplan umgewandelt werden können. Eine andere Möglichkeit wird im Praxisbeispiel aufgezeigt, dabei wird eine Vorwissens- und Interessensabfrage aktiv für die Steuerung des Unterrichtsgeschehens eingesetzt, die Ideen werden mit Wissen angereichert und letztendlich in eine digitale Concept Map umgewandelt. Untersuchungen haben gezeigt, dass dieses Vorgehen besonders effektiv ist, denn die Erstellung von Concept Maps fördert bei Schülerinnen und Schülern ein vertieftes Verständnis der Inhalte (Schroeder et al. 2018).

3 Phasenschema des digitalen Brainstormings

Da das digitale Brainstorming unterschiedliche inhaltliche Schwerpunkte und Zielsetzungen wie die bereits genannte Problemlösung oder die Vorwissensabfrage haben kann, stellt das folgende Ablaufschema lediglich ein grobes Grundgerüst für die Anwendung dar und muss von der Lehrperson je nach Bedarf angepasst werden. Zum Beispiel kann aufgrund des hohen Bekanntheitsgrads des Brainstormings auf die Einführung der Methode verzichtet werden.

Tabelle 1: Ablaufschema des digitalen Brainstormings

Einführung	Die Lehrperson startet mit einer Einführung in das digitale Brainstorming und stellt die Ideensammlung und die Ideenauswertung als die zwei zentralen Säulen des Brainstormings vor. Für die Ideensammlung werden die vier Grundprinzipien als Rahmenbedingungen festgelegt. Quantität über Qualität! Keine Kritik üben! Je ungewöhnlicher, desto besser! Inspiration durch fremde Ideen ist willkommen!
Aufgabenstellung	Die Lehrperson stellt anschließend das Thema und die Problem- oder Fragestellung vor bzw. lässt diese von der Klasse gemeinsam festlegen. Sie macht klare Zeitangaben zu den folgenden drei Phasen und führt bei Bedarf das Tool für die Bearbeitung ein. Die Problem- oder Fragestellung und die genauen Zeitangaben sollen dabei am besten direkt im Tool hinterlegt und die ganze Zeit sichtbar sein.
Ideensammlung	Die Schüler*innen haben nun Zeit, ihren Ideen freien Lauf zu lassen und diese mithilfe von digitalen Endgeräten anonym im Tool zu notieren. Hierbei sind ihrer Kreativität keine Grenzen gesetzt und da die Einträge der anderen Schüler*innen direkt sichtbar sind, können sie vorhandene Ideen auch als Inspiration nutzen. Während der Ideensammlung sprechen die Schüler*innen nicht miteinander.
Ideenauswertung	Bei der Auswertung werden die Ideen anschließend geordnet und in Kategorien eingeteilt. Neu entwickelte Ideen dürfen dabei noch eingebracht und eingefügt werden. Bei einer Problemlöseaufgabe werden die Ideen anschließend im Detail diskutiert, ungeeignete Ideen werden aussortiert und zuletzt wird sich auf eine oder zwei Problemlösungen geeinigt.
Präsentation	Die Schüler*innen präsentieren ihre gefundenen Ideen oder Problemlösungen vor der Klasse.

Quelle: eigene Darstellung

4 Technische Voraussetzungen

Beim Brainstorming gibt es eine breite Auswahl an einsetzbaren digitalen Tools und diese haben jeweils unterschiedliche technische Voraussetzungen. Grundsätzlich lässt sich festhalten, dass die Schüler*innen entweder über ein Smartphone, Tablet oder Computer Internetzugang haben sollten und dass die Lehrperson sich im Vorhinein mit dem Tool ihrer Wahl auseinandergesetzt und dieses vorbereitet hat. Unter anderem diese Tools sind für das Brainstorming geeignet (siehe Tab. 2):

Tabelle 2: Geeignete digitale Tools für das Brainstorming

Tool	QR-Code	Beschreibung	Voraussetzungen
Answergarden		Wortwolke	Keine Registrierung nötig.
Miro		Whiteboard	Registrierung der Lehrperson. Für Lehrpersonen gibt es einen kostenlosen Account.
ONCOO		Kartenabfrage	Keine Registrierung nötig.
Padlet		Digitale Pinnwand	Registrierung der Lehrperson. Für mehr als drei Pinnwände ist ein kostenpflichtiger Account nötig.

Quelle: eigene Darstellung

+ – 5 Potenziale und Herausforderungen der Methode

Beim Einsatz des digitalen Brainstormings im Unterricht zeigen sich folgende Stärken:

- ✓ für alle Klassenstufen und Schularten und auch für sehr heterogene Klassen geeignet;
- ✓ Zeithorizont frei wählbar und bei (fast) allen Themen einsetzbar;
- ✓ alle Schüler*innen können sich beteiligen und werden kognitiv aktiviert;
- ✓ Brainstorming kann der Lehrperson helfen, Fehlkonzepte und Unterstützungsbedarfe von Schülerinnen und Schülern offenzulegen.

Des Weiteren müssen folgende Schwächen der Methode bedacht werden:

- × durch die Anonymität kann es zu Trittbrettfahrerverhalten von einzelnen Gruppenmitgliedern kommen;
- × die Anonymität verhindert eine individuelle Diagnose durch die Lehrperson;
- × in der Aushandlungsphase sollte darauf geachtet werden, dass die Ideen gleichwertig diskutiert werden.

6 Praxisbeispiel aus dem bilingualen Wirtschaftsunterricht (Englisch/Deutsch) zum Arbeitsmarkt in Deutschland und den Vereinigten Staaten

6.1 Wichtige Hinweise für die Umsetzung

Die folgende bilinguale Unterrichtseinheit beschäftigt sich sowohl mit dem deutschen als auch dem amerikanischen Arbeitsmarkt. Natürlich kann statt des amerikanischen auch der Arbeitsmarkt von einem anderen englischsprachigen Land gewählt werden und es ist grundsätzlich auch möglich, die Unterrichtseinheit im monolingualen Wirtschaftsunterricht durchzuführen. Als Lehrperson muss man für die Einheit eine gewisse Flexibilität mitbringen, denn durch das Brainstorming zu den für die Schüler*innen interessanten Aspekten kann im Vorhinein noch nicht genau festgelegt werden, welche Inhalte tatsächlich behandelt werden. Für die folgende Unterrichtsplanung wird allerdings der Einfachheit halber angenommen, dass Gewerkschaften und betriebliche Mitbestimmung zu den genannten Aspekten gehören.

6.2 Kurze inhaltliche Einführung zur betrieblichen Mitbestimmung

Gewerkschaften sind freiwillige Zusammenschlüsse von Arbeitnehmerinnen und Arbeitnehmern und treten für deren wirtschaftliche, soziale und gesellschaftliche Interessen und Rechte ein (Rütters/Mielke 2021). Deutsche Gewerkschaften sind grundsätzlich überbetrieblich organisiert und nicht vom Staat oder politischen Parteien abhängig, sie nehmen über verschiedene Instrumente aber Einfluss auf das politische Geschehen. Jedem Arbeitnehmer und jeder Arbeitnehmerin steht es frei, einer Gewerkschaft beizutreten. In Deutschland ist vor allem die Tarifautonomie von zentraler Bedeutung, denn diese erlaubt die autonome Regelung von Arbeits- und Wirtschaftsbedingungen zwischen Gewerkschaften und den Arbeitgeberverbänden, ohne dass der Staat direkten Einfluss nimmt. Das Ziel solcher Tarifverhandlungen besteht in der Unterzeichnung eines gemeinsamen und flächenübergreifenden Tarifvertrags. Wenn die Interessenlagen der Verhandlungspartner*innen allerdings stark auseinanderklaffen und es zu keiner Einigung kommt, können Gewerkschaften zu Arbeitskampfmaßnahmen wie Streiks aufrufen. Aktuelle Herausforderungen deutscher Gewerkschaften sind zum Beispiel rückläufige Mitgliederzahlen oder die Unterrepräsentation von jüngeren Beschäftigten, Frauen und Akademiker*innen (Hassel/Schroeder 2018).

Auch in den Vereinigten Staaten gibt es rechtlich anerkannte Gewerkschaften, die sich für die Belange der Arbeitnehmer*innen einsetzen und dafür Tarifverträge aushandeln, welche bei Uneinigkeiten auch zu Arbeitskampfmaßnahmen führen können. Am Beispiel der langjährigen Bemühungen von Mitarbeitenden des Unternehmens Amazon in verschiedenen US-Bundesstaaten, einer Gewerkschaft beizutreten (Sainato 2022), zeigen sich hingegen die Unterschiede zum Modell in Deutschland: Ein Beitritt ist häufig unternehmensbasiert und nur dann gültig, wenn die Arbeitgeber*innen zustimmen beziehungsweise wenn die Mehrheit der Belegschaft für den Beitritt stimmt. Untersuchungen haben dabei ergeben, dass Arbeitgeber*innen in den Vereinigten Staaten große Bemühungen unternehmen, um die Gründung von Gewerkschaften zu verhindern. So wurde den Arbeitgeberinnen und Arbeitgebern beispielsweise in 41,5 % aller Gewerkschaftswahlkampagnen 2016 und 2017 ein Gesetzesverstoß vorgeworfen (McNicholas et al. 2019).

Neben den Gewerkschaften sind in Deutschland auch Betriebsräte ein wichtiger Teil betrieblicher Mitbestimmung, denn sie können einerseits für erhöhte Produktivitätslevel, bessere Personalpolitik oder weniger Fluktuationen sorgen, aber andererseits können durch sie auch Ungleichheiten bei der Entlohnung zwischen Unternehmen mit und ohne Betriebsrat entstehen (Schnabel 2020). Betriebsräte gibt es in der Vereinigten Staaten dagegen keine.

6.3 Möglicher Unterrichtsverlaufsplan

Klassenstufe	Klasse 11
Zeitbedarf	3 Doppelstunden, hier vorgestellte Unterrichtsplanung 90 Minuten
Bildungsplan BW (Wirtschaftsgymnasium, Ökonomische Studien)	2.3 Students evaluate the economic power of the country in question on the basis of … **different aspects of the labour market**, e. g. wage levels, employees' rights, labour market policies, trade union density, causes of unemployment.
Lernziele der Unterrichtseinheit	Die Schüler*innen können … • durch eine Onlinerecherche und das Tool ONCOO die verschiedenen Aspekte der Arbeitsmärkte von Deutschland und den USA gemeinsam herausarbeiten und vergleichen; • die verschiedenen Aspekte der Arbeitsmärkte von Deutschland und den USA in einer Concept Map darstellen und für ein Fallbeispiel beurteilen.

Sequenz und Minuten	Beschreibung	Material und Medien
Einführung 5 Minuten	Die Lehrperson stellt das Problemszenario vor. In der Problemstellung stehen zwei Praktikumsstellen in Deutschland und den USA zur Verfügung. Für die Entscheidung werden zunächst Informationen über den Arbeitsmarkt gesammelt.	M1, z. B. mithilfe von PowerPoint
Erarbeitung I 5 Minuten	Auf Basis des Problemszenarios sammeln die Schüler*innen Ideen zu der Frage: **Which areas of the labour markets of the United States and Germany would you like to learn more about?** Während die Schüler*innen Ideen sammeln, sortiert die Lehrperson schon doppelte Antworten aus, indem sie nur eine Antwortkarte behält und dieser die Anzahl der Nennungen zuweist. Die ONCOO-Kartenabfrage wird zu Inspirationszwecken gezeigt, sobald die ersten Antworten eingegangen sind.	M2, ONCOO-Kartenabfrage
Sicherung I 10 Minuten	Im Plenum werden die Antworten gemeinsam angeschaut, Fragen zu einzelnen Ideen werden geklärt und die Antworten werden zu Kategorien zusammengefasst.	ONCOO-Kartenabfrage
Erarbeitung II 45 Minuten	Die Schüler*innen werden in Kleingruppen aufgeteilt und ihnen wird einer der vorher geclusterten Aspekte des Arbeitsmarkts (z. B. Gewerkschaften und Betriebsräte) zugewiesen. Anschließend recherchieren sie in Kleingruppen online zu ihren Themen, wobei sich eine gruppeninterne Arbeitsteilung oder eine Aufteilung in Gruppen von Expertinnen und Experten bezüglich der zwei Länder anbietet. Währenddessen erstellt die Lehrperson mehrere Duplikate der ursprünglichen Kartenabfrage und teilt jeder Gruppe ihr eigenes Kartenabfrageduplikat und das Passwort für die Bearbeitung mit. Jede Gruppe hält ihre Ergebnisse somit in einer eigenen Kartenabfrage fest.	M3, Geklonte ONCOO-Kartenabfragen (siehe Beschreibung)
Sicherung II 25 Minuten	Die Schüler*innen stellen ihre Ergebnisse vor. Dazu importiert die Lehrperson die Karten aus einer oder zwei der gruppeninternen Kartenabfragen, diese Gruppen stellen ihre Ergebnisse vor und die übrigen Gruppen ergänzen fehlende Informationen. Zum Abschluss kehren die Schüler*innen zur ursprünglichen Problemstellung zurück und treffen auf Basis der Informationen zu den Gewerkschaften eine begründete Entscheidung zur Praktikumsfrage und notieren diese (digital).	M4, ONCOO-Kartenabfragen
Ausblick	In den folgenden Stunden sammeln die Schüler*innen zu den noch ausstehenden Bereichen der Arbeitsmärkte Informationen. Die Informationen sollten dabei in unterschiedlicher Form zur Verfügung gestellt werden, z. B. kann zu einem Aspekt ein Film gezeigt, ein Podcast angehört, ein WebQuest (siehe Frentz/Wiepcke in diesem Band) durchgeführt oder Texte vorgegeben werden. Beibehalten wird allerdings, dass für jeden neu erarbeiteten Aspekt ein eigenes Fazit getroffen und als (digitale) Notiz festgehalten wird. Um die Einheit abzuschließen, erstellen die Schüler*innen am Ende in Kleingruppen eine Concept Map als Überblick über die gesammelten Informationen und ihre Zwischenfazite und treffen darauf aufbauend eine finale Entscheidung über die Wahl des Praktikumsstandorts.	

6.4 Beschreibung der eingesetzten digitalen Instrumente

ONCOO ist ein kostenloses Webtool, das sich besonders für kooperative Aufgabenstellungen eignet und dabei verschiedene Werkzeuge für die Bearbeitung bereithält. Dabei bedarf ONCOO grundsätzlich weder auf der Seite der Lehrperson noch auf der Seite der Schüler*innen einer Registrierung, es ist DSGVO-konform und der Server steht in Deutschland (Müller 2022). Die für die Einstiegsstunde benutzte Kartenabfrage muss im Vorhinein von der Lehrperson vorbereitet werden, indem sie ein Passwort für den späteren Zugang zur Kartenabfrage vergibt, dann eine Fragestellung im Tool hinterlegt und zuletzt hat sie noch die Möglichkeit, schon ein oder mehrere Beispiele vorzugeben. Dies ist besonders dann hilfreich, wenn davon ausgegangen werden kann, dass relevante Aspekte nicht ohne entsprechende Hinweise von den Schülerinnen und Schülern genannt werden. Die Vorteile des Tools ONCOO-Kartenabfrage sind:

- eine sehr intuitive Bedienung;
- doppelte Einträge können manuell zusammengefasst werden;
- es können einfach Duplikate erstellt und Karten aus einer anderen Frage importiert werden;
- Überschriften und Pfeile können hinzugefügt werden, um beispielsweise eine Concept Map zu erstellen;
- die Kartenabfrage kann am Ende leicht als Bild exportiert werden.

Alternativ zu ONCOO könnte für diese Stunde auch die digitale Pinnwand Padlet verwendet werden. Ein Vorteil hierbei wäre, dass auch mit Bildern oder Videos gearbeitet werden kann, allerdings ist hier das Kopieren der einzelnen gruppeninternen Posts in ein gemeinsames Padlet zur Übersicht nicht so einfach.

Materialien: Beispielhafte Kartenabfrage zu M1

Materialvorgaben in Form von möglichen Aufgabentexten

M1 Problem

You are in your first year at the commercial high school and you already know that you would like to do a six-month internship after graduation. You consider two companies: Barking Mad AG in Germany or the Equally Crazy Corporation in the United States. Since your older siblings have already done internships there and have each received an offer of employment, the decision could have a long-term impact on your life, so you want to gather as much information as possible in advance. Both locations are equally appealing to you since you have a dual citizenship, speak both German and English fluently and you do not tend to be homesick. However, because you were already active as a class representative and co-determination (Mitbestimmung) is very important to you, you now want to find out more about the labour markets in the respective countries. To be able to collect any information at all, you first need to consider which areas of the labour market are interesting and relevant for your decision. **Which areas of the labour markets of the United States and Germany would you like to learn more about?**

M2 Task 1 (7 minutes)

Join our ONCOO work area through the code XXXX. Start by brainstorming on your own and by gathering ideas on your digital pile in ONCOO*. Once you have run out of ideas, send your ideas to the digital board. Afterwards have a look at your classmates' answers and try to come up with additional ideas.
*Use an online dictionary of your choice if you are missing words.

M3 Task 2 (45 minutes in groups)

Conduct an online search on the specifics of trade unions and work councils in Germany and the United States and record your findings in form of short posts in your group's ONCOO.

M4 Task 3 (5 minutes)

Going back to the original problem and the question about the internship country: Which country would you choose for an internship based on the situation concerning trade unions? Write down your answer and give a written explanation for your decision in your digital notebook.

Literatur

Carretero Gomez, Stephanie/Vuorikari, Riina/Punie, Yves (2017): DigComp 2.1. The Digital Competence Framework for Citizens. With eight proficiency levels and examples of use. Luxemburg. Online: https://op.europa.eu/en/publication-detail/-/publication/3c5e7879-308f-11e7-9412-01aa75ed71a1 (Zugriff 18.2.22).

Cooper, William H./Gallupe, Brent R./Pollard, Sandra/Cadsby, Jana (1998): Some Liberating Effects of Anonymous Electronic Brainstorming. In: Small Group Research, 29(2), S. 147–178. DOI: 10.1177/1046496498292001.

DeRosa, Darleen M./Smith, Carter L./Hantula, Donald A. (2007): The medium matters: Mining the long-promised merit of group interaction in creative idea generation tasks in a meta-analysis of the electronic group brainstorming literature. In: Computers in Human Behavior, 23(3), S. 1549–1581. DOI: 10.1016/j.chb.2005.07.003.

Furnham, Adrian (2000): The Brainstorming Myth. In: Business Strategy Review, 11(4), S. 21–28. DOI: 10.1111/1467-8616.00154.

Hassel, Anke/Schroeder, Wolfgang (2018): Gewerkschaften 2030: Rekrutierungsdefizite, Repräsentationslücken und neue Strategien der Mitgliederpolitik. Hans-Böckler-Stiftung, Wirtschafts- und Sozialwissenschaftliches Institut (WSI). WSI Report, 44. Düsseldorf. Online: http://d-nb.info/1172431809/34 (Zugriff: 18.2.22).

Herrlitz, Wolfgang/Schmitz-Schwamborn, Gabriele/Veldenz-Dunne, Monika/Vijgen, Mathi (2004): Handlungsorientierte Unterrichtsmethoden. In: Linthout, Gisela (Hg.): Handlungsorientierter Fremdsprachenunterricht. Ein Trainingsprogramm zur Kompetenzentwicklung für den Beruf. Boston, S. 53–98.

KM BW – Ministerium für Kultus, Jugend und Sport Baden-Württemberg (2016): Bildungsplan des Gymnasiums. Wirtschaft/Berufs- und Studienorientierung (WBS). Stuttgart. Online: https://www.bildungsplaene-bw.de/site/bildungsplan/get/documents/lsbw/export-pdf/depot-pdf/ALLG/BP2016BW_ALLG_GYM_WBS.pdf (Zugriff: 18.2.22).

KM BW – Ministerium für Kultus, Jugend und Sport Baden-Württemberg (2019): Bildungsplan 2019. Leitfaden Demokratiebildung. Online: https://www.bildungsplaene-bw.de/,Lde/LS/BP2016BW/ALLG/LP/LFDB (Zugriff: 18.2.22).

KM BW – Ministerium für Kultus, Jugend und Sport Baden-Württemberg (2021): Bildungsplan 2021. Ökonomische Studien. Online: https://www.bildungsplaene-bw.de/,Lde/OeStu_OS (Zugriff: 18.2.22).

Mayer, Richard E. (2002): Multimedia learning. In: Psychology of Learning and Motivation, 41, S. 85–139.

McNicholas, Celine/Poydock, Margaret/Wolfe, Julia/Zipperer, Ben/Lafer, Gordon/Loustaunau, Lola (2019): U.S. employers are charged with violating federal law in 41.5% of all union election campaigns. In: Economic Policy Institute, Artikel vom 11.12. Online: https://www.epi.org/publication/unlawful-employer-opposition-to-union-election-campaigns/ (Zugriff: 18.2.22).

Müller, Olaf (2022): ONCOO. Online: https://www.oncoo.de/oncoo.php (Zugriff: 18.2.22).

Osborn, Alex F. (1953): Applied Imagination: Principles and Procedures of Creative Problem Solving. New York.

Paulus, Paul B./Kenworthy, Jared B. (2019): Effective Brainstorming. In: Paulus, Paul B./Nijstad, Bernhard A. (Hg.): The Oxford Handbook of Group Creativity and Innovation. New York, S. 285–305.

Rashtchi, Mojgan/Porkar, Reza (2020): Brainstorming Revisited: Does Technology Facilitate Argumentative Essay Writing? In: LTRQ, 18, S. 1–20. DOI: 10.32038/ltrq.2020.18.01.

Rat der Europäischen Union (2015): Informationen der Organe, Einrichtungen und sonstigen Stellen der Europäischen Union. Schlussfolgerungen des Rates zur unternehmerischen Kompetenz in der allgemeinen und beruflichen Bildung. Online: https://eur-lex.europa.eu/legal-content/DE/TXT/PDF/?uri=CELEX:52015XG0120(01)&from=DE (Zugriff: 18.2.22).

Rauner, Felix (2019): Kreativität. Ein Merkmal der modernen Berufsbildung und wie sie gefördert werden kann. Berlin.

Reinmann, Gabi/Mandl, Heinz (2006): Unterrichten und Lernumgebungen gestalten. In: Krapp, Andreas/Weidemann, Bernd (Hg.): Pädagogische Psychologie. 5. Auflage. Weinheim, S. 613–658.

Rütters, Peter/Mielke, Siegfried (2021): Gewerkschaften. In: Andersen, Uwe/Bogumil, Jörg/ Marschall, Stefan/Woyke, Wichard (Hg.): Handwörterbuch des politischen Systems der Bundesrepublik Deutschland. 8., überarbeitete und erweiterte Auflage. Wiesbaden, S. 368–378.

Sainato, Michael (2022): US judge orders Amazon to 'cease and desist' anti-union retaliation. In: The Guardian, Artikel vom 28.11. Online: https://www.theguardian.com/technology/2022/nov/28/amazon-staten-island-new-york-retaliation (Zugriff: 20.12.22).

Schnabel, Claus (2020): Betriebliche Mitbestimmung in Deutschland: Verbreitung, Auswirkungen und Implikationen. In: Perspektiven der Wirtschaftspolitik, 21(4), S. 361–378. DOI: 10.1515/pwp-2020-0048.

Schroeder, Noah L./Nesbit, John C./Anguiano, Carlos J./Adesope, Olusola O. (2018): Studying and Constructing Concept Maps: a Meta-Analysis. In: Educational Psychology Review, 30(2), S. 431–455. DOI: 10.1007/s10648-017-9403-9.

Sabine Gans

Mindmapping in der Ökonomischen Bildung

1 Relevanz des Mediums und Beschreibung der Methode

Nicht zuletzt die Corona-Jahre 2020/21 haben gezeigt, dass kreative und innovative Lösungen in allen Bereichen des täglichen Lebens gesucht und gefunden werden (müssen); sie sind nicht auf das Wirtschaftsleben oder auf Leitungsebenen von Unternehmen beschränkt. In einer Welt, die durch zunehmende Komplexität und Veränderung gekennzeichnet ist, sollten Schüler*innen deshalb frühzeitig mit passenden Methoden und Strategien vertraut werden, um verstehen, partizipieren, entscheiden und gestalten zu können.

Mindmap heißt wörtlich übersetzt *Gedankenlandkarte* – der Begriff illustriert bereits wesentliche Elemente der zugrunde liegenden Vorgehensweise. Begriff und Methodik wurden in den 1970er Jahren von dem britischen Psychologen und Autor Anthony Buzan eingeführt und erstmals beschrieben (2005). Mindmapping ermöglicht das Festhalten, Konservieren, Strukturieren und Visualisieren von Ideen und Gedanken, findet Anwendung beim Exzerpieren von Texten oder dem Strukturieren von Rechercheergebnissen.

Dabei werden – ausgehend von einer zentralen Fragestellung oder einem Sammelbegriff/Oberbegriff – untergeordnete Begriffe in mehreren Ebenen angebunden und ausdifferenziert. Die visuelle Darstellung in Form eines Clusters erinnert an die netzartige Verknüpfung der Neuronen im menschlichen Gehirn. Buzan/Buzan (2002) folgerten aus den Forschungen über Informationsverarbeitung, Struktur und Funktionsweise des Gehirns, dass die klassischen linearen Formen des Aufzeichnens ineffizient und eintönig seien „und nur einen Bruchteil des ungeheuren Leistungspotenzials des Gehirns beanspruchen" (2002, 52).

Eine Mindmap ist – im Gegensatz zu einer linearen Darstellung – jederzeit ergänz- und modifizierbar; sie zeigt Strukturen, Beziehungen und hierarchisiert Aspekte durch Anordnung (Haupt- und Nebenäste), grafische Ausgestaltung (Farben, Symbole, Pfeile etc.) und erlaubt die Pointierung/Schärfung von Begriffen (Zuordnung/Wiederholung). Entsprechend dem „Picture-Superiority"-Effekt werden Bilder bei der Auswertung von Informationen priorisiert (Rustler 2011), sie „rufen deshalb viel mehr hervor als Wörter, sind genauer und kraftvoller, wenn es darum geht, eine Assoziationskette auszulösen“ (2002, 72).

Das Mindmapping als im schulischen Kontext etablierte Methode bietet zahlreiche Zugänge: Informationen, insbesondere in Textform, zu strukturieren, Ideen zu sammeln sowie Projekte zu planen und durchzuführen oder eigenes Lernen inhaltlich und organisatorisch zu fassen. Die Mindmap korrespondiert in ihrer Entstehungsweise und ihrer Darstellung mit der Vorstellung von verknüpftem Wissen und Können, das in verschiedenen Anwendungsbereichen Anwendung findet. Digitales Mindmapping ist dabei mehr als das Überführen einer analogen Methode in ein digitales Format. Zwar lassen sich Herangehen und Intention übertragen, doch in der digitalen Anwendung ist kooperatives Arbeiten auch zeitversetzt und ortsunabhängig möglich sowie eine Verknüpfung mit Inhalten aus anderen Anwendungen, z.B. aus Online-Lexika, oder Illustrationen.

2 Fachbezogene Relevanz (didaktische Verortung) digitaler Mindmaps

In der Ökonomischen Bildung hat Mindmapping vor allem als Kreativitätstechnik ihren Platz. Entsprechend der konstruktivistischen Lerntheorie sind wir „Erfinder unserer Wirklichkeit“ (Reich 2002, 119), Forschendes Lernen ermöglicht in besonderem Maß das Ausprobieren, die Selbsterfahrung, das Experimentieren, welches immer in eigene Konstruktionen ideeller oder materieller Art führt. Reich fordert damit eine „grundsätzliche partizipative und handlungsorientierte Ausdeutung des Lernens“ (2005, 1). Wissen sei nicht zu vermitteln, vielmehr müsse der „Wissenserwerb des Lerners im Zentrum des pädagogischen Interesses“ stehen (Arndt 2017, 26).

Über die fachliche Auseinandersetzung mit ökonomischen Themen, aber auch im wirtschaftlichen Handeln selbst erweitert sich informatische Kompetenz (Anwendung, Analyse, Gestaltung), vollzieht sich Demokratieerfahrung, stellen sich ethisch-soziale Fragen. Die dabei gewonnenen Kompetenzen sind übertragbar auf andere Prozesse demokratischer Meinungs- und Willensbildung.

Engartner spricht sich in der Ökonomischen Bildung für ein problemorientiertes Arbeiten an relevanten Problemstellungen aus, die „in der Regel das Ergebnis eines gesellschaftlichen Aushandlungsprozesses“ darstellen (2010, 103). Digitales Mindmapping erlaubt Schüler*innen neben der inhaltlichen Auseinandersetzung mit einem Thema die Erweiterung des eigenen Methodenrepertoires in verschiedenen Kontexten, Umgang und Einordnung digitaler Kommunikations- und Informationstechnologien und ein Verständnis ob ihrer gesellschaftlichen und ökonomischen Relevanz (KMK 2021).

3 Erstellung digitaler Mindmaps – Phasenschema

Da (digitales) Mindmapping individuellen Assoziations- und Konstruktionsprozessen folgt, gibt es für die Erstellung nur wenige Richtlinien oder Vorgaben. Etabliert hat sich folgendes Vorgehen:

Einführung

1. Es findet eine einleitende Konfrontation mit dem Thema (Fragestellung, Problem) bzw. der gestellten Aufgabe (Projektziel, Wettbewerb) statt. Dabei ist auf Relevanz, Eignung und Handlungsgelegenheit zu achten. Die Aufgabe sollte eine echte Frage- bzw. Problemstellung mit Lebensweltbezug enthalten und motivierend sein. Im Praxisbeispiel „Bio in aller Munde“ geht es um Gründe und Auswirkungen individueller Kaufentscheidungen.

Klären der Themenstellung

2. Insbesondere für kollaboratives Mindmapping muss zu Themen- bzw. Fragestellung Transparenz und Konsens herrschen. Die Funktion des Ergebnisses (Brainstorming, Strukturierung des Projekts etc.) ist zu vereinbaren.

Vorbereitung

3. Die Schüler*innen öffnen das Programm und bereiten ein neues Dokument vor. Wird in Gruppen synchron gearbeitet, einigen sich die Schüler*innen auf den Modus des Eintragens (nacheinander, Protokollant*in). Beim asynchronen Mindmapping können mehrere Schüler*innen unabhängig voneinander am Dokument arbeiten.
   In der analogen Form legen die Schüler*innen einen nicht linierten oder karierten Papierbogen (DIN A3 oder Flipchart-Bogen) im Querformat vor sich.

Erstellen

4. Schüler*innen formulieren möglichst prägnant das Thema mittig als zentralen Knoten. Werden in Gruppen mehrere Mindmaps erstellt, kann es sinnvoll sein, zuvor eine Formulierung für alle Gruppen festzulegen.

5. Schüler*innen erweitern den Mittelknoten mit wichtigen Aspekten, die an Ausgangsfrage/Hauptthematik anknüpfen. Beim Strukturieren eines Texts können die Informationen zu den Sinnabschnitten die Hauptäste bilden.
6. Dann zweigen von den Hauptästen Differenzierungsäste ab, die das Thema untergliedern. So bilden sich unterschiedliche Differenzierungsebenen.
7. Die Zahl der Differenzierungsebenen ist grundsätzlich unbegrenzt. Sie können vertikal weitere Differenzierungsebenen bilden oder horizontal gleichwertige Aspekte benennen. Die Anzahl für beides ist beliebig und hängt davon ab, wie komplex und differenziert das Thema ist. Das gewählte Medium nimmt dabei Einfluss: der Platz auf einem Papierbogen ist beschränkt, im digitalen Dokument sind die Schüler*innen flexibler oder können Hauptäste herauslösen und weiterführen. Die digitale Anwendung erlaubt durch Heranzoomen oder eine Ausschnittdarstellung die (optische) Fokussierung beispielsweise auf eine Differenzierungsebene. Auch ist es möglich, arbeitsteilig zu arbeiten, indem z.B. Teilgruppen oder Einzelpersonen an einer Differenzierungsebene weiterarbeiten; später lassen sich die Teilergebnisse wieder zusammenfügen.
8. Die Schüler*innen können Piktogramme, Pfeile, Zeichen oder Formen ergänzen, um Wichtiges, Beziehungen und Dependenzen zu kennzeichnen. Diese zusätzliche Visualisierung bietet weitere Übersicht, sie priorisiert und pointiert dabei einzelne Aspekte.

4 Technische Voraussetzungen für digitales Mindmapping

Programme wie XMind, bubbl.us, Coggle, MindMeister sind in eingeschränkten, in Probe- bzw. Demo-Versionen kostenlos. Zumeist ist eine Registrierung erforderlich, bisweilen ein Account, z.B. Google+. Die Programme sind in der Regel selbsterklärend.

Im Programm MindMeister können nach Registrierung über eine E-Mail-Adresse drei Mindmaps kostenfrei erstellt werden. Diese sind nach erneutem Log-in wieder verfügbar. Dabei wird ein Link generiert, der weitergegeben werden kann und die kollaborative Bearbeitung in synchroner und asynchroner Form erlaubt. Die Erstellung von PDF-Dokumenten ist in der kostenlosen Version nicht möglich. Der Zugang zum Programm ist zu finden unter https://www.mindmeister.com. Neben diesen Tools zum klassischen Mindmapping gibt es weitere Programme: WiseMapping ermöglicht den Export generierter Mindmaps in andere Dateiformate, Cacoo bietet Gelegenheiten, Diagramme zu erstellen, Popplet erweitert die Idee des kollaborativen Arbeitens durch Projektplangestaltung.

Zwar ist die Erstellung von Mindmaps auch mit Office-Programmen möglich – mit Piktogrammen oder Zeichnungselementen (Word) oder Dokumentvorlagen (PowerPoint), auch bieten interaktive Tafeln Vorlagen und Schemata, in die eingetragen werden kann, doch ein kollaboratives Arbeiten oder das Überführen von Ergebnissen in andere Formate und Zusammenhänge (z.B. Generieren von Projektplänen, Umformen in Zeitleisten etc.) ist damit meist schwer oder gar nicht möglich.

Für die Arbeit an digitalen Mindmaps gilt wie bei der analogen Variante das „leere Blatt" als Ausgangspunkt. Es bietet sich also an, mit Hardware zu arbeiten, deren Bildschirm nicht zu klein ist: stationäre Rechner, Notebooks. Für Tablets spricht die größere Flexibilität, für Mobiltelefone die Realität – das Smartphone ist für viele Schüler*innen das bevorzugte Endgerät.

+ – 5 Potenziale und Herausforderungen digitalen Mindmappings

Die kritische Betrachtung digitalen Mindmappings beschränkt sich bisher auf Vorstellung und Anwendungsmöglichkeiten gängiger Anwendungen. Eine differenzierte Evaluation steht bislang aus bzw. bezieht sich zumeist auf analoge Formen (z.B. bei Blunt/Karpicke 2014).

5.1 Potenziale

Das Mindmapping ist eine im schulischen Kontext etablierte Methode. Bereits in der Primarstufe werden damit beispielsweise im Sachunterricht Informationen erfasst, gegliedert und strukturiert. In der Orientierungsstufe ist das Exzerpieren von Texten im Deutschunterricht gängige Praxis. Digitale Anwendungen nehmen diese Vorerfahrungen der Schüler*innen auf und ermöglichen die Erweiterung informatorischer Kompetenzen: zum einen durch Vertrautmachen und zielgerichtetes Anwenden, zum anderen durch kollaboratives Arbeiten in synchronen und asynchronen Settings. Digitales Mindmapping erhält in der Ökonomischen Bildung beispielsweise Relevanz, wenn in einem Schulunternehmen eine Geschäftsidee entwickelt, Unternehmensformen verglichen, Kreativitätstechniken zur Meinungsbildung genutzt werden oder über Kapitaleinsatz abgestimmt wird (Gans 2022). Im Zusammenhang mit einer als lebenslanger Entwicklungsprozess verstandenen beruflichen Orientierung ermöglicht digitales Mindmapping die ständig erweiterbare Darstellung von Ausbildungswegen oder visualisiert die individuelle Erweiterung der eigenen Fähigkeiten oder Qualifikationen bei gleichzeitiger Schärfung informatorischer Kompetenzen. Schüler*innen nutzen dabei Verfahren, die in Unternehmen ebenfalls Anwendung finden, wie eine nicht repräsentative Befragung von Praktikumsbetrieben in der Verbandsgemeinde Westerburg ergab.

5.2 Herausforderungen

Das Mindmapping als Strukturierungsmethode von Texten/Informationen ist kognitiv anspruchsvoll, weil es text- und sprachlastig ist. Gerade bei unterschiedlichem Sprachniveau, insbesondere bei Schüler*innen mit internationaler Geschichte, ist ein gleichwertiges Einbringen nicht für alle Schüler*innen möglich, wie eigene Unterrichtsbeobachtungen zeigen. Die weitgehend verschriftlichte Form der Aspekte bedarf auch der Transferleistung der Schüler*innen, die pointieren, verkürzen, Oberbegriffe finden müssen. Hinzu kommt bei einer gemeinsamen Mindmap z.B. am interaktiven Smartboard die Angst vieler Schüler*innen, (orthografische) Fehler zu machen. Durch die Anwendung von Symbolen/Piktogrammen oder die Erstellung von Mindmaps ohne Schriftsprache – also nur mit Bildern etc. – kann diese Schwellenangst gemindert werden. Dies kann ein Beitrag sein, im Rahmen von Lernaufgaben sozioökonomische Lernprozesse sprachbildend zu unterstützen (Jordan/Sieberkrob 2020). Dennoch ist in heterogenen Lerngruppen auch auf diese Punkte zu achten – insbesondere Schüler*innen mit Förderbedarf oder zurückhaltende Schüler*innen sind zu berücksichtigen (Bonfig 2020).

Beim Brainstorming fungiert Mindmapping als Ideensammlung. Dies kann nur bei Themen gelingen, zu denen Schüler*innen auch etwas sagen können, und darf nicht als niederschwelliger Einstieg in eine Unterrichtseinheit missbraucht werden. Wie jede Methode muss das Mindmapping eine konkrete Funktion haben und kann gerade zur Strukturierung von Arbeitsprozessen handlungsleitend für den gesamten Unterricht im Sinne des genetischen Prinzips (Petrik 2020) sein.

6 Unterrichtsbeispiel: Bio in aller Munde – Ein Projekt zur Nachhaltigkeitsbildung

6.1 Fachliche Einführung für die Lehrkraft

Das Praxisbeispiel zeigt exemplarisch unterschiedliche Anwendungsmöglichkeiten und Kompetenzebenen des Mindmappings in einem handlungsorientierten-partizipativen Setting. Das Beispiel ist zweigleisig angelegt: Erschließen eines Inhalts sowie Planung eines Projekts und damit eigener Lern- und Arbeitsprozesse zum Thema „Bio in aller Munde – Tipps für den Lebensmitteleinkauf".

Die Vereinten Nationen haben im Jahr 2015 in den „Sustainable Development Goals" die Ziele für eine nachhaltige Entwicklung in allen Ländern der Welt festgeschrieben. Das Bildungsziel 4.7 der Global Goals liefert die Legitimationsgrundlage für die Einführung, Durchführung und Implementierung von Bildung für nachhaltige Entwicklung (BNE) und formuliert den Auftrag, bis 2030 sicherzustellen,

> dass alle Lernenden die notwendigen Kenntnisse und Qualifikationen zur Förderung nachhaltiger Entwicklung erwerben, unter anderem durch Bildung für nachhaltige Entwicklung und nachhaltige Lebensweisen, Menschenrechte, Geschlechtergleichstellung, eine Kultur des Friedens und der Gewaltlosigkeit, Weltbürgerschaft und die Wertschätzung kultureller Vielfalt und des Beitrags der Kultur zu nachhaltiger Entwicklung. (UN 2015)

Nicht zuletzt das umweltpolitische Engagement Jugendlicher und das aktuelle Urteil des Bundesverfassungsgerichts zur Verpflichtung, bei politischen Entscheidungen deren Konsequenzen für künftige Generationen in den Blick zu nehmen, unterstreicht, dass Unterricht Schüler*innen Kompetenzen an die Hand geben soll, gegenwärtige und künftige – noch unbekannte – Herausforderungen zu bestehen (BVerfG 2021). Dazu passt ein projektorientierter, forschender Lernzugang.

Beim Thema „Bio in aller Munde" stellen sich Fragen nach den Produktionsbedingungen, Qualität und Herkunft von Lebensmitteln, unterschiedlichen Siegeln und deren Kriterien, Bezugsquellen und Einkaufsstätten sowie der Preisbildung in lokaler, nationaler und globaler Dimension. Diese Pluralität lässt sich in einer Mindmap abbilden (Mindmap als Ideensammlung) und gruppieren, hierarchisieren und gegebenenfalls arbeitsteilig bearbeiten (Mindmap zur Strukturierung von Arbeitsprozessen).

Die Gelegenheit zu inhaltlicher Auseinandersetzung ist vielschichtig: Aus der Perspektive hiesiger Landwirtinnen und Landwirte steigert die Erzeugung von Lebensmitteln nach den Standards der Anbauverbände, z. B. Naturland, Demeter, die Kosten, ermöglicht aber das Erschließen neuer Käufer*innengruppen und wirkt sich positiv auf das Image von Unternehmen aus. Die Produktion nach Nachhaltigkeitsgesichtspunkten (Ressourcenschonung durch Recycling, Saisonalität) lässt höhere Verkaufspreise und damit Gewinnmargen zu; insbesondere durch die Betonung der Regionalität setzen sich hiesige Erzeuger*innen von globaler Konkurrenz ab. Der Preisdruck durch den Handel sowie niedrigere Umwelt- oder Arbeitsschutzstandards in anderen Ländern führt auf der anderen Seite zu stärkerer Umweltbelastung (Anbau, Transport), Prekarisierung und Abhängigkeit von Unterstützungsleistungen im Rahmen von Entwicklungszusammenarbeit und verhindert ein gleichberechtigtes internationales Miteinander. Zunehmendes Wohlstandsgefälle oder der (fehlende) Zugang zu sauberem Wasser sind hierfür exemplarische Indikatoren (Bertelsmann Stiftung 2020). Megatrends wie stärkere Gesundheitsorientierung oder das Bewusstsein für die Konsequenzen der eigenen Gewohnheiten verändern den Konsum (Deloitte 2017; Zukunftsinstitut 2019). Neben politischen Entscheidungen, beispielsweise durch Besteuerung oder Subventionierung bestimmter Güter oder Branchen, beeinflussen die Kaufentscheidungen der Endverbraucher*innen das Warenangebot und damit auch Produktions- und Arbeitsbedingungen. Das Inkrafttreten der Einwegkunststoffverbotsverordnung im Juli 2021 (EWKVerbotsV) führte u.a. dazu, dass Trinkhalme inzwischen beispielsweise aus Papier oder Einweggeschirr aus Bambusfasern hergestellt werden (VZBH 2021). Der ökologische Nutzen dieser Alternativen ist bisher nicht hinreichend belegt. Die Bearbeitung der Thematik „Bio in aller Munde – Tipps für den Lebensmitteleinkauf" in Projektform ermöglicht also Pluralität, Kontroversität und Multiperspektivität in der inhaltlichen Auseinandersetzung (Bereich BNE), den methodischen Zugängen und den anzubahnenden Kompetenzen.

6.2 Didaktisch-methodische Hinweise

Mithilfe digitaler Anwendungen können Schüler*innen an ihnen bekannte Arbeitsformen – analoges Mindmapping als Strukturierungsmittel und Ideensammlung sowie Methoden des kollaborativen Arbeitens in Tandems oder Gruppen – anknüpfen, sie in den digitalen Raum übertragen und gleichzeitig ihre Kompetenzen erweitern bezüglich kooperativer Arbeitsformen, digitaler Anwendungen, Kreativitätstechniken, Kommunikation und Sprache. Unabhängig von Raum und Zeit bieten sich durch das digitale Mindmapping Gelegenheiten zu kooperativem Tun und zum projektorientierten Arbeiten.

Insbesondere in ländlich geprägten Regionen eröffnen sich Schüler*innen dadurch zusätzliche Möglichkeiten in Bezug auf ihre persönliche Lebensgestaltung im Sinne des Nachhaltigkeitsziels der gleichwertigen Lebensbedingungen z.B. von urbanen und ländlichen Lebensräumen; sie erfahren dabei Selbstwirksamkeit und Eigenständigkeit.

6.3 Möglicher Unterrichtsverlaufsplan

Klassenstufe	7–9
Zeitbedarf	120 Minuten zur Projektplanung, weiterer Zeitbedarf abhängig vom durch die Schüler*innen entwickelten Szenario
Curriculare Einordnung am Beispiel Rheinland-Pfalz	Fach Sozialkunde – Lernfeld Wirtschaft Richtlinie zur Ökonomischen Bildung Richtlinie Verbraucher*innenbildung KMK-Strategie „Bildung in der digitalen Welt“
Kompetenzen	Die Schüler*innen können … • ökonomische Zusammenhänge in Bezug auf den Vergleich von konventionell und biologisch erzeugten Lebensmitteln analysieren, den Umgang mit eigenen und fremden Ressourcen und die Notwendigkeit nachhaltiger ökonomischer Entscheidungen begründen, indem sie Tipps für den Lebensmittelkauf formulieren; • ihre Recherche- und Arbeitsergebnisse adressat*innengerecht verbalisieren und präsentieren, indem sie Gedanken in eine digitale Mindmap einfügen, diese im Plenum vorstellen und nachhaltige Kaufempfehlungen ableiten; • digitales Mindmapping als Strukturierungs- und Kreativitätstechnik individuell und kollaborativ anwenden; • weitere digitale Anwendungen (Office- und Gestaltungsprogramme) zur Erstellung des Informationsflyers nutzen.

Phase/Funktion des Mindmappings/Minuten	Inhalt (Material)	Didaktisch-methodische Hinweise
Einführung Problematisierung 20 Minuten	• Vorstellung des (realen/fiktiven) Wettbewerbsthemas (M1) • Konfrontation mit den Aussagen (M2)	• Vereinbarung zur Teilnahme am Wettbewerb: *Tipps für den Lebensmittelkauf (Projektplanung)* • Diskussion der Aussagen: Vergleich von Biolebensmitteln und konventionell erzeugten (Erschließung des Inhalts)
Ideensammlung 10 Minuten	Plenum Die digitale Mindmap kann an einer interaktiven Tafel erstellt werden bzw. über Bildschirmprojektion an einem Rechner.	Schüler*innen benennen Aspekte, die sie mit Biolebensmitteln assoziieren: **Tierhaltung. Produktionsbedingungen, eigene Erfahrungen, Gesundheitsnutzen, Label, Preise, Einkaufsstätten, Image, Werbung, Globalisierung** usw. Diese bilden die Hauptäste der Mindmap. Die Aussagen aus Material 2 können Anregungen geben bzw. alternativ die Hauptäste bilden, falls Ideen fehlen.
Ideensammlung 20 Minuten	PC Gruppenarbeit Plenum	Schüler*innen arbeiten in Gruppen und differenzieren die Mindmap weiter aus, indem sie einen oder mehrere Hauptäste weiterführen. So „entdecken" sie das verwendete Programm und bleiben damit in der Dramaturgie des kooperativen Arbeitens. (Abb. 1 zeigt ein mögliches Ergebnis einer 7. Klasse) Zusammenführen der Teilergebnisse im Plenum zu einem Dokument z. B. mit WiseMapping; hier offenbart sich ein Vorteil der digitalen Anwendung.

Strukturierungs-mittel Dokumentation gemeinsamer Arbeit Zeitleiste Visualisierung gemeinsamer Arbeit 20 Minuten	Organisation des Projekts: Projekt-planung	Um die Wettbewerbsaufgabe zu erfüllen, soll eine Präsentation, eine Aktion, ein Flyer o. Ä. hergestellt werden. Die entsprechenden Informationen sind zu recherchieren, das Format festzulegen. Dazu bedarf es zunächst einer Projektplanung mithilfe eines digitalen Mindmappings. Gruppierung der Äste der Mindmap (thematisch, zeitlich) Markieren von Beziehungen, Widersprüchen, Verweisen etc., Festlegen von Abfolge, Gruppen, Arbeitsschritten Möglich: Umformen der gemeinsamen Mindmap in den Modus „Organigramm" und Ergänzung von zeitlichen Absprachen - Anwendungen wie Popplet ermöglichen die Erstellung von Projektplänen und digitalen Pinnwänden (→ Trello)
Textexzerpt 25 Minuten	Visualisierung der Sachinformation zum (Gruppen-)Thema als Mindmap	• Erarbeiten von Sachinformation durch Recherche z. B. im digitalen Kinderlexikon Klexikon – das Kinderlexikon (zum.de) • alternativ: eigenständige Recherche oder Angabe von Webseiten durch die Lehrkraft
Weiterführung/ Ausblick 15 Minuten Σ 110 Minuten		• Vorstellen der Gruppenergebnisse • gegebenenfalls Erstellen des Wettbewerbsbeitrags

Materialien

M1 Ausschreibung Wettbewerb

Auf der Webseite einer Stadt findet sich folgender Hinweis:

Macht mit beim Schüler*innenwettbewerb –
Gewinnt tolle Preise für eure Klasse!

Thema

Bio in aller Munde – Tipps für den Lebensmitteleinkauf

„Jede Woche ist der Briefkasten voll mit Angebotsprospekten der Lebensmittelmärkte unserer Ungebung!", ärgert sich Jana. „Man weiß nicht, was und wo man einkaufen soll – bio, regional, konventionell? Was heißt das alles, und warum sind die Preise so unterschiedlich?"

Kennt ihr euch aus? Wie ist eure Meinung zum Lebensmitteleinkauf? Was ist euch wichtig, worüber diskutiert ihr in der Familie? Ist bei euch bio in aller Munde?

Wäre es für Menschen wie Jana nicht praktisch, eine Einkaufsinformation eures Ortes zu haben?

Aufgabe
Um einen Preis zu gewinnen, muss die Klasse innerhalb eines Monats eine Präsentation zum Thema „Bio in aller Munde – Tipps für den Lebensmitteleinkauf" einsenden. Dies kann ein digitales Dokument, ein Flyer, eine Broschüre oder eine Plakatausstellung sein.

Ihr könnt auch eine Aktion durchführen und präsentieren: Plant ein Klassenfrühstück oder einen Pausenverkauf.

Wir sind gespannt auf eure Beiträge! Der 1. Preis ist eine Klassenreise in unsere Partnerstadt!

M2 Aussagen

Essen und Trinken hält Leib und Seele zusammen. Es muss vor allen Dingen schmecken!

Bio ist mir wichtig, zum Wohl der Tiere und für die Gesundheit meiner Familie.

Auch im Bioladen gibt es im Winter Erdbeeren aus Südafrika. Muss das sein?

Das Biosiegel ist eine gute Orientierung beim Einkaufen.

Bio schmeckt nicht so lecker wie das Original.

Biolebensmittel kann ich mir nicht leisten.

Abbildung 1: Darstellung als Mindmap

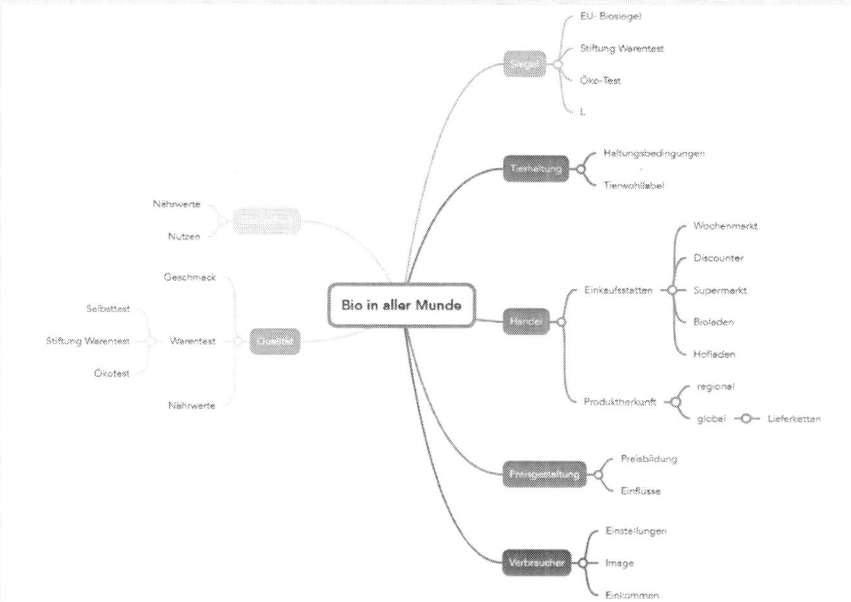

Quelle: eigene Darstellung

Abbildung 2: Darstellung als Organigramm

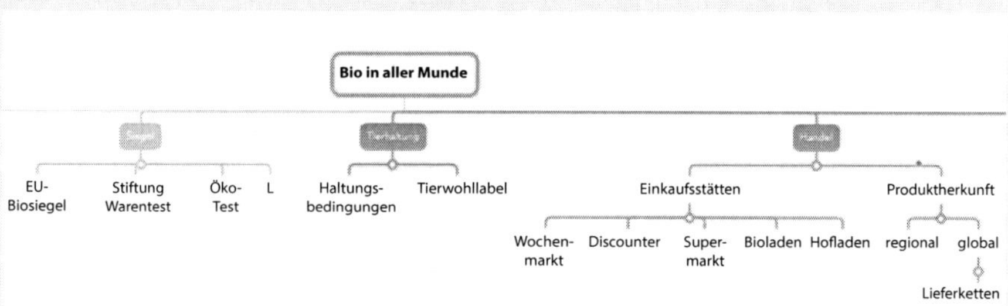

Quelle: eigene Darstellung

Digitale Anwendungen zum Mindmapping

bubbl.us	https://bubbl.us
Cacoo	https://cacoo.com
Coggle	http://coggle.it
MindManager	https://www.mindmanager.com
MindMeister	http://www.mindmeister.com
Popplet	http://blog.popplet.com
Trello	https://trello.com
WiseMapping	https://www.wisemapping.com
XMind	https://www.xmind.net

Literatur

Arndt, Holger (2017): Medien des Wirtschaftsunterrichts. Opladen.

Bertelsmann Stiftung (Hg.) (2020): Globalisierungsreport 2020. Gütersloh. Online: https://www.bertelsmann-stiftung.de/de/publikationen/publikation/did/globalisierungsreport-2020-wo-stehen-die-entwicklungs-und-schwellenlaender (Zugriff: 7.11.22).

Blunt, Jeffrey/Karpicke, Janell (2014): Learning with retrieval-based concept mapping. In: Journal of Educational Psychology, 106, S. 849–858.

Bonfig, Anja (2020): „Nix anderes ist eine größere Macht als Geld" – Phänomene aus dem Feld sozioökonomischer finanzieller Bildung aus der Sicht von Jugendlichen mit sonderpädagogischem Förderbedarf. Frankfurt/M.

BVerfG – Bundesverfassungsgericht (2021): Beschluss des Ersten Senats vom 24. März 2021 - 1 BvR 2656/18 -, Rn. 1-270. Online: https://www.bundesverfassungsgericht.de/SharedDocs/Entscheidungen/DE/2021/03/rs20210324_1bvr265618.html (Zugriff: 7.11.22).

Buzan, Tony (2005): Mind Map – die Erfolgsmethode. München.

Buzan, Tony/Buzan, Barry (2002): Das Mind-Map-Buch. Die beste Methode zur Steigerung Ihres geistigen Potenzials. 5. Auflage. München.

Deloitte (2017): Beyond the Noise: The Megatrends of Tomorrow's World. München.

Engartner, Tim (2010): Didaktik des Ökonomie- und Politikunterrichts. Paderborn.

Gans, Sabine (2022): Schüler*innenfirmen. In: mateneen, 7/2022 – Schule öffnen und vernetzen, S. 15–19. https://doi.org/10.25353/ubtr-made-eb66-bd75.

Jordan, Annemarie/Sieberkrob, Matthias (2020): Sprachbildung. In: Achour, Sabine/Busch, Matthias/Massing, Peter/Meyer-Heidemann, Christian (Hg.): Wörterbuch Politikunterricht. Frankfurt/M., S. 221–223.

KMK – Kultusministerkonferenz (2016): Bildung in der digitalen Welt. Strategie der Kultusministerkonferenz (Beschluss vom 8.12.2016, in der Fassung vom 7.12.2017). Online: https://www.kmk.org/fileadmin/pdf/PresseUndAktuelles/2018/Digitalstrategie_2017_mit_Weiterbildung.pdf (Zugriff: 7.11.22).

KMK – Kultusministerkonferenz (2021): Lehren und Lernen in der digitalen Welt. Ergänzung zur Strategie der Kultusministerkonferenz „Bildung in der digitalen Welt". Beschluss der Kultusministerkonferenz vom 09.12.2021. Berlin.

Petrik, Andreas (2020): Genetisches Prinzip. In: Achour, Sabine/Busch, Matthias/Massing, Peter/Meyer-Heidemann, Christian (Hg.): Wörterbuch Politikunterricht. Frankfurt/M., S. 90–91.

Reich, Kersten (2002): Konstruktivistische Didaktik. Lehren und Lernen aus interaktionistischer Sicht. Neuwied et al.

Reich, Kersten (2005): Konstruktivistische Didaktik. Beispiele für eine veränderte Unterrichtspraxis. In: Schulmagazin 5–10, 73(3), S. 5–12.

Rustler, Florian (2011): Mindmapping für Dummies. Weinheim.

VZBH – Verbraucherzentralen Bayern und Hamburg (2021): Bericht Anbieterbefragung To-Go-Verpackung. München. Online: https://www.verbraucherzentrale-bayern.de/pressemeldungen/umwelt-haushalt/essen-und-getraenke-zum-mitnehmen-nur-selten-in-mehrweg-verpackt-62222 (Zugriff: 7.11.2022).

UN – United Nations (2015): Transforming our World: The 2030 Agenda of Sustainable Development. New York.

Zukunftsinstitut (2019): Megatrends. Online: https://www.zukunftsinstitut.de/dossier/megatrends/ (Zugriff: 19.4.22).

Distribution

Michael Schuhen (†), Manuel Froitzheim,
Jacqueline Dreisbach

Interaktive Schulbücher in der Ökonomischen Bildung

1 Digitale vs. interaktive Schulbücher – eine Einführung

Obgleich die Medienausstattung der Schulen mit Laptops, Tablets oder Whiteboards sich schrittweise durch den DigitalPakt der Bundesregierung und die Anstrengungen der Schulträger verbessert, so ist digitale Bildung im Unterricht in Deutschland noch lange nicht als Standard angekommen. Besonders deutlich wird dies im Hinblick auf das Leitmedium des Unterrichts: das Schulbuch. Dieses prägt immer noch in gedruckter Form den Unterricht in deutschen Schulen, was international in dieser Pauschalität nicht mehr zutrifft.

2016 formulierte die Kultusministerkonferenz daher eine Vision digitaler Bildung:

> Digitale Medien halten ein großes Potential zur Entwicklung und zum Einsatz neuer Lehr- und Lernprozesse bereit, sie tragen dazu bei, Schülerinnen und Schüler individuell noch besser zu fördern und damit unsere Anstrengungen für mehr Chancengerechtigkeit durch Bildung zu unterstützen. (KMK 2016)

Digitalen Medien wurden Potenziale insbesondere im Rahmen eines kompetenzorientierten und konstruktivistisch ausgerichteten Unterrichts zugeschrieben (Bölsterli/Rehm/Wilhelm 2010), die sie bisher – vor allem mit Blick auf das digitale Schulbuch – nicht einlösen konnten. Dieses wird in Deutschland meist als PDF-artige Version des gedruckten Schulbuchs, in Form eines E-Books, manchmal noch versehen mit wenigen zusätzlichen maschinenauswertbaren Übungen und Features angeboten (Schuhen/Froitzheim 2022). Diese „digitalisierten“ Schulbücher, die als digitale Schulbücher präsentiert werden, entsprechen jedoch nicht den Forderungen der Befürworter*innen digitaler Bildung. Dazu gehören insbesondere politische Institutionen wie die Kultusministerkonferenz, Fachdidaktiker*innen, aber auch Lehrer*innen, die bereits jahrzehntelang das traditionelle Schulbuch kritisieren und eine neue Lehr-Lern-Kultur im Unterricht fordern.

Aufgrund dieser Kritik werden die bisher in Deutschland vornehmlich auf dem Markt befindlichen PDF-artigen Schulbücher in diesem Beitrag nicht weiter behandelt (siehe z.B. die „Initiative Digitale Schulbücher" der großen Schulbuchverlage). Ziel des Beitrags ist vielmehr, aus der Schulbuchkritik heraus, die Perspektive für interaktive Schulbücher zu öffnen. Dazu wurde ein frei zugängliches Unterrichtsbeispiel ausgewählt. Wie interaktive Schulbücher aufgebaut sind und welche (technischen) Funktionen sie haben, ist hinter dem QR-Code, der sich im übernächsten Abschnitt befindet, eingefügt.

2 Interaktive Schulbücher in der Ökonomischen Bildung

Der Konzeption interaktiver Schulbücher liegt eine Vielzahl theoretischer und empirischer Erkenntnisse zugrunde. Dabei bilden Kommunikationstheorien und -modelle (Luhmann 1988; Watzlawick et al. 1969) sowie fachdidaktische Erkenntnisse zur Gestaltung von Lehr/Lern-Prozessen (Tulodziecki/Herzog/Blömeke 2017) den Rahmen interaktiver Schulbücher. Im Gegensatz zu digitalen Schulbüchern zeichnen sie sich durch einen hohen Grad an Individualisierung, Interaktivität als auch Agilität im Lernprozess aus (Kirchhoff 2018). Neben Texten, Materialien und Aufgaben bieten sie zusätzliche Möglichkeiten, die insbesondere die ökonomische Handlungs- und Reflexionsfähigkeit der Lernenden unterstützen und fördern. Sie versuchen, die Potenziale wie multimediales Lernen in allen Bereichen anzubieten und kollaboratives Lernen von Schülerinnen und Schülern an gemeinsamen Problemstellungen zu unterstützen. Lernförderliches Feedback oder der Einsatz von Adaptivität, beispielsweise durch automatisierte Rückmeldungen zum individuellen Lernprozess oder die Etablierung zusätzlicher Differenzierungsmaßnahmen im Sinne eines inklusiven Unterrichtsvorhabens, sind weitere Bereiche, in denen interaktive Schulbücher, die meist Tablets als Zielmedium haben, ihren traditionellen Vorgängern überlegen sind (Richter et al. 2016). Zeitgleich werden verschiedene Lerntypen, wie beispielsweise der visuelle, der auditive und der haptische Lerntyp, berücksichtigt (Vester 1978), in dem die Schüler*innen die Möglichkeit erhalten, sich Inhalte nicht nur textbasiert, sondern auch mithilfe von Lernvideos, Podcasts, visueller Darstellungen oder Tondateien anzueignen. Mit Blick auf das fachliche Lernen im Bereich der Ökonomischen Bildung können so erstmals domänenspezifische Methoden für fachliche Lehr/Lern-Prozesse im Unterricht eingesetzt werden, wie beispielsweise die Verwendung von Simulationen innerhalb eines ökonomischen Sachzusammenhangs, ohne dass für die Durchführung eines Planspiels der Computerraum reserviert oder für den Einsatz eines ökonomischen Experiments im Vorfeld papierbasierte Materialien vorbereitet und die Daten im Klassenraum mühsam zusammengetragen und ausgewertet werden müssen. Hinsichtlich der Verwendung interaktiver Schulbücher stehen den Nutzerinnen und Nutzern dabei zwei verschiedene Möglichkeiten zur Verfügung. Entweder indem sie bereits vorhandene interaktive Schulbücher nutzen (vgl. beispielsweise „Übersicht zu interaktiven Schulbüchern" am Ende des Beitrags), oder selbstständig welche erstellen (z.B. mithilfe der App Book Creator). Letzteres setzt jedoch eine entsprechende fachdidaktische und medienpädagogische Expertise voraus.

Im Zentrum des Unterrichts mit interaktiven Schulbüchern stehen somit die Förderung des ökonomischen Denkens, der Aufbau einer Reflexions-, Entscheidungs- und Problemlösefähigkeit der Schüler*innen sowie die Bereitstellung von Materialien und die automatisierte Auswertung von Daten durch einen Server für Lehrkräfte.

3 Kompetenzförderung durch interaktive Schulbücher am Beispiel des Inhaltsfelds „Marktwirtschaft"

Digitale Bildung, Verbraucher*innenbildung und Ökonomische Bildung sind insbesondere im Kontext vernetzter Strukturen im Internet eng miteinander verflochten, beeinflussen sich gegenseitig und sollten vor diesem Hintergrund auch in der schulischen Lehre nicht nur aus technischer, sondern immer auch aus ökonomischer Sicht und aus der Sicht der individuellen Entscheidung über eine Datenfreigabe und -weitergabe behandelt werden. Das übergeordnete Ziel dieser drei Bildungsbereiche ist dabei im Kern deckungsgleich mit dem generellen Ziel von Bildung: „Sie soll den Menschen helfen, sich als selbstbestimmte Persönlichkeiten in einer sich beständig verändernden Gesellschaft zurechtzufinden und verantwortungsvoll ihre eigenen Lebensentwürfe zu verfolgen" (BMBF 2016, 4).

Angesichts dessen stellt das Inhaltsfeld Marktwirtschaft einen fundamentalen Bestandteil aller schulischen Curricula in Deutschland dar und findet sich somit in allen Wirtschaftsschulbüchern wieder (Hofmann/Schuhen/Schürkmann 2012). Jedoch wird gerade die Umsetzung dieses Themas im Schulbuch häufig kritisiert. Neben inhaltlichen Fehldeutungen kritisiert Merrett (2008) die Tendenz, politische Forderungen auszusprechen, die allesamt auf eine erhöhte Aktivität des Staats zielen, anstatt den Schülerinnen und Schülern eine Auswahl verschiedener Lösungsvorschläge für ökonomische Probleme vorzustellen. Die Urteilsfähigkeit als ein wesentliches Kompetenzziel Ökonomischer und Politischer Bildung wird an dieser Stelle inhaltlich nicht angestrebt. Es fehlen aus Sicht der Ökonomischen Bildung aber auch ein breiter (unterrichts-)methodischer Zugang sowie Aufgaben, die allgemein die Urteils- und Reflexionsfähigkeit der Schüler*innen fördern und fordern. Ferner wird den sozialwissenschaftlichen und wirtschaftswissenschaftlichen Schulbüchern z.B. im Rahmen der Citizenship Education vorgeworfen, dass die verwendeten Statistiken zu alt (z.B. die Arbeitsmarktzahlen sind nahezu zehn Jahre alt), die unterrichtlichen Zugänge zu wenig handlungsorientiert und schüler*innenaktivierend sind. Stattdessen gelten sie als monomethodisch, weil sie die Textanalyse nahezu ausschließlich verwenden (Schlösser/Schuhen 2019; Schuhen/Weyland 2011). Statt ökonomische Sachverhalte datenbasiert zu erforschen und ökonomische Theorien zur Erklärung vorgefundener Auffälligkeiten heranzuziehen, dominiert zumeist die methodische Monokultur der Darstellung wirtschaft(swissenschaft)licher Texte. Ökonomisches Denken, die Funktion und Wirkungsweise wirtschaftspolitischer Instrumente oder das Abschätzen der Auswirkungen von Veränderungen, werden dadurch aber nicht vermittelt. Die Vermittlung des Inhaltsfelds Marktwirtschaft erfolgt zudem häufig fern der Vorstellungen der Schüler*innen; die notwendige Konkretisierung und lebenspraktische Relevanz des Themas wird oft nicht verdeutlicht (Hofmann/Schuhen/Schürkmann 2012). Auch die sich in den Schulbüchern befindlichen Textaufgaben unterstützen den Aufbau eines wirtschaftspolitischen Urteilsvermögens kaum (Schlösser/Schuhen 2017).

All jene Bestrebungen können durch den Einsatz von interaktiven Schulbüchern begünstigt werden. Besonders deutlich wird die Kompetenzförderung interaktiver Schulbücher im Bereich der Sozialformen und der Methodenvielfalt (Schuhen/Froitzheim 2022). So können beispielsweise mithilfe lebensweltbezogener Simulationen ökonomische Erfahrungswelten geschaffen werden, in denen die Schüler*innen Handlungs-, Entscheidungs- und Problemlösefähigkeiten erwerben, die für ihr späteres Leben von wesentlicher Bedeutung sind. Gleichermaßen unterstützen sie den Aufbau einer ökonomischen Urteilsfähigkeit, da sie Daten als zusätzliche Argumente für Pro-Kontra-Debatten liefern können und bspw. ermöglichen, Handlungsalternativen zu erarbeiten. Soziales und kollaboratives Lernen stehen dabei im Fokus, da die Lehrkraft so gezielt ihren Schülerinnen und Schülern Materialien über den Server bereitstellen kann (Schuhen/Froitzheim 2015). So teilt der Server den Schülerinnen und Schülern die Rollenkarten im ökonomischen Experiment PIT-Market zu und Methoden wie *Placemat*, *Pro-Kontra-Debatte* oder *Fishbowl* bereichern auch weiterhin das

Unterrichtsgeschehen. Die Erweiterung dieser optionalen Erfahrungswelten begünstigt darüber hinaus ein Umdenken bisheriger Interaktions- und Kommunikationsstrukturen, wodurch das soziale Miteinander in neuen Kontexten erfahren werden kann (Schuhen/Froitzheim 2022). Außerdem fördern interaktive Schulbücher neben fachbezogenen Kompetenzen ebenso digitalisierungsbezogene Kompetenzen. Durch die vielseitigen Erfahrungswelten werden die Schüler*innen für den Umgang mit Hard- und Software-Produkten sensibilisiert, indem sie beispielsweise lernen, digitale Werkzeuge zielgerichtet und situationsgerecht einzusetzen (MSB NRW 2022).

4 Technische Voraussetzung und praktische Tipps zum Einsatz von interaktiven Schulbüchern

Interaktive Schulbücher werden in digitaler Form, meistens als App, für unterschiedliche Betriebssysteme (iOS, Android) oder als Webseite für alle verfügbaren Browser (Safari, Edge, Firefox etc.) angeboten. Damit ist eine Einsatzvoraussetzung definiert: Die Schule muss über eine ausreichende Anbindung an das Internet verfügen und intern strukturiert vernetzt sein. Die Kultusministerkonferenz (2015) empfiehlt pro Klassenraum 30 MBit, was den Rahmen für die Internetanbindung darstellt. Strukturiert vernetzt bedeutet, dass eine WLAN-Infrastruktur vorhanden ist und die Schüler*innen die Möglichkeit haben, diese mit mobilen Endgeräten zu nutzen. Da interaktive Schulbücher meist über den Webbrowser aufgerufen werden, können sie auch im Computerlabor und natürlich von zu Hause aus bearbeitet werden. Mit Blick auf die angestrebte neue Lehr-Lern-Kultur in der Ökonomischen Bildung, die u.a. ökonomische Experimente, Planspiele etc. in den Unterricht integrieren möchte und somit verschiedenste Sozialformen anstrebt (Schuhen 2008/2020), sind Funktionsräume wie Computerlabore hingegen eher weniger zu präferieren.

Die Schüler*innen können interaktive Schulbücher über ein mobiles Endgerät, zum Beispiel ein Tablet oder Smartphone, öffnen und nutzen. Die meisten interaktiven Schulbücher besitzen ein Responsiv-Design, d.h., sie passen sich dem jeweiligen Zielbildschirm an (Froitzheim/Schuhen/Stentenbach 2019). Zielmedium der meisten angebotenen interaktiven Schulbücher ist jedoch das Tablet. Ein Server ermöglicht die Kommunikation und den Transfer von Datenpaketen zwischen den mobilen Endgeräten und somit auch zwischen den Lernenden. Dies impliziert nochmals, dass die Geräte während des Unterrichts immer an das WLAN der Schule angebunden sein müssen, da ansonsten Daten nicht unmittelbar ausgewertet und bereitgestellt werden können. Die angebotenen Auswertungen können dann auf interaktiven Displays, interaktiven Tafeln oder über Beamer vorgestellt und für Unterrichtsgespräche genutzt werden.

+– 5 Potenziale und Herausforderungen von interaktiven Schulbüchern

Der Einsatz von interaktiven Schulbüchern unterscheidet sich auf den ersten Blick nicht vom Einsatz traditioneller Schulbücher. Allerdings eröffnen interaktive Schulbücher, wie bereits in der Definition deutlich wurde, mehr Möglichkeiten für den klassischen Unterricht. An erster Stelle sind die Multimediainhalte zu nennen. Videos und insbesondere Erklärvideos sowie Podcasts erweitern den bisher dominierenden textbasierten Zugang. Die bereits angesprochenen domänenspezifischen Methoden (Schuhen 2008/2020) wie ökonomische Experimente, Planspiele, Simulationen zu verschiedensten Themen (z.B. eine Simulation zum CO_2-Zertifikatehandel oder die kollaborative Erarbeitung eines Schüler*innenwarentests) fördern die ökonomische Handlungs- und Reflexionsfähigkeit. Auch lassen sich mithilfe von Positionslinien, Kurzumfragen im Klassenraum oder wiederum Simulationen Verhaltens- und Entscheidungsdaten gewinnen. Die Lehrkraft kann diese unmittelbar im Unterrichtsgespräch einsetzen und Vergleiche zwischen Gruppen in die Diskussion einbringen, wenn es exemplarisch darum geht, den ökologischen Fußabdruck in der Klassengemeinschaft zu diskutieren und Mädchen und Jungen gegenüberzustellen. Dies ist möglich, weil mithilfe von Learning-Analytics-Methoden die Daten unmittelbar serverseitig ausgewertet und visualisiert werden und so in Unterrichtsgespräche einfließen, ohne dass die Lehrkraft sich hierum kümmern muss (Schuhen/Froitzheim 2022). In ihrer Lehrer*innenansicht hat nur sie Zugriff auf diese Daten.

Eine nicht unbedeutende Schwachstelle bilden die technischen Voraussetzungen von interaktiven Schulbüchen ab. Wie bereits erwähnt, erfordert die Verwendung interaktiver Schulbücher eine entsprechende Ressourcenverfügbarkeit wie Hard- und Software-Zugänge sowie eine stabile WLAN-Infrastruktur. Eben diese sind aktuell trotz staatlicher und regionaler Bemühungen noch nicht überall gegeben, wodurch der Einsatz interaktiver Schulbücher deutschlandweit 2022 noch nicht möglich ist, aber zukünftig sein wird. Weiterhin erfordert der Umgang mit interaktiven Schulbüchern seitens des Lehrpersonals neben einer fachbezogenen und didaktischen Expertise ebenso medienspezifische Kenntnisse, damit ein schüler*innen- und kompetenzorientierter Lehr-Lern-Erfolg erzielt werden kann.

6 Praxisbeispiel *Daten über Daten* – ein interaktives Schulbuch zur kompetenzorientierten Verbraucher*innenbildung

6.1 Vorstellung des verwendeten Mediums

Bei der Unterrichtsreihe „Daten über Daten" handelt es sich um ein interaktives Schulbuch, das für die Vermittlung ökonomischer und finanzieller Kompetenzen konzipiert wurde. Grundlage dessen bildet eine von Froitzheim und Schuhen im Jahr 2015 entwickelte elektronische Plattform. Die Steuerung erfolgt über fünf Rollen, welchen jeweils eigene Rechte und Handlungsweisungen zugeordnet sind. Zu unterscheiden sind hierbei der/die Administrator*in, der/die Autor*in, der/die Forscher*in, der/die Dozent*in sowie die Rolle der/s Lernenden (Schuhen/Froitzheim 2022). Relevant sind in diesem Zusammenhang jedoch nur die Rollen Dozent*in und Lerner*in (siehe Froitzheim/Schuhen 2015/2022). Die fachliche und kollaborative Gestaltung der Unterrichtsinhalte erfolgt durch eine multimediale Ausrichtung einzelner Elemente (wie Podcasts, Lernvideos, Fantasiereisen, interaktive Aufgabenformate etc.), welche den von Vester (1978) definierten Lerntypen (siehe Abschnitt 2) gerecht werden. Ebenso können individuelle Aufgabenformate wie Simulationen oder Planspiele integriert werden.

6.2 Fachwissenschaftliche Einführung für die Lehrkraft

„Daten – so [die damalige] Bundeskanzlerin Angela Merkel zur Eröffnung der CEBIT 2016 – sind der Rohstoff des 21. Jahrhunderts" (ata/Reuters 2016). Dass die Digitalisierung in immer mehr Bereiche des alltäglichen Lebens eindringt, ist längst keine Zukunftsmusik mehr. Stetig vergrößert sich der Einfluss digitaler Technologien in beinahe allen Lebensbereichen. Die DIVSI-Studie zu Big Data geht sogar so weit und postuliert: „[D]ie Digitalisierung hat längst alle Lebensbereiche erreicht. Sie ist dabei – und das bestreitet kaum noch jemand – unsere Lebensumstände insgesamt umzukrempeln" (DIVSI 2016, 6). Vor diesem Hintergrund wird die konstant zunehmende Einflussnahme auch in der Welt der Verbraucher*innen immer deutlicher und hält in „von Verbrauchern nachgefragten Branchen" (Müller/Welpe 2017, 262) Einzug. Eine „Digitalisierung des Verbraucheralltags" (Müller 2017, 508) findet statt, wobei der/die Verbraucher*in in seinen/ihren alltäglichen Handlungssituationen immer häufiger mit der Notwendigkeit konfrontiert wird, in technisch-digitalen Strukturen eigenständig und reflektiert zu handeln und die Auswirkungen auch auf seine/ihre ökonomische Situation zu antizipieren oder zu übertragen.

Die Anleitung zum interaktiven Schulbuch „Daten über Daten“ ist über den folgenden QR-Code abrufbar:

6.3 Möglicher Unterrichtsverlaufsplan zum interaktiven Schulbuch *Daten über Daten*[1]

Klassenstufe	7./8. Klasse
Zeitbedarf	180 Minuten (4 Unterrichtseinheiten à 45 Minuten)
Bezug zum Bildungsplan NRW (KMK 2015)	• Leitperspektive für eine nachhaltige Entwicklung • Rahmenvorgabe zur Verbraucher*innenbildung
Lernziele (KMK-Empfehlung 2015 und Rahmenvorgabe Verbraucherbildung 2017)	Die Schüler*innen können … • beschreiben, wo Daten entstehen und diese gespeichert werden; • erklären, wie Daten zusammengetragen und verarbeitet werden; • beurteilen, welche Bedeutung die eigenen Daten in bestimmten Kontexten für andere haben; • erläutern, wie und unter welchen Bedingungen die Datenweitergabe kontrolliert werden kann; • aufzeigen, wie sich die eigenen Daten schützen lassen.

Das interaktive Schulbuch sowie die einzelnen Unterrichtseinheiten können über den nachfolgenden QR-Code geladen werden.

1 Gefördert durch die DATEV-Stiftung Zukunft.

Im Folgenden werden die vier konzipierten Unterrichtseinheiten (Inhaltsfelder) hinsichtlich ihrer Leitfragen und zugehörigen Lernziele vorgestellt. Diese wurden aus dem Bericht zur Verbraucher*innenkompetenz der KMK (2015) heraus entwickelt. Dieser Bericht wurde in den Bundesländern u.a. in der Rahmenvorgabe zur Verbraucher*innenbildung NRW (MSB NRW 2017) oder unmittelbar in den Curricula einzelner Unterrichtsfächer umgesetzt.

Aus Verständnis- und Anwendungsgründen enthält die erste Unterrichtseinheit ebenfalls eine Unterrichtsskizze zur Durchführung der interaktiven Einheit. Zugehörige Materialien sind über den oben aufgezeigten QR-Code (über die Plattform) abrufbar.

Inhaltsfeld 1 des interaktiven Schulbuchs „Daten über Daten": Datenspeicherung

Quelle: Interaktives Schulbuch „Daten über Daten"

Unter der Leitfrage „Wo entstehen überall Daten?" wird u.a. auf folgende Fragen am Fallbeispiel eines Fitnessarmbands und der zugehörigen App eingegangen:

- Welche Daten fallen beim Tragen eines Fitnessarmbands über mich an?
- Welche Daten gebe ich freiwillig in die Hände der Hersteller*innen des Fitnessarmbands und der zugehörigen App?
- Kann ich Daten bewusst auswählen, und wenn ja, was gebe ich frei und was nicht?
- Merke ich, wenn ich selbst Daten mit dem Fitnessarmband und der zugehörigen App produziere?

Beispiel einer Unterrichtsskizze zur ersten Unterrichtseinheit

Sequenz und Minuten	Hinweise	Material/Medium/Sozialform
Aufbau der Lernsituation 10 Minuten	• Begrüßung durch die Lehrkraft • Überblick über den folgenden Stundenverlauf durch die Lehrkraft • Lehrkraft führt die Thematik ein, durch Vorstellung der/s Protagonisten/Protagonistin • Dabei verweist sie auf die zu bearbeitende Problemstellung (Stundenziel): „Wo entstehen Daten und wie werden diese gespeichert?"	• Laptop + WLAN • Zugang zum interaktiven Schulbuch „Daten über Daten" • Lehrer*innenvortrag • Schüler*innenäußerungen • Unterrichtsgespräch • Fragend entwickelnder Dialog
Erarbeitungsphase 15 Minuten	Bearbeitung des Stundenziels innerhalb des interaktiven Schulbuchs durch aufeinander aufbauende Arbeitsaufträge, die jeweils einzeln von der Lehrkraft anmoderiert werden: 1. Auswahl einer geeigneten Smartwatch auf Basis zugehöriger Vor- und Nachteile (z. B. Bedarf einer Registrierung mit den eigenen Daten) 2. Schüler*innen laden eine App (über eine Simulation) herunter, wobei sie mit aktuellen Problemfällen (z. B. offenes WLAN) konfrontiert werden 3. Anwendung der App (über eine Simulation), wobei die Lernenden mit aktuellen Problemfällen (z. B. Standortabfrage) konfrontiert werden	• Laptop + WLAN • Zugang zum interaktiven Schulbuch „Daten über Daten" • Lehrer*innenvortrag • Einzelarbeit
Sicherungs- und Reflexionsphase 20 Minuten	Vertiefung, Auswertung und Reflexion der getroffenen Entscheidungen im Plenum: 1. Gemeinsame Reflexion der getroffenen Entscheidungen am Whiteboard 2. Inhaltlicher Austausch zu Speichermöglichkeiten u. a. durch Videos und textbasierte Inhalte 3. Gemeinsame Beurteilung, welche externe Datenspeicherung für die Protagonistin/den Protagonisten infrage kommt	• Laptop + WLAN • Zugang zum interaktiven Schulbuch „Daten über Daten" • Lehrer*innenvortrag • Schüler*innenäußerungen • Unterrichtsgespräch • Fragend entwickelnder Dialog

Übersicht zu den weiteren Inhaltsfeldern des interaktiven Schulbuchs „Daten über Daten"

Inhaltsfeld 2 des interaktiven Schulbuchs „Daten über Daten": Datenweitergabe, Datenverarbeitung und Datenauswertung

Quelle: Interaktives Schulbuch „Daten über Daten"

Unter den Leitfragen „Wie werden Daten zusammengetragen und verarbeitet?" und „Wer kann was mit meinen Daten anfangen?" wird u.a. auf folgende Inhalte eingegangen:

- Welche Daten vom Fitnessarmband übertrage ich freiwillig und unbewusst in andere Software- und App-Angebote?
- Ich möchte meine Fitnessdaten teilen, aber nur mit meinen Freunden. Wie mache ich das?
- In welchen Datenbanken stehen welche Daten über mich?
- Wer kann etwas mit meinen Bewegungsdaten anfangen und welchen Nutzen kann diese Person daraus ziehen?
- Welchen Vorteil hat die Werbeindustrie, wenn sie Zugriff auf die Daten des Fitnessarmbands bekommt?
- Welchen Einfluss können die gesammelten Daten auf meine weiteren (Browser-)Aktivitäten haben (z.B. Konsequenz der personalisierten Werbung)?

Inhaltsfeld 3 des interaktiven Schulbuchs „Daten über Daten": Datenkontrolle

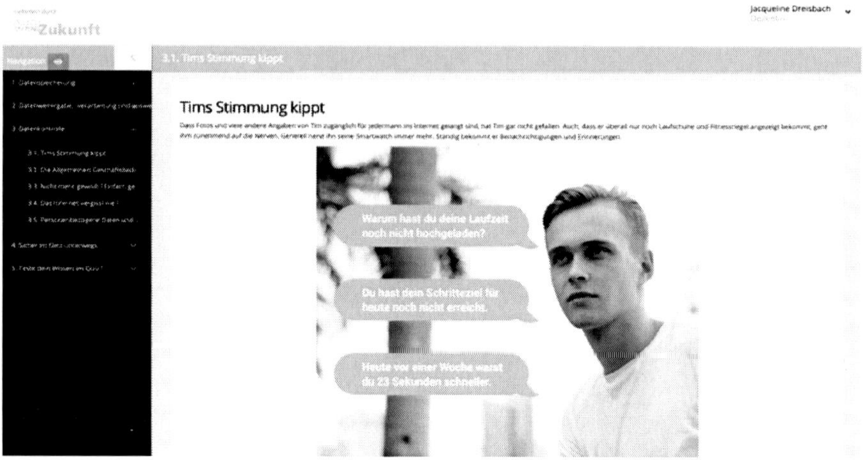

Quelle: Interaktives Schulbuch „Daten über Daten"

Unter der Leitfrage „Wie und unter welchen Bedingungen kann die Datenweitergabe kontrolliert werden?" werden folgende Themen angesprochen:

- Wie kann ich kontrollieren, welche Daten vom Fitnessarmband weitergegeben werden?
- Was kann ich tun, wenn ich Daten von mir löschen will?
- Können Daten von mir für immer aus dem Internet gelöscht werden?

Inhaltsfeld 4 des interaktiven Schulbuchs „Daten über Daten": Passwortsicherheit

Quelle: Interaktives Schulbuch „Daten über Daten"

Unter der Leitfrage „Wie kann ich meine Daten schützen?" wird der Aspekt der Datensicherheit als Verbraucher*innenthema fokussiert:

- Was kann ich tun, um sicher im Internet zu surfen?
- Welche Strategien gibt es, um meine Daten zu schützen?
- Was für ein Passwort für meinen Account zum Fitnessarmband sollte ich wählen?

Übersicht zu interaktiven Schulbüchern für die Ökonomische Bildung

Alle nachfolgend aufgeführten interaktiven Schulbücher zu Themen der Ökonomischen Bildung arbeiten nach dem gleichen technischen Konzept (z.B. Rollenprinzip). Ihre Auswertungssichten sind ebenfalls analog zum dargestellten Beispiel „Daten über Daten" gestaltet, sodass eine technische Einarbeitung nicht bei jedem interaktiven Schulbuch notwendig ist.

Wirtschaftspolitik in der sozialen Marktwirtschaft https://planspiel-wirtschaftspolitik.de Ziel dieser Unterrichtseinheit ist, dass Schüler*innen die Mehrdimensionalität von wirtschaftlichen Zielsetzungen kompetenzorientiert erfahren und zugehörige Konflikte und Verteilungsfragen argumentativ ableiten und diskutieren können.
Energiewende und Energiepolitik https://planspiel-energiepolitik.de Ziel dieser Unterrichtseinheit ist, dass Schüler*innen Konflikte um die Knappheit verfügbarer Ressourcen sowie von Werten und Interessen anhand kluger und energiepolitischer Entscheidungen zum Ausgleich bringen.
Berufsorientierung berufsorientierung.interaktive-schulbuecher.de Stärken-Schwächen-Analyse, Betriebserkundung oder auch das Betriebspraktikum sind wesentliche Inhalte eines systematischen Berufsorientierungsprozesses. Sie sollen die Selbstreflexion und Selbstorganisation der Jugendlichen, auch mit Blick auf die Entscheidungs- und Handlungskompetenz, für den weiteren Prozess der Berufs- und Studienwahl unterstützen. Interaktive Aufgaben und digitale Analysetools unterstützen den Weg der Jugendlichen und ihren digitalen Unterricht.
Geldpolitik geldpolitik.interaktive-schulbuecher.de Der Umgang mit Geld ist für Schüler*innen eine Selbstverständlichkeit. Was das Wesen des Gelds ausmacht, worin die Folgen einer Inflation bestehen oder wie eine Zentralbank arbeitet, sind hingegen Fragen, die nur wenige Schüler*innen beantworten können. Neben den Grundlagen des Geldes (u. a. Geldfunktionen, Transaktionskosten) werden Preisniveaustabilität, Geldpolitik der EZB sowie Themen wie Inflation oder Eurokrise) behandelt. Dazu finden sich neben Texten, Videos oder Interviews vielfältige interaktive Aufgaben und Simulationen in der Unterrichtseinheit.
Wirtschaftspolitik wirtschaftspolitik.interaktive-schulbuecher.de Wirtschaftspolitik ist eines der zentralen Themen der Oberstufe. Die Wirtschaftsordnung legt die Spielregeln und gleichzeitig auch die Restriktionen des Handelns fest. In Simulationen, Fallbeispielen und Planspielen werden neben einführenden Texten, Videos und Interviews diese Restriktionen und Spielregeln im interaktiven Schulbuch erstmals für die Schüler*innen erfahrbar.

Digitale Unterrichtseinheit zu Daten über Daten Entscheidungsfähigkeit im digitalen Kontext https://daten-ueber-daten.de Ziel der interaktiven Unterrichtseinheit Daten über Daten ist, Schülerinnen und Schülern in drei Themenblöcken die wichtigsten Grundlagen für einen eigenverantwortlichen Umgang mit den eigenen Daten zu vermitteln.
Digitale Unterrichtseinheit zur Finanzkompetenz https://finanzielle-bildung.nrw Ziel des interaktiven Schulbuchs zur Finanzkompetenz ist, Schülerinnen und Schülern in insgesamt neun Kapiteln die wichtigsten Grundlagen zum Thema Finanzkompetenz zu vermitteln.
Schülerwarentest digital https://schuelerwarentest.de Ziel der interaktiven Einheit zum Schülerwarentest digital ist, dass Schüler*innen im Unterricht kollaborativ einen eigenen Warentest entwickeln, durchführen und so zu einem Testergebnis gelangen.

Literatur

ata/Reuters (2016): Merkel: Daten sind die Rohstoffe des 21. Jahrhunderts. In: Frankfurter Allgemeine Zeitung, Artikel vom 12.3. Online: https://www.faz.net/aktuell/wirtschaft/cebit/angela-merkel-fordert-mehr-modernisierte-digitale-technologien-14120493.html (Zugriff: 8.5.22).

Bölsterli Bardy, Katrin/Rehm, Markus/Wilhelm, Markus (2010): Die Bedeutung von Schulbüchern im kompetenzorientierten Unterricht – am Beispiel des Naturwissenschaftsunterrichts. In: Beiträge zur Lehrerinnen- und Lehrerbildung, 28(1), S. 138–146. Online: https://www.pedocs.de/volltexte/2017/13739/pdf/BZL_2010_1_138_146.pdf (Zugriff: 14.11.22).

BMBF – Bundesministerium für Bildung und Forschung (2016): Bildungsoffensive für die digitale Wissensgesellschaft. Strategie des Bundesministeriums für Bildung und Forschung. Berlin.

DIVSI – Deutsches Institut für Vertrauen und Sicherheit im Internet (2016): Big Data. Hamburg.

Froitzheim, Manuel/Schuhen, Michael (2015): Das ECON EBook als interaktives und multimediales elektronisches Schulbuch für den Ökonomieunterricht. In: Pongratz, Hans/Keil, Reinhard (Hg.): Die 13. E-Learning Fachtagung Informatik der Gesellschaft für Informatik e.V., München, S. 253–263.

Froitzheim, Manuel/Schuhen, Michael/Stentenbach, Timo (2019): Informatische Bildung als Verbraucherschutz für reflektierte Handlungen in der digitalen Welt. In: David, Klaus/Geihs, Kurt/Lange, Martin/Stumme, Gerd (Hg.): INFORMATIK 2019: 50 Jahre Gesellschaft für Informatik – Informatik für Gesellschaft. Bonn: Gesellschaft für Informatik e.V., S. 643–656.

Hofmann, Michael/Schuhen, Michael/Schürkmann, Susanne (2012): Die Soziale Marktwirtschaft aus dem Blickwinkel von Schulbüchern in NRW. In: Schuhen, Michael/Wohlgemuth, Michael/Müller, Christian (Hg.): Ökonomische Bildung und Wirtschaftsordnung. Schriften zu Ordnungsfragen der Wirtschaft, Bd. 96. Stuttgart, S. 69–86.

Kirchhoff, Jochen (2018): Lernaufgaben mit mobilen Endgeräten im Fach Geschichte bearbeiten. In: Schuhen, Michael/Froitzheim, Manuel (2018): Das elektronische Schulbuch 2017: Fachdidaktische Anforderungen und Ideen treffen auf Lösungsvorschläge der Informatik, S. 159–174.

KMK – Kultusministerkonferenz (2015): Bericht zur Verbraucherkompetenz von Schülerinnen und Schülern. Online: https://www.kmk.org/fileadmin/veroeffentlichungen_beschluesse/2015/2015_12_03-Bericht-Verbraucherbildung-VSMK-KMK.pdf (Zugriff: 25.11.21).

KMK – Kultusministerkonferenz (2016): Bildung in der digitalen Welt. Strategie der Kultusministerkonferenz (Beschluss vom 8.12.2016, in der Fassung vom 7.12.2017). Online: https://www.kmk.org/fileadmin/pdf/PresseUndAktuelles/2018/Digitalstrategie_2017_mit_Weiterbildung.pdf (Zugriff: 7.11.2022).

Luhmann, Niklas (1988): Was ist Kommunikation? In: Simon, F. B. (Hg.): Lebende Systeme. Wirklichkeitskonstruktionen in der systemischen Therapie. Berlin, S. 10–18.

Merrett, Gerrit (2008): Marktwirtschaft in Schulbüchern. PositionLiberal des Liberalen Instituts der Friedrich-Naumann-Stiftung für die Freiheit, 73. Online: http://www.fnst-freiheit.org/uploads/896/Martkw_Schulbuecher.pdf (Zugriff: 25.11.21).

MSB NRW – Ministerium für Schule und Bildung des Landes Nordrhein-Westfalen (2017): Rahmenvorgabe Verbraucherbildung in der Primarstufe und Sekundarstufe I. Online: https://www.schulentwicklung.nrw.de/lehrplaene/upload/klp_gs/vb/Rahmenvorgabe_Verbraucherbildung_PS_SI_2017.pdf (Zugriff: 25.11.21).

MSB NRW – Ministerium für Schule und Bildung des Landes Nordrhein-Westfalen (2022): Medienkompetenzrahmen NRW. Online: https://www.schulministerium.nrw/sites/default/files/documents/Medienkompetenzrahmen_NRW.pdf (10.6.2022).

Müller, Klaus (2017): Der Verbraucherzentrale Bundesverband – die Stimme der Verbraucher. In: Kenning, Peter/Oehler, Andreas/Reisch, Lucia A./Grugel, Christian (Hg.): Verbraucherwissenschaften. Rahmenbedingungen, Forschungsfelder und Institutionen. Wiesbaden, S. 503–516.

Müller, Simon C./Welpe, Isabell M. (2017): Digitale Welt. In: Kenning, Peter/Oehler, Andreas/Reisch, Lucia A./Grugel, Christian (Hg.): Verbraucherwissenschaften. Rahmenbedingungen, Forschungsfelder und Institutionen. Wiesbaden, S. 261–278.

Richter, Juliane/Ulrich, Nina/Scheiter, Katharina/Schanze, Sascha (2016): eChemBook: Gestaltung eines digitalen Schulbuchs. In: Lehren & Lernen. Zeitschrift für Schule und Innovation aus Baden-Württemberg, 42(7), S. 23–29.

Schlösser, Hans Jürgen/Schuhen, Michael (2017): Marktwirtschaft und Unternehmertum in deutschen Schulbüchern. Berlin. Online: https://www.junge-unternehmer.eu/fileadmin/familienunternehmer/positionen/bildungspolitik/dateien/famu_jungu_schulbuchstudie_marktwirtschaft.pdf (Zugriff: 15.11.21).

Schlösser, Hans Jürgen/Schuhen, Michael (2019): Marktwirtschaft und Unternehmertum in den Schulbüchern des Bundeslandes Bremen. Bremen.

Schuhen, Michael (2008): Kompetenzorientierung in der ökonomischen Bildung – von der Notwendigkeit einer empirischen Perspektive bei der Diskussion Handlungsorientierter Methoden. In: Seeber, Günter (Hg.): Forschungsfelder der Wirtschaftsdidaktik. Schwalbach/Ts., S. 104–112.

Schuhen, Michael (2020) Wirtschaftsdidaktik. Ein interaktives Lehrbuch. Online: https://uni-siegen.econ-ebook.de (Zugriff: 25.11.21).

Schuhen, Michael/Froitzheim, Manuel (2022): Digitalisierte Schulbücher und interaktive Schulbücher – Ein Kriterien orientierter Vergleich. In: Dies. (Hg.): Das Elektronische Schulbuch 2019/2020. Fachdidaktische Anforderungen und Ideen treffen auf Lösungsvorschläge der Informatik. Münster.

Schuhen, Michael/Weyland, Michael (2011): „Marktwirtschaft" unterrichten – aber wie? In: GWP–Gesellschaft. Wirtschaft. Politik, 3, S. 383–387.

Tulodziecki, Gerhard/Herzig, Bardo/Blömeke, Sigrid (2017): Gestaltung von Unterricht. Eine Einführung in die Didaktik. Bad Heilbrunn.

Watzlawick, Paul/Beavin, Janet H./Jackson, Don D. (1969): Menschliche Kommunikation. Formen, Störungen, Paradoxien. Bern.

Vester, Frederic (1978): Denken, Lernen, Vergessen. Was geht in unserem Kopf vor, wie lernt das Gehirn, und wann lässt es uns im Stich? München.

Jürgen Frentz, Claudia Wiepcke

WebQuests in der Ökonomischen Bildung

WebQuests wurden von Bernie Dodge (1997) und Tom March (2003) in den USA entwickelt, um Lernende systematisch an die Internetrecherche heranzuführen. Die WebQuest-Methode bietet die Möglichkeit, Lernende zu unterstützen, sich selbstständig und eigenverantwortlich einem ökonomischen oder politischen Problem zu stellen, entsprechende Lösungen zu finden sowie durch den strukturierten und systematischen Einsatz des Internets die eigene Medienkompetenz zu fördern (Arndt 2017; Dodge 1997).

Ein WebQuest gilt als abenteuerliche Spurensuche im Internet. Aufgaben werden bei dieser Methode mithilfe von Informationen aus dem Internet bearbeitet (Manzel 2010). Um die Nachteile der Internetrecherche (wie z.B. Informationsüberflutung, Glaubwürdigkeit, Aktualität) zu reduzieren, wird bei der Methode keine eigene Suche durchgeführt, sondern es werden von der Lehrkraft Quellen vorausgewählt und verlinkt. Neben dem Internet können auch andere Medien wie (digitale) Bücher, Zeitschriften oder Lernplattformen genutzt werden (Moser 2000). Der Fokus liegt somit auf der Auswertung und dem Verständnis von Informationen, weniger auf der eigenen Recherche (Arndt 2017) bzw. dem alleinigen Abrufen aktueller Daten wie z.B. aktuelle Zinssätze oder Währungskurse.

1 Didaktische Verortung und Kompetenzförderung von WebQuests

WebQuests lassen sich der konstruktivistischen Lerntheorie zuordnen. Beim konstruktivistischen Lernen gilt, dass Lernen eine eigenständige Konstruktionsleistung der Schüler*innen ist und nicht durch Lehrinstruktionen der Lehrkraft erfolgen kann (Kruber/Meyer/Rogg-Pietz 2011; Spahn 2017). Daneben gelten WebQuests als problemorientiertes, forschend-entdeckendes Lernen, mit dessen Hilfe Informationen zur Lösung eines Problems eigenständig und entdeckend ausgewertet werden (Hilmer 2008). Für einen motivierenden Einstieg in ein WebQuest haben sich in der Ökonomischen bzw. Politischen Bildung problem- und alltagsorientierte Einstiege bewährt. So können Schüler*innen bspw. Berufe, Berufsbeschreibungen, Verdienstmöglichkeiten und verfügbare Ausbildungsstellen in der Region ihrer Wunschberufe sowie im Vergleich dazu von MINT-Berufen erarbeiten, gegenüberstellen und reflektieren. Die authentischen ökonomischen Problemfälle sollen Lernende befähigen, aus der Analyse und Bewältigung eines praktischen Problems (hier der Berufswahl) individuelle Interessen und Fähigkeiten mit beruflichen Anforderungen, Handlungsfeldern, Ausbildungswegen und Entwicklungsperspektiven zu vergleichen (Handlungssituationen ökonomisch zu analysieren) (DeGöB 2004). Langfristig angelegte WebQuests werden auch dem projektorientierten Lernen zugeordnet (Baschek et al. 2021). Komplexe, kontroverse und multiperspektivische Themenfelder wie Institutionenkunde, Nachhaltigkeit, soziales Unternehmertum oder Globalisierung können bearbeitet werden, indem jeder Gruppe andere Informationsquellen und Positionen zur Verfügung gestellt werden.

Neben den fachbezogenen Kompetenzen fördern WebQuests ebenso die digitalisierungsbezogenen Kompetenzen. Durch die Nutzung bzw. Recherche von digitalen Informationen lernen die Schüler*innen den Umgang mit Daten und Informationen. Die gleichzeitige Analyse der digitalen Informationen sowie Problemlösung von aktuellen politischen oder ökonomischen Fragestellungen fördert die reflektierte und kritische Nutzung von Informationen aus dem Internet. Informationen, Nachrichten oder Statistiken werden bewertet, die Lernenden partizipieren gleichzeitig an ökonomisch und politisch geprägten Lebenssituationen und tragen zur Gestaltung der Gesellschaft bei (Bos et al. 2014).

2 Ablaufphasen von WebQuests

WebQuests werden von der Lehrkraft erstellt oder es wird auf vorhandene WebQuests zurückgegriffen. Sie stellen „in sich geschlossene didaktische Lerneinheiten“ (Hilmer 2008, 135) dar. Um in der Fülle des Internets produktiv zu lernen, benötigen Lernende zu Beginn einen klar definierten Rahmen. Eine einfache Abfrage auf einer Suchmaschine kann zu Tausenden von Treffern führen. Beispielsweise führt eine Anfrage zu Berufswahl allein zu 9,8 Millionen Treffern (Stand Dezember 2022). Die unüberschaubare Menge an Treffern kann durch eine konkrete ökonomische oder politische Problemstellung eingegrenzt werden. Durch die Vorabrecherche und Strukturierung der Links durch die Lehrkraft kann zu einer Problemstellung eine modularisierte Lernumgebung angeboten werden (Kruber/Meyer/Rogg-Pietz 2011; Manzel 2010). Die strukturierte Form von WebQuests bietet Möglichkeiten der Binnendifferenzierung und eignet sich im Wirtschaftsunterricht für jede Schulstufe. Sie können für unterschiedliche Kompetenzstufen der Lernenden eingesetzt werden. Für

Fortgeschrittene kann der Freiraum im Internet erhöht, die Fragestellung vertieft und auf eigene Interessenschwerpunkte flexibilisiert werden. Die Zeitersparnis durch die Vorstrukturierung ermöglicht den Schülerinnen und Schülern (insbesondere bei pluralen und kontroversen Themen) mehr Freiraum, sich ein eigenes ökonomisches bzw. politisches Urteil zu bilden.

WebQuests bestehen in ihrer Grundstruktur aus sechs Schritten, die je nach Autor*in teilweise unterschiedlich genannt und gereiht werden (Arndt 2017; Baschek et al. 2021; Kruber/Meyer/Rogg-Pietz 2011; Moser 2000; Spahn 2017):

Tabelle 1: Die Grundstruktur einer WebQuest

Einführungsphase	Es findet eine Einleitung in das Thema statt und es gibt Hinweise zur Umsetzung der Aufgabe. Die Aufgabe sollte eine echte Frage- bzw. Problemstellung mit Lebensweltbezug enthalten und motivierend sein. Geeignet sind exemplarische Fallbeispiele, Video- oder Audiodateien, Geschichten, Karikaturen oder Zeitungsartikel.
Aufgabenstellung	Der Lernprozess wird strukturiert und konkretisiert, eine didaktische Transformation ist notwendig. Es werden konkrete operationalisierbare Aufgaben mit Unteraufgaben sowie Hinweise zur Bearbeitung gegeben. Die Aufgaben können Denkanstöße und Diskussionen anregen oder Kontroversen aufdecken. Wissensfragen, die durch reines Kopieren aus dem Internet zu beantworten sind, sollten vermieden werden.
Material	Vor Beginn der Gruppenarbeit stellt die Lehrkraft das Material vor. Internetseiten sind im Vorfeld zu recherchieren und organisieren sowie in Form von Hyperlinks (QR-Codes oder verkürzte URL) zur Verfügung zu stellen. Andere Informationsquellen (z. B. Schul- und Fachbücher, Zeitungsartikel) oder eigene Recherchen können eingebunden werden.
Arbeitsprozess	Neben den Materialien erhalten die Lernenden Hinweise in Form eines (digitalen) Arbeitsblatts zum Arbeitsprozess, um effizienter arbeiten zu können. Die Hinweise betreffen z. B. die Dokumentation der Ergebnisse, das arbeitsteilige Vorgehen oder das Festhalten von Quellen.
Präsentation der Ergebnisse	Die Lernenden erstellen zu den Ergebnissen eine Präsentation. Diese kann offline in Form von Plakaten, Collagen oder Berichten bzw. online auf Basis von Vortragsfolien, eines Wikis, Erklärvideos oder einer Homepage erfolgen. Poster können bspw. im ganzen Schulgebäude aufgehängt werden, Wikis und Erklärvideos können langfristig etabliert werden, was eine zusätzliche Motivationsquelle für die Lernenden darstellt.
Evaluation	Die Evaluation dient einer abschließenden Reflexion. Die Lernenden werden aktiviert, um inhaltliche und methodische Rückmeldungen zum WebQuest und zum eigenständigen Arbeiten zu geben. Die Auswertung dient der inhaltlichen Festigung sowie der besseren Planung des nächsten WebQuests.

3 Technische Voraussetzungen und praktische Tipps

Wenn nicht auf bereits bestehende WebQuests im Internet zurückgegriffen wird, erfordert die Gestaltung eines WebQuests einen gewissen Zeitaufwand. Lehrkräfte benötigen dafür jedoch keine Programmierkenntnisse. Ein WebQuest kann als lokal verfügbare Text- oder Präsentationsdatei, auf einer Website, in einer Lernplattform, als Blog oder mit WebQuest-Generatoren angelegt werden. WebQuest-Generatoren sind mittlerweile leicht verfüg- und bedienbar. Für die Ökonomische Bildung kann ein solcher unter www.wirtschaft-lernen.de/webquest abgerufen werden, hier ist eine Registrierung erforderlich (Arndt 2017; Spahn 2017).

Wie eingangs erwähnt, können digitale Tools wie verkürzte URL und QR-Codes zur Entwicklung von WebQuests verwendet werden: die URL (Uniform Resource Locator) von Webseiten muss nicht unbedingt in voller Länge angegeben werden, um funktionstüchtig zu sein. Verkürzte URL sind platzsparender sowie übersichtlicher. Zu den bekanntesten kostenlosen URL-Verkürzungsdiensten zählen die Plattformen bitly.com, tinyurl.com sowie is.gd (Kirchner 2020; Sheong 2010). Bei tinyurl.com, is.gd sowie bitly.com besteht zudem die Möglichkeit, QR-Codes kostenlos zu erstellen.

Ein QR-Code (Quick Response Code) ist ein Kommunikationstool, das traditionelle Kommunikationsmedien mithilfe eines Symbols in eine hybride Form konvertiert. Dieses Symbol entstand aus der Idee, den eindimensionalen Barcode auch auf Printmedien, wie Zeitungen, Büchern und, im schulischen Kontext, auf Arbeitsblättern abzubilden. Der Einsatz von QR-Codes ist mittlerweile weit verbreitet, da sie mit einem Handy oder Tablet schnell und präzise gelesen werden können. Die Plattform qrcode-monkey.com bietet die Möglichkeit, QR-Codes kostenlos zu generieren. Über die Eingabe der Webadresse (URL) kann das Symbol erzeugt und anschließend als .png-Datei heruntergeladen werden (Aktaş 2017; Kirchner 2020).

4 Potenziale und Herausforderungen von WebQuests

Zu den Stärken zählt, dass WebQuests die Möglichkeiten der Binnendifferenzierung, Vorstrukturierung und Modularisierung bieten, was effizientes Arbeiten ermöglicht und der Informationsüberflutung, Desorientierung sowie Frustration vorbeugt. Eine problem- und alltagsorientierte Aufgabenstellung weist bei den Lernenden einen motivierenden Charakter auf. Informationen und Materialien aus dem Internet sind in der Regel aktuell und authentisch (Kruber/

Meyer/Rogg-Pietz 2011). Es lassen sich zahlreiche Kompetenzen fördern wie selbstständiges Arbeiten, Kooperationsfähigkeit oder ein reflektierter Umgang mit digitalen Medien. Didaktische Prinzipien wie Problemorientierung, entdeckendes Lernen, Alltags- und Lebensweltbezug, Wissenschaftsorientierung, Authentizität und Aktualität können realisiert werden (Arndt 2017). WebQuests können den bilingualen Unterricht im Fachunterricht fördern, indem auf Materialien der Zielsprache zurückgegriffen werden kann (Spahn 2017). Letztlich können durch den Wegfall von Kopien Kosten gespart werden (Arndt 2017).

Zu den Schwächen zählt, dass bereits veröffentlichte WebQuests oft nicht den postulierten Potenzialen entsprechen, die Aufgabenstellungen nicht in aktuelle Kontexte eingebettet sind, die motivierende Problemstellung fehlt, unterschiedliche Perspektiven auf eine Themenstellung nicht angeboten werden oder kollaboratives Arbeiten nicht realisiert wird. Zudem können ältere WebQuests veraltete Weblinks oder nicht mehr existente Netzangebote enthalten (Spahn 2017). Um solchen Problemen vorzubeugen, insbesondere, wenn Schüler*innen mit der Methode nicht vertraut sind, empfiehlt es sich, kleinere WebQuests zu gestalten sowie die Gruppen stärker im Lernprozess zu unterstützen. Die Lehrkraft ist aufgefordert, den Lernprozess zu beobachten und schwächere Lerngruppen angemessen zu unterstützen (Arndt 2017). Die Bildsamkeit der WebQuest-Methode entsteht jedoch erst durch Reflexionsmöglichkeiten, die am Ende der Lerneinheiten angeboten werden sollen. Die systematische Reflexion des Arbeitsprozesses führt dazu, dass die Schüler*innen nicht in der Rechercheaktivität verhaftet bleiben, sondern bei ihnen fachliche und überfachliche Kompetenzen gefördert werden können.

5 Praxisbeispiel: WebQuest zum Thema Nachhaltigkeit und Unternehmertum (Sustainable Entrepreneurship)

5.1 Fachwissenschaftliche Einführung für die Lehrkraft: Sustainable Entrepreneurship

Die Nachhaltigkeitsdebatte wurde zuletzt institutionell durch die UN-Resolution zur Agenda 2030 (UN 2015) und den darin definierten 17 Zielen der nachhaltigen Entwicklung neu entfacht. Sie schließt an aktuelle Megatrends wie den anthropogen verursachten Klimawandel, den demografischen Wandel, die Digitalisierung etc. an (Krys 2017). Bei der geplanten Erreichung der Ziele der nachhaltigen Entwicklung kann Entrepreneurship, welches die Entwicklung unternehmerischen Denkens und Handelns sowie die Selbstständigkeit in den Mittelpunkt stellt (Europäische Kommission 2006), eine wichtige Rolle einnehmen

(Wiepcke 2019). Unternehmerische Aktivitäten können mit direktem Bezug auf die UN-Ziele der nachhaltigen Entwicklung eine hohe gesellschaftliche Relevanz aufweisen, denn sie können globale Armut und Ungleichheiten reduzieren und eine menschenwürdige Arbeit sowie ein nachhaltiges Wirtschaftswachstum fördern (Bosma et al. 2020; Fichter/Olteanu 2018).

Die Verbindung von Unternehmertum mit dem Nachhaltigkeitsgedanken wird auch als Sustainable Entrepreneurship bezeichnet. Sustainable Entrepreneurship verbindet das konventionelle, ökonomisch ausgerichtete Unternehmertum mit sozialen und ökologischen Unternehmenszielen (Hölzle/Gerhardt 2020). Zu den Schlüsselelementen des Sustainable Entrepreneurship zählen die Sustainable Entrepreneurinnen und Entrepreneure, die Suche und das Entdecken nachhaltigkeitsorientierter unternehmerischer Gelegenheiten sowie die simultane ökologische, ökonomische und soziokulturelle Wertschöpfung (Binder/Belz 2015). Die Lehre vom und das Lernen über Sustainable Entrepreneurship soll Lernende befähigen, eigenständig und mithilfe von innovativen, unternehmerischen Vorgehensweisen, einen sinnvollen Beitrag zur Lösung gesellschaftlicher und ökologischer Probleme zu leisten und aktiv an der Gestaltung einer nachhaltigkeitsorientierten Zukunft teilzunehmen (Kuckertz/Wagner 2010).

5.2 Möglicher Unterrichtsverlaufsplan

Klassenstufe	9./10. Klasse
Zeitbedarf	180 Minuten (4 Unterrichtseinheiten à 45 Minuten)
Bezug zum Bildungsplan Baden-Württemberg (KM BW 2016)	• Leitperspektive Bildung für eine nachhaltige Entwicklung • Leitperspektive Berufliche Orientierung • Inhaltsbezogene Kompetenzen: 3.2.2 Erwerbstätiger – 3.2.2.1 Unternehmer: – Gründungsmotive beurteilen können – Unternehmer*innenpersönlichkeiten charakterisieren können – Unternehmensziele vergleichen können
Lernziele	Die Schüler*innen können nach Absolvierung der vier Unterrichtseinheiten … • anhand der WebQuest-Methode Fachinhalte zum Thema Nachhaltigkeit und Säulen der nachhaltigen Entwicklung, Entrepreneurship und Unternehmensziele, Sustainable Entrepreneurship und Sustainable Entrepreneurinnen und Entrepreneure erarbeiten, erklären und auf eine Problemstellung anwenden; • die Ergebnisse in Bezug auf die Problemstellung zum nachhaltigen Unternehmer*innentum in einer Präsentation kritisch analysieren und beurteilen.

Sequenz und Minuten	Hinweise	Material/Medium/ Sozialform
Vorstellung der WebQuest-Methode 6 Minuten	Die WebQuest-Methode wird durch die Lehrkraft vorgestellt. Hier wird besonders auf die einleitende Problemstellung hingewiesen. Die Benutzung eines Computers, Tablets und/oder Smartphones ist erlaubt. Jeweils zwei bis drei Gruppen arbeiten an folgenden Themen: • Nachhaltigkeit und nachhaltige Entwicklung • Entrepreneurship • Sustainable Entrepreneurship	Gruppen zu je vier Schülerinnen und Schülern
WebQuest-Einleitung, Prozess, Aufgabenstellung, Material 50 Minuten	Das Arbeitsblatt zur WebQuest wird ausgeteilt. Bearbeitungszeit der Aufgabenstellungen: 45 Minuten Alle Schüler*innen (Gruppen) müssen aktiv an der Beantwortung der Fragestellungen arbeiten und die Antworten mit Quellen belegen. Die Ergebnisse werden im Anschluss präsentiert. Näheres zur Einleitung zum Thema, dem Arbeitsprozess, der Aufgabenstellungen sowie die Materialliste finden sich auf dem Arbeitsblatt.	Arbeitsblatt: WebQuest Computer/Tablet/Smartphone/Kopfhörer Blockblätter für die Notizen
WebQuest-Vorbereitung der Präsentation 45 Minuten	Vorbereitungszeit für die Präsentation: 40 Minuten Die Schüler*innen sollen die Ergebnisse nicht nur reproduzieren, sondern diese in ihren eigenen Worten vorstellen und kritisch analysieren und beurteilen! Näheres zur Vorbereitung und zur Durchführung der Präsentation sowie die Bewertungskriterien finden sich auf dem Arbeitsblatt.	Arbeitsblatt: WebQuest Computer/Tablet/Smartphone Plakate
WebQuest-Durchführung der Präsentation 60 Minuten	Jede Gruppe präsentiert (je 5 Minuten) und wird anschließend von Mitschülerinnen bzw. Mitschülern und der Lehrkraft befragt (3 Minuten).	Computer/Tablet/Smartphone Plakate Gruppen zu je vier Schülerinnen und Schülern
WebQuest-Evaluation 20 Minuten	Reflexion des Arbeitsprozesses und der Präsentation (siehe Fragen auf dem Arbeitsblatt). Die Antworten werden im Anschluss von der Lehrkraft eingesammelt und dienen zur Verbesserung des WebQuests bzw. für die Planung weiterer WebQuests. Die Reflexion der Schüler*innen soll in der folgenden Unterrichtsstunde nachbesprochen werden.	Arbeitsblatt: WebQuest Einzelarbeit Stift und Blockblatt
$\Sigma \sim 180$ Minuten		

Materialien

M1 WebQuest: Nachhaltigkeit und Unternehmertum

Einleitung in das Thema

Die Klasse 10B möchte für eine anstehende Klassenfahrt Geld verdienen. Um einen Teil der Kosten der Klassenfahrt selbst aufzubringen, denken Martina und Barancan (14 Jahre alt) darüber nach, eine Schüler*innenfirma zu gründen. Beide wissen allerdings nicht, wie und wo sie starten sollen. So lesen sie folgenden Zeitungsartikel:

Das Geschäft mit der Nachhaltigkeit boomt

Sie heißen Kaneo, Cirplus oder Thermondo und ihre Namen deuten an, dass es sich um junge, innovative und wachstumsorientierte Unternehmen handelt – um Start-ups. Aber diese drei wollen nicht nur mit neuen Technologien, Produkten oder Dienstleistungen Geld verdienen. Sie wollen zusätzlich noch einen sozialen und ökologischen Mehrwert schaffen, wie zum Beispiel den Wohlstand der Menschen fördern und Treibhausgasemissionen reduzieren.
Die drei genannten sind sogenannte Sustainable Start-ups[1]. Kaneo ist ein Green-IT-Dienstleister, Cirplus ein globaler Marktplatz für Kunststoffabfälle und Thermondo verkauft und installiert digitale und umweltfreundliche Heizungen. Laut Berechnungen des deutschen Start-up-Verbands gibt es hierzulande rund 3000 dieser Unternehmen. Insgesamt zählt der Verband 9000 bis 10 000 aktive Start-ups in Deutschland, gut jedes dritte davon gilt also als nachhaltigkeitsorientiert.

Nachhaltigkeitsorientierte Unternehmen haben mit anderen Herausforderungen zu kämpfen als gewöhnliche Start-ups. […] Auch wenn es immer mehr Sustainable Start-ups gibt, haben sie gegenüber herkömmlichen Start-ups mehr Schwierigkeiten bei der Kapitalbeschaffung und sind für Arbeitnehmer und Arbeitnehmerinnen anfangs oft nicht sehr attraktiv […].
(abgeändert von Jürgen Frentz, Ursprungstext aus: Hauck, Mirjam (2021): „Da fehlt oft der Unternehmer". In: Süddeutsche Zeitung, Artikel vom 30.3. Online: https://www.sueddeutsche.de/digital/borderstep-institute-studie-gruene-start-ups-1.5251350 (Zugriff: 08.11.22).)

Martina und Barancan sind begeistert, aber fragen sich nun, welches Vorwissen sie benötigen, um eine nachhaltige Schüler*innenfirma zu gründen?

Hilf Martina und Barancan, mit dem folgenden WebQuest nähere Informationen zu den Themen Nachhaltigkeit und nachhaltige Entwicklung, Entrepreneurship und Sustainable Entrepreneurship zu finden!

---

1 Sustainable Start-ups = nachhaltigkeitsorientierte Jungunternehmen, auf gesellschaftliche und Umweltprobleme ausgerichtet

Arbeitsprozess

Ihr arbeitet in Gruppen zu je vier Personen. Jede Gruppe befasst sich mit einem der folgenden Themen, dafür habt ihr 45 Minuten Zeit! Teilt euch die Arbeit so auf, dass ihr die Aufgaben in der vorgesehenen Zeit lösen könnt. Notiert eure Antworten mit eigenen Worten in ganzen Sätzen auf ein Blockblatt oder auf dem Computer, schreibt auch die Quelle dazu (z. B. Name der Tageszeitung oder des Videos auf YouTube)! Eure Ergebnisse werden im Anschluss präsentiert (Näheres im Kapitel Präsentation).

In der Materialsammlung findet ihr zu jedem Thema hilfreiche Informationen. Ihr könnt für weiterführende Informationen auch nach eigenen Quellen suchen und diese verwenden! Benutzt den Computer, das Handy oder Tablet, damit ihr den Link bzw. QR-Code aus der Materialsammlung lesen könnt. Die Internetlinks könnt ihr auf dem Computer oder Tablet direkt anklicken.

Aufgabenstellungen

1. **Nachhaltigkeit und nachhaltige Entwicklung**
   - Erklärt, was unter dem Begriff Nachhaltigkeit bzw. nachhaltige Entwicklung verstanden wird.
   - Nennt die drei Bereiche der Nachhaltigkeit und erklärt anhand konkreter Beispiele jeden Bereich.
   - Erklärt, warum der Nachhaltigkeitsgedanke in den 1970er- und 1980er-Jahren verstärkt ins gesellschaftliche Bewusstsein gedrungen ist, und beschreibt die aktuelle Nachhaltigkeitsdebatte.
   - Erklärt den Begriff Triple-Bottom-Line!
   - Vergleicht zwei der folgenden Nachhaltigkeitsmodelle und beschreibt ihre jeweiligen Stärken und Schwächen: Drei-Säulen-Modell, Schnittmengenmodell, Nachhaltigkeitsdreieck.
   - Erklärt, was unter Greenwashing verstanden wird.
   - Vergleicht Greenwashing mit echtem nachhaltigem Wirtschaften und erläutert, inwiefern nachhaltiges Wirtschaften möglich ist.

2. Entrepreneurship

- Erklärt, was unter dem Begriff Entrepreneurship verstanden wird.
- Analysiert Statistiken und erklärt, wie der aktuelle Stand zu folgenden Punkten aussieht: Gründungstätigkeiten in Deutschland, das Verhältnis von Gründerinnen und Gründern, Gründungsmotive.
- Nennt die Schlüsselelemente von Entrepreneurship und erklärt, was unter einer unternehmerischen Gelegenheit sowie einem Start-up verstanden wird.
- Nennt und erklärt die Tätigkeitsfelder von Entrepreneurinnen und Entrepreneuren.
- Erklärt, was allgemein unter einem Unternehmensziel verstanden wird, und nennt Beispiele für ökologische, soziale und ökonomische Ziele eines Unternehmens.
- Vergleicht einige unternehmerische Ziele miteinander und erläutert, ob und inwiefern es zu Konflikten zwischen einzelnen Zielen kommen kann.

3. Sustainable Entrepreneurship

- Erklärt, was unter dem Begriff Sustainable Entrepreneurship verstanden wird.
- Erklärt, nach welcher Mission Sustainable Entrepreneurinnen und Sustainable Entrepreneure mit ihrer Geschäftsidee Gewinne erwirtschaften wollen.
- Erklärt, warum Sustainable Start-ups (nachhaltigkeitsorientierte Jungunternehmen) für Arbeitnehmer*innen anfangs oft unattraktiv erscheinen.
- Erklärt den Begriff Start-up und vergleicht Sustainable Start-ups mit gewöhnlichen, rein gewinnorientierten Start-ups.
- Beschreibt, warum Netzwerke in der Gründungsphase besonders für Sustainable Start-ups eine wichtige Rolle einnehmen, und begründet mit konkreten Beispielen.
- Beschreibt ein nachhaltigkeitsorientiertes Unternehmen eurer Wahl und beurteilt die Geschäftsidee.

Weitere Materialien

zum Thema: Nachhaltigkeit und nachhaltige Entwicklung

https://is.gd/migtX4	https://is.gd/Emg0Xp	https://is.gd/Y7LiZR	https://is.gd/Kd5mEF

zum Thema: Entrepreneurship

https://is.gd/W24eMn	https://is.gd/4TbbYr	https://is.gd/sPumGx	https://is.gd/2OrWRS

zum Thema: Sustainable Entrepreneurship

https://is.gd/loLg1F	https://is.gd/fbK0OF	https://is.gd/0HaZAW	https://is.gd/isS58l
https://is.gd/mgeGEY	https://is.gd/St6QPj	https://is.gd/TVTzez	

Präsentation

Ihr habt nun 40 Minuten Zeit, die Präsentation der Ergebnisse eures Themas vorzubereiten. Hierzu könnt ihr Präsentationsfolien auf dem Computer oder ein Plakat gestalten. Ihr sollt das Thema in seiner Gesamtheit vorstellen und Martina und Barancan konkret erklären, worum es sich dabei handelt! Die Ergebnisse sollen in eigenen Worten wiedergegeben und kritisch analysiert und beurteilt werden.

Jedes Gruppenmitglied muss präsentieren, insgesamt präsentiert jede Gruppe 5 Minuten. Anschließend werden 3 Minuten lang Fragen zu eurem Thema gestellt. Die Bewertung erfolgt für die gesamte Gruppe!

Achtet auf folgende Bewertungskriterien: Struktur der Präsentation und Qualität der Inhalte, Layout und Design, Vortrag, Qualität der Beantwortung der im Anschluss gestellten Fragen.

Reflexion des WebQuests

Beantworte in Einzelarbeit folgende Fragen und schreibe deine Antworten in ganzen Sätzen auf ein Blockblatt:

- Beschreibe deinen Arbeitsstil während der Informationsrecherche (Hast du selbstständig gearbeitet? Hast du eine aktive Rolle in der Gruppenarbeit eingenommen? Hast du dich auch mit anderen Quellen außerhalb der Materialliste beschäftigt? Inwiefern hast du Hilfe benötigt?).
- Erkläre, inwiefern du die Aufgabenstellungen beantworten konntest (Gab es Schwierigkeiten, Antworten zu finden? Was hast du gemacht, als du keine gute Antwort finden konntest?).
- Beurteile die Arbeit in deiner Gruppe (Was verlief gut, wo besteht Verbesserungsbedarf?).
- Beurteile eure Präsentation (Was verlief gut, wo gibt es Verbesserungsbedarf?).
- Angenommen, Martina und Barancan fragen dich, ob du ein Sustainable Start-up gründen würdest, wie würdest du argumentieren? Antworte ausführlich.

Literatur

Aktaş, Celalettin (2017): The Evolution and Emergence of QR Codes. Newcastle.

Arndt, Holger (2017): Medien des Wirtschaftsunterrichts. Opladen.

Baschek, Eileen/Hastrich, Anja/Martinez, Helene/Schreiber, Christof (2021): WebQuests als digitale Lernumgebung. In: Graf, Dittmar/Graulich, Nicole/Lengnink, Katja/Martinez, Helene/Schreiber, Christof (Hg.): Digitale Bildung für Lehramtsstudierende, TE@M-Teacher Education and Media. Wiesbaden, S. 91–96.

Binder, Julia Katharina/Belz, Frank Martin (2015): Sustainable Entrepreneurship: what it is. In: Kyrö, Paula (Hg.): Handbook of Entrepreneurship and Sustainable Development Research. Cheltenham/Northampton, S. 30–71.

Bos, Wilfried/Eickelmann, Birgit/Gerick, Julia/Kahnert, Julia (2014): Anlage, Durchführung und Instrumentierung von ICILS 2013. In: Bos, Wilfried/Eickelmann, Birgit/Gerick, Julia/Goldhammer, Frank/Schaumburg, Heike/Schwippert, Knut/Senkbeil, Martin/Schulz-Zander, Renate/Wendt, Heike (Hg.): ICILS 2013. Computer- und informationsbezogene Kompetenzen von Schülerinnen und Schülern in der 8. Jahrgangsstufe im internationalen Vergleich. Münster, S. 43–82.

Bosma, Niels/Hill, Stephen/Ionescu-Somers, Aileen/Kelley, Donna/Levie, Jonathan/Tarnawa, Anna (2020): Global Entrepreneurship Monitor. 2019/2020 Report. Online: www.gemconsortium.org/report (Zugriff: 2.10.21).

DeGöB – Deutsche Gesellschaft für ökonomische Bildung (2004): Kompetenzen der ökonomischen Bildung für allgemein bildende Schulen und Bildungsstandards für den mittleren Schulabschluss. Online: is.gd/gaAgBO (Zugriff: 4.10.21).

Dodge, Bernie (1997): Some Thoughts About WebQuests. Online: https://is.gd/eR4Ui4 (Zugriff: 30.9.21).

Europäische Kommission (2006): Umsetzung des Lissabon-Programms der Gemeinschaft: Förderung des Unternehmergeistes in Unterricht und Bildung. Online: is.gd/ktfY9Y (Zugriff: 30.9.21).

Fichter, Klaus/Olteanu, Yasmin (2018): Green Start Up Monitor 2018. Berlin.

Hilmer, Thomas (2008): Projektorientiertes und entdeckend-forschendes Lernen in und mit dem Internet mithilfe der ‚WebQuest'-Methode. In: Danker, Uwe/Schwabe, Astrid (Hg.): Historisches Lernen im Internet. Geschichtsdidaktik und Neue Medien. Schwalbach/Ts., S. 131–146.

Hölzle, Katharina/Gerhardt, Fabian (2020): Sustainable Entrepreneurship – Eine Begriffsdefinition und Forschungsagenda. In: Hölzle, Katharina/Tiberius, Victor/Surrey, Heike (Hg.): Perspektiven des Entrepreneurships. Unternehmerische Konzepte zwischen Theorie und Praxis. Stuttgart, S. 403–413.

Kirchner, Martin (2020): Digitale Tools to go. Online: https://docplayer.org/192010148-Digitale-tools-to-go-martin-kirchner-stand-cc-by-sa-4-0.html (Zugriff: 9.12.22).

KM BW – Ministerium für Kultus, Jugend und Sport Baden-Württemberg (2016): Gemeinsamer Bildungsplan der Sekundarstufe I. Wirtschaft/Berufs- und Studienorientierung (WBS). Online: https://www.bildungsplaene-bw.de/site/bildungsplan/get/documents/lsbw/export-pdf/depot-pdf/ALLG/BP2016BW_ALLG_SEK1_WBS.pdf (Zugriff: 30.9.21).

Kruber, Klaus-Peter/Meyer, Christian/Rogg-Pietz, Arne (2011): WebQuest – investigatives Problemlösen per Internet. In: Retzmann, Thomas (Hg.): Methodentraining für den Ökonomieunterricht II. Schwalbach/Ts., S. 195–206.

Krys, Christian (2017): Megatrends – Rahmenbedingungen für unternehmerische Nachhaltigkeit. In: Wunder, Thomas (Hg.): CRS und strategisches Management. Wie man mit Nachhaltigkeit langfristig im Wettbewerb gewinnt. Berlin, S. 45–66.

Kuckertz, Andreas/Wagner, Marcus (2010): The influence of sustainability orientation on entrepreneurial intentions – Investigating the role of business experience. In: Journal of Business Venturing, 25, S. 524–539. Online: https://www.researchgate.net/publication/222818174_The_Influence_of_Sustainability_Orientation_on_Entrepreneurial_Intentions-Investigating_the_Role_of_Business_Experience (Zugriff: 8.11.22).

Manzel, Sabine (2010): WebQuests. In: Besand, Anja/Sander, Wolfgang (Hg.): Handbuch Medien in der politischen Bildung. Schwalbach/Ts., S. 593-601.

March, Tom (2003): The Learning Powers of WebQuests. In: Educational Leadership, 61(4), S. 42–47.

Moser, Heinz (2000): Abenteuer Internet. Lernen mit WebQuests. Donauwörth.

Sheong, Chang Sau (2010): Cloning internet applications with Ruby: make your own TinyURL, Twitter, Flickr, or Facebook using Ruby. Birmingham.

Spahn, Thomas (2017): Historisches Lernen mit WebQuests. In: Bernsen, Daniel/Kerber, Ulf (Hg.): Praxishandbuch Historisches Lernen und Medienbildung im digitalen Zeitalter. Opladen, S. 355–362.

UN – United Nations (2015): Resolution adopted by the General Assembly on 25 September 2015. Online: https://is.gd/3RSH92 (Zugriff: 20.12.22).

Wiepcke, Claudia (2019): Social Entrepreneurship Education zur Förderung von Inklusion. In: Bijedic, Teita/Ebbers, Ilona/Halbfas, Brigitte (Hg.): Entrepreneurship Education. Begriff – Theorie – Verständnis. Wiesbaden, S. 193–212.

Malte Ring

Erklärvideos in der Ökonomischen Bildung

Mit dem Aufkommen der einschlägigen Videoplattformen nehmen Videos als zentrales Medium seit Beginn der 2000er Jahre sowohl innerhalb als auch außerhalb formaler Bildungsprozesse einen größeren Raum ein. Im Unterrichtskontext sind Videos an der Schnittstelle zwischen Unterhaltungs- und Bildungsmedium einzuordnen. Erklärvideos verfolgen primär das Ziel, Lernprozesse anzustoßen und zu unterstützen. Findeisen/Horn/Seifried (2019) unterteilen dabei in Erklärvideos im engeren Sinne, in denen Inhalte oder Prinzipien erklärt werden, und Erklärvideos im weiteren Sinne (sogenannte Tutorials), bei denen eine Handlung vorgeführt und kommentiert wird. Abgrenzen lassen sich Erklärvideos von Performanzvideos (ohne lehrende Absicht) oder von Dokumentarfilmen, die ein bestimmtes Ereignis in eine eigene Erzählstruktur einbetten (Dorgerloh/Wolf 2020). Jugendliche nutzen Erklärvideos bzw. Tutorials für Schule und Ausbildung, in der Regel als Ergänzung zum Unterricht (Feierabend et al. 2020). Auch Lehrpersonen geben an, Erklärvideos im Unterricht zu nutzen bzw. erstellen teilweise eigene Erklärvideos, die auf entsprechende Lerngruppen zugeschnitten sind (Dorgerloh/Wolf 2020). Grundsätzlich kann zwischen der Nutzung von bestehenden Videos und der Gestaltung von Videos durch Schüler*innen als Produzent*innen unterschieden werden. Im vorliegenden Beitrag wird insbesondere auf die Auswahl und den Einsatz bestehender Erklärvideos in der Ökonomischen Bildung eingegangen (zur Erstellung von Videos durch Schüler*innen siehe Bonfig/Krüger in diesem Band). Im nächsten Abschnitt werden Erklärvideos vor dem Hintergrund von medienpädagogischer und fachdidaktischer Literatur verortet, bevor Leitfragen für den Einsatz von Erklärvideos und Stärken und Schwächen des Mediums diskutiert werden. Abschließend wird anhand eines Praxisbeispiels ein möglicher Einsatz von Erklärvideos dargestellt.

1 Didaktische Verortung von Erklärvideos und Kompetenzförderung

Auf typischen Videoplattformen finden sich im deutschsprachigen Raum insbesondere Videos im Bereich Mathematik, aber auch naturwissenschaftliche und gesellschaftswissenschaftliche Inhalte erfreuen sich zunehmender Beliebtheit (Fey 2021). Auch in der ökonomischen Domäne gibt es eine Bandbreite an bereits bestehenden Videos, die unterschiedliche Themenfelder wie Verbraucher*innenbildung, finanzielle Allgemeinbildung und Wirtschaftsbürger*innenbildung umfassen. Eine besondere Herausforderung ergibt sich durch den zweiseitigen Charakter von Erklärvideos auf entsprechenden Plattformen als Bildungs- und Unterhaltungsmedium. So hängen die Werbeeinnahmen von kommerziellen Anbieterinnen und Anbietern nicht vom Lernerfolg der Rezipierenden, sondern von Abonnement- und Zuschauer*innenzahlen ab. Die Qualität von Videos und die entsprechenden Metriken können dabei korrelieren, tun dies aber nicht zwangsweise (Kulgemeyer/Peters 2016). Eine naheliegende Erklärung für den fehlenden Zusammenhang ist, dass Lernende ihre Entscheidung, ein Video anzuschauen, nicht allein von der Qualität (und respektive ihrem potenziellen Lernerfolg), sondern auch vom Unterhaltungswerts des Videos abhängig machen. Dieser Argumentation folgend raten Kulgemeyer/Peters (2016) dazu, die Auswahl eines geeigneten Videos weder allein auf Basis der Metriken der entsprechenden Plattform zu treffen noch sie den Lernenden vollkommen selbstständig zu überlassen. Für den Einsatz bestehender Erklärvideos heißt das auch, dass nicht nur die Entwicklung von fachlichem Wissen, sondern auch ein kritischer Umgang mit dem Medium als zentrale Kompetenzen der Schüler*innen adressiert werden müssen. Im Hinblick auf die von der Kultusministerkonferenz vorgeschlagene Strategie „Bildung in der digitalen Welt" lässt sich der Einsatz von Erklärvideos damit in den Bereich „Analysieren und Reflektieren" einordnen (KMK 2016).

Im Vergleich zu Printmedien (bzw. statischen Bildern) eignen sich Videos insbesondere dann für den Einsatz in Bildungskontexten, wenn Inhalte vermittelt werden, bei denen Visualisierungen eine repräsentative Funktion haben, d. h., wenn Visualisierungen als Lerngegenstände und nicht nur zur Dekoration eingesetzt werden (Höffler/Leutner 2007). Inhalte wie beispielsweise der Wirtschaftskreislauf, das Zusammenspiel von Angebot und Nachfrage im Preis-Mengen-Diagramm oder die Break-even-Point-Analyse sind für Erklärvideos besser geeignet als etwa die gesetzlichen Grundlagen von Rechtsformen. Zudem sollten Erklärvideos wie auch Unterrichtserklärungen eher dann zum Einsatz kommen, wenn neue, komplexe Prinzipien behandelt werden, weniger um bereits bekannte Inhalte zu wiederholen (Wittwer/Renkl 2008). Wesentlich ist dabei, dass Videos mit Aufgaben kombiniert werden, bei denen die Lernenden selbst aktiv werden und die Möglichkeit haben, die gelernten Inhalte auch anzuwenden und zu vertiefen (z.B. Brame 2016).

Zusätzlich zur Passung zwischen Medium und Inhalt und dem didaktischen Setting spielt auch der inhaltliche Aufbau und die mediale Gestaltung eine Rolle für die Effektivität von Erklärvideos. Entsprechende Gestaltungsempfehlungen können sowohl aus der fachdidaktischen Literatur für instruktionale Erklärungen (z.B. Findeisen 2017) als auch aus der Forschung zur Gestaltung von multimedialem Unterrichtsmaterial abgeleitet werden (Überblick in Mayer 2014). Als Qualitätsmerkmale für traditionelle instruktionale Erklärungen werden in bisherigen Studien in der Regel verschiedene Kriterien herangezogen wie z.B. fachlicher Gehalt, Adressat*innenorientierung, Struktur, Sprache und Repräsentationen. Der fachliche Gehalt umfasst die fachliche Richtigkeit wie auch die Vollständigkeit der Erklärungen und die Orientierung an fachlichen Prinzipien (Schopf/Zwischenbrugger 2015), z.T. wird auch die Verfügbarkeit verschiedener Erklärungsvarianten untersucht (Findeisen 2017). Adressat*innenorientierung bedeutet, dass die erklärenden Inhalte auf die Lernenden angepasst sind, insbesondere das Vorwissen, aber auch die Verknüpfung an die Lebenswelt der Lernenden spielen dabei eine zentrale Rolle (z.B. Wittwer/Renkl 2008). Mit Strukturkriterien zur Bewertung der Erklärungen wird überprüft, ob eine Erklärung logisch aufgebaut ist und eine klare Gliederung aufweist. Auch ein angemessenes Sprachniveau und die Präzision der Aussagen sind dabei von zentraler Relevanz. Im Hinblick auf Repräsentationen und die Gestaltung der Erklärungen wurde der sinnvolle Einsatz von Visualisierungen, Beispielen, Modellen und Analogien untersucht (Findeisen 2017). Als Kombination von visuellen und gesprochenen Inhalten ist gemäß der Cognitive Load Theory (z.B. Sweller 2020) für Erklärvideos ein instruktionales Design wichtig, das die Lernenden fordert, ohne unnötige kognitive Ressourcen zu verschwenden. Gestaltungsempfehlungen sind beispielsweise eine passende Verknüpfung von gesprochenen Inhalten und Visualisierung sowie die visuelle Hervorhebung von relevanten Informationen und die Reduktion von ablenkenden Details und Redundanzen (Schopf 2020).

2 Ablauf der Methode

Wie ein sinnvoller Einsatz von Erklärvideos für Lehr-Lern-Prozesse aussehen kann, ist in starkem Maße abhängig von dem zu lernenden Inhalt, der Gestaltung des Videos, dem didaktischen Einsatzszenario und den Lernenden. Mit der folgenden Tabelle können Lehrkräfte in verschiedenen Phasen anhand zentraler Leitfragen die zielführende Auswahl bzw. Gestaltung von Erklärvideos planen und reflektieren.

Tabelle 1: Leitfragen für den Einsatz von Erklärvideos im Wirtschaftsunterricht

Phase	Leitfragen
Voraussetzungen klären	• **Neue Inhalte:** Sollen mithilfe des Videos neue Inhalte erklärt werden? • **Passung Videoinhalt:** Ist das Videoformat geeignet, um die Inhalte zu vermitteln? • **Technische Zugänglichkeit:** Ist das Video für alle Lernenden zugänglich?
Kritische (inhaltliche) Beurteilung des Videos	• **Fachliche Richtigkeit:** Ist die Erklärung fachlich richtig? • **Fachliche Vollständigkeit:** Werden alle relevanten Informationen übermittelt? • **Lebensweltbezug:** Wird im Video die Perspektive der Lernenden eingenommen, gibt es Bezüge zur Lebenswelt der Lernenden? • **Vorwissen:** Passt das Video zum Vorwissen der Lernenden? • **Visualisierungen:** Sind die Visualisierungen auf den Inhalt bezogen und mit dem gesprochenen Text verknüpft? • **Beispiele:** Werden sinnvolle Beispiele verwendet? Helfen sie, das Grundprinzip besser zu verstehen? • **Sprache & Verständlichkeit:** Ist das Video sprachlich klar und deutlich, wird auf unnötige Fremdwörter verzichtet? • **Roter Faden:** Gibt es einen klaren roten Faden, ist die Erklärung kohärent?
Kritische Beurteilung der Quelle und Kontroversität	• **Autor*innenschaft:** Wer hat das Video erstellt? Gibt es Partikularinteressen der Herausgeber*innen? • **Kontroversität:** Werden Inhalte angemessen kontrovers dargestellt, wird das Überwältigungsverbot eingehalten?
Didaktischer Einsatz und Interaktionsmöglichkeiten	• **Verknüpfung mit Aufgaben:** Wie können Lernende die Inhalte des Videos anwenden? • **Aufgaben während des Videos:** Ist ein Arbeitsauftrag für das Video sinnvoll, enthält das Video bereits aktive Aufgaben oder Interaktionsmöglichkeiten?

Quelle: eigene Darstellung

Die dargestellten Kriterien fokussieren auf ausgewählte fachdidaktische Überlegungen und resultieren aus einem bestehenden Kriterienkatalog (Ring/Brahm 2022).

Die hier aufgeführten Fragen bzw. die damit verbundenen Antworten sind dabei nicht als Ausschlusskriterium, sondern als Reflexionsanlass für die Beurteilung der Qualität des Videos und des didaktischen Einsatzes gedacht. Es ist beispielsweise nicht unwahrscheinlich, dass ein Video fachlich nicht vollständig ist. Eine Analyse im Hinblick auf fachliche Vollständigkeit leitet die Lehrperson zur anschließenden Frage, welche Inhalte, Perspektiven oder Aspekte im Unterricht noch ergänzt werden müssen. Auch können Videos, die Inhalte nicht ausreichend kontrovers darstellen, als Lerngegenstand dienen, wenn beispielsweise eine kritisch-reflexive Beurteilung der Inhalte (und/oder des Mediums) Ziel des Unterrichts ist. Abgesehen von einer Internetverbindung und einem aktuellen Browser gibt es für die Nutzung von Erklärvideos im Unterricht keine technischen Voraussetzungen, bei individueller Nutzung im gleichen Raum können Kopfhörer hilfreich sein.

+ – 3 Potenziale und Herausforderungen des Mediums

Die Stärken und Schwächen des Mediums hängen mit dem didaktischen Einsatz zusammen und müssen entsprechend vor dem Hintergrund der fachdidaktischen Verortung reflektiert werden. Grundsätzlich bieten Erklärvideos ein hohes Maß an Kontrolle des Lernprozesses durch die Lernenden, insbesondere wenn das Video selbstbestimmt angeschaut wird (Lernende können selbst entscheiden, wann sie das Video schauen wollen, ob eine Pause nötig ist, gegebenenfalls auch die Geschwindigkeit anpassen etc.). Es ist leicht, Visualisierungen und Animationen in Erklärvideos einzusetzen. Dadurch sind sie insbesondere für Inhalte geeignet, bei denen die Visualisierungen Fachinhalte repräsentieren und damit einen Teil des Lerngegenstands ausmachen. Erklärvideos sind wiederverwendbar und es gibt zahlreiche Videos, die für unterrichtliche Zwecke zur Verfügung stehen. Gleichzeitig sind bereits bestehende Erklärvideos selten optimal auf die Lernenden zugeschnitten. Eine eigene Gestaltung ist auf die eigene Klasse abgestimmt, kann aber aufwendig sein und fordert monetäre sowie zeitliche Ressourcen. Weiterhin fehlt im Vergleich zur Unterrichtserklärung die Interaktion zwischen Lernenden und erklärender Person. Im Regelfall gibt es keine Möglichkeit für die Lernenden, direkte Rückfragen zu stellen, oder für die erklärende Person, die Erklärung im Prozess anzupassen; interaktive Videos wie H5P oder Videos in Hypermedia-Kontexten schaffen hier Abhilfe.

Ohne die Kombination mit Aufgaben, bei denen Lernende aktiv werden, können Videos bei Lernenden schnell den Eindruck vermitteln, dass komplexe Inhalte verstanden sind, selbst wenn dies nicht der Fall ist (z. B. Kulgemeyer/Wittwer 2021).

4 Praxisbeispiel aus dem Wirtschaftsunterricht: Staatliche Subventionen

4.1 Fachwissenschaftliche Einführung: Subventionen

Subventionen sind Instrumente staatlicher Strukturpolitik, die das grundsätzliche Ziel haben, die Ausgangsbedingungen (Innovationen, Absatz und Investitionen) von bestimmten Unternehmen, Wirtschaftssektoren oder Technologien zu stärken (Buhr 2013). So wird beispielsweise der Erwerb von elektrisch betriebenen Fahrzeugen in Deutschland aktuell bezuschusst, um die Elektromobilität zu fördern (Bundesregierung 2021). Subventionen können direkte Zahlungen sein, aber beispielsweise auch indirekt über staatlich vergebene Kredite mit geringen Zinsen, Steuervergünstigungen oder andere Mechanismen umgesetzt werden. Das Thema wird innerhalb der Wirtschaftswissenschaften und der politischen Wirtschaftslehre kritisch diskutiert, auch weil die tatsächlichen Folgen von Subventionen nicht leicht zu erfassen sind. Gegner*innen von Subventionen argumentieren ausgehend von Gleichgewichtsmodellen, dass Subventionen zu Fehlallokationen führen können und sich langfristig negative Folgen für die jeweiligen Wirtschaftszweige ergeben, da notwendige Anpassungs- und Innovationsprozesse verhindert werden. Die subventionierten Wirtschaftszweige bzw. Unternehmen planen staatliche Hilfen aktiv ein und werden – dieser Argumentation folgend – von der Gesellschaft über Steuern querfinanziert. Entsprechend werden Subventionen als unnötige Eingriffe in den Wettbewerb wahrgenommen, die zudem überproportional größeren Unternehmen zukommen (Kortmann 2004). Befürworter*innen argumentieren dagegen, dass Subventionen Anreize schaffen, notwendige Veränderungsprozesse anstoßen und dabei beispielsweise auch positive externe Effekte von Forschung und Entwicklung ausnutzen (Almus/Czarnitzki 2003). Weiterhin werden lokale Arbeitsplatzsicherung sowie die geopolitische Relevanz bestimmter Wirtschaftszweige als Argumente herangezogen. Zusätzlich zur grundsätzlichen Pro- und Kontradebatte wird ein weiterer Diskurs bezüglich Umsetzung von Subventionen geführt, hier wird insbesondere die fehlende Transparenz der staatlichen Steuerungselemente bemängelt (z. B. Theile 2021).

4.2 Möglicher Unterrichtsverlaufsplan

Klassenstufe	10
Zeitbedarf	90 Minuten
Bezug zum Bildungsplan Baden-Württemberg (KM BW 2016)	• Leitperspektive Medienbildung • Prozessbezogene Kompetenzen: Methoden- und Urteilskompetenz • Inhaltsbezogene Kompetenzen – Wirtschaftsbürger*in: protektionistische Maßnahmen (z. B. Subventionen, Zölle, Quoten) und deren Auswirkungen auf die internationale Arbeitsteilung beurteilen
Lernziele	Die Schüler*innen können ... • die Auswirkungen von staatlichen Eingriffen am Beispiel von Subventionen charakterisieren; • Erklärvideos zu ökonomischen Sachverhalten mithilfe von fachlichen und medienpädagogischen Kriterien bewerten.

Sequenz und Minuten	Beschreibung	Material und Medien
Einstieg 5 Minuten	Die Lehrperson macht (über ein Onlinetool) eine Umfrage mit den Schülerinnen und Schülern bezüglich ihrer Nutzung von Erklärvideos für schulische Zwecke und stellt im Anschluss das Stundenziel vor (wirtschaftliche Inhalte mit Erklärvideos erarbeiten und Erklärvideos bewerten).	Onlineumfrage z. B. via Slido, Poll Everywhere ...
Erarbeitungsphase I: Wirtschaftliche Inhalte erarbeiten 20 Minuten	Die Lernenden werden in Paare eingeteilt. Die Schüler*innen arbeiten dann zunächst in Einzelarbeit, sodass sich immer ein/e Schüler*in aus einem Paar mit einem Erklärvideo auseinandersetzt und sich zu folgenden Fragen Notizen macht: Was sind Subventionen? Welche Arten von Subventionen gibt es? Welche Ziele können Subventionen haben? Welche Vor- und Nachteile haben Subventionen? Die Schüler*innen sollten dabei die Möglichkeit haben, das Video gegebenenfalls mehrmals anzuschauen bzw. zu pausieren, um die notwendigen Informationen zu sammeln.	M1 Subventionen
Sicherungsphase 20 Minuten	Die Schüler*innen vergleichen ihre Notizen, diskutieren die Unterschiede und ergänzen gegebenenfalls ihre eigenen Notizen. Die Ergebnisse werden im Plenum besprochen.	

Erarbeitungs-phase II Erklärvideos bewerten 20 Minuten	In der zweiten Erarbeitungsphase steht die kritische Perspektive auf das Medium im Vordergrund. Dafür schauen die Schüler*innen zunächst das noch nicht gesehene Video und vergleichen die beiden Videos in Gruppenarbeit. Um eine kritische Reflexion zu ermöglichen, werden dabei verschiedene Kategorien aus unterschiedlichen Bereichen (Inhalt, Verständlichkeit, Unterhaltungswert) gewählt, die die Schüler*innen selbstständig gewichten können.	Gruppenarbeit M2 Bewertung der Videos
Präsentation der Ergebnisse 25 Minuten	Abschließend werden die Ergebnisse präsentiert, wobei die anderen Schüler*innen und die Lehrperson nach Begründungen für die einzelnen Noten und die Gewichtung fragen können.	

Die hier vorgestellte Unterrichtsstunde eignet sich als Einstieg in die Wirkungsweise von staatlichen Eingriffen. Dabei steht nicht allein das Thema Subventionen im Mittelpunkt, vielmehr wird im zweiten Teil bewusst ein Fokus auf medienpädagogische Aspekte gelegt. Die Nutzung eines kriteriengeleiteten Beurteilungsrasters kann den Lernenden auch für zukünftige Videos (außerhalb formaler Bildungsprozesse) Anstöße für eine kritische Reflexion bieten. Im weiteren Verlauf der kompletten Unterrichtssequenz wäre es denkbar, ein vertiefendes aktuelles Beispiel (z.B. aus dem Themenbereich Elektromobilität oder erneuerbare Energien) genauer zu analysieren. Abschließend könnten die Schüler*innen ein eigenes Erklärvideo erstellen, in dem Subventionen zunächst allgemein und dann an einem selbst recherchierten, realen Beispiel erklärt und die Kriterien aus der vorgestellten Stunde für die Erstellung und Bewertung zugrunde gelegt werden. Dafür eignen sich typische Anwendungen für die Erstellung von Videos wie Simpleshow, PowToon oder VideoScribe (ausführlichere Informationen zur Gestaltung von Videos durch Schüler*innen siehe Bonfig/Krüger in diesem Band).

Materialien

M1 Subventionen

Aufgabe 1: Subventionen im Wirtschaftssystem

Jede*r von euch schaut sich eines der beiden Erklärvideos zum Thema Subventionen an (Links/QR-Code siehe unten). Macht euch mithilfe der Informationen aus eurem Video Notizen zu folgenden Fragen:
Was sind Subventionen?
Welche Arten von Subventionen gibt es?
Welche Ziele können Subventionen haben?
Welche Vor- und Nachteile haben Subventionen?

Besprecht die Notizen im Anschluss mit eurem Partner oder eurer Partnerin.

Video 1: Simpleclub	Video 2: Studyflix

Vorschlag für mögliche Sicherung (M1)

Abbildung 1: Subventionen im Überblick

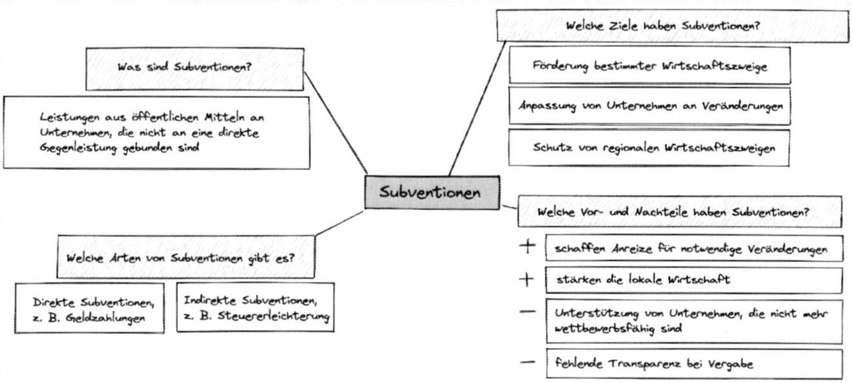

Quelle: eigene Darstellung

M2 Videovergleich

Aufgabe 2: Vergleich der Videos

Schaut euch zunächst das Video an, das ihr noch nicht gesehen habt. Vergleicht dann die beiden Videos mithilfe der unten stehenden Tabelle.
Entscheidet dafür gemeinsam, welche Schulnote (von 1–6) ihr den Videos in den unterschiedlichen Kategorien geben würdet und tragt eure Note in die jeweilige Spalte ein.
Überlegt zusammen, wie ihr die verschiedenen Kategorien gewichten wollt und tragt eure Gewichtung (in Prozent) in die letzte Spalte ein. Wenn euch noch weitere Kategorien einfallen, könnt ihr sie in die freien Zeilen in der Tabelle eintragen.
Entscheidet euch anhand der Noten und der Gewichtung für eine Gesamtnote pro Video.

Kategorien	**Schulnote Video 1: Simpleclub**	**Schulnote Video 2: Studyflix**	**Gewichtung**
Vollständigkeit und Umfang der Inhalte			
Neutrale Darstellung der Inhalte			
Gestalterische Darstellung			
Verständlichkeit und roter Faden			
Unterhaltungswert			

	Video 1	Video 2
Gesamtnote:		

Erwartungshorizont M2: Kritische Beurteilung der ausgewählten Videos

Beurteilung Video 1: Wirtschaft Simpleclub – Subventionen

Fachlich ist das Erklärvideo korrekt, auch die Relevanz des Themas wird herausgestellt. Insgesamt wird das Thema jedoch eher oberflächlich und nicht sonderlich kontrovers diskutiert. Es wird zwar der Zweck von Subventionen thematisiert, dagegen wird nicht ausreichend auf unterschiedliche Arten von Subventionen und Argumente für bzw. gegen Subventionen eingegangen. Insgesamt entsteht der Eindruck, dass Subventionen lediglich unnötige Eingriffe darstellen und sich nur auf erfolglose Unternehmen beziehen. Die Perspektive der Lernenden wird grundsätzlich eingenommen, auch werden die Lernenden direkt angesprochen, aber teilweise mit negativer Konnotation. Inhaltlich knüpft das Thema an geringes Vorwissen an, allerdings wird ein schnelles Tempo verfolgt, wobei in kurzer Zeit viele unterschiedliche Aspekte von Subventionen beleuchtet werden. Das Video folgt einer induktiven Struktur, d.h., es wird erst ein Beispiel und dann die allgemeine Regel eingeführt. Das Beispiel eignet sich grundsätzlich für die Erklärung des Prinzips, ein aktuelleres Beispiel wäre eine sinnvolle Ergänzung. Gestalterisch zeichnet sich das Video durch viele Visualisierungen und einen sehr schnellen Bildwechsel aus. Auch diverse Repräsentationen werden eingesetzt, die dekorativen bzw. Unterhaltungszwecken dienen (Memes, Emojis etc.). Vor dem Hintergrund des Kohärenzprinzips wird durch die Verarbeitung der irrelevanten Details damit Kapazität des Arbeitsgedächtnisses gebunden, die nicht für die Verarbeitung der Inhalte zur Verfügung steht. Diese Vielfalt an Repräsentationen ist also zu kritisieren.

Beurteilung Video 2: Studyfix – Subventionen

Fachlich ist das Erklärvideo korrekt, die fachliche Relevanz des Themas wird teilweise herausgestellt. Insgesamt wird das Thema tiefergehend behandelt und ist anhand der drei Ziele sowie der unterschiedlichen Vergabearten schlüssig gegliedert. Die Perspektive der Lernenden wird teilweise eingenommen und an bestimmten Stellen werden die Lernenden direkt angesprochen. Das Video deckt viele Themenbereiche in kurzer Zeit ab und könnte bei geringem Vorwissen überfordernd wirken, da Fachbegriffe teilweise nur genannt, aber nicht erklärt werden. Statt eines durchgehenden Beispiels werden an unterschiedlichen Stellen verschiedene Beispiele verwendet, die das jeweilige Argument sinnvoll unterstützen. Gestalterisch zeichnet sich das Video durch viele Bildwechsel und viele größtenteils passende Visualisierungen aus, die schrittweise – passend zum gesagten Text – aufgebaut werden. Die Visualisierungen weisen dabei teilweise Details auf, die für den Inhalt eine untergeordnete Rolle spielen.

Literatur

Almus, Matthias/Czarnitzki, Dirk (2003): The Effects of Public R&D Subsidies on Firms' Innovation Activities. In: Journal of Business & Economic Statistics, 21(2), S. 226–236.

Brame, Cynthia J. (2016): Effective Educational Videos: Principles and Guidelines for Maximizing Student Learning from Video Content. In: CBE Life Sciences Education, 15(4), S. 1–6. Online: https://www.lifescied.org/doi/epdf/10.1187/cbe.16-03-0125 (Zugriff: 8.11.2022).

Buhr, Daniel (2013): Subventionen. In: Andersen, Uwe/Woyke, Wichard (Hg.): Handwörterbuch des politischen Systems der Bundesrepublik Deutschland. 7., aktualisierte Auflage. Heidelberg, S. 896–900. Online: https://www.bpb.de/nachschlagen/lexika/handwoerterbuch-politisches-system/202192/subventionen (Zugriff: 21.1.22).

Bundesregierung (2021): Kaufprämie für Elektroautos erhöht. Online: https://www.bundesregierung.de/breg-de/service/archiv/alt-inhalte/kaufpraemie-fuer-elektroautos-erhoeht-369482 (Zugriff: 21.1.22).

Dorgerloh, Stephan/Wolf, Karsten D. (2020): Lehren und Lernen mit Tutorials und Erklärvideos. Weinheim.

Feierabend, Sabine/Rathgeb, Thomas/Kheredmand, Hediye/Glöckler, Stephan (2020): JIM-Studie 2020. Online: https://www.mpfs.de/fileadmin/files/Studien/JIM/2020/JIM-Studie-2020_Web_final.pdf (Zugriff: 21.1.22).

Fey, Carl-Christian (2021): Erklärvideos – eine Einführung zu Forschungsstand, Verbreitung, Herausforderungen. In: Matthes, Eva/Siegel, Stefan T./Heiland, Thomas (Hg.): Lehrvideos – das Bildungsmedium der Zukunft? Erziehungswissenschaftliche und fachdidaktische Perspektiven. Bad Heilbrunn, S. 15–30.

Findeisen, Stefanie (2017): Fachdidaktische Kompetenzen angehender Lehrpersonen. Eine Untersuchung zum Erklären im Rechnungswesen. Wiesbaden.

Findeisen, Stefanie/Horn, Sebastian/Seifried, Jürgen (2019): Lernen durch Videos – Empirische Befunde zur Gestaltung von Erklärvideos. In: MedienPädagogik: Zeitschrift für Theorie und Praxis der Medienbildung, S. 16–36. Online: https://www.medienpaed.com/article/view/691/658 (Zugriff: 8.11.2022).

Höffler, Tim N./Leutner, Detlev (2007): Instructional animation versus static pictures: A meta-analysis. In: Learning and Instruction, 17(6), S. 722–738.

KM BW – Ministerium für Kultus, Jugend und Sport Baden-Württemberg (2016): Gemeinsamer Bildungsplan der Sekundarstufe I. Wirtschaft/Berufs- und Studienorientierung (WBS). Online: https://www.bildungsplaene-bw.de/site/bildungsplan/get/documents/lsbw/export-pdf/depot-pdf/ALLG/BP2016BW_ALLG_SEK1_WBS.pdf (Zugriff: 30.9.21).

KMK – Kultusministerkonferenz (2016): Bildung in der digitalen Welt. Strategie der Kultusministerkonferenz (Beschluss vom 8.12.2016, in der Fassung vom 7.12.2017). Online: https://www.kmk.org/fileadmin/pdf/PresseUndAktuelles/2018/Digitalstrategie_2017_mit_Weiterbildung.pdf (Zugriff: 7.11.2022).

Kortmann, Walter (2004): Subventionen: die verkannten Nebenwirkungen. In: Wirtschaftsdienst – Zeitschrift für Wirtschaftspolitik, 84(7), S. 462–472. Online: https://www.wirtschaftsdienst.eu/pdf-download/jahr/2004/heft/7/beitrag/subventionen-die-verkannten-nebenwirkungen.html (Zugriff: 8.11.2022).

Kulgemeyer, Christoph/Peters, Cord H. (2016): Exploring the explaining quality of physics online explanatory videos. In: European Journal of Physics, 37(6), S. 1–14.

Kulgemeyer, Christoph/Wittwer, Jörg (2021): When Learners Prefer the Wrong Explanation: Misconceptions in Physics Explainer Videos and the Illusion of Understanding. Online: https://psyarxiv.com/q36zf/ (Zugriff: 21.1.22).

Mayer, Richard E. (2014): The Cambridge Handbook of Multimedia Learning. Cambridge.

Ring, Malte/Brahm, Taiga (2022): A Rating Framework for the Quality of Video Explanations. In: Technology Knowledge & Learning. Online: https://doi.org/10.1007/s10758-022-09635-5 (Zugriff: 19.12.2022).

Schopf, Christiane (2020): Erklärvideos für den Unterricht gestalten – Empfehlungen aus Theorie, Empirie und Praxis. In: Greimel-Fuhrmann, Bettina/Fortmüller, Richard (Hg.): Wirtschaftsdidaktik. Den Bildungshorizont durch Berufs- und Allgemeinbildung erweitern. Festschrift für Josef Aff. 1. Auflage. Wien, S. 61–78.

Schopf, Christiane/Zwischenbrugger, Andrea (2015): Verständliche Erklärungen im Wirtschaftsunterricht. In: Zeitschrift für ökonomische Bildung, 3, S. 1–31. Online: http://www.zfoeb.de/2015_3/schopf_zwischenbrugger.pdf (Zugriff: 8.11.2022).

Sweller, John (2020): Cognitive load theory and educational technology. In: Educational Technology Research and Development, 68(1), S. 1–16.

Theile, Merlind (2021): Hier verstecken sich Milliarden. In: Die Zeit, Nr. 20/2021, Artikel vom 11.5. Online: https://www.zeit.de/2021/20/gemeinsame-agrarpolitik-eu-haushalt-reform-landwirtschaft-naturschutz (Zugriff: 21.1.22).

Wittwer, Jörg/Renkl, Alexander (2008): Why Instructional Explanations Often Do Not Work: A Framework for Understanding the Effectiveness of Instructional Explanations. In: Educational Psychologist, 43(1), S. 49–64. Online: https://www.researchgate.net/publication/254303556_Why_Instructional_Explanations_Often_Do_Not_Work_A_Framework_for_Understanding_the_Effectiveness_of_Instructional_Explanations (Zugriff: 8.11.2022).

Vera Kirchner, Jörg Hochmuth, Isabelle Penning

Social Media: (Sinn-)Influencer*innen und ihr unterrichtliches Potenzial als Fallbeispiele für die Berufliche Orientierung und die Entrepreneurship Education

1 Social Media, Influencer*innen und ihre unterrichtliche Relevanz für die Ökonomische Bildung

Soziale Medien leben vom Austausch und transportieren eine inhärente Aufforderung zur Kommunikation zwischen den Nutzer*innen. Auch weil sie gewohnte Kommunikationsmuster weitestgehend auflösen und sich in verschiedenen Kriterien von klassischen Massenmedien unterscheiden, stellt dieser Medienwandel bzw. Medien-Shift (Jahnke 2021) für viele Lehrer*innen eine Herausforderung dar.

Aus pädagogisch-didaktischer Sicht besonders herausfordernd ist hierbei ein eher fluides Verständnis von Öffentlichkeit, welches das Schützen von privaten Informationen, die zudem digital dauerhaft auffindbar werden, im Kontext von Social Media eher schwierig macht (ebd.). Kennzeichnend für die sogenannten sozialen Medien (zur Systematisierung siehe Tab. 1) ist, dass sie aus Nutzer*innensicht die Möglichkeit bieten, Informationen aller Art mit anderen zu teilen; der Fokus liegt hierbei auf dem *User-Generated Content* (Holtz/Cress/Kimmerle 2018) – also Medieninhalten, die von den Nutzer*innen der Plattformen selbst erstellt werden – sowie einer Schwerpunktverlagerung auf die Beziehung zwischen Sender*innen sowie Empfänger*innen (Taddicken/Schmidt 2017). In dem vorliegenden Beitrag wird die folgende Definition von Taddicken und Schmidt (2017) zur Eingrenzung genutzt. Soziale Medien werden verstanden als „Sammelbegriff für Angebote auf Grundlage digital vernetzter Technologien, die es Menschen ermöglichen, Informationen aller Art zugänglich zu machen und davon ausgehend soziale Beziehungen zu knüpfen und/oder zu pflegen" (ebd., 8). Besonders beliebt in der Altersgruppe von 14 bis 29 Jahren sind nach einer Onlineumfrage von ARD und ZDF (2021) die Instant-Messaging-Dienste WhatsApp und Snapchat oder auch Plattformen wie Instagram, YouTube und TikTok, auf denen Bilder und Videos der eigenen Community präsentiert werden (Jahnke 2021).

Tabelle 1: Systematisierung sozialer Medien auf Basis der Klassifizierung

Gattungen	Ausdifferenzierung	Beispiele
Plattformen	Soziale Netzwerkplattformen	Facebook, LinkedIn, Xing
	Diskussionsplattformen	gutefrage.net., Frag-den-Doc.de, motor-talk.de
	UGC-Plattformen (User-Generated Content = von den Nutzer*innen der Plattform selbst erstellte Medieninhalte)	YouTube, Instagram, Pinterest, TikTok
	Empfehlungsplattformen	Yelp
Personal Publishing (Fokus Urheber)	Blogs	https://bobblume.de/ https://madamemoneypenny.de/blog/
	Microblogging-Dienste	Twitter
	Podcast/Videocast	Pocket Casts, Castbox
Instant Messaging/ Chat	Unterscheidbar u.a. nach Software, Verschlüsselung oder Funktionen	Skype, WhatsApp, Snapchat, Google Hangouts, Telegram, Signal
Wikis	Peer-Reviewed, open access Onlinelexika	MediaWiki (Wikipedia, Scholarpedia)

Quelle: Taddicken/Schmidt 2018

Doch nicht nur die Schüler*innen nutzen Instagram & Co. selbst, diese Plattformen werden auch von den sogenannten Influencer*innen intensiv und vorrangig für ein junges Publikum bespielt, in deren Lebenswelt soziale Medien eine hervorgehobene Rolle einnehmen (u.a. DAK-Forschung 2020, bitkom 2019). Als Influencer*innen werden digitale Multiplikator*innen[1] bezeichnet, die vor allem

1 Analysiert man mithilfe von Daten des Statistischen Bundesamts die größten deutschen Influencer*innen nach Anzahl ihrer Follower auf Instagram, wird deutlich, dass es sich hierbei vielfach auch um Prominente handelt (u.a. Profisportler*innen), die ihre schon be-

soziale Medien dafür nutzen, Produkte, Marken und Werbebotschaften[2] zu verbreiten (Jahnke 2021). Hier kommt die Ökonomische Bildung ins Spiel, denn Kinder und Jugendliche werden somit in ihrer Rolle als Verbraucher*innen adressiert, zumeist jedoch aufgrund geschickten Marketings, ohne dass ihnen das unmittelbar bewusst ist. Die stark ausgeprägte ökonomische Dimension des Web 2.0 und die intensive Nutzung sozialer Medien zu Marketingzwecken (ebd.) sind ein inhärenter Allgemeinbildungsauftrag für den Wirtschaftsunterricht. Etwa seit den 1990er Jahren verlagerte sich das Wirtschaften zunehmend ins Netz, webbasierte Dienste und Dienstleistungen wurden zunehmend wichtig für das Wirtschaftsleben, wobei das Platzen der Dotcom-Blase im Jahr 2000 der damit verbundenen Euphorie einen zumindest kurzzeitigen Dämpfer versetzte (Taddicken/Schmidt 2017). Die Entwicklung des Web 1.0 hin zum Web 2.0 hat dabei in mehrfacher Weise die Voraussetzungen für die sozialen Medien geschaffen, wie sie heute genutzt werden: technologisch durch die zunehmende Verbreitung von webbasierten Anwendungen und Nutzung von mobilen Endgeräten und Daten bzw. Datenbanken anstatt stationärer Computer und vor Ort installierter Programme; ökonomisch durch die zunehmende wirtschaftliche Nutzung von Inhalten, die durch die Nutzer*innen erstellt werden zusätzlich zum Kauf und Verkauf von Inhalten, Produkten und Software. Diese technischen und ökonomischen Veränderungen haben auch die Voraussetzungen für die Nutzer*innen verändert und einen Wandel in der Kommunikation im Web 2.0 initiiert. Die Anwendungen wurden dabei immer niedrigschwelliger und für ein breites Publikum einfach zu nutzen, was zu einer zunehmenden Verbreitung beigetragen hat (ebd.).

Dabei steht die Frage im Raum, inwiefern und inwieweit soziale Medien, die von Heranwachsenden selbstverständlich zum informellen Lernen genutzt werden (Holtz/Cress/Kimmerle 2018), auch für formale Lernprozesse im Fachunterricht Chancen aufweisen. Zwei zentrale Anwendungsfälle für Social Media im Unterricht lassen sich hierbei identifizieren: Die Lernenden gestalten selbst Beiträge, indem sie fachspezifischen Content produzieren, oder bestehende Beiträge werden als Reflexionsfolie, beispielsweise im Hinblick auf eigene berufliche Vorstellungen, genutzt. Für den Wirtschaftsunterricht ergibt sich ein

---

stehende Reichweite auch in den sozialen Medien und zu Werbezwecken ausspielen (Online: https://de.statista.com/statistik/daten/studie/696861/umfrage/deutsche-influencer-auf-instagram-nach-anzahl-der-follower/ (Zugriff: 5.11.21).)

2 Manche Influencer*innen nutzen ihre Reichweite auch, um gesellschaftliche und politische Botschaften zu transportieren, hier wird dann von sogenannten Sinnfluencer*innen gesprochen (Jahnke 2021, 8).

mehrfaches Potenzial, soziale Medien und ihre ökonomischen Implikationen zum Thema zu machen und es zur Beruflichen Orientierung mit einer Perspektivierung auf die unternehmerische Selbstständigkeit zu nutzen.

2 Ökonomische und digitale Kompetenzen in der Auseinandersetzung mit Social Media stärken

Influencer*innen stellen über verschiedene Kanäle eine Nähe zu ihrer Zielgruppe her. Reels, Instagram-Posts oder TikTok-Videos werden häufig im Rahmen von „Unternehmenskooperationen" zu Werbezwecken genutzt. Produktplatzierungen müssen als solche kenntlich gemacht werden. Den meisten Jugendlichen ist vermutlich aber nicht bewusst, dass die Influencer*innen hiermit eigene unternehmerische Ziele verfolgen und das Interesse an ihnen bzw. die Klicks und Likes der Follower sich direkt monetarisieren lassen. Über die sozialen Medien wird eine gewisse Nahbarkeit suggeriert und ein Vertrauen genährt, welches diese Art von Marketing von klassischer Werbung stark unterscheidet. Solche unterschwelligen Werbebotschaften docken dabei oft ganz bewusst an zentrale Wünsche der jugendlichen Zielgruppe nach Zugehörigkeit, Anerkennung und Identifikation an. Digitale Communitys und reale Peergroups verschränken sich so zunehmend. Diese Themen sind höchst lebensweltnah und haben ein mehrfaches Bildungspotenzial: Marketingstrategien in sozialen Medien erkennen und analysieren zu können, trägt dazu bei, Heranwachsende dabei zu unterstützen, sich Kompetenzen mündiger Verbraucher*innen anzueignen. Im Hinblick auf fachspezifische ökonomische Kompetenzen bietet es sich sowohl an, das Berufsbild und die Karrierewege von (Sinn-)Influencer*innen als Reflexionsfolie für eigene berufliche Vorstellungen zu nutzen, als auch, den Blickwinkel der Schüler*innen auf die berufliche Selbstständigkeit und die damit verbundenen Chancen und Risiken zu lenken – eine Perspektive, die im Rahmen der Beruflichen Orientierung vielfach zu kurz kommt (Loerwald/Kirchner 2019). Gleichermaßen sind aber auch die ökonomische Dimension sozialer Medien und unternehmerische Anwendungsfelder davon fachspezifisch interessant (u.a. Jahnke 2021, Kirchner 2016) und ermöglichen es auch, Schüler*innen Einblicke in neue, weniger klassische Berufsfelder jenseits der Kauffrau für Bürokommunikation oder des Erziehers zu geben (z.B. Social Media Manager*in, Social Media Posts Annotator).

Die Kultusministerkonferenz (2016) hat sechs Bereiche der „Kompetenzen in der digitalen Welt definiert" (siehe Einführungskapitel Brahm/Wiepcke in diesem Band). Besonderes Potenzial ergibt sich für die Auseinandersetzung mit

Social Media im Wirtschaftsunterricht im Kompetenzbereich „Analysieren und reflektieren", der beispielsweise mit der Kompetenz „Wirtschaftliche Bedeutung der digitalen Medien und digitaler Technologien kennen und sie für eigene Geschäftsideen nutzen" explizit auf die ökonomische Dimension hinweist und zudem eine inhaltliche Brücke zur Entrepreneurship Education schlägt. Hierbei kommt es darauf an, soziale Medien nicht nur als Unterrichtsgegenstand zu nutzen, sondern ihr Potenzial auch in Aufgabenstellungen zu entfalten, indem Schüler*innen selbst Beiträge auf unterschiedliche Weise verfassen und deren Veröffentlichung und ihre Folgen reflektiert werden. So kann der Wirtschaftsunterricht auch einen fachspezifischen Beitrag zur allgemeinen Medienbildung leisten. Dies schließt unmittelbar an den europäischen Referenzrahmen für digitale Kompetenzen DigComp 2.2 an, der mit insgesamt 21 Einzelkompetenzen und acht Qualifikationsstufen[3] auf einen lebenslangen Lernprozess im Kontext digitaler Mediennutzung verweist (Vuorikari/Kluizer/Punie 2022). Für den interaktiven Umgang mit sozialen Medien lassen sich im DigComp 2.2 demnach zahlreiche relevante Kompetenzbezüge finden. Besonders bedeutsam erscheinen hier z. B. die Kompetenzen „Aus- und Bewertung von Daten, Informationen und digitalen Inhalten" und „Teilhabe an der Gesellschaft mit Hilfe von digitalen Technologien" und damit die Förderung einer kritischen und reflektierten Haltung gegenüber ökonomischen Akteur*innen in sozialen Medien. Aber auch Kompetenzbildungsprozesse hinsichtlich der „Entwicklung von digitalen Inhalten" und der damit verbundenen „Verwaltung der eigenen digitalen Identität" können durch das Thema (Sinn-)Influencer*innen bei Schüler*innen sowohl aus der Rezipient*innen- als auch der Produzent*innenperspektive unterstützt werden. Das in diesem Beitrag vorgestellte Unterrichtsbeispiel für Schüler*innen ab Klassenstufe 10 baut auf den grundlegenden Kompetenzstufen 1/2 (Foundation) auf, wonach Lernende bereits über basale digitale Kompetenzen (z. B. Strategien zur Suche und Verarbeitung von Informationen) verfügen, und siedelt die Kompetenzentwicklung auf den Stufen 3/4 (Intermediate) an. Mit dem Unterrichtsbeispiel wird folglich eine Kompetenzentwicklung hin zu einer problemorientierten, selbstständigen, kritisch-reflektierten Auseinandersetzung mit medienökonomischen Zusammenhängen von Social Media-Plattformen und (Sinn-)Influencer*innen angestrebt. Für die Bearbeitung der

---

3 Die Kompetenzstufen sind an den Deutschen Qualifikationsrahmen (DQR) und den Europäischen Qualifikationsrahmen (EQR) angelehnt. Damit ist einerseits eine Vergleichbarkeit von digitalen Kompetenzen gewährleistet, aber auch eine Verknüpfung mit Qualifikationszielen (Schul-, Berufs-, Studienabschlüsse) möglich.

Praxisbeispiele soll in diesem Beitrag grundsätzlich die Methode der Fallanalyse (siehe zum Ablauf Abb. 1) dienen, die mit dem Potenzial sozialer Medien verknüpft und in einer verkürzten Form eingesetzt wird. Je nach Zielgruppe und unterrichtlichem Schwerpunkt können Influcencer*innen bzw. Social-Media-Kanäle und/oder zu untersuchendes Material vorgegeben (dies ermöglicht eine stärkere unterrichtliche Lenkung) oder auch von den Schüler*innen selbst gewählt und vorgestellt werden. Zur Analyse der Fälle können dann die unterschiedlichen Social-Media-Aktivitäten der Influencer*innen genutzt und diese mit Aufgaben kombiniert werden (Verfassen von eigenen Beiträgen, Kommunikation über Beiträge – fiktiv oder real – etc. in unterschiedlichen Formaten).

Abbildung 1: Verlaufsstruktur der Fallanalysenarbeit

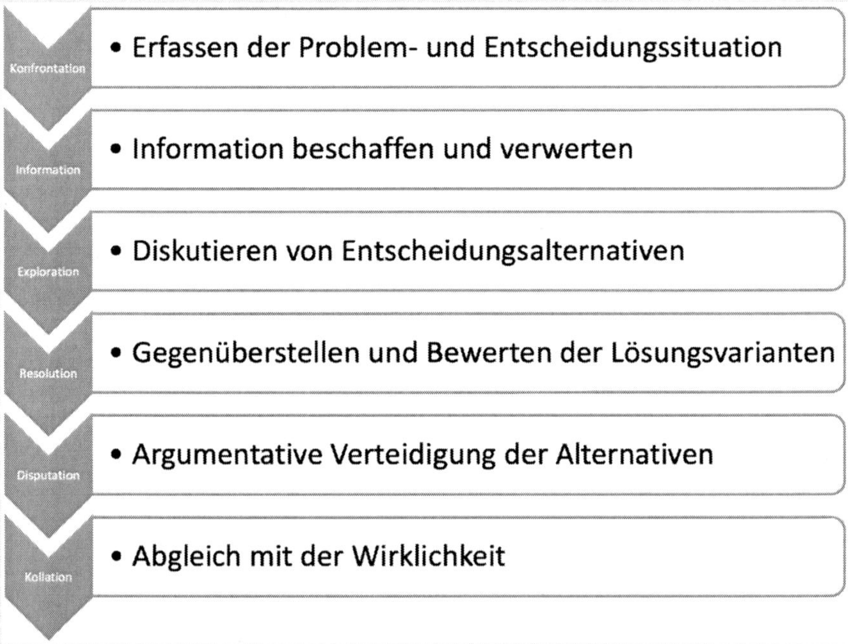

Quelle: nach Kaiser (1983), angepasste Darstellung

3 Technische Voraussetzungen: Digital native oder digital naiv?

Es ist davon auszugehen, dass die Schüler*innen ihren Lehrer*innen in der intuitiven Anwendung sozialer Medien vielfach voraus sind. Gleichzeitig wenden sie diese häufig unreflektiert an (DAK Forschung 2020; Hajok 2020). Die Distanz, die durch die unterrichtliche Betrachtung und gezielte Aufgaben hergestellt wird, ermöglicht eine kritische Analyse und gemeinsame Reflexion im Unterricht. Besondere technische Voraussetzungen sind an dieser Stelle nicht zu nennen, jedoch die Empfehlung, dass eine gewisse Distanz auch in Form des Materials die Analyse erleichtert. So können beispielsweise Screenshots von Instagram-Posts mitunter ablenkungsfreier auf Papier oder Tablet analysiert werden. Insbesondere wenn schulische Vorgaben das Mitbringen eigener Geräte erschweren, ist dieses Vorgehen vorteilhaft. Dies erleichtert auch die Fokussierung auf das vorliegende Beispiel. Dies gilt auch für die Erstellung fiktiver Posts, Tweets etc., die erst mal in einem Dokument oder auf Papier simuliert werden können,[4] dies birgt zudem rechtliche Vorteile bzgl. der Nutzung sozialer Medien im Unterricht. Gleichzeitig sind live gezeigte Posts nicht nur authentischer, sondern auch motivational und im Hinblick auf eine allgemeine Medienbildung, bei der u.a. zur Nutzung im Unterricht gemeinsame Regeln abgesprochen werden, bildungswirksamer und eine solche Vorgehensweise eher zu empfehlen, wenn rechtliche Rahmenbedingungen dem nicht im Weg stehen.

4 Potenziale und Herausforderungen: Social Media im Unterricht

Herausforderungen bestehen vielerorts im Hinblick auf die Nutzung von eigenen Endgeräten, Technologien, Diensten und Daten im Kontext von Schule und Unterricht. Hier gilt es, regionale Vorgaben in Bezug auf den Datenschutz zu kennen und zu beachten.[5] Zudem ist ein sensibler Umgang gefragt, denn Influencer*innen haben mitunter eine besondere Bedeutung für die Heranwachsenden. Hier können Phänomene wie Filter-Bubble (im Sinne einer digitalen Informationsblase) oder Echokammereffekte (indem ähnliche Meinungen sich durch den digitalen Austausch untereinander verstärken) (Holtz/Cress/Kim-

---

4 Hierzu gibt es Vorlagen auf Plattformen für Unterrichtsmaterialien; sie können aber auch selbst mit wenig Aufwand erstellt werden. Zu nennen wäre beispielsweise canva.com.

5 Vgl. z.B. für Baden-Württemberg: https://it.kultus-bw.de/,Lde_DE/Startseite/IT-Sicherheit/soziale-netzwerke (Zugriff: 29.10.22).

merle 2018) im Unterricht thematisiert werden. Auch der vermeintliche Wissensvorsprung der Lernenden in der Anwendung und dem Umgang mit sozialen Medien kann Lehrer*innen abhalten, sich unterrichtlich mit diesen Themen zu befassen. Eine vermutlich hohe Motivation der Lernenden steht jedoch in Aussicht sowie die Möglichkeit, mit kollaborativen, höchst alltagsrelevanten Lernsettings (ebd.) dazu beizutragen, dass Schüler*innen ökonomische Zusammenhänge im Kontext von Digitalisierung als solche erkennen und dies als Grundlage selbstbestimmter (ökonomischer) Entscheidungen sehen (Kirchner 2018).

5 Praxisbeispiel: Social Media, (Sinn-)Influencer*innen und Berufliche Orientierung

5.1 Soziale Medien und ihr fachdidaktisches Potenzial für die Berufliche Orientierung

Die Berufliche Orientierung im (Wirtschafts-)Unterricht muss sich der Frage stellen, wie die digitale Lebenswelt der Schüler*innen angemessen und produktiv für eine zeitgemäße und motivierende Berufliche Orientierung genutzt werden kann. Daran schließt sich wiederum die Frage an, welche Formate sich eignen, die Lernenden nicht nur digital zu beschäftigen, sondern eine tiefergehende Reflexion mit der Frage zu ermöglichen, wie sich die Heranwachsenden ihr zukünftiges (berufliches) Leben vorstellen (Kirchner 2020). Für Lehrende und Lernende meist niedrigschwellig nutzbar sind hierfür Plattformen wie Instagram oder YouTube, mit deren (fach-)didaktischem Potenzial sich mittlerweile verschiedene unterrichtliche Domänen befassen (Vock 2020). Interessant ist hierbei der lebensweltliche Bezug, aber auch die Vielzahl an unterschiedlichen, bereits zur Verfügung stehenden Formaten, u.a. auf der Video-Plattform YouTube, die zur beruflichen Orientierung auf unterschiedliche Weise didaktisch nutzbar gemacht werden können, wobei datenschutzrechtliche Aspekte sowie länderspezifische Vorgaben für Schule und Unterricht selbstverständlich jeweils zu berücksichtigen sind.

Die im Folgenden skizzierte Nutzung von Social Media greift verschiedene Elemente bewährter Unterrichtsmethoden wie der Fallanalyse, aber auch von Praxiskontakten auf, die auf die Auseinandersetzung mit vermittelter Realität setzen, um Schüler*innen Einblicke in ihnen unbekannte (Berufs-)Welten zu geben. Ein wesentliches Kompetenzziel ist hierbei, die Schüler*innen anzuregen, eigene berufliche Vorstellungen mit den Fallbeispielen abzugleichen bzw. zu kontrastieren und individuelle Vorstellungen zur eigenen Berufstätigkeit zu entwickeln bzw. diese zu reflektieren. Das Videoformat bzw. die Analyse realer Social-Media-Aktivitäten gepaart mit fiktiven Beiträgen der Schüler*innen selbst ermöglichen auch eine differenzierende Unterrichtung – beispielsweise orientiert an den verschiedenen Interessen der Lernenden. Zum Beispiel könnten Umweltthemen als gemeinsames Thema gewählt werden, wenn die Lernenden dies besonders interessiert. In einem solchen didaktischen Rahmen und in der Kombination mit entsprechenden Reflexionsaufgaben zur Beruflichen Orientierung lässt sich hier auch das Thema Selbstständigkeit mit der Stärkung allgemeiner Medienkompetenzen verbinden.

Im vorgeschlagenen Unterrichtsbeispiel beschreiben die Schüler*innen berufliche Tätigkeitsfelder und Geschäftsmodelle von Influencer*innen. Dabei analysieren sie anhand exemplarischer Fallbeispiele die beruflichen Perspektiven und Entscheidungen von anderen, um diese anschließend im Hinblick auf eigene berufliche Vorstellungen zu reflektieren. Die Lernenden befassen sich außerdem mit dem Konzept „Sinnfluencer*innen“ und analysieren deren Social-Media-Aktivitäten auf verschiedenen Kanälen und Plattformen sowie deren gesellschaftliche Einflussmöglichkeiten. Im Sinne einer allgemeinen Medienbildung werden auch eigene Beiträge und Kommentare im Stil sozialer Medien verfasst, wobei diese auch fiktiv gehalten werden können – dies erleichtert eine gewisse Distanz und ermöglicht, die Medien an sich, aber auch das eigene Nutzungs- bzw. Gestaltungsverhalten mit bzw. in diesen kritisch zu hinterfragen. Die Unterrichtsidee fordert die Schüler*innen verschiedentlich heraus, ihre eigenen beruflichen Vorstellungen mit den Beispielen aus dem Unterricht abzugleichen bzw. diese als Kontrastierungsfolie zu nutzen. Gleichzeitig stellt sie die berufliche Selbstständigkeit als eine mögliche Berufsoption in den Raum, deren Chancen und Herausforderungen es gemeinsam mit den Schüler*innen zu diskutieren gilt. Ob und inwiefern dies eine potenziell interessante berufliche Möglichkeit darstellt, müssen die Lernenden individuell beurteilen.

5.2 Möglicher Unterrichtsverlaufsplan

Klassenstufe	ab Klasse 10
Zeitbedarf	ca. 135 Minuten (1 x 45 Minuten, 1 x 90 Minuten)
Curriculare Einordnung	Grundsätzlich ist es mit dieser Unterrichtsidee möglich, die Berufliche Orientierung mit inhaltlichen Fragestellungen aus dem Bereich der Entrepreneurship Education, aber auch u. a. der Verbraucher*innenbildung sowie der Stärkung allgemeiner Medienkompetenzen zu verknüpfen.
Angestrebter Kompetenzerwerb	Die Schüler*innen können ... • berufliche Tätigkeitsfelder und Geschäftsmodelle exemplarisch beschreiben; • die Begriffe Sinnfluencer*in/Influencer*in erklären; • anhand exemplarischer Fallbeispiele berufliche Perspektiven von anderen analysieren, diese im Hinblick auf eigene berufliche Vorstellungen reflektieren und begründen; • die Social-Media-Aktivitäten von (Sinn-)Influencer*innen auf verschiedenen Kanälen und Plattformen und deren Einfluss auf ihre Follower*innen analysieren; • eigene berufliche Vorstellungen erläutern; • eigene (fiktive) Beiträge und Kommentare zu Beiträgen in/für sozialen Medien gestalten; • den beruflichen Erfolg von (Sinn-)Influencer*innen anhand verschiedener Kriterien sowie deren (gesellschaftliche) Einflussmöglichkeiten beurteilen.

Sequenz und Minuten	Hinweise	Material/Medien/Sozialform
Einstieg/ Erarbeitung I/ Zwischensicherung: YouTube und Instagram als Beruf? 45 Minuten	Als Einstiegsmaterial steht ein YouTube-Video der Deutschen Welle (öffentlich-rechtliches Angebot) zur Verfügung: Die Schüler*innen werden in ihrer Rolle als zukünftige Berufswähler*in adressiert und analysieren anhand von Fallbeispielen Geschäftsmodelle von Influencer*innen sowie deren beruflichen Erfolg.	YouTube-Video (siehe QR-Code) und Aufgaben in M1 Einzel-, Partner*innen- und Gruppenarbeit je nach Lerngruppe möglich. Diskussion und Sicherung in der Klasse.
Erarbeitung II + Zwischensicherung: (Sinn-)Influencer*innen nutzen ihre Reichweite 60 Minuten	Erfahrungsbasierter Austausch zu (Sinn-)Influencer*innen, Analyse von Social-Media-Aktivitäten, Erstellung eigener (fiktiver) Beiträge sowie Diskussion des gesellschaftlichen Wirkungspotenzial von (Sinn-)Influencer*innen.	Aufgaben in M2, die Schüler*innen benötigen Zugang und Geräte zur Internetrecherche Vorrangig Partner*innenarbeit, Vorstellung und Diskussion der Arbeitsergebnisse in der Klasse
Reflexion + Transfer 30 Minuten	Reflexion eigener beruflicher Vorstellungen unter Zuhilfenahme einer Gegenüberstellung von Chancen und Risiken einer beruflichen Selbstständigkeit	M3 Reflexion in Einzelarbeit, Zusammentragen der Ergebnisse in der Klasse

Materialien

M1 Influencer*innen: YouTube und Instagram als Beruf?

*Schnell einen Instagram-Post vom Avocado-Toast zum Frühstück gemacht oder den letzten Wochenendtrip mit den Freund*innen mitgebloggt – klingt doch eigentlich nach einer entspannten beruflichen Perspektive, oder nicht?*

1. Schaut das angegebene Video an und beantwortet die folgenden Fragen:
   a) Wie lassen sich die Tätigkeitsfelder/Geschäftsmodelle der gezeigten Personen beschreiben?
   b) Welche berufliche Richtung haben die gezeigten Influencer*innen ursprünglich eingeschlagen bzw. welche beruflichen Pläne für die Zukunft werden geäußert?
   c) Hättet ihr euch an Maikes Stelle auch für eine berufliche Laufbahn im Netz entschieden? Nehmt begründet Stellung.
   d) Verfasst einen fiktiven Kommentar, den ihr unter das Video posten würdet.

2. Recherchiert, was aus den genannten Influencer*innen mittlerweile geworden ist.
   a) Vergleicht ihre Reichweite (u. a. Klicks auf YouTube und/oder Follower*innen auf Instagram) mit Influencer*innen, denen ihr folgt. Was stellt ihr fest?
   b) Wie würdet ihr ihren Erfolg einschätzen bzw. beurteilen? Diskutiert in der Klasse.

M2 Tu Gutes und sprich darüber: Sinnfluencer*innen nutzen ihre Reichweite

*Trockenshampoo oder neue Sneaker. Geht da eigentlich noch mehr als nur Konsum? Sogenannte Sinnfluencer*innen nutzen ihre Reichweite, um gesellschaftliche und politische Botschaften zu verbreiten. Nachhaltigkeit, Gleichberechtigung oder der Aufruf, bei der anstehenden Bundestagswahl wählen zu gehen – dies sind typische Themen für Sinnfluencer*innen.*

1. Kennt und/oder folgt ihr Sinnfluencer*innen? Tauscht euch dazu zu zweit aus.
2. Analysiert gemeinsam die Social-Media-Aktivitäten eines Sinnfluencers bzw. einer Sinnfluencerin eurer Wahl.
   Wenn ihr keine kennt, könnt ihr diese Stichworte zum Suchen nutzen: Lisa Sophie Laurent oder veganistungesund. Berücksichtigt hierbei mindestens zwei verschiedene Plattformen: Was fällt euch auf? Welche Themen werden angesprochen? Wie werden die Follower*innen beeinflusst?
3. Erstellt einen fiktiven Instagram-Post zu einem passenden Sinnfluencer*innen-Thema eurer Wahl und stellt euch diese in der Klasse vor. Hier könnt ihr eine Vorlage nutzen oder selbst zeichnen.

Abbildung: Beispiel für Social Media Posts

Quelle: freie Vorlagen von canva.com

4. Nehmt begründet Stellung, wie ihr die Tätigkeiten der Sinnfluencer*innen beurteilt:
   a) Gibt es nach eurer Ansicht einen Unterschied zu rein kommerziell ausgerichteten Influencer*innen?
   b) Wie schätzt ihr die Möglichkeit ein, auf diesem Weg gesellschaftlich etwas verändern zu können?

M3 Und was ist mit dir? Influencer*in von morgen oder lieber doch nicht?

1. Hast du schon mal überlegt, Influencer*in zu werden? Erläutere deine Gedanken dazu.
2. Stelle Chancen und Risiken einer solchen Selbstständigkeit für dich tabellarisch gegenüber.
3. (Sinn-)Influencer*in – Traumjob oder Albtraum für dich? Nimm begründet Stellung. Tauscht euch anschließend in der Klasse dazu aus.

Literatur

ARD/ZDF-Forschungskommission (2021): 25 Jahre ARD/ZDF-Onlinestudie. Online: https://www.ard-zdf-onlinestudie.de/ardzdf-onlinestudie/pressemitteilung/ (Zugriff: 15.2.22).

bitkom (Hg.) (2019): Kinder und Jugendliche in der digitalen Welt. Online: https://www.schau-hin.info/fileadmin/content/Downloads/Sonstiges/Bitkom_Studie_Kinder_und_Jugendliche_2019.pdf (Zugriff: 1.9.21).

DAK Forschung (Hg.) (2020): Mediensucht 2020 – Gaming und Social Media in Zeiten von Corona. DAK-Längsschnittstudie: Befragung von Kindern, Jugendlichen (12–17 Jahre) und deren Eltern. Online: https://www.dak.de/dak/gesundheit/dak-studie-gaming-social-media-und-corona-2295548.html#/ (Zugriff: 1.9.21).

Hajok, Daniel (2020): Alles anders? Wie sich Jugend in der digitalen Welt gewandelt hat. In: Deutsche Jugend, 68(1), S. 11–18. Online: https://www.beltz.de/fileadmin/beltz/newsletter/pdf/dj20_1_hajok.pdf (Zugriff: 29.10.22).

Holtz, Peter/Cress, Ulrike/Kimmerle, Joachim (2020): Lernen in sozialen Medien. In: Niegemann, Helmut/Weinberger, Armin (Hg.): Handbuch Bildungstechnologie. Konzeption und Einsatz digitaler Lernumgebungen. Berlin, S. 1–11.

Jahnke, Marlies (2021): Influencer Marketing – eine Bestandsaufnahme. In: Dies. (Hg.): Influencer Marketing. Für Unternehmen und Influencer: Strategien, Erfolgsfaktoren, Instrumente, rechtlicher Rahmen. Mit vielen Beispielen. 2. überarbeitete und erweiterte Auflage. Wiesbaden, S. 1–22.

Kaiser, Franz-J. (1983): Grundlagen der Fallstudiendidaktik – Historische Entwicklung – Theoretische Grundlagen – Unterrichtliche Praxis. In: Ders. (Hg.): Die Fallstudie – Theorie und Praxis der Fallstudiendidaktik. Bad Heilbrunn, S. 9–34.

Kirchner, Vera (2016): Klicken – Kucken – Kaufen? Werbestrategien auf YouTube unter der Lupe der Zielgruppe. In: Unterricht Wirtschaft + Politik, 03/2016, S. 34–40.

Kirchner, Vera (2018): Ökonomische Bildung für morgen: ökonomisches Lehren und Lernen in Zeiten der Digitalisierung. In: Meier, Bernd (Hg.): Unser Bildungsverständnis im Wandel. Berlin, S. 193–210.

Kirchner, Vera (2020): Entscheiden: Mehr Reflexion in beruflichen Orientierungsprozessen. Anregungen zur methodischen und differenzierenden Umsetzung im Unterricht. In: Pädagogik, 1/20, S. 23–26.

KMK – Kultusministerkonferenz (2016): Bildung in der digitalen Welt. Strategie der Kultusministerkonferenz (Beschluss vom 16.12.2016).

Loerwald, Dirk/Kirchner, Vera (2019): Beruf Unternehmer*in? Ansatzpunkte für ein erweitertes Konzept der Beruflichen Orientierung. In: Schröder, Rudolf (Hg.): Berufliche Orientierung in der Schule. Gegenstand der ökonomischen Bildung. Wiesbaden, S. 193–207.

Schmidt, Jan-H./Taddicken, Monika (Hg.) (2017): Handbuch Soziale Medien. Wiesbaden.

Taddicken, Monika/Schmidt, Jan-H. (2017): Entwicklung und Verbreitung sozialer Medien. In: Schmidt, Jan-H./Taddicken, Monika (Hg.): Handbuch Soziale Medien. Wiesbaden, S. 3–22.

Vock, Johannes (2020): YouTube im Politikunterricht. Frankfurt/M.

Vuorikari, Riina/Kluzer, Stefano/Punie, Yves (2022): DigComp 2.2. The Digital Competence Framework for Citizens. With new examples of knowledge, skills and attitudes. Luxemburg. Online: https://data.europa.eu/doi/10.2760/490274 (Zugriff: 10.5.22).

Präsentation

Yvonne Burghardt, Malte Ring

Digitale Schaubilder in der Ökonomischen Bildung: Data Storytelling

1 Bedeutung von Diagrammen und Schaubildern in der Ökonomischen Bildung

Visualisierungen, Diagramme und Schaubilder sind ein typischer Bestandteil der gesellschaftswissenschaftlichen Fächer. Dabei werden Datenvisualisierungen auch in Wirtschaftsschulbüchern immer bedeutsamer (Ring/Brahm 2020). Entsprechend ist der Umgang mit Diagrammen und den dahinterliegenden Daten Teil der fachlichen und methodischen Kompetenzen, die Lernende in sozioökonomischen Fächern wie Wirtschaft, Berufs- und Studienorientierung und Gemeinschaftskunde entwickeln sollen (KM BW 2016). Im Hinblick auf die mit Datendarstellungen verbundenen Kompetenzen stehen dabei bisher vor allem der Umgang von Lernenden mit Zahlen, Statistiken und (den eigenen) Daten unter dem Stichwort von *Data Literacy* (z.B. Gould 2017) bzw. Wissenschaftspropädeutik (z.B. Weyland 2021) im Vordergrund. Darauf aufbauend soll im vorliegenden Beitrag eine neu entwickelte Unterrichtsmethode vorgestellt werden, die sich nicht allein auf den Umgang mit Daten und Visualisierung konzentriert, sondern auch die damit verknüpften Narrative in den Blick nimmt. Somit orientiert sich der Ansatz auch am sogenannten *data-driven storytelling*, das insbesondere im Marketing verwendet wird und Daten, Visualisierung und Narrativität („Welche Geschichte soll mithilfe der Daten erzählt werden?") verknüpft (Eißfeller 2020; Mehleit 2020). Im Rahmen eines digitalen Aufgabenformats sollen die Lernenden zu einer ökonomisch kontroversen Fragestellung Daten sammeln, Schaubilder gestalten und in einer visuell ansprechenden Präsentation die von ihnen gewählten Narrative präsentieren. Im vorliegenden Beitrag wird die neu entwickelte Methode vor dem Hintergrund didaktischer Ansätze reflektiert, bevor Ablauf und Herausforderungen beschrieben werden. Abschließend wird ein Beispiel für die Durchführung im Wirtschaftsunterricht dargestellt.

2 Didaktische Verortung des Data Storytelling

Data Storytelling zielt darauf, dass Lernende den kompetenten und kritischen Umgang mit Daten, Datendarstellungen und den damit verknüpften Narrativen erlernen. Die Methode kann für unterschiedliche Themen umgesetzt werden, bei denen Zahlen und (sozio-)ökonomische Entscheidungen miteinander verknüpft werden, zum Beispiel wenn (makroökonomische) Kennwerte als Indikatoren für die wirtschaftliche Lage analysiert und die entsprechenden wirtschaftspolitischen Zielsetzungen bewertet werden sollen (KM BW 2016).

Der Schwerpunkt der Methode liegt auf der Handlungs- und Methodenkompetenz der Lernenden. Statt aus vorliegenden Daten Thesen abzuleiten, sollen beim Data Storytelling Daten bewusst passend zur These ausgewählt, visualisiert und präsentiert werden. Ziel ist somit, nicht nur Lernende im Umgang mit Daten und Visualisierung zu schulen, sondern sie auch für die Problematik der gezielten Auswahl von Daten („cherry picking") und der tendenziösen Gestaltung von Schaubildern zu sensibilisieren, um somit kritisches Denken zu fördern. Für die Lernenden handelt es sich um eine komplexe, problemorientierte Aufgabe, bei der die relevanten Informationen gesucht und zusammengestellt werden müssen und es keinen vorgefertigten Lösungsweg gibt (Fauth/Leuders 2018). Damit knüpft das Data Storytelling auch an methodische Ziele im Bildungsplan an, wie die Identifikation von Validität und Objektivität von Informationen, und dient zur Darstellung und Auswertung ökonomischer Sachverhalte (KM BW 2016).

Vor dem Hintergrund der Kompetenzen, die Lernende in einer digitalen Welt benötigen, können die Ziele des Data Storytelling nach dem Kompetenzrahmen des „Digital Competence Framework 2.2" (Vuorikari/Kluizer/Punie 2022) insbesondere den Bereichen „Umgang mit Informationen und Daten" sowie „Erzeugen digitaler Inhalte" zugeordnet werden. Die Lernenden müssen im digitalen Raum nicht nur Daten suchen, filtern und zusammenstellen, sondern daraus auch passende Visualisierungen erstellen. Die Datendarstellungen dienen dabei als Grundlage für die Formulierung von Meinungen und Interessen, die in der Gruppe erarbeitet und vor anderen Lernenden vertreten werden sollen, sodass neben dem Umgang mit Daten gemäß dem 4-K-Modell (Trilling/Fadel 2009) auch Kreativität, Kollaboration, kritisches Denken und Kommunikation gefördert werden.

3 Ablauf des Data Storytelling im Wirtschaftsunterricht

Für das Data Storytelling im Wirtschaftsunterricht wird folgender Ablauf vorgeschlagen:

1. Einführungsphase: Die Aufgabenstellung beruht auf einer kontroversen ökonomischen These, die von den Schülerinnen und Schülern mit Daten und Schaubildern belegt oder widerlegt werden soll. Dabei sollte auf Aktualität und motivierenden Lebensweltbezug geachtet werden. Im Idealfall entwickeln die Lernenden ausgehend von ihren Präkonzepten eine eigene These. Wichtig ist die Einnahme einer Position, die – entweder selbst gewählt oder durch die Lehrkraft zugeordnet – eine Gegenperspektive ermöglicht, damit zu einem Sachverhalt zwei unterschiedliche Erzählungen präsentiert werden können.

Beispielfragestellungen könnten sein: „In diesem Staat möchte ich (nicht) leben/arbeiten“; „Muss die Wirtschaft immer wachsen?“; „Mehrperspektivische Konjunkturanalyse: Wir fordern …!“ …

2. Aufgabenstellung: Die Schüler*innen lernen die Methode Data Storytelling und deren Zielsetzung kennen. Die drei Elemente Daten, Visualisierung und Narration bieten dabei auch Differenzierungsmöglichkeiten (z.B. eines der Elemente wird von der Lehrkraft vorgegeben). Da es darum geht, zu überzeugen, lernen die Schüler*innen ebenso Möglichkeiten kennen, wie man Daten zielgerichtet und gegebenenfalls manipulativ einsetzen kann.

3. Datensuche und Datenauswahl: Ausgehend von ihrer Perspektive bzw. der zugeteilten Position recherchieren die Lernenden nach geeigneten Daten und stellen diese in einer digitalen Sammelmappe zusammen (z.B. TaskCards). Als Differenzierungsmöglichkeit kann die Lehrkraft hier bestimmte Fundstellen zur Verfügung stellen oder gegebenenfalls (bei jüngeren Schülerinnen und Schülern) verschiedene Daten vorgeben, aus denen die Lernenden begründet auswählen.

4. Erstellung der Schaubilder: Die Schüler*innen erstellen eigene Schaubilder und wenden hierbei grafische, inhaltliche und visuelle „Tricks“ an.

5. Präsentation der Ergebnisse: Die Schüler*innen erstellen eine Präsentation, indem sie die Reihenfolge der Daten/Schaubilder narrativ verbinden (z.B. in einer Drei-Akt-Struktur, siehe M1). Alternativ können auch multimediale Produkte (z.B. E-Book, Vlog …) erstellt werden. Ein weiterer zusätzlicher Schwie-

rigkeitsgrad könnte die Auswahl von „Plots" sein (z.B. die Suche, die Mission, Reise und Rückkehr etc.), die den Präsentationen zugrunde liegen.

6. Feedback und Reflexion: Die Gruppen geben sich gegenseitig Feedback. Sie reflektieren Herausforderungen der Aufgabenstellung und ordnen diese in ihre Kompetenzentwicklung ein.

4 Technische Voraussetzungen und praktische Tipps

Bei der Auswahl der Tools ist darauf zu achten, dass diese intuitiv handhabbar und datenschutzkonform (im Idealfall ohne Anmeldung) sind sowie der Download der erstellten Grafiken möglich ist. Für die Erstellung der digitalen Diagramme eignen sich neben Tabellenkalkulationsprogrammen (Excel, Numbers) – auf die Lernende teilweise schon Zugriff haben – auch browserbasierte Anwendungen wie Google Charts (https://charts.hohli.com/) oder Canva (https://www.canva.com/de_de/lernen/datenvisualisierung-ganz-einfach/).

Idealerweise können die Lernenden selbst aus einer Vorauswahl ein Tool auswählen, mit dem sie ihre Daten sinnvoll darstellen und auch bewusst manipulieren können. Ausführliche Informationen sowie Hinweise zur Nutzung der Tools finden sich in M2. Um kollaboratives Arbeiten im digitalen Raum zu unterstützen, bieten sich digitale Pinnwände an (z.B. https://www.taskcards.de/#/home), auf die für die einzelnen Gruppen Ergebnisse, Links und Arbeitshinweise gestellt werden können.

5 Potenziale und Herausforderungen von Data Storytelling

Dadurch, dass bei der Methode insbesondere der Zusammenhang zwischen Daten und Narrativen im Vordergrund steht, lässt sich die Methode flexibel für unterschiedliche Inhaltsbereiche einsetzen. Neben der hier dargestellten Unterrichtseinheit (die sich auf makroökonomische Kennwerte bezieht) wären beispielsweise auch betriebswirtschaftliche Themen wie Geschäftsberichte oder Marketing mögliche Schwerpunkte. Durch den hohen Freiheitsgrad bei der Auswahl und Darstellung der Daten können die Lernenden ihrer Kreativität freien Lauf lassen und je nach Interesse und Fähigkeitsniveau die unterschiedlichen Aufgaben unter sich aufteilen. Um die Schüler*innen nicht mit der komplexen Aufgabe zu überfordern, ist eine sorgfältige Formulierung der einzelnen Teilaufgaben sowie eine präzise Übersicht der einzelnen Planungsschritte nötig. Bisher gibt es keine Beispiele, die als konkretes Anschauungsmaterial für die Planung oder den Unterricht zur Verfügung stehen, sodass die Methode mit einem gewissen Planungsaufwand einhergeht. Die Methode bietet das Potenzial, dass die Lernenden ihr Verständnis erweitern und erkennen, dass die Auswahl und die Darstellung statistischer Daten die (sozio-)ökonomische Meinungsbildung beeinflussen können – und dies auch dann tun, wenn die Daten und die damit verbundenen Darstellungen grundsätzlich korrekt sind. Allerdings besteht eine Schwierigkeit darin, dass die Lernenden aus dem eigenen Handeln nicht einen „fatalistischen Relativismus" ableiten, in dem jede Form der Datenauswertung und Darstellung als irrelevant abgetan wird, weil ja ohnehin beliebige Schlüsse daraus gezogen werden können (Oberle 2021, 46). Aufbauend auf den Überlegungen von Oberle (2021) sollte im Rahmen der Durchführung der Methode auf eine umfangreiche Reflexion im Hinblick auf die epistemologischen Überzeugungen der Lernenden geachtet werden, damit sie kritisches Denken entwickeln, „ohne dem wissenschaftlichen Forschungsprozess an sich den Wert und die gesellschaftliche Legitimität abzusprechen" (ebd., 46). Eine sinnvolle Ergänzung stellt damit eine (vorausgehende) Unterrichtseinheit dar, in der sich die Schüler*innen beispielhaft mit den Potenzialen aber auch den Herausforderungen bei der Nutzung von typischen (sozio)ökonomischen Kennwerten beschäftigen.

6 Praxisbeispiel: Data Storytelling zu „In diesem Staat möchten wir (nicht) leben und arbeiten."

6.1 Fachwissenschaftliche Einführung: Wohlstandsmessung

Wohlstand ist ein individuell definierter Wert. Dies zeigt sich im historischen und internationalen Vergleich: Je nach Verfahren unterscheiden sich Niveau und Entwicklung von Wohlstand erheblich. So gibt es sowohl Verfahren, die ausschließlich den materiellen Wohlstand messen, als auch solche, die nicht materielle Wohlstandsformen einbeziehen oder sich auf diese beschränken (Schmidt/aus dem Moore 2014). Die bekannteste und gebräuchlichste Größe, um Wohlstand zu messen, ist das Bruttoinlandsprodukt (BIP), für das methodische und inhaltliche Argumente sprechen (unter anderem breite und verfügbare Datenbasis, Zusammenhang mit der Entwicklung von Einkommen, Konsum, Steuereinnahmen und damit Lebensbedingungen großer Teile der Bevölkerung). Kritik an der Verwendung des BIP als Wohlstandsindikator besteht neben methodisch-technischen Schwächen zum einen darin, dass es den materiellen Wohlstand nur unvollständig erfasst, und zum anderen, dass nicht materielle Wohlstandsformen nicht berücksichtigt werden (Jochimsen 2012). Wegen der Schwächen des BIP als Wohlstandsindikator wurden zahlreiche Versuche unternommen, es zu modifizieren, zu erweitern oder durch andere Verfahren zu ergänzen bzw. zu ersetzen. Unterschiedliche Akteurinnen und Akteure, darunter auch die vom Deutschen Bundestag ernannte Enquete-Kommission „Wachstum, Wohlstand, Lebensqualität", sprechen sich für die Wahl unterschiedlicher Indikatoren zur Wohlfahrtsmessung aus. Ein Vorschlag besteht in den W3-Indikatoren, die Wohlstand entlang der drei gleichgewichtigen Säulen „Materieller Wohlstand", „Soziales und Teilhabe" und „Ökologie" bewerten (Schmidt/aus dem Moore 2014).

Im dargestellten Unterrichtsprojekt sollen diese Überlegungen Ausgangspunkt dafür sein, was ein gutes Leben ausmacht und inwiefern man Indikatoren gezielt so wählen kann, um eine spezifische politische Botschaft zu unterstützen bzw. einer amtierenden Regierung ein gutes Wohlfahrtszeugnis auszustellen. Dem Projekt voraus ging im Unterricht unter anderem eine strukturierte Datenanalyse zur wirtschaftlichen Entwicklung der Bundesrepublik. Ausgehend davon haben die Schüler*innen aus verschiedenen Perspektiven und Werthaltungen Handlungsbedarfe formuliert und diese mit einer aktuellen Rede des Wirtschaftsministers zum Jahreswirtschaftsbericht abgeglichen (https://www.bmwk.de/Redaktion/DE/Reden/2022/20220128-rede-robert-habeck-in-der-plenarsitzung-des-deutschen-bundestages-am-28-januar-2022.html).

Nach einer kritischen Prüfung sowohl des Ziels Wachstum als auch des Bruttoinlandsprodukts als gängigem Wohlstandsindikator entwickeln darauf aufbauend die Schüler*innen in Gruppen eine eigene Vorstellung von Wohlstand und Lebensqualität (Wohlfahrt) im Zusammenhang mit passenden Indikatoren, reflektieren deren Messbarkeit, diskutieren Parallelen und Unterschiede und vergleichen dies u.a. mit dem W3-Ansatz (siehe oben).

6.2 Möglicher Unterrichtsverlaufsplan: „In diesem Staat möchten wir (nicht) leben und arbeiten!"

Klassenstufe	Klasse 11
Zeitbedarf	ca. 8–10 Stunden
Bezug zum Bildungsplan Baden-Württemberg Wirtschaft (KM BW 2016)	Leitperspektive Bildung für nachhaltige Entwicklung Inhaltsbezogene Kompetenzen: Grundlagen der Ökonomie „Ist-und-Ziel-Analyse": • ... den Zustand einer Volkswirtschaft sowie wirtschaftspolitische Ziele einer Gesellschaft beurteilen; • (6) wirtschaftliche Lage [...] analysieren; • (8) wirtschaftspolitische Zielsetzungen [...] bewerten. Schwerpunkt bei den prozessbezogenen Kompetenzen: • ökonomische Phänomene und Probleme erkennen und selbstständig Fragen zu Ursachen, Verlauf und Ergebnissen ökonomischer Prozesse entwickeln; • Möglichkeiten und Grenzen ökonomischen Verhaltens unter ökonomischen [...] Rahmenbedingungen und Nachhaltigkeitsaspekten analysieren; • Validität sowie Objektivität von Informationen erkennen; • ökonomische Sachverhalte grafisch darstellen und auswerten.
Lernziele	Die Schüler*innen können ... • wirtschaftliche Entwicklungen sowie Wohlstandsindikatoren in ökonomischer, sozialer und ökologischer Hinsicht beurteilen; • datengestützte digitale Visualisierungen im Hinblick auf die Formulierung von Meinungen und Interessen gestalten („Data Storytelling"); • epistemologische Fehlschlüsse im Hinblick auf die Nutzung von Daten für (sozio-)ökonomische Entscheidungen erläutern.

Sequenz und Minuten	Hinweise	Material und Medien
Vorstellung der Aufgabenstellung und der Methode Narrativ: Klärung 45 Minuten	Nach der Vorstellung der Aufgabenstellung einigt sich der Kurs auf drei Staaten und wird in sechs Gruppen aufgeteilt; jeweils zwei Gruppen befassen sich mit demselben Staat. Das Element „Narrativ" wird besprochen.	Vgl. M1
Daten: Recherche und Auswahl 90 Minuten	Ausgehend von Wohlfahrtsindikatoren arbeitsteilige Auswahl passender Daten. Jede Gruppe bekommt eine digitale Sammelmappe zugeteilt, in der sich Recherchetipps, Links und Hinweise befinden und auf die sie ihre (Recherche-)Ergebnisse einstellen können.	https://www.taskcards.de/#/home/start
Visualisierung: Erstellung von Schaubildern (inhaltlich, grafisch, visuell) 90–135 Minuten	Gestaltung von Schaubildern aus den Daten. Einigung in der Gruppe hinsichtlich der Auswahl/Einbeziehung von Manipulationsmöglichkeiten (grafisch, inhaltlich, visuell).	vgl. M2
Zusammenführung 45 Minuten	Anordnung der Schaubilder in einer Drei-Akt-Struktur und Vorstellung	
Präsentation und Feedback 90 Minuten	Die Gruppen präsentieren ihre Ergebnisse. Die Schüler*innen überprüfen die eingesetzten Manipulationsstrategien und geben sich gegenseitig Feedback im Hinblick auf Datenauswahl, Visualisierung und Überzeugungskraft durch die Narration.	
Reflexion 45 Minuten	Die Schüler*innen reflektieren die Methode im Hinblick auf ihre Kompetenzentwicklung. Sie diskutieren, ob und inwiefern eine objektive Datenpräsentation möglich ist. In einem weiteren Schritt erläutern sie, wie epistemologische Fehlschlüsse (a: dass wissenschaftliches Wissen der unumstößlichen Wahrheit entspricht versus b: dass die Behauptung von Erkenntnissen beliebig ist) verhindert werden könnten.	

Materialien

M1 Methode: Data Storytelling
Wie entlocken wir Daten spannende Geschichten?

1) Storytelling ist das neue Schlagwort im Marketing.
Zunehmend mehr Unternehmen setzen in der internen wie externen Kommunikation auf einen narrativen (= erzählenden) Ansatz, um abstrakte Daten anschaulich zu vermitteln (siehe hierzu auch: https://www.avantgarde-experts.de/de/magazin/data-storyteller/). Das heißt: Die „Geschichte" soll die Daten erklären und warum sie wichtig sind. Daten können somit dazu beitragen, die Wahrnehmung eines Themas zu beeinflussen. Aber: Mit der Macht der Daten geht auch eine Menge Verantwortung für die Daten-Storyteller*innen einher. Beim Data Storytelling geht es also um die *drei Elemente „Daten", „Visualisierung", „Erzählung"*.

2) Wie sieht das genau aus?
Professionelle Beispiele finden sich hier:
https://www.juiceanalytics.com/writing/20-best-data-storytelling-examples
Wählt euch ein Beispiel aus und prüft, ob die drei Elemente gelungen zusammenhängen. (Keine Sorge, das sind professionelle Beispiele; es wäre zu viel verlangt, genau das von euch zu erwarten. Aber es soll euch helfen, die ungefähre Zielsetzung und Idee dieser Methode zu verstehen.)

3) Das „Data Storytelling" verwenden wir nun als Grundlage für ein spannendes, herausforderndes digitales Aufgabenformat im Unterricht:
Zu einer ökonomischen kontroversen Fragestellung oder These sollt ihr *Daten sammeln, auswählen und selbst Schaubilder gestalten* (gegebenenfalls auch manipulieren), um in einer visuell ansprechenden *Präsentation* die *jeweilige These zu stützen* bzw. diese narrativ zu verwenden – als Grundlage für die Formulierung von Meinungen und Interessen, die vor anderen vertreten werden können.

Beispiel:
Hier findet ihr ein Beispiel, wie ein Journalist versucht hat, zwei verschiedene Artikel zu einer Fragestellung zu schreiben:
https://krautreporter.de/1566-warum-meine-generation-besser-dran-ist-als-die-meiner-eltern?shared=835454a9-9edc-4388-b3f4-2b48f327bb97
Einmal liefert er Daten, die seine These stützen. Im zweiten Text sammelt er welche, die sie widerlegen. Damit will er zeigen, wie sehr man aufpassen sollte beim Gebrauch von Statistiken. Nach dem Motto: „Egal für welches Argument, eine Statistik findet sich immer!"

Zu den drei Elementen bekommst du in den folgenden Materialien Hilfestellungen.

Wir beginnen bei der „Narrativität/Erzählung" (Einbindung in eine „Geschichte"): Keine Sorge, falls ihr wegen der Geschichte irritiert seid. Den Plot (Handlung) haben wir schon über die Aufgabenstellung/das Unterrichtsthema:
Stellt euch vor, ihr sollt für einen Staat eine Werbekampagne entwerfen, mit der Arbeitskräfte angeworben werden sollen: „In diesem Staat möchten wir leben/arbeiten." Oder auch „xy – The place to be!"
Oder ihr seid eine Gruppe von Journalist*innen, die eine Gegenkampagne erstellt: „In diesem Staat möchten wir nicht leben/arbeiten." Oder „xy – The place not to be!"

Somit ist es eure Aufgabe, diese These mithilfe von Daten/Visualisierungen zu beweisen. Das heißt zum Beispiel: Inwiefern kann man Indikatoren gezielt so auswählen, um eine spezifische politische Botschaft zu unterstützen bzw. einer amtierenden Regierung (k)ein gutes „Wohlfahrtszeugnis" auszustellen?

Hierzu wird eine *Drei-Akt-Struktur* empfohlen:
Der Anfang der „Geschichte" (Exposition) schildert das Thema sowie die Ausgangssituation. Dies beinhaltet den Kontext der Analyse und Herausforderungen. Im zweiten Akt (Konfrontation) stehen die Thesen beziehungsweise die Hauptfrage der Untersuchung. Der dritte Akt präsentiert schließlich mit der Auflösung des Konflikts die gewonnenen Erkenntnisse mit Handlungsempfehlungen/Entscheidungsvorlagen.
Noch ein Tipp: Um die makroökonomischen Daten erzählerisch zu integrieren, erläutert ihr am besten deren Bedeutung/Folgen für den Einzelnen.

M2 Erstellung von Schaubildern (Visualisierung) (inhaltlich, grafisch, visuell)

Vorgehen
Nun gilt es, aus den Daten ansprechende Schaubilder zu gestalten. Wie das genau gehen kann, wird hier beschrieben: https://workshop-helden.de/schaubild-erstellen/

Tool
Entscheidet euch zunächst für ein Tool – probiert kurz aus, mit welchem ihr am besten zurechtkommt: Folgende drei Tools kann ich empfehlen:

- *Charts Builder:* Hier könnt ihr sehr einfach Daten eingeben und ein gewünschtes Diagramm generieren. Probiert das einfach mal aus: https://charts.hohli.com/
- *Canva:* Hier gibt es für eure Rohdaten verschiedene Vorschläge für Diagrammtypen sowie Beispiele für eine ansprechende Visualisierung. Bei diesem Tool müsst ihr euch anmelden (benutzt hierfür eure Schul-E-Mail-Adresse): https://www.canva.com/graphs/ https://www.canva.com/de_de/lernen/datenvisualisierung-ganz-einfach
- *Numbers:* Das ist auf eurem Tablet schon installiert.

Manipulation
Bedenkt bei der Erstellung eurer Schaubilder, dass ihr hinsichtlich eurer Position überzeugen wollt. Das geschieht, indem ihr nur bestimmte Daten auswählt und indem ihr darüber hinaus manipuliert (ja, das ist ausdrücklich bei dieser Aufgabe gestattet!)

Grafische Manipulation:

- vertikale Achse mit möglichst hohem (bzw. niedrigem) Wert beginnen und mit möglichst hohem (bzw. niedrigem) Wert enden lassen
- horizontale Achse stauchen
- uneinheitliche Achsen verwenden in vergleichenden Abbildungen für mehrere Wirtschaftseinheiten (Personen, Länder …)

Inhaltliche Manipulation:

- Anfangs- und Endpunkt geschickt auswählen (vorangehende und nachfolgende Entwicklung verbergen)
- statt der gesamten Zeitreihe nur die Werte einiger weniger ausgewählter Zeitpunkte zeigen, die einen besonders steilen Anstieg oder Rückgang suggerieren und dazwischenliegende, weniger „passende" Entwicklungen verschleiern
- nominale Werte statt reale Werte zeigen
- irreführendes Nebeneinanderstellen von Abbildungen

Visuelle Manipulation:

- Farben
- Kontraste
- Größen

Beispiele

- Das Auge interpretiert mit: https://www.wiwo.de/politik/deutschland/statistik-das-auge-interpretiert-mit/13580898.html
- So lassen sich Statistiken manipulieren, „Optische Täuschung", Teil 1: https://www.youtube.com/watch?v=31N-qv6Twvk
- So lassen sich Statistiken manipulieren „Korrelation vs Kausalität", Teil 2: https://www.youtube.com/watch?v=YgFJRrvp3Nc#

Literatur

Eißfeller, Cora (2020): Data-driven Storytelling: Wie Zahlen in Geschichten verwandelt werden. Online: https://dmexco.com/de/stories/data-driven-storytelling-wie-zahlen-in-geschichten-verwandelt-werden (Zugriff: 18.2.22).

Fauth, Benjamin/Leuders, Timo (2018): Kognitive Aktivierung im Unterricht. Stuttgart. Online: https://www.kts-buchen.de/assets/downloads/Wirksamer%20Unterricht%20-%20Band%202_Kognitive%20Aktivierung.pdf (Zugriff: 8.11.22).

Gould, Robert (2017): Data literacy is statistical literacy. In: Statistics Education Research Journal, 16(1), S. 22–25. Online: https://iase-web.org/ojs/SERJ/article/view/209/113 (Zugriff: 8.11.22).

Jochimsen, Beate (2012): Wohlstand messen. In: Aus Politik und Zeitgeschichte, 62(27–28), S. 19–23. Online: https://www.bpb.de/system/files/dokument_pdf/APuZ_2012-27-28_online.pdf (Zugriff: 8.11.22).

KM BW – Ministerium für Kultus, Jugend und Sport Baden-Württemberg (2016): Bildungsplan des Gymnasiums. Wirtschaft. Online: http://www.bildungsplaene-bw.de/site/bildungsplan/get/documents/lsbw/export-pdf/depot-pdf/ALLG/BP2016BW_ALLG_GYM_WI.pdf (Zugriff: 18.2.22).

Mehleit, Stephanie (2020): Data Storytelling: Von nackten Fakten zu Geschichten. Online: https://www.narratives-management.de/data-storytelling-von-nackten-fakten-zu-geschichten/ (Zugriff: 18.2.22).

Oberle, Monika (2021): Statistiken im Politikunterricht. Förderung von Wissenschaftsverständnis als Basis politischer Urteilsbildung. In: Unterricht Wirtschaft + Politik, 1, S. 45–47.

Ring, Malte/Brahm, Taiga (2020): Logical pictures in secondary economic education: textbook analysis and teacher perception. In: RISTAL. Research in Subject-matter Teaching and Learning, 3, S. 86–107. Online: https://sciendo.com/issue/RISTAL/3/1 (Zugriff: 8.11.22).

Schmidt, Christoph/aus dem Moore, Nils (2014): Wie geht es uns? Die W3-Indikatoren für eine neue Wohlstandsmessung (RWI Positionen 56). Essen: Rheinisch-Westfälisches Institut für Wirtschaftsforschung (RWI), Essen. Online: https://www.econstor.eu/handle/10419/95942 (Zugriff: 18.2.22).

Trilling, Bernie/Fadel, Charles (2009): 21st century skills. Learning for life in our times. San Francisco.

Vuorikari, Riina/Kluzer, Stefano/Punie, Yves (2022): DigComp 2.2. The Digital Competence Framework for Citizens. With new examples of knowledge, skills and attitudes. Luxemburg. Online: https://data.europa.eu/doi/10.2760/490274 (Zugriff: 20.4.22).

Weyland, Michael (2021): Ökonomische Bildung und Wissenschaftspropädeutik. In: Zeitschrift für ökonomische Bildung, 10, S. 88–122. Online: https://www.zfoeb.de/2021_10/2021-10_88_122_weyland.pdf (Zugriff: 18.2.22).

Isabelle Penning, Jörg Hochmuth,
Vera Kirchner

Virtual Reality: Virtuelle Trainings, Räume und Entdeckungstouren und ihre Potenziale für die Berufliche Orientierung

1 Virtual Reality: Verbreitung und Potenziale digitaler Welten

Digitale Lernumgebungen haben nicht zuletzt durch die Corona-Pandemie zunehmend an Bedeutung gewonnen (Gerick/Eickelmann 2020). Während internetbasierte Lernformen und selbstbestimmtes sowie orts- und zeitunabhängiges Lernen in den Fokus rücken, findet die Virtuelle Realität (VR) in schulischen Bildungskontexten bisher wenig Beachtung (Hellriegel/Čubela 2018). Als VR wird eine computergenerierte Welt verstanden, die keine sichtbare Verbindung zur visuell wahrgenommenen Umgebung aufweist (bitkom 2021). Es handelt sich demnach um ein digital-simuliertes Modell der Wirklichkeit, in das Nutzer*innen „eintauchen" können (Schwan/Buder 2006). Bereits etablierte Einsatzformen im Rahmen der Berufsbildung zeigen die weitreichenden Potenziale von VR-Lernumgebungen als wirklichkeitsnahe, interaktive Simulationen, z.B. um das Erlernen handwerklicher Tätigkeiten ressourcensparender zu gestalten oder das Bedienen komplexer technischer Systeme mit Ernstcharakter zu ermöglichen (Schollän 2019; Freina/Ott 2015; Köhler/Münster/Schlenker 2013). Virtuelle Realitäten haben das Potenzial, bisherige Formen der Kommunikation und Kooperation in der Wirtschafts- und Arbeitswelt grundlegend zu verändern. Auch in der Industrie gilt VR inzwischen als verbreitet (Christ/Hirschi 2021). Wenngleich ein Großteil der Lehrpersonen VR grundsätzlich mit Offenheit begegnet (Samsung Electronics 2017), stehen dem breiteren Einsatz von VR im Schulkontext bisher häufig die kostenintensive Entwicklung und eine mangelnde technische Ausstattung entgegen. Im Zuge der fortschreitenden Entwicklung wird jedoch eine zunehmende Verbreitung von VR-Hardware wie auch eine Vielfalt neu entstehender VR-Anwendungen prognostiziert (Hellriegel/Čubela 2018). Im Bildungskontext wird VR-Medien dabei allgemein das Potenzial zugesprochen, konstruktivistisches Lernen zu fördern und den Lernerfolg zu steigern (ebd.). Zudem wurde ein Zusammenhang zwischen virtuellen Technologien und einer Motivationsförderung bei den Lernenden festgestellt (Freina/Ott 2015; Martín-Gutiérrez et al. 2017). Ebenso sind durch VR positive Auswirkungen auf Interaktion und Kollaboration zu erwarten (Martín-Gutiérrez et al. 2017).

2 Immersion: In virtuelle Realitäten eintauchen

Bei VR-Anwendungen wird „[…] die [audio-]visuell wahrgenommene reale Umgebung vollständig durch eine computergenerierte virtuelle Welt ersetzt" (bitkom 2021, 11). Durch die stereoskopische Darstellung sowie akustisches und haptisches Feedback fühlen sich Nutzer*innen in eine simulierte Erfahrungswelt versetzt, die sie als dreidimensional und perspektivisch korrekt erleben (ebd.) und die sie durch eigenes Agieren in Echtzeit (z.B. Kopf- oder Handbewegungen) beeinflussen können. Moderne Trackingsysteme mit taktilem Feedback können z.B. die Körperhaltung oder die Positionen von Händen und Fingern bestimmen, diese in die virtuelle Welt einbinden und Anwender*innen ein Gefühl für den Umgang mit Gegenständen (z.B. Werkzeugen) geben (Goertz/Fehling/Hagenhofer 2021). VR ermöglicht folglich nicht nur eine multimodale Wahrnehmung einer virtuellen Wirklichkeit, sondern offenbart auch Interaktions- und Manipulationsmöglichkeiten (Schwan/Buder 2006). Diese partizipative Dimension von VR ist aus pädagogisch-didaktischer Sicht besonders bedeutsam (Hellriegel/Čubela 2018), da es ein *deeper learning* (Bambury 2017) im Sinne einer konstruktivistischen Bildung – also ein Lernen durch individuelle Wirklichkeits- und Sinnkonstruktion – unterstützen kann. Im schulischen Kontext können virtuelle Lernumgebungen überall dort einen Mehrwert erzeugen, wo vergleichbare Lernsituationen in der echten Welt aufgrund zeitlicher/räumlicher Einschränkungen, hoher finanzieller Aufwendungen oder aufgrund von Sicherheitsbedenken nicht realisiert werden können (Wiepke et al. 2019). Fachwissenschaftliche und fachdidaktische Forschungen zeigen, dass solche Anwendungsszenarien auch in der Ökonomischen Bildung z.B. im Rahmen der Verbraucher*innenbildung (Meißner et al. 2020), der Entrepreneurship Education (Orel 2020) und der Beruflichen Orientierung (Caroll/Shaw/Schrader 2019) denkbar sind.

VR als Lernumgebung ist demnach durch eine multisensorische Informationsaufnahme, individuelle Interaktionsmöglichkeiten sowie unmittelbares multimodales Feedback gekennzeichnet und unterstreicht damit den Echtheitscharakter von Erfahrungssituationen und fördert die Involvierung der Lernenden. Die umfassende Einbeziehung von Nutzer*innen in die virtuelle Welt und in das dortige Geschehen wird als Immersion bezeichnet (Schöllan 2019, in Anlehnung an Pietschmann 2009 und Brown/Cairns 2004). Der Grad der Immersion (vgl. Abb. 1) wird maßgeblich durch die Vielfalt der Interaktionsmöglichkeiten sowie die Intensität und Multimodalität des simultanen Anwendungsfeedbacks bestimmt (ebd.).

Abbildung 1: Immersionsgrade in VR-Anwendungen in Anlehnung an das Modell „Depth of Virtual Reality"

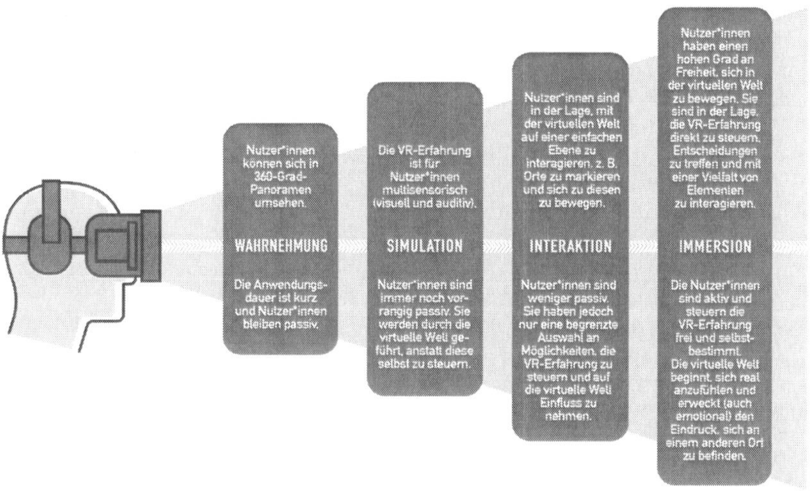

Quelle: nach Bambury (2017), angepasste und übersetzte Version (eigene Darstellung)

Während 360-Grad-Videos und -Bilder lediglich mittels Kopfbewegung Drehungen um einen vorgegebenen Perspektivpunkt ermöglichen, stellen komplexere Anwendungen differenzierte und selbstbestimmte Bewegungsoptionen (laufen, fahren, fliegen, herein- und herauszoomen etc.) und Interaktionsmöglichkeiten (z.B. mit virtuellen Personen, Gegenständen, Werkzeugen, Inventar) zur Verfügung. Ausgehend von den Handlungs- und Interaktionsmöglichkeiten der Lernenden lassen sich VR-Medien nach Explorationswelten, Trainingswelten, Konstruktionswelten (Schwan/Buder 2006) sowie VR-Meetings unterscheiden (siehe Tab. 1).

Tabelle 1: Varianten lernbezogener Interaktivität in VR-Anwendungen

Welt	Beschreibung	Beispiele
Exploration	Die VR-Welt kann erkundet und der Blickpunkt frei gewählt werden.	Interaktive Rundgänge durch historische Städte, Sehenswürdigkeiten oder Landschaften, zum Beispiel Google Arts & Culture: https://artsandculture.google.com/project/expeditions (Zugriff: 3.1.22)
Training/Experimentalwelt	Durch das Simulieren von Handlungssituationen können spezifische Kompetenzen trainiert werden. Die Welten sind stärker durch die Aufgabenstellung geprägt und ermöglichen eine geringe selbstbestimmte Interaktion.	Training von Sozialkompetenzen u. a. bei Menschen im Autismus-Spektrum (Kellems et al. 2021) Einsatz in schulischen Bildungskontexten, z. B. Physikunterricht (Hand Physics Labs) oder Chemieunterricht (HoloLAB Champions)
Konstruktion	Innerhalb der VR-Anwendung können neue virtuelle Anwendungen, einzelne Objekte oder ganze Welten gestaltet werden oder über eine externe Anwendung konstruiert werden.	Gestaltung in einer VR-Anwendung: CubelingVR, Open Brush, Quill Gestaltung für VR-Anwendungen: Tinkercad, Blender, SculptGL, Microsoft 3D Builder
VR-Meeting	Virtuelle Räume ermöglichen ein Treffen im Digitalen. Dies kann zum Präsentieren und sozialen Austausch genutzt werden.	Mozilla Hubs ENGAGE TriCAT AltspaceVR

3 Technische Voraussetzungen von Virtual Reality

Die Popularisierung virtueller Technologien und die steigende Kompatibilität mit weniger komplexen und kostengünstigeren Geräten (z.B. Smartphones) führte in den letzten Jahren dazu, dass VR für breitere Nutzer*innenkreise aufgeschlossen wurde (Martín-Gutiérrez et al. 2017; Hellriegel/Čubela 2018). Durch die Verbindung von Smartphones mit einfachen und kostengünstigen Headsets (z.B. Google Cardboard) können VR-Anwendungen dargestellt und Nutzer*innen in virtuelle Räume (z.B. via 360-Grad-Videos) versetzt werden.

Meist weisen diese Smartphone-gestützten Systeme hinsichtlich der Interaktionsmöglichkeiten sowie der Tracking- und Feedbackgenauigkeit gegenüber dedizierten Head Mounted Displays (z.B. Oculus Rift, Valve Index oder HTC VIVE) deutliche Nachteile auf und erzeugen ein weniger immersives Erlebnis (Martín-Gutiérrez et al. 2016). Head Mounted Displays, auch als VR-Headsets bezeichnet, bieten häufig eine bessere Grafikqualität, ein größeres Sichtfeld und vor allem durch entsprechende Eingabegeräte (Controller) weitreichende Steuerungs- und Interaktionsoptionen, während Smartphone-gestützte Systeme zumeist nur ein vorwiegend rezeptives VR-Erlebnis ermöglichen.

4 VR-Anwendungen zur Förderung ökonomischer und digitaler Kompetenzen

Auf Basis der skizzierten Potenziale von VR lassen sich auch für die Domäne der Ökonomischen Bildung Einsatzszenarien antizipieren (für allgemeine Einsatzszenarien und Handlungsleitlinien zur Gestaltung von VR/AR-Lehr-/Lernszenarien vgl. Coplar-Leitfaden Goertz/Fehling/Hagenhofer 2021).

Mit dem Wandel der Wirtschafts- und Arbeitswelt gehen auch Veränderungen der Verbraucher*innenbildung und der Beruflichen Orientierung einher. Die Vielfalt der Märkte, Konsummöglichkeiten sowie Arbeits- und Beschäftigungskontexte ist im Wirtschaftsunterricht schwierig abzubilden. Aktuell wird z.B. davon ausgegangen, dass die Verbreitung von VR-Anwendungen im Bereich des E-Commerce das Wahlverhalten der Verbraucher*innen im Vergleich zum klassischen Online-Shopping erheblich verändern könnte (z.B. Meißner et al. 2020). Die Auseinandersetzung mit solchen virtuellen Erfahrungsräumen und VR als Marketinginstrument erscheint daher z.B. im Kontext reflektierter und selbstbestimmter Konsumentscheidungen hilfreich. Ähnliches gilt für den Bereich der Beruflichen Orientierung, bei dem VR-Anwendungen (wie z.B. deinerstertag.de oder berufvr.com) unabhängig von regionalen Wirtschaftspartner*innen realitätsnahe und praktische Erfahrungen in einer großen Bandbreite ermöglichen und so zu einer vielfältigeren Auseinandersetzung mit beruflichen Beschäftigungsbereichen und -formen sowie damit korrespondierender Fähigkeiten und Kompetenzen beitragen können (Caroll/Shaw/Schrader 2019).

Eine Bewerbungssituation oder ein Elevator Pitch im Rahmen eines Schüler*innenfirmenwettbewerbs sind im Unterrichtsgeschehen allenfalls in Form von Rollenspielen zu simulieren, können aber in einer VR-Anwendung authentisch reproduziert und für Trainingszwecke nutzbar gemacht werden. Die Entwicklung und Nutzung solcher VR-Lerntechnologien kann also u.a. im

Kontext der Entrepreneurship Education dazu beitragen, dass Schüler*innen mit Herausforderungen von Unternehmensgründungen in Berührung kommen. Dadurch können kommunikative Fähigkeiten und Handlungskompetenzen außerhalb schulischer Erfahrungskontexte realitätsnah geschult und gegebenenfalls auch Motivation und Interesse für eine spätere Unternehmensgründung angeregt werden (Orel 2020).

VR-Lernumgebungen können das Erforschen von Lerngegenständen und das Erproben verschiedener Handlungsoptionen unterstützen. Durch die immersive Erfahrung in VR-Anwendungen entsteht für Nutzer*innen häufig eine größere emotionale Involvierung, welche z. B. das Erleben und Abwägen von individuellen und kollektiven Bedürfnissen intensiviert. Dieser experimentelle Umgang mit Lerngegenständen bei gleichzeitiger Wahrnehmung, ein aktiver Teil der Geschehnisse zu sein, kann dazu beitragen, z. B. wirtschaftliche Wirkungszusammenhänge wirklichkeitsnäher zu erleben. Gleichwohl ist es möglich, dieses Erleben für unterschiedliche Rollenbilder oder Konfliktparteien zu reproduzieren und so Handlungsoptionen und -konsequenzen multiperspektivisch zu betrachten (Birke 2017). Konkrete Lernszenarien sind hier z. B. in Themenbereichen denkbar, wie sie derzeit durch digitale Planspiele adressiert werden.

Neben diesen fachspezifischen Kompetenzentwicklungen kann der Einsatz von VR auch zur Medienbildung und insbesondere zur Entwicklung und Förderung digitaler Kompetenzen beitragen. Vor dem Hintergrund des Europäischen Referenzrahmens DigComp 2.2 ist der Einsatz von VR-Technologien im Rahmen der Ökonomischen Bildung dazu geeignet, Kompetenzen vor allem im Bereich „Digitale Kommunikation und digitale Kollaboration“ zu fördern und so den sicheren Umgang mit dieser Zukunftstechnologie bereits im Rahmen der schulischen Bildung anzubahnen. Das Lernen in VR-Umgebungen kann dabei sowohl die „Interaktion mit Hilfe von digitalen Technologien“, den „Austausch mit Hilfe von digitalen Technologien“ als auch das „Zusammenarbeiten mit Hilfe von digitalen Technologien“ bei Schüler*innen kompetenzorientiert unterstützen (Vuorikari/Kluzer/Punie 2022).

5 Praxisbeispiel: „Mozilla Hubs“ – Berufliche Orientierung in virtuellen Meeting-Räumen gestalten

Mozilla Hubs ist eine browserbasierte, kostenfreie Plattform für virtuelle Treffen, denen man als 3-D-Avatar beitritt (Mozilla 2022). Um diese virtuellen Räume zu gestalten oder ihnen beizutreten, kann jede VR-Brille genutzt werden.

Auch eine Nutzung als Webapplikation ist über jedes Betriebssystem (Windows, Mac, Linux) sowie über mobile Geräte (Android/iOS) möglich. Für das Gestalten und Speichern von Räumen ist ein Konto bei Mozilla Hubs nötig, um den dazugehörigen kostenfreien Editor Spoke nutzen zu können. Die Teilnahme an Treffen ist ohne Account möglich.

Mozilla Hubs bietet eine Vielzahl an bereits designten Räumen, die für eigene virtuelle Treffen genutzt und angepasst werden können. Neben diversen Ausstellungs- und Meetingräumen existiert z.B. bereits ein virtuelles Klassenzimmer. Es können jedoch ebenfalls eigene virtuelle Räume designt und der Community zur Verfügung gestellt werden. Mozilla Hubs ist zwar englischsprachig, doch das Interface ist mit Symbolen hinterlegt, sodass auch eine Orientierung hierüber möglich ist.

Die Teilnehmenden treten als 3-D-Avatare den Räumen bei und können nach Freigabe des Mikrofons miteinander sprechen. Dabei wird auch die räumliche Dimension und die damit verbundene Akustik simuliert. Innerhalb eines virtuellen Raumes können Objekte hinzugefügt und geändert werden, um den Raum temporär weiter- und umzugestalten. Darüber hinaus können Medien wie Videos, Animationen, Bilder oder Dateien einfach via Drag-and-drop geteilt und eingebettet werden. Auch das Schreiben oder Malen mithilfe eines virtuellen Stifts ist möglich. Zu beachten ist dabei jedoch, dass Mozilla Hubs Limitationen bezüglich der eingestellten Objekte und der maximalen Anzahl an gezeichneten Linien aufweist, die beim Erreichen zum Verschwinden der zuerst eingestellten Objekte führen. Ebenso ist die Raumkapazität auf maximal 25 Personen begrenzt. Dieser Wert kann bei größeren Klassengrößen zwar erhöht werden, jedoch kann dies bei der Nutzung von Geräten mit geringer Leistung – ebenso wie der Nutzung von komplex gestalteten Räumen – zu Problemen führen.

6 Unterrichtsbeispiel: Gemeinsam im virtuellen Raum berufliche Stärken reflektieren

Klassenstufe	ab Klasse 8
Zeitbedarf	ca. 135 Minuten (1 x 45 Minuten, 1 x 90 Minuten)
Curriculare Einordnung	Diese Unterrichtsidee ist in der Beruflichen Orientierung verankert und ermöglicht eine Auseinandersetzung mit individuellen Stärken und den Abgleich mit beruflichen Anforderungen.
Angestrebter Kompetenzerwerb	Die Schüler*innen können ... • ihre persönlichen Stärken und die Stärken anderer benennen und beschreiben; • ihren Stärken passende Berufen zuordnen; • exemplarisch Berufsfelder analysieren und hierzu eine digitale Ausstellung gestalten; • ihre Rechercheergebnisse zu spezifischen Berufen in Mozilla Hubs präsentieren.

Sequenz und Minuten	Hinweise	Material/Medien/Sozialform
Einstieg/Erarbeitung I/Zwischensicherung: Meine Interessen und Vorlieben 45 Minuten	Die Lernenden führen im virtuellen Raum eine menschliche Schatzsuche durch, bei der sie Stärkenkarten passenden Schüler*innen zuweisen. Die Ergebnisse halten sie auf einer digitalen Pinnwand fest.	Aufgaben M1, gemeinsamer virtueller Raum mit Stärkenkarten und einer digitalen Pinnwand Gruppenarbeit, Einzelarbeit und Diskussion im Plenum
Erarbeitung II und Sicherung: Was kennzeichnet meinen Beruf? 60 Minuten	Die Lernenden erarbeiten sich Informationen zu exemplarischen Berufen und bereiten diese für die digitale Präsentation vor.	Aufgaben M2, digitaler Steckbrief und Präsentationsräume für Kleingruppen in Mozilla Hubs Einzelarbeit
Sicherung + Reflexion: Passung zwischen Beruf und den individuellen Stärken 30 Minuten	Präsentation der Ergebnisse, Vergleich verschiedener Berufe und Abgleich mit eigenen Interessen	Aufgaben M3, Reflexion in Kleingruppen/Einzelarbeit in virtuellen Räumen, Zusammentragen der Ergebnisse in der Klasse im gemeinsamen virtuellen Raum

Materialien

M1 Stärken helfen dir bei der Berufswahl: Was kannst du besonders gut?

Du führst regelmäßig den Hund deiner Nachbarin aus und achtest genau darauf, dass du pünktlich erscheinst? Dann ist Zuverlässigkeit sicherlich eine Stärke, über die du verfügst. Wenn du über deine beruflichen Wünsche nachdenkst, können deine Stärken dir eine wichtige Entscheidungshilfe sein. Entdecke Stärken in dir und anderen bei der virtuellen menschlichen Schatzsuche und verteile deine Stärkenkarten.

Tritt in den virtuellen Raum ein und benenne deinen Avatar mit deinem eigenen Vornamen.

1. Nimm drei Stärkenkarten von der digitalen Pinnwand. Beschreibe mithilfe eines Beispiels, woran man erkennt, dass jemand über diese Stärke verfügt.
2. Bewege dich im virtuellen Raum und suche eine Person, die deiner Meinung nach über die Stärke auf einer deiner Karten verfügt. Diskutiere mit dieser Person, ob deine Vermutung zutreffend ist, wie im folgenden Beispiel:

   Paul: Carla, ich finde, du bist zuverlässig. Stimmt das?
   Carla: Ja, das würde ich auch von mir behaupten!
   Paul: Warum denkst du das? Kannst du mir ein Beispiel nennen?
   Carla: Ich mache meine Hausaufgaben immer rechtzeitig.

   Überreiche deine Karte, wenn ihr euch einig seid. Wenn die Person nicht über die entsprechende Stärke verfügt, suche eine andere Person.
3. a) Heftet die Stärken, die ihr erhalten habt, an eine Pinnwand und notiert euren Namen.
   b) Ergänze weitere Stärken, über die du verfügst, die aber noch fehlen.

M2 Keiner wie der/die andere: Was kennzeichnet deinen Beruf?

Es gibt sehr viele verschiedene Ausbildungsberufe. Da sollte doch für jeden oder jede etwas Passendes dabei sein, oder? Damit du den richtigen Beruf für dich findest, reicht es jedoch nicht, nur den Namen des Berufs zu kennen. Und von vielen der Berufe hast du möglicherweise noch nie etwas gehört. Suche dir einen aus und analysiere diesen genauer.

Arbeitsort

Typische Arbeitstätigkeiten

Arbeitsmittel

Arbeitszeiten

Art der Arbeit (körperlich, geistig, sozial)

Art der Ausbildung

Tritt in den virtuellen Raum ein und benenne deinen Avatar mit deinem eigenen Vornamen.

1. a) Benenne drei Berufe, die zu deinen Stärken (M1) passen könnten.
   b) Ergänze zwei weitere, die du noch nicht kennst, in deiner Liste.
   c) Wähle einen Beruf aus, den du vorstellen möchtest.
2. Beschreibe den von dir gewählten Beruf in einem Steckbrief.
3. Gestalte eine virtuelle Ausstellung zu deinem Beruf.
   a) Lade deinen Steckbrief hoch.
   b) Visualisiere eine typische Arbeitssituation, in dem du ein passendes 3-D-Objekt, ein Video oder Bildmaterial hochlädst.

Hilfe: Hier kannst du dich inspirieren lassen: https://planet-beruf.de/schuelerinnen/berufe-finden/a-z

M3 Und wovon träumst du? Welcher Beruf passt wohl am besten zu dir?

1. Stellt euch in 3er-Gruppen gegenseitig eure Berufe in eurem gemeinsamen virtuellen Raum vor.
2. Analysiert, welche Gemeinsamkeiten und Unterschiede die Berufe aufweisen, und dokumentiert eure Ergebnisse in einem Dreieck. Ergänzt dieses auf eurer digitalen Ausstellungswand.
3. Bewerte, welcher Beruf am besten zu deinen Stärken passt.

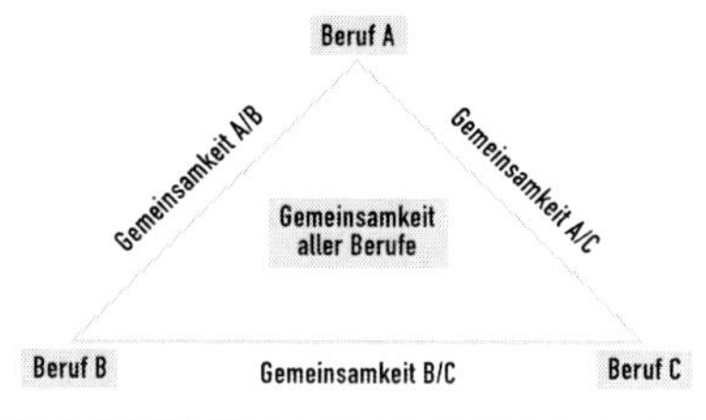

+ – 7 VR auf dem Prüfstand: Potenziale und Herausforderungen

Virtual Reality ermöglicht ein immersives Lernen. Je nachdem, welcher VR-Anwendungstyp (z.B. Konstruktions-, Trainings- oder Explorationswelten) in den Unterricht integriert ist, werden digitale Kompetenzen mit unterschiedlichen Schwerpunkten gefördert. Gerade Trainings- und Explorationswelten setzen bereits gestaltete VR-Umgebungen voraus, die häufig mit hohem Ressourcenaufwand von professionellen Entwickler*innen (z.T. speziell für den unterrichtlichen Einsatz) erstellt wurden. Wie bei jedem anderen Unterrichtsmaterial gilt jedoch auch bei VR-Lösungen, die Qualität vor dem Hintergrund der jeweiligen Lerngruppe und den angestrebten Kompetenzerwartungen im Vorfeld zu reflektieren. Auffällig ist, dass es für den allgemeinbildenden Bereich der Ökonomischen Bildung bisher kaum didaktisch aufbereitete „digitale Welten" gibt. Daher sind zum jetzigen Zeitpunkt vor allem virtuelle Räume, die gestaltet und modifiziert werden können und in denen man interaktiv zusammenarbeiten kann, für die Ökonomische Bildung relevant. Über solche virtuellen Räume können nicht nur die Klassenmitglieder in Interaktion treten, sondern auch Externe partizipieren. Dies ermöglicht beispielsweise die niedrigschwellige Einbindung von Praxispartner*innen, die zu einem virtuellen Expert*innengespräch eingeladen werden können oder auch als Aussteller*innen einer virtuellen Berufs- und Ausbildungsplatzmesse auftreten können. Für die Schüler*innen stellt die Interaktion im Virtuellen einen „Schonraum" dar: Sie begegnen Vertreter*innen von potenziellen Ausbildungsbetrieben nicht live, sondern ihrem 3-D-

Avatar, was für einige Schüler*innen mit weniger Hemmungen verbunden sein kann. Durch den virtuellen Raum entfallen Anfahrtszeiten und -kosten und auch überregionale und globale Kooperationen werden dadurch erleichtert. VR-Anwendungen sind also immer dann besonders geeignet, wenn der Zugang durch räumliche, zeitliche oder wirtschaftliche Beschränkungen erschwert oder durch Gefahren gekennzeichnet ist. Im unterrichtlichen Einsatz können VR-Anwendungen neben dem Präsenzunterricht mit digitalem Medieneinsatz auch im Fernunterricht eingesetzt werden, da es möglich ist, alle Interaktionen über den virtuellen Raum zu realisieren. Zu beachten ist, dass einer effektiven und zielgerichteten Nutzung des virtuellen Raums eine Einarbeitungszeit für Lehrende und Lernende vorausgehen muss.

Die zunehmende Bedeutung von VR in der Berufs- und Lebenswelt legt die Verankerung in der Beruflichen Orientierung nahe. Die große Offenheit in der Gestaltung sowie die Motivation der Lernenden beim Einsatz von VR-Anwendungen bieten Gründe, VR zukünftig stärker in das Methodenrepertoire der Ökonomischen Bildung zu integrieren und das fachdidaktische Potenzial auch empirisch zu überprüfen.

Literatur

Bambury, Steve (2017): VR in Education Model. In: VirtualiTeach. Online: https://www.virtualiteach.com/vr-edu-model (Zugriff: 10.1.22).

Birke, Franziska (2017): Mehrperspektivität im Fach Wirtschaft/Berufs- und Studienorientierung in Baden-Württemberg: eine wirtschaftsdidaktische Analyse. In: Vierteljahreshefte zur Wirtschaftsforschung, 86(3), S. 41–53. Online: https://www.econstor.eu/bitstream/10419/202056/1/10-3790-vjh-86-3-041.pdf (Zugriff: 8.11.22).

bitkom (Hg.) (2021): Augmented und Virtual Reality. Potenziale und praktische Anwendung immersiver Technologien. Online: https://www.bitkom.org/sites/default/files/2021-04/210330_lf_ar_vr.pdf (Zugriff: 10.1.22).

Brown, Emily/Cairns, Paul (2004): A Grounded Investigation of Game Immersion. In: CHI '04 Extended Abstracts on Human Factors in Computing Systems. New York, S. 1297–1300.

Carroll, Mark/Shaw, Sara/Schrader, Peter (2019): Virtual Reality for Career and Technical Education. In: Carliner, Saul (Hg.): Proceedings of E-Learn: World Conference on E-Learning in Corporate, Government, Healthcare, and Higher Education. New Orleans, S. 1355–1363.

Christ, Oliver/Hirschi, Mathias (2021): Virtual Reality in der Berufsbildung: Pilotstudie der login Berufsbildung AG und der Hochschule für Angewandten Psychologie (FHNW). In: Transfer: Berufsbildung in Forschung und Praxis, 1. Online: https://sgab-srfp.ch/virtual-reality-in-der-berufsbildung/ (Zugriff: 10.1.22).

Freina, Laura/Ott, Michela (2015): A Literature Review on Immersive Virtual Reality in Education: State Of The Art and Perspectives. Bukarest. Online: https://www.researchgate.net/publication/280566372_A_Literature_Review_on_Immersive_Virtual_Reality_in_Education_State_Of_The_Art_and_Perspectives (Zugriff: 8.11.22).

Gerick, Julia/Eickelmann, Birgit (2021): Schule und Lernen angesichts der Digitalisierung. Konzepte und Befunde. In: Brägger, Gerold/Rolff, Hans-Günter (Hg.) (2020): Handbuch Lernen mit digitalen Medien. Weinheim, S. 60–79.

Goertz, Lutz/Fehling, Christian Dominic/Hagenhofer, Thomas (2021): COPLAR-LEITFADEN. Didaktische Konzepte identifizieren – Community of Practice zum Lernen mit AR und VR. Online: https://www.social-augmented-learning.de/wp-content/downloads/210225-Coplar-Leitfaden_final.pdf (Zugriff: 10.1.22).

Hellriegel, Jan/Čubela, Dino (2018): Das Potenzial von Virtual Reality für den schulischen Unterricht – Eine konstruktivistische Sicht. In: MedienPädagogik. Zeitschrift für Theorie und Praxis der Medienbildung, 18, S. 58–80. Online: https://www.medienpaed.com/article/view/659/645 (Zugriff: 8.11.22).

Kellems, Ryan O./Yakubova, Gulnoza/Morris, Jared R./Wheatley, Alex/Chen, Briella Baer (2021): Using Augmented and Virtual Reality to Improve Social, Vocational, and Academic Outcomes of Students With Autism and Other Developmental Disabilities. In: Tomei, Lawrence/Akcayir, Gokce/Demmans, Carrie Epp (Hg.): Designing, Deploying, and Evaluating Virtual and Augmented Reality in Education. Hershey, PA, S. 164–182.

Köhler, Thomas/Münster, Sander/Schlenker, Lars (2013): Didaktik virtueller Realität: Ansätze für eine zielgruppengerechte Gestaltung im Kontext akademischer Bildung. In: Reinmann, Gabi/Ebner, Martin/Schön, Sandra (Hg.): Hochschuldidaktik im Zeichen von Heterogenität und Vielfalt. Norderstedt, S. 99–112. Online: https://www.researchgate.net/profile/Thomas_Koehler5/publication/236950079_Didaktik_virtueller_Realitat_Ansatze_fur_eine_zielgruppengerechte_Gestaltung_im_Kontext_akademischer_Bildung/links/54bbc55f0cf253b50e2d11b4/Didaktik-virtueller-Realitaet-Ansaetze- (Zugriff: 8.11.22).

Meißner, Martin/Pfeiffer, Jella/Peukert, Christian/Dietrich, Holger/Pfeiffer, Thies (2020): How virtual reality affects consumer choice. In: Journal of Business Research, 177, S. 219–231.

Martín-Gutiérrez, Jorge/Mora, Carlos Efrén/Añorbe-Díaz, Beatriz/González-Marrero, Antonio (2017): Virtual Technologies Trends in Education. In: EURASIA. Journal of Mathematics Science and Technology Education, 13(2, S. 469–486. Online: https://www.ejmste.com/article/virtual-technologies-trends-in-education-4674 (Zugriff: 8.11.22).

Mozilla (Hg.) (2022): Hubs by Mozilla. Welcome to Hubs. Online: https://hubs.mozilla.com/docs/welcome.html (Zugriff: 25.4.22).

Orel, Marko (2020): The Potentials of Virtual Reality in Entrepreneurship Education. In: Daniela, Linda (Hg.): New Perspectives on Virtual and Augmented Reality. Finding New Ways to Teach in a Transformed Learning Environment. London.

Pietschmann, Daniel (2009): Das Erleben virtueller Welten. Involvierung, Immersion und Engagement in Computerspielen. Boizenburg.

PriceWaterhouseCoopers (PwC) (2019): Seeing is believing. How virtual reality and augmented reality are transforming business and the economy. Online: https://www.pwc.com/gx/en/industries/technology/publications/economic-impact-of-vr-ar.html (Zugriff: 10.1.22).

Samsung Electronics GmbH (Hg.) (2017): Samsung Studie: Lehrer sehen großes Potenzial für die Nutzung von Virtual Reality im Unterricht. Online: https://news.samsung.com/de/samsung-studie-lehrer-sehen-grosses-potenzial-fuer-die-nutzung-von-virtual-reality-im-unterricht (Zugriff: 10.1.22).

Schollän, Leonie (2019): Chancen und Herausforderungen von Virtual Reality in ausgewählten Bildungskontexten. In: Ludwigsburger Beiträge zur Medienpädagogik (LudzM), 20, S. 1–25. Online: https://www.medienpaed-ludwigsburg.de/article/view/360/355 (Zugriff: 8.11.2022).

Schwan, Stephan/Buder, Jürgen (2006): Virtuelle Realität und E-Learning. Portalbereich: Didaktisches Design. Online: https://www.e-teaching.org/didaktik/gestaltung/vr/vr.pdf (Zugriff: 10.1.22).

Vuorikari, Riina/Kluzer, Stefano/Punie, Yves (2022): DigComp 2.2. The Digital Competence Framework for Citizens. With new examples of knowledge, skills and attitudes. Luxemburg. Online: https://data.europa.eu/doi/10.2760/490274 (Zugriff: 10.1.22).

Wiepke, Axel/Richter, Eric/Zender, Raphael/Richter, Dirk (2019): Einsatz von Virtual Reality zum Aufbau von Klassenmanagement-Kompetenzen im Lehramtsstudium. In: Pinkwart, Niels/Konert, Johannes (Hg.): DELFI 2019. Die 17. Fachtagung Bildungstechnologien. 16.-19. September 2019, Berlin, Deutschland. Bonn, S. 133–144. Online: https://dl.gi.de/handle/20.500.12116/24390 (Zugriff: 8.11.22).

Kollaboratives Arbeiten

Ewald Mittelstädt, Lisa-Marie Pütz

Wikis als Lernwerkzeuge in der Entrepreneurship Education

1 Einführung

Der Einsatz digitaler und insbesondere auch digitaler sozialer Medien hat für die Gesellschaft enorme Auswirkungen und wurde insbesondere durch Digitalunternehmen aus dem Silicon Valley wie Apple (iPhone), Meta (Facebook) oder Google (YouTube), aber auch der Wikimedia Foundation (Wikipedia), initiiert und befördert. Die (digitale) Transformation hat Fahrt aufgenommen und verändert die Berufswelt massiv (Mockenhaupt 2021). Das Bildungssystem im Allgemeinen und die Entrepreneurship Education, als zentrale Institution für den Umgang mit Ungewissheit und der Förderung von Gestaltungskompetenzen, im Besonderen stehen vor vielfältigen Herausforderungen. In einer zunehmend digitalen, aber auch zunehmend ungewissen Welt müssen digitale und fachliche, d.h. hier unternehmerische, Kompetenzen ineinandergreifen (GFD 2018). Die Europäische Union hat sowohl einen Referenzrahmen für digitale Kompetenzen (Digital Competence Framework 2.2) als auch für unternehmerische Kompetenzen (Entrepreneurship Competence Framework) entwickelt (Vuorikari/Kluzer/Punie 2022; European Commission Joint Research Centre et al. 2017).

Die digitalen Kompetenzen unterteilen sich in (Vuorikari/Kluzer/Punie 2022): 1) mit digitalen Informationen umgehen, 2) wirkungsvoll digital kommunizieren, 3) digitale Inhalte erstellen, 4) Sicherheit gewährleisten und 5) technische Probleme lösen.

Die entrepreneurialen Kompetenzen umfassen die Bereiche (European Commission Joint Research Centre et al. 2017): 1) In Aktion, 2) Ressourcen und 3) Ideen & Möglichkeiten.

Wikis als Lernwerkzeuge können einerseits alle fünf digitalen Kompetenzbereiche, insbesondere den Umgang mit und das Erstellen von digitalen Inhalten bei Lernenden fördern, andererseits können alle drei Bereiche entrepreneurialer Kompetenzen, insbesondere das „In-Aktion-Setzen" und dort die „Zusammenarbeit mit anderen", angewandt werden. Wikis sind jedoch mehr als ein digitales Lernwerkzeug, sie haben das Internetzeitalter mitbegründet und veranschaulichen das Grundprinzip digitaler Zusammenarbeit. Nachdem Tim Berners-Lee 1989 das World Wide Web (WWW) als Hypertextsystem entwickelt hat, formulierte er für dessen Nutzung das Ziel, eine Zusammenarbeit von verteilten Gruppen zu ermöglichen und die Funktionen Navigieren, Suchen und Editieren zu implementieren (Mittelstädt/Kirchner 2012). Im Jahr 1995 wurde von Ward Cunningham das erste Wiki mit dem Namen WikiWikiWeb entwickelt. Er verfolgte das Ziel, eine möglichst einfache Software zur gemeinschaftlichen Arbeit an Software-Codes zu entwickeln und diese direkt zu veröffentlichen (Leuf/Cunningham 2001). Die Bearbeitungsschritte wurden automatisch erfasst, sodass Änderungen jederzeit nachvollziehbar waren (Ebersbach et al. 2008).

Wikis sind eng an die Struktur des WWW angelehnt und als Softwaresysteme zu verstehen, die es Besucherinnen und Besuchern von Wiki-Plattformen meist auf Basis des Internets ermöglichen, Wissen in Form von Texten und Bildern mit anderen Nutzerinnen und Nutzern zu teilen und zu bearbeiten. Das einfachste Anwendungsszenario bildet sich in der passiven Bereitstellung von Informationen durch das Onlinemedium ab, während die aktive Nutzung von Wiki-Systemen durch das Bearbeiten von Texten und Bildern charakterisiert ist (ebd.). Aufgrund der intuitiven Handhabung haben sich Wikis in vielen Anwendungsbereichen durchsetzen können. Die Online-Enzyklopädie Wikipedia ist u.a. auf der Basis von 2,66 Millionen deutschsprachigen und 6,35 Millionen englischsprachigen Artikeln (Wikipedia 2022) und monatlich über 5 Milliarden Aufrufen die reichweitenstärkste Online-Enzyklopädie (Similarweb 2022) weltweit. Wikis werden sehr intensiv im beruflichen Kontext genutzt, so finden sich Wikis in Unternehmen als Team-Portal, Wissensmanagementsystem, Projektmanagement- oder Planungswerkzeug wie auch als Baustein von Social Intra- oder Expertnets (Frenzel et al. 2018). Wikis stellen das Fundament der digitalen Transformation seit 1989 dar: Lernen, damit umzugehen, befähigt zur digitalen und unternehmerischen Teilhabe.

2 Lerntheoretische Verortung von Wikis

Lernen wird nach der konstruktivistischen Lerntheorie als ein aktiver Prozess verstanden, bei dem Lernende ihr Wissen in Bezug auf Wirklichkeitsauffassungen und reale Alltagssituationen selbst konstruieren (Baumgartner/Payr 1997). Ein aktiver Lernprozess ist nach der Theorie erst dann möglich, wenn sich die internen kognitiven Strukturen der Lernenden verändern. Dies geschieht, indem die lernende Person auf eine Alternative zu ihrer Wirklichkeitsauffassung aufmerksam wird und dadurch eine mögliche Überprüfung und Anpassung ihrer internen Strukturen vornimmt. Im Konstruktivismus steht weniger das Lösen vorgegebener Probleme, sondern das Erkennen bzw. eigenständige Generieren von zu lösenden Problemen im Vordergrund (Reich 2012). Die konstruktivistische Lerntheorie sieht dafür vor, dass den Lernenden eine authentische Umgebung zur Verfügung steht, die interaktiv zur Selbstorientierung motiviert (Reinmann-Rothmeier 2003). Ein Wiki-System kann den Lernenden eine solche Lernumgebung bieten: Jedes Individuum kann durch das Verfassen eines eigenständigen Artikels seine persönlich recherchierte Sicht und Wahrnehmung zu einem Thema darlegen. In der Auseinandersetzung mit anderen Artikeln, die verändert und diskutiert werden, kann der persönliche Standpunkt ausgedrückt werden. Dies führt zu der Chance, dass das Individuum den Inhalt des eigenen Artikels überdenken kann (Perturbation), um die alternative Auffassung in das eigene Weltbild zu übertragen (Akkommodation) (Mittelstädt/Kirchner 2012). Durch Kritiken und Anmerkungen von anderen Nutzenden kann der Prozess wiederholt und die Wirkung verstärkt werden. Folgendes Schaubild verdeutlicht den konstruktivistischen Lernprozess in einem Wiki-System:

Abbildung 1: Konstruktivistischer Lernprozess in einem Wiki-System

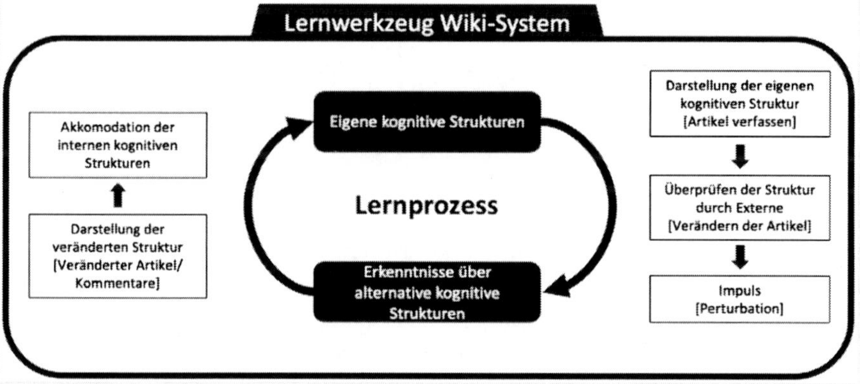

Quelle: Mittelstädt/Kirchner 2012

Im Konstruktivismus steht jedoch insbesondere das Individuum im Mittelpunkt (von Glaserfeld 1987), wobei die Verknüpfung mit anderen Individuen nicht im Vordergrund steht. Dieser Ansatz ist im Internetzeitalter kritisch zu sehen, da technologische und gesellschaftliche Veränderungen nur unzureichend betrachtet werden und das menschliche Verhalten grundsätzlich in einen sozialen Kontext eingebettet ist (Mittelstädt/Kirchner 2012; Kerres 2018).

Der Konnektivismus ist als ergänzende (Lern-)Theorie zu verstehen, die darlegt, wie kollektives Wissen innerhalb der Strukturen des Internets entsteht, und berücksichtigt dabei die Veränderungen des digitalen Zeitalters (Dunaway 2011). Das Lernen ist als gemeinschaftliche Aktivität zu verstehen, bei der sich eine Art Wissensbasis im Internet bildet, deren Informationen immer wieder erzeugt, bearbeitet und kommentiert werden (Kerres 2018). Auf diese Weise konstruiert der Konnektivismus das Lernen in Form von Hypertexten als Verbindungen von Informationen in Netzwerken (Siemens 2006). Diese Struktur entspricht der Funktionsweise von Wiki-Systemen, sodass sich Informationsstruktur und Lernstruktur verbinden und sich Wikis als in der Form ideale Lernwerkzeuge für anwendungsorientierte Lernfelder in der Ökonomischen Bildung eignen.

3 Wikis als Lernwerkzeug

3.1 Funktionsweise und Prinzipien

Die einfache Handhabung und die technischen Eigenschaften machen Wikis zu kostengünstigen Lernwerkzeugen, die sich sowohl zum individuellen Lernen als auch zur kooperativen Wissenskonstruktion eignen (Cress/Kimmerle 2008). Im Folgenden werden die funktionalen Prinzipien beschrieben, die Wikis charakterisieren (Moskaliuk 2008; Ebersbach et al. 2008):

- Einfaches Bearbeiten: Die Seiten können direkt über den Webbrowser aufgerufen und deren Inhalte darin editiert werden. Dazu wird keine zusätzliche Software benötigt und die Inhalte können einfach ergänzt oder verändert werden. Es findet keine Unterscheidung zwischen Leser*in und Autor*in bzw. Produzent*in und Konsument*in statt.
- Wiki-Links: Eine Verlinkung zwischen den Seiten eines Wikis ist ebenso möglich, wie eine Verlinkung zu einer Seite, die noch gar nicht existiert. Diese Seite wird dadurch automatisch erstellt und kann danach mit Inhalt gefüllt und bearbeitet werden.
- Keine hierarchischen Hypertextstrukturen: Die Seiten eines Wikis sind meist nur durch Querverweise miteinander verbunden und nicht hierarchisch verlinkt.
- Archivierung und Aktualität: Veränderungen an Artikeln im Wiki-System werden automatisch mit einer neuen Version versehen, sodass alte Versionen archiviert und wieder hergestellt werden können.

- Fokus auf der Kooperation: Änderungen an Artikeln werden immer am gemeinsamen Text vorgenommen, sodass die Wiki-Seite jeweils den aktuellen Stand der Kooperation widerspiegelt.
- Flexibilität und Skalierbarkeit: Wikis sind sehr flexibel, da sie sich sowohl für große Gruppen und Datenmengen eignen als auch für kleine Projekte. Dabei sind sie einfach skalierbar und können sich an veränderte Rahmenbedingungen anpassen. Wikis können dabei im WWW verfügbar sein, aber auch in Intranets oder auf lokalen Rechnern.

Neben den funktionalen Prinzipien gibt es auch psychosoziale Aspekte, die sich nicht auf Wikis direkt, sondern auf deren Kontext, die Community und die Lernumgebung beziehen. Im Folgenden wird eine Auswahl der relevantesten psychosozialen Prinzipien vorgestellt (Moskaliuk/Kimmerle 2008; Ebersbach et al. 2008):

- Selbstorganisation: Alle Nutzenden sind gemeinsam für die Entstehung und Entwicklung der Inhalte verantwortlich, da es innerhalb eines Wikis keine festen Rollen gibt. Somit legen sie gemeinsam die Ziele des Wikis fest und sind dadurch auch gemeinsam für die Planung der Lernprozesse verantwortlich. Dies führt über die Zeit zu festen Strukturen und Gruppennormen.
- Offenheit: Die Inhalte und das damit verbundene Wissen sind für alle Wiki-Nutzende frei zugänglich. Wikis fördern den Austausch untereinander und die damit einhergehende Weiterentwicklung von Wissen und Ideen.
- Autonomie und Interesse: Die Wiki-Nutzenden sollten sich freiwillig für die Themen entscheiden, die sie interessieren. Dadurch haben die Personen ein persönliches Interesse an der Richtigkeit und Qualität der Inhalte und beteiligen sich eher an Diskussionen.
- Diversität: Insbesondere in offenen Wiki-Systemen sind die Nutzenden sehr divers, da das vorhandene Wissen auf verschiedenen Ebenen ausgeprägt sein kann. Ein Wiki-Artikel kann sowohl von einem Kreis von Expertinnen und Experten als auch von einer weniger erfahrenen Person verfasst werden.

3.2 Ablauf und Technik für den Aufbau von Wiki-Systemen

Für die Implementierung eines Wiki-Systems ist neben den Nutzenden eine Administration notwendig, die das System pflegt und für einen reibungslosen Ablauf sorgt. Nachdem die Wiki-Software auf einem Server installiert wurde, werden Dokumente erzeugt. Diese sind als Wiki-Artikel oder Wiki-Seite bekannt, die von den Lesenden über einen Browser geöffnet werden können. Die Inhalte der Wiki-Artikel werden meist in einfachen Texten verfasst und danach als Dateien oder in einer Datenbank gespeichert, die im Nachgang dann für den Browser aufbereitet werden müssen und mithilfe einer Layout-Vorlage ausgegeben werden (Ebersbach et al. 2008). In einem Wiki-System ist jeder Seite ein eindeutiger Name zugewiesen, ein Navigationsmenü vorhanden und weitere spezifische Funktionen wie zum Beispiel eine Suche implementiert. Sobald Autorinnen und Autoren einen Wiki-Artikel bearbeiten möchten, klicken sie auf den Edit-Button. Die Seite wird geladen und der Inhalt wird nicht im HTML-Format, sondern in Rohform angezeigt. Nach dem erfolgreichen Bearbeiten speichern die Autorinnen und Autoren eine neue Version ab, die die alte Version in der Datenbank überschreibt und die vorherige Version archiviert (ebd.). Als Einstieg in die Verwendung von Wiki-Systemen kann stets Wikipedia selbst genutzt werden, für Fortgeschrittene eignet sich die Installation von MediaWiki auf dem Server der Bildungseinrichtung. MediaWiki ist eine freie Open Source Wiki-Software (https://www.mediawiki.org/wiki/MediaWiki).

4 Potenziale und Herausforderungen

Wiki-Systeme sind ideal geeignete Tools zur kooperativen Generierung von Wissen, welche in verschiedenen Anwendungsszenarien kostengünstig und einfach genutzt werden können. In einem Lehr-Lern-Setting eignen sich Wikis als digitale Ergänzungen zu Lehrbüchern und unterstützen neben dem individuellen Lernen insbesondere das gemeinsame Konstruieren von Wissen als Learning Community (Moskaliuk/Kimmerle 2008). Außerdem ermöglichen Wiki-Systeme, wie zum Beispiel Wikipedia, eine transparente Auflistung des Versionsverlaufs, sodass die Erstellung eines Artikels nachverfolgt werden kann (Gredel 2019). Der transparente Prozess der kollaborativen Textproduktion kann dann als Diskussionsgegenstand im Schulunterricht verwendet werden. Dennoch bringen die Wiki-Prinzipien auch kritische Aspekte mit sich. Zum einen können durch die Autorinnen und Autoren bewusst oder unbewusst Falschinformationen geteilt werden. Dies geschieht zum Beispiel durch eine ungenügende Recherche, Missverständnis oder bewusste Manipulation und ist Gegenstand des Unterrichtsvorschlags in diesem Beitrag. Die Anonymität, die vor allem in offenen Enzyklopädien wie Wikipedia vorherrscht, ermöglicht das Verbreiten von falschen Informationen durch Personen, deren Identität und Absichten selten nachverfolgt werden können. Die Bewertung der Güte von Informationen ist ein zentrales Kompetenzziel digitaler Bildung (vgl. Abschnitt 4). Außerdem ist die Qualität der Artikel kritisch zu betrachten, da diese einzig durch die Wiki-Community überprüft und gewährleistet wird. Wenn Autorinnen und Autoren ihre Texte nicht professionell gestalten, kann eine Unstrukturiertheit oder eine mangelnde Semantik in den Artikeln vorherrschen (ausführlich Mittelstädt/Kirchner 2012). Außerdem fehlen den Artikeln häufig visuelle Ausgestaltungen, sodass sich die textlastigen Beiträge zwar für den Einsatz im Deutschunterricht eignen, jedoch eher selten die Begeisterung der Schüler*innen wecken (Gredel 2019).

5 Wikis in der Entrepreneurship Education

5.1 Kritischer Umgang mit Wikipedia-Texten zu Unternehmertum

Wikipedia ist nicht nur die größte Online-Enzyklopädie der Welt und auf Platz 13 der meistgesuchten Internetseiten weltweit (Similarweb 2022). Es wird auch als „eines der basisdemokratischsten und partizipativsten Wissensprojekte, die es in der Geschichte der Menschheit je gegeben hat" bezeichnet (Lobe 2019). Die Möglichkeit, dass jede Person mit einem Zugang zum Internet Artikel auf Wikipedia verfassen und/oder bearbeiten und veröffentlichen kann, ist die größte Stärke und Schwäche zugleich. Zum einen sorgen über 18.000 aktive ehrenamtliche Autorinnen und Autoren sowie Editorinnen und Editoren für die Verarbeitung, Speicherung und Weitergabe von Wissen. Zum anderen nutzen Unternehmer*innen, Politiker*innen oder andere Personengruppen bzw. Organisationen die Plattform, um Inhalte zu ihren Gunsten zu verändern, zur bewussten Manipulation oder für Produktplatzierung. Oppong (2018) hat durch eine Datenanalyse der Online-Enzyklopädie bewusste Manipulation durch Unternehmen und verifizierte Firmenkonten aufgedeckt. Auch Werbeagenturen und andere haben sich auf die Veränderung von Wikipedia-Artikeln spezialisiert.

Für Schüler*innen ist Wikipedia häufig die erste Anlaufstelle, um sich über ein Thema zu informieren und zu recherchieren (Ballod 2012). Dazu ist es zwingend notwendig, dass die Informationen kritisch hinterfragt und bewertet werden, um bewusste Manipulation zu vermeiden.

Da das Aufsetzen eines Wiki-Systems sich nicht als Einstieg eignet, wird im Folgenden der kritische Umgang mit Wikipedia-Texten zum Unternehmertum thematisiert. Ein Praxisbeispiel zum Aufsetzen eines gesamten Wiki-Systems findet sich bei Mittelstädt/Kirchner (2012).

Durch die folgende Unterrichtseinheit werden insbesondere die Bereiche Informations- und Datenkompetenz sowie Kommunikations- und Kooperationskompetenz gefördert (Vuorikari/Kluzer/Punie 2022), die sich im EntreComp im Bereich „In Aktion" bzw. „Working with others" wiederfinden.

Tabelle 1: Digitale und entrepreneuriale Kompetenzen fördern

Kompetenz-bereich	Kompetenz nach Referenzrahmen	Definition/Lernziele
DigComp 2.2 **Informations- und Daten-kompetenz**	Betrachten, Suchen und Filtern von Daten, Informationen und digitalen Inhalten	Informationsbedürfnisse zu artikulieren, nach Daten, Informationen und Inhalten in digitalen Umgebungen zu suchen, auf sie zuzugreifen und zwischen ihnen zu navigieren
	Bewertung von Daten, Informationen und digitalen Inhalten	Analyse, Vergleich und kritische Bewertung der Glaubwürdigkeit und Zuverlässigkeit von Datenquellen, Informationen und digitalen Inhalten
DigComp 2.2 **Kommuni-kations- und Kooperations-kompetenz**	Interaktion mittels digitaler Technologien	Durch digitale Technologien mit anderen interagieren (Kommentarfunktion in Wikis)
	Austausch durch digitale Technologien	Daten, Informationen und digitale Inhalte mithilfe geeigneter digitaler Technologien mit anderen teilen
EntreComp **In Aktion**	Unternehmerische Zusammenarbeit mit anderen	Teams bilden, kollaborieren und netzwerken, um Ideen umzusetzen und Wert für andere zu schaffen

5.2 Möglicher Unterrichtsverlaufsplan „Start-up-Unternehmen“

Klassenstufe	11
Zeitbedarf	90 Minuten (2 Unterrichtseinheiten à 45 Minuten)
Lernziele	Die Schülerinnen und Schüler können nach Absolvieren der zwei Unterrichtseinheiten ... Start-up-Unternehmen identifizieren und beschreiben; Kriterien entwickeln und die Qualität von Wikipedia-Artikeln kritisch einschätzen; mit Wikis Informationstexte zu Unternehmertum recherchieren, lesen und auf Basis der Kriterien beurteilen.

Sequenz und Minuten	Hinweise	Material/Medium/ Sozialform
Wikipedia-Quiz 15 Minuten	Zur Einführung beantworten die Schüler*innen im Plenum Quizfragen zu Wikipedia. Die Schüler*innen schreiben ihre Antworten auf einen Zettel und halten diesen nach einem Signal gleichzeitig hoch. Es sind keine Hilfsmittel zur Recherche erlaubt.	Blockblätter für die Quizfragen (M1)
Think, Pair, Share zum Wikipedia-Artikel „Start-up-Unternehmen" 30 Minuten	Das Arbeitsblatt zum Wikipedia-Artikel wird ausgeteilt. Die Schüler*innen schätzen die Qualität des Artikels subjektiv ein (Think), notieren ihre Einschätzung und begründen diese kurz. Es werden bewusst Präkonzepte über Start-up-Unternehmen und die Qualität von Informationstexten sichtbar gemacht. Die Bearbeitungszeit für die Einzelarbeit beträgt zehn Minuten, dann werden die Ergebnisse zehn Minuten mit der/m Sitznachbar*in besprochen (Pair). Die Ergebnisse werden im Nachgang im Plenum besprochen (Share). Die Feststellungen und kritischen Anmerkungen werden an der Tafel festgehalten und diskutiert.	M2, M4: Wikipedia-Artikel Blockblätter für Notizen iPad/Smartphone/ Laptop
Einführung zu Gütekriterien von Informationstexten 15 Minuten	Die Lehrkraft stellt die Grundlagen zum Umgang mit Informationen und Quellen dar, insbesondere von Wikis.	
Einordnung eines Wiki-Artikels/Überprüfung der Wissenschaftlichkeit 20 Minuten	Die Schüler*innen lesen den zweiten Text mit einer kritischen Perspektive auf Start-up-Unternehmen. Sie markieren in beiden Texten die Stellen farblich, die Zahlen, Daten und Fakten enthalten oder die die Meinung der verfassenden Person widerspiegeln. In einem zweiten Schritt markieren sie die Stellen in beiden Texten, an denen Quellenbelege im Text fehlen. Danach besprechen sie die Ergebnisse in Gruppen mit 3–4 Personen. Nähere Informationen zu den Aufgaben befinden sich auf dem Aufgabenblatt 2.	M3: Wikipedia-Artikel Gruppen zu je 3–4 Schüler*innen iPad/Smartphone/ Laptop
Reflexion zum Wikipedia-Artikel „Start-up-Unternehmen" 10 Minuten	Die Schüler*innen diskutieren im Plenum die Qualität der Wikipedia-Artikel und überprüfen ihre Urteile vom Unterrichtsbeginn mit dem neu gewonnenen Wissen.	M4: Plenum
90 Minuten		

Materialien

M1 Das Wikipedia-Quiz

1. Was ist ein Wiki?

A: Ein nordgermanisches Drachenboot.
B: Ein System, dessen Inhalte von den Benutzer*innen nicht nur gelesen, sondern auch online geändert werden können.
C: Ein anderer Begriff für Wikipedia.
D: Eine Software, die man auf seinem Heimcomputer installieren muss, um an Wikipedia mitarbeiten zu können.

2. Wer darf an Wikipedia mitschreiben?

A: Nur Leute, die die monatlichen Mitgliedsgebühren bezahlen.
B: Jede/r, die/der an der Erstellung einer Enzyklopädie mitwirken möchte.
C: Nur Wissenschaftler*innen mit Doktortitel.
D: Jede/r, die/der von ihrem Gründer Jimmy Wales persönlich auserkoren wurde.

3. Wikipedia und ihre Schwesterprojekte werden finanziert durch ...

A: … das Bundesministerium für Bildung und Forschung.
B: … Schleichwerbung.
C:. … Spenden.
D: … die kanadische Regierung.

4. Was gehört zu den Aufgaben eines/einer Administrator*in in Wikipedia?

A: Artikel löschen, Störenfriede sperren.
B: Spendengelder verwalten.
C: Wartung der Server.
D: Weiterentwicklung der Software.

5. Sind alle Informationen in Wikipedia richtig?

A: Ja.
B: Nein.

Schätzfragen (Stand Januar 2022)

6. In wie vielen Sprachen gibt es Wikipedia?

Wikipedia gibt es in 315 aktiven Sprachversionen.

7. Wie viele Wörter umfasst der kürzeste deutsche Wikipedia-Eintrag?

Nur vierzehn Wörter hat der kürzeste deutsche Wikipedia-Artikel (Definition Intervall in der Physik).

8. Wie viele Wikipedia-Artikel kommen täglich in etwa neu dazu?

Ca. 13.000

M2 Wikipedia-Artikel Start-up-Unternehmen

(Ausschnitt, Januar 2022, didaktisch überarbeitet, angelehnt an Original-Artikel vom Oktober 2020)

Einführung

Ein Start-up-Unternehmen (von englisch to start up ‚gründen, in Gang setzen'), auch Start-up-Unternehmen oder kurz Start-up, ist eine Unternehmensgründung mit einer Geschäftsidee und hohem Wachstumspotenzial. Oft haben die Start-ups es dabei mit einem jungen oder noch nicht existierenden Markt zu tun und müssen erst ein funktionierendes Geschäftsmodell finden. Haben sie dieses etabliert, gelten sie allgemein nicht mehr als Start-up. Ehemalige Start-ups bewahren sich mitunter die erfolgreichen Ansätze von Start-ups (wie Innovationsfähigkeit, Flexibilität, Modernität, flache Hierarchien), fördern sie durch Inkubatoren, gründen bzw. gliedern eigene Sparten als Start-ups aus (sogenannte Spin-offs) oder übernehmen Start-ups durch Zukäufe. Die Finanzierung eines Start-ups erfolgt wegen der hohen Risiken meist nicht über klassische Finanzquellen, sondern durch sog. Business Angels, (Privatinvestor*innen), Wagniskapitalfinanzierer*innen oder Crowdfunding.

Begriff

Nicht jedes neu gegründete Unternehmen wird als Start-up bezeichnet. Zum Beispiel starten Handwerksbetriebe wie Tischler*innen und Friseur*innen oder Freiberufler*innen wie Architekt*innen und Rechtsanwält*innen im Regelfall weder mit einer innovativen Geschäftsidee noch haben sie das vorrangige Ziel, schnell zu wachsen. Sie bedienen einen existierenden und bewährten Markt und gelten häufig als Existenzgründer*innen. Beim Franchising ist die/der Franchisenehmer*in ebenfalls kein Start-up, die/der Franchisegeber*in kann es hingegen durchaus sein. Copycat-Unternehmen im Tech-Bereich werden mitunter als Start-ups bezeichnet, erfüllen aber meist nur bedingt das Kriterium der Innovation, vielmehr führen sie diese häufig auf einem anderen Markt ein als das kopierte Unternehmen.

Erfolgsfaktoren

Viele der global erfolgreichen Start-up-Unternehmen haben sich unter anderem durch innovative Ansätze zur Problemlösung, durch Regionalisierung und Globalisierung, durch Skalierbarkeit (Steigerungsfähigkeit) ihrer Technik und ihrer Geschäftsmodelle, dank funktionierender Gründungsförderung und Unternehmensfinanzierung aus ihrem Umfeld sowie durch intelligentes (Entrepreneurial) Marketing innerhalb relativ kurzer Zeit die Position der Weltmarktführer*in in ihrem Bereich erarbeitet oder haben sogar einen vollkommen neuen Markt erschaffen. Auch Erfolgsmethoden (best practice) zur Unternehmensstrukturierung spielen bei vielen erfolgreichen Start-ups eine Rolle. Einer der wesentlichen Faktoren zur Gründung und zum Erfolg der neuen Unternehmen ist die Verbindung der Gründer*in und Mitarbeiter*innen mit lokalen Forschungseinrichtungen, wie etwa die Beispiele der Stanford University mit dem Stanford Linear Accelerator Center im Silicon Valley, das International Centre for Theoretical Physics in Triest oder der Wissenschaftscluster WISTA in Berlin-Adlershof zeigen. Entscheidend für den Erfolg von Start-ups insgesamt sei laut einer RKW-Studie von November 2015 ein „fruchtbares regionales Gründer-Ökosystem" und gründerfreundliches Klima, welches durch das Zusammenspiel von Talenten, erfolgreichen Unternehmer*innen, Finanzierungsmöglichkeiten, Bildungseinrichtungen, bürokratiearmer Politik und Verwaltung, potenziellen Kund*innen, leistungsfähiger Infrastruktur (vor allem digitaler) und Anbindung an den öffentlichen Verkehr, die Offenheit für Innovationen, Kreativität und eine hohe Lebensqualität entstehe. Dies sei mit guter Koordinierung auch außerhalb großer Städte möglich, etwa mit einem proaktiven, qualitätsvollen Regionalmanagement und durch die Vernetzung regionaler Gründer*inneninitiativen.

M3 Wikipedia-Artikel Gig Economy (Ausschnitt, April 2022)

Einführung

Gig Economy (von englisch gig für „Auftritt" und economy für „Wirtschaft") bezeichnet einen Teil des Arbeitsmarktes, bei dem kleine Aufträge kurzfristig an unabhängige Selbständige, Freiberufler*innen oder geringfügig Beschäftigte vergeben werden. Dabei dient häufig eine Onlineplattform als Mittler zwischen Kund*in und Auftragnehmer*in, die Rahmenbedingungen setzt und deren Betreiber*in eine Provision einbehält. Meist bringen die Auftragnehmer*innen neben ihrer Arbeitskraft auch andere Ressourcen wie Fahrzeuge oder Mobiltelefone ein, ohne die eine Dienstleistung nicht erbracht werden kann. Bekannte Beispiele für die Gig Economy sind Plattformen wie Uber (Fahrer*in für Personenbeförderung), Deliveroo und Foodora (Fahrradkuriere für Essenslieferung) oder MyHammer (Handwerkerdienstleistungen). Auch für Putzkräfte gibt es Plattformen im Bereich der Gig Economy, ebenso wie für Designer*innen, Übersetzer*innen oder Texter*innen.

Begriff

Der Ausdruck Gig Economy ist eine Analogie aus der Musikbranche, wo Musiker*innen ihren Lebensunterhalt von einem zum anderen bezahlten Auftritt (Gig) bestreiten, wie es etwa auch ein Kurierfahrer oder eine Kurierfahrerin macht, die über eine Onlineplattform Aufträge zur Abholung von Essen aus Restaurants und zum Transport zu Kundschaft erhält. Der Begriff kam in den USA etwa ab dem Jahr 2009 auf, als Onlineplattformen wie Uber oder Lyft entstanden, die Dienstleistungen zwischen Endkundschaft und freien Mitarbeiter*innen vermittelten und dazu eine digitale Plattform für Technik, Vermarktung und Abrechnung bereitstellten.

Merkmale

Die Gig Economy ist geprägt von einem geringeren Grad an Bindung und Verantwortung gegenüber dem so beschäftigten Personal, verglichen mit klassischen

Arbeitsverhältnissen. Die Unternehmen verstehen sich in unterschiedlicher Ausprägung eher als Vermittler und weniger als Arbeitgeber. Je nach Branche und nationaler Rechtslage werden Minijobs angeboten, oder die Dienstleister*innen arbeiten selbstständig und haben daher keinen Anspruch auf bezahlte Urlaubs- und Krankheitstage. Sie müssen dann auch Sozial- und andere Versicherungen selbst übernehmen. Hierdurch stehen soziale Absicherung und Arbeitnehmerrechte wie betriebliche Mitbestimmung den Beschäftigten praktisch nur sehr eingeschränkt zur Verfügung. Einige Unternehmen nutzen dabei ihre Marktstellung aus. So versucht sich der Onlinehändler Amazon an einer Übertragung von Auslieferungsaufträgen an Fahrer*innen mit privatem PKW.

Reaktionen
Laut Information der „International Business Times" aus dem Jahr 2016 glauben nur 13 % der britischen Bevölkerung, im Jahre 2025 noch in traditionellen Berufsmodellen zu arbeiten. 87 % sind dagegen überzeugt, dass die Gig Economy in zehn Jahren die traditionellen „Nine to Five"-Arbeitstage ablösen wird. Kritiker*innen befürchten bei einer solchen Ausweitung der Gig Economy „ein Heer digitaler Tagelöhner", während Befürworter*innen in den Jobs der Gig Economy neben dem Potenzial für neue Geschäftsmodelle ein hohes Maß an Flexibilität und Selbstbestimmung sehen, etwa für den Nebenerwerb.

M4 Die Qualität von Wikipedia-Artikeln am Beispiel „Start-up-Unternehmen"

Aufgabenstellung

1. Lies in Einzelarbeit den vorliegenden Wikipedia-Artikel zum Thema „Start-up-Unternehmen" und beurteile die Qualität des Artikels. Dazu hast du 10 Minuten Zeit. Mach Notizen auf einem Block/iPad, die deine Einschätzung begründen.
2. Besprich die nächsten 10 Minuten deine Einschätzung mit deiner Sitznachbarin/deinem Sitznachbarn. Was fällt euch auf? In welchen Aspekten unterscheiden sich eure Einschätzungen und in welchen ähneln sie sich? Ergänze deine Notizen, wenn notwendig.
   Im Anschluss besprechen wir die Einschätzungen gemeinsam.

M5 Wissenschaftliches Arbeiten in der Wikipedia am Beispiel „Gig Economy".

Aufgabenstellung

1. Lies den Artikel zunächst aufmerksam durch. Nimm drei verschiedene Farben zum Markieren.
   Farbe 1: Markiere alle Stellen im Text, von denen du glaubst, dass hier **Zahlen, Daten und Fakten** genannt werden.
   Farbe 2: Markiere alle Stellen im Text, von denen du glaubst, dass es sich um die **Meinung oder persönliche Einschätzung** der Autorin/des Autors handelt.
   Farbe 3: Markiere alle Stellen im Text, bei denen du die **Angabe einer Quelle** für sinnvoll erachtest.
   Bitte bearbeite diese Aufgabe zunächst in Eigenarbeit. Dazu hast du 10 Minuten Zeit.
2. Setzt euch in Gruppen zu je 3–4 Schüler*innen zusammen. Vergleicht eure Ergebnisse und notiert auf einem Block/iPad, was euch dabei aufgefallen ist. Dazu habt ihr 10 Minuten Zeit. Bestimmt außerdem eine Person, die eure Ergebnisse danach kurz mündlich zusammenfasst.
3. Reflexion: Nehmt euch den ersten Wikipedia-Artikel vor und besprecht noch einmal die Qualität des ersten Artikels. Was fällt euch auf? Ihr habt 8 Minuten Zeit dafür.

Literatur

Ballod, Matthias (2012): Wikipedia im Schulunterricht. In: Bundeszentrale für politische Bildung, Beitrag vom 10.10. Online: https://www.bpb.de/gesellschaft/digitales/wikipedia/145826/wikipedia-im-schulunterricht (Zugriff 7.12.21).

Baumgartner, Peter/Payr, Sabine (1997): Erfinden lernen. In: Müller, Albert/Müller, Karl H./Stadler, Friedrich (Hg.): Konstruktivismus und Kognitionswissenschaft. Kulturelle Wurzeln und Ergebnisse. Zu Ehren Heinz von Foersters. Wien, S. 89–106.

Cress, Ulrike/Kimmerle, Joachim (2008): A systemic and cognitive view on collaborative knowledge building with wikis. In: International Journal of Computer-Supported Collaborative Learning, 3(2), S. 105–122. Online: https://www.researchgate.net/publication/220309175_A_systemic_and_cognitive_view_on_collaborative_knowledge_building_with_Wikis (Zugriff: 9.11.2022).

Dunaway, Michelle K. (2011): Connectivism: Learning theory and pedagogical practice for networked information landscapes. In: Reference Services Review, 39(4), S. 675–685.

Ebersbach, Anja/Glaser, Markus/Heigl, Richard/Warta, Alexander (2008): Wiki – Kooperation im Web. Berlin.

European Commission Joint Research Centre/Bacigalupo, Margherita/Kampylis, Panagiotis/Punie, Yves (2017): EntreComp: The entrepreneurship competence framework. Publications Office. Online: https://data.europa.eu/doi/10.2791/593884 (Zugriff: 22.4.22).

Frenzel, Anne. C./Becker-Kurz, Betty/Pekrun, Reinhard/Goetz, Thomas/Lüdtke, Oliver (2018): Emotion transmission in the classroom revisited: A reciprocal effects model of teacher and student enjoyment. Journal of Educational Psychology, 110(5), S. 628–639. https://doi.org/10.1037/edu0000228

GFD – Gesellschaft für Fachdidaktik (2018): Fachliche Bildung in der digitalen Welt. Positionspapier der Gesellschaft für Fachdidaktik. Hannover. Online: https://www.fachdidaktik.org/wordpress/wp-content/uploads/2018/07/GFD-Positionspapier-Fachliche-Bildung-in-der-digitalen-Welt-2018-FINAL-HP-Version.pdf (Zugriff: 9.11.22).

Gredel, Eva (2019): Wikipedia als Reflexionsgegenstand in sprach- und mediendidaktischen Kontexten: Die diskursanalytische und multimodale Dimension der Wikipedaktik. In: Beißwenger, Michael/Knopp, Matthias (Hg.): Soziale Medien in Schule und Hochschule: Linguistische, Sprach- und Mediendidaktische Perspektiven. Berlin, S. 165–190.

Kerres, Michael (2018): Medien- und Lerntheorien. In: Ders.: Mediendidaktik: Konzeption und Entwicklung digitaler Lernangebote. Berlin, S. 127–168.

Leuf, Bo/Cunningham, Ward (2001): The Wiki Way. Quick Collaboration on the Web. Boston.

Lobe, Adrian (2019): Gekaufte Wahrheiten auf Wikipedia. In: Süddeutsche Zeitung Online, Artikel vom 25.6. Online: https://www.sueddeutsche.de/digital/wikipedia-werbung-manipulation-schleichwerbung-wissen-1.4496890 (Zugriff: 12.12.21).

Mittelstädt, Ewald/Kirchner, Martin (2012): Kategoriale Wirtschaftsdidaktik mit Wikis medienintegriert realisieren. In: Beißwenger, Michael/Anskeit, Nadine/Storrer, Angelika (Hg.): Wikis in Schule und Hochschule. Boizenburg, S. 231–242.

Mockenhaupt, Andreas (2021): Digitalisierung und Künstliche Intelligenz in der Produktion. Grundlagen und Anwendungen. Wiesbaden.

Moskaliuk, Johannes (2008): Das Wiki-Prinzip. In: Ders. (Hg.): Konstruktion und Kommunikation von Wissen mit Wikis. Boizenburg, S. 17–28.

Moskaliuk, Johannes/Kimmerle, Joachim (2008): Wikis an der Hochschule: Faktoren für den erfolgreichen Einsatz. Online: https://www.e-teaching.org/didaktik/kommunikation/wikis/08-11-19_Moskaliuk-Kimmmerle_Wikis.pdf (Zugriff 25.4.22).

Oppong, Marvin (2018): Wikipedia-Autoren: Verifiziert – und manipuliert. In: Golem.de, Artikel vom 7.12. Online: https://bit.ly/3q0161T (Zugriff: 21.12.21).

Reich, Kersten (2012): Konstruktivistische Didaktik: das Lehr- und Studienbuch mit Online-Methodenpool 5. Aufl., Weinheim/Basel.

Reinmann-Rothmeier, Gabi (2003): Didaktische Innovation durch Blended Learning: Leitlinien anhand eines Beispiels aus der Hochschule. Bern.

Siemens, George (2006): Knowing Knowledge. Winnipeg.

Similarweb (2022): Wikipedia.org Traffic und Engagement. Online: https://www.similarweb.com/de/website/wikipedia.org/#overview (Zugriff: 9.11.22).

von Glasersfeld, Ernst (1987): Wissen, Sprache und Wirklichkeit. Arbeiten zum radikalen Konstruktivismus. Wiesbaden.

Vuorikari, Riina/Kluzer, Stefano/Punie, Yves (2022): DigComp 2.2. The Digital Competence Framework for Citizens. With new examples of knowledge, skills and attitudes. Luxemburg. Online: https://data.europa.eu/doi/10.2760/490274 (Zugriff: 20.4.22).

Wagner, Christian (2006): Breaking the knowledge acquisition bottleneck through conversational knowledge management. In: Information Resources Management Journal, 19(1), S. 70–83. Online: https://typeset.io/pdf/breaking-the-knowledge-acquisition-bottleneck-through-4gd3lh9mlm.pdf (Zugriff: 9.11.22).

Wagner, Christian/Bolloju, Narashima (2005): Supporting knowledge management in organizations with conversational technologies: Discussion forums, weblogs, and wikis. In: Journal of Database Management, 16, S. I–VIII.

Wagner, Christian/Majchrzak, Ann (2007): Enabling customer-centricity using wikis and the wiki way. In: Journal of Management Information Systems, 23(3), S. 17–43. Online: https://www.researchgate.net/publication/220591680_Enabling_Customer-Centricity_Using_Wikis_and_the_Wiki_Way (Zugriff: 9.11.22).

Wikipedia (2022): Wikipedia: Statistik. Online: https://de.wikipedia.org/wiki/Wikipedia:Statistik (Zugriff 9.11.22).

Bernd Remmele, Jessica Peichl

Digitalisierungsmöglichkeiten von Educational Escape Rooms in der Ökonomischen Bildung

1 Einsatz digitaler Escape Rooms im pädagogischen Kontext

Escape Rooms erfreuen sich in den letzten Jahren als kommerzielle Freizeitaktivität zunehmend großer Popularität (Nicholson 2018; Essa 2015). Es gibt große Unterschiede in der Ausgestaltung solcher räumlichen Spielszenarien, der generelle Ablauf ist aber meistens ähnlich: Eine Gruppe von drei bis vier Personen wird vermeintlich in einem Raum eingesperrt. Die Gruppe hat das Ziel, gemeinsam innerhalb einer bestimmten Zeitspanne (Stundentakt) durch das Lösen von Rätseln aus dem Raum zu entkommen. Die Inszenierung des Raums und die dort verteilten Rätsel sind dabei Teil einer Geschichte – die ein Happy End haben kann, wenn alle Rätsel erfolgreich gelöst werden. Spieler*innen übernehmen dabei die Rolle der Protagonistinnen und Protagonisten der Geschichte.

Zunehmend hat dieses Spielszenario auch Einsatz in pädagogischen Kontexten in Form von sogenannten Educational Escape Rooms gefunden (López-Pernas et al. 2022; Alisch/Kirchner 2020). Dabei wird die beschriebene Spielform mit (curricularen) Lerninhalten verknüpft, indem diese in die Geschichte und Rätsel eingebaut werden (School Break 2020a).

Educational Escape Rooms sind nicht per se eine digitale Methode, sondern bestimmen sich auch über die haptische Konkretheit der aufeinanderfolgenden Rätsel. Die Digitalisierung eines Escape Rooms kann aber in verschiedener Weise erfolgen. In einem physischen Setting besteht die Möglichkeit der Digitalisierung zweier Komponenten: Rätselaufgaben und Codes. Diese Optionen einschließend kann ein Escape Room darüber hinaus vollständig digitalisiert eingesetzt werden. Im Folgenden werden Beispiele für die Umsetzung dieser drei Anwendungsfälle aufgeführt.

1.1 Digitalisierung von Rätselaufgaben

Rätselaufgaben können mit geringem Aufwand in digitaler Form umgesetzt werden. Text-, Audio-, Bild- oder Videodateien können zur Einbindung von Informationen und als narrative Elemente genutzt werden. In einem physischen Setting benötigen die Gruppen jeweils ein mehr oder weniger mobiles, digitales Endgerät.

Folgende Digitalisierungsmöglichkeiten sollen hier als Beispiele aufgezeigt werden:

- Rätselaufgaben, z. B. als PDF-Dateien auf der Schul-Cloud,
- Einbindung von Onlineinhalten (Videos, Audio, Websites), z. B. über QR-Codes oder Links. Hier können beispielsweise Erklärvideos (vgl. Ring in diesem Band) oder fachbezogene Websites einbezogen werden, die für die Rätsellösung relevante Infos enthalten,
- Gestaltung von Rätseln in (Lern-)Apps oder entsprechenden Websites, z. B. Actionbound (https://actionbound.com/), Kreuzworträtsel (z. B. https://www.xwords-generator.de oder Buchstabengitter (http://suchsel.bastelmaschine.de/) …,
- Gestaltung von Social-Media-Profilen, z. B. der Antagonistinnen und Antagonisten in der Geschichte, deren Posts versteckte Hinweise enthalten,
- Kreativaufgaben zur Erstellung digitaler Medienprodukte (z. B. Filmen eines Werbevideos für Finanzprodukte, z. B. https://www.youtube.com/c/VOLKSBANK-official).

1.2 Digitalisierung von Codes

Der Zugriff auf die weitere Geschichte und das nächste Rätsel bzw. auf die finale Lösung des Spiels wird über Codes geregelt, die sich als Lösung der Rätsel ergeben. Die gängigste Form von digitalen Codes sind Zahlenkombinationen oder Wörter; es bieten sich aber auch QR-Codes oder andere grafische Schlüssel an.[1]

1 Bei physischen Escape Rooms, die mit digitalen Elementen kombinierbar sind, lassen sich noch viele andere ‚Schlüssel' finden: Schlüssel, Zeiger, Puzzle, UV-Lampen …

Der Zugriff auf die nächste Information bzw. das nächste Rätsel kann in einfacher Weise folgendermaßen geregelt werden:

- mit Passwort gesperrte Dateien, Tablets oder Computer,
- Zugriff auf Dateien über QR-Codes[2],
- narrativ aufbereitete Codes, z. B. ein E-Mail-Konto auf den Namen einer Figur der Geschichte, das im Autoreply auf eine Nachricht den Code freigibt,
- Codes innerhalb von Onlineformularen (siehe Praxisbeispiel).

1.3 Digitalisierung vollständiger Educational Escape Rooms

Die vollständig digitalisierte Umsetzung eines Educational Escape Rooms erfolgt in der Regel online. Um weiterhin in Gruppen zu spielen, werden diese im Videokonferenztool in Break-out-Rooms eingeteilt. Wichtig ist auch hier, dass die Lehrkraft bei Problemen und Nachfragen möglichst direkt kontaktiert werden kann. Beispiele für eine vollständig digitalisierte Umsetzung:

- Einbinden der Rätsel und Medien in ein Onlineformular, das Antworteingaben automatisch überprüft (Grāvelsiņa/Daniela 2021, siehe Praxisbeispiel);
- bei entsprechender Expertise kann ein Educational Escape Room auch als Website oder PowerPoint-Folie aufgebaut werden – gegebenenfalls sogar ein Raum visualisiert werden –, wo interaktive Elemente angeklickt werden können (Hoyne et al. 2021).

2 Didaktische Verortung von Educational Escape Rooms

Educational Escape Rooms können in beliebigen Schulfächern gewinnbringend eingesetzt werden, so auch in der Ökonomischen Bildung. Generell bieten Inhalte der Ökonomischen Bildung gute Ansatzpunkte für spielbasiertes Lernen: Wirtschaftliche Entscheidungen einerseits und die Dynamik von Spielen bzw. die der einzelnen Spielzüge andererseits beruhen häufig auf Trade-offs zwischen unterschiedlichen Zielen oder aus dem Wettbewerb mit anderen (Remmele 2014). Dies gilt auch für Educational Escape Rooms, allerdings in narrativerer Form.

Was die Fachlichkeit betrifft, bieten die Geschichten vielfältige Möglichkeiten, ökonomische Perspektiven zu integrieren, z. B. vom Kampf mit einer Geg-

2 QR-Code-Generatoren sind online kostenfrei verfügbar, z. B.: https://goqr.me/de (Zugriff: 9.11.22).

nerin über ein Abenteuer in einer Welt voller Entscheidungszwänge bis zur Metamorphose vom Padawan zum Meister (zur Struktur von Plots für Educational Escape Rooms: Remmele 2020, o.A. 2020, Eliane 2018).

Weiterhin bedarf es in Bezug auf die Fachlichkeit im Hinblick auf die Rätsel einer wichtigen Unterscheidung. Generell ist die Frage, inwieweit zur Lösung von Aufgaben bzw. Rätseln etwas getan werden muss, das dem ähnlich ist, was eigentlich gelernt werden soll. So besteht ein Unterschied zwischen einer typischen Optimierungsaufgabe einerseits (z.B. welche Kombination von Reifen und Boxenstopps ist die beste für das finale Rennen oder das Werfen eines Balls) und andererseits einem Lückentext, in dem das Maximalprinzip oder eine Parabel ‚nur' erklärt wird. In letzterem Fall ist das Aufgaben- oder Rätselformat (Lückentext, Zuordnungsaufgabe, Multiple-Choice-Item …) unabhängig vom Inhalt, während in ersterem eine Entsprechung besteht, von der andere Lerneffekte zu erwarten sind (Prensky 2007).

Gute Rätsel zeichnen sich ferner durch die gelungene Verknüpfung von zwei Dimensionen aus: einer kognitiven und einer im weitesten Sinne haptischen Dimension – auch im Digitalen. Es geht um die Kombination von Aufgabe und Puzzle. Über die eher inhaltliche Aufgabendimension können die fachlichen Lernziele adressiert werden (dies gilt ebenso für Informationsanteile in den narrativen Passagen). Die spielerische Puzzledimension steigert dagegen einerseits den Reiz und erlaubt andererseits den Einbau von Redundanz und Differenzierung: D.h., damit lässt sich auch die Rätselschwierigkeit an das Niveau der Lernenden anpassen (Kern 2021). Wenn ein Lösungswort sieben Buchstaben hat, reichen z.B. meist schon fünf, um die Lösung zu erkennen. Genauso können in einem Lösungswort schon unterschiedlich viele Buchstaben vorgegeben werden, um den Schwierigkeitsgrad zu differenzieren.

Über das Rätselformat hinaus bieten Educational Escape Rooms durch ihre narrative und teambasierte Spielstruktur insbesondere auch in digitalisierter Form erhebliche didaktische und fachdidaktische Potenziale (DeGöB 2004/2006/2009, Seeber et al. 2012; Krol 2001; Carretero Gomez/Vuorikari/Punie 2017):

- Situiertheit bzw. Rationalität von Entscheidungen: auch wenn in einem Escape Room keine (wirtschaftlichen) Entscheidungen im eigentlichen Sinn getroffen werden müssen (sondern die Codes eindeutig sein sollen), bietet die narrative Dimension Gelegenheit zu entsprechenden Analysen;
- Multimedialität bzw. Umgang mit Informationen und Daten sowie umgekehrt das Erzeugen digitaler Inhalte: Aus wirtschaftsdidaktischer Sicht bieten sich z.B. die Analyse von Statistiken, Charts und Diagrammen oder

auch Nutzwertanalysen an, aus denen bestimmte Werte extrahiert werden müssen, die dann den Code ergeben;

- Multiperspektivität: Wie bereits erwähnt, bilden das Wettbewerbselement und die dadurch gegebenen Rollenperspektiven eine Brücke zwischen dem Spielerischen und dem Wirtschaftlichen;
- Kommunikation/Kooperation (mit digitalen Technologien) bzw. Beziehungsgefüge analysieren: a) Typischerweise werden Educational Escape Rooms in Kleingruppen gespielt. Gerade wenn die Gruppenmitglieder nur online kommunizieren, können Rätsel verwendet werden, die auf die Anwendung des grundlegenden ökonomischen Konzepts der Arbeitsteilung zielen; b) Aufgaben und Geschichte können wiederum die Analyse von Beziehungsgefügen enthalten;
- Systemzusammenhänge (gegebenenfalls Mikro-Makro-Probleme): Neben statischen Materialien wie Statistiken finden sich online immer mehr interaktive Angebote zur Analyse (makro-)ökonomischer Zusammenhänge, die aus Geschichten entwickelt und in Rätsel eingebaut werden können.

https://statistik.arbeitsagentur.de/DE/Navigation/Statistiken/Interaktive-Statistiken/Interaktive-Statistiken-Nav.html

https://www.arm-und-reich.de/alle-rechner/

https://service.destatis.de/inflationsrechner/

3 Ablauf eines Educational Escape Rooms im Schulunterricht

Nachdem ein Escape Room konzipiert und ausgestaltet wurde (Design), kann der Ablauf innerhalb des Unterrichts anhand von fünf Phasen beschrieben werden: Einrichten des Escape Rooms (Set-up), Einführung (Briefing), Durchführung des Spiels (Game), Reflexionsphase (Debriefing) und schließlich das Wiederherstellen bzw. Zurücksetzen der Materialien (School Break 2020a).

Abbildung 1: Ablauf eines Escape Rooms

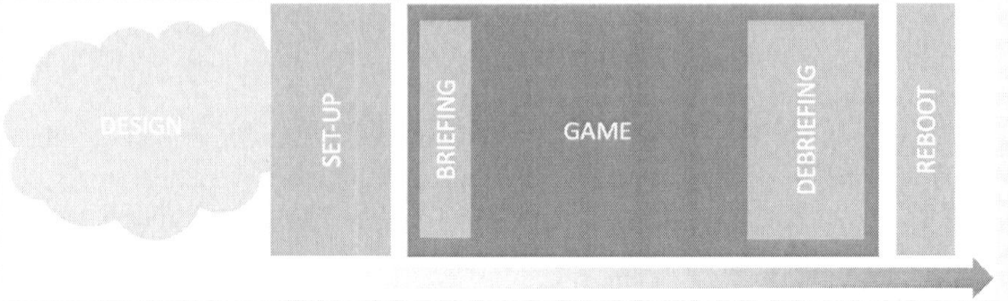

Quelle: School Break 2020a

Die Phasen des Designs, Set-up und Reboot können je nach Format, Inhalt und Umfang des Escape Rooms stark variieren. Im Folgenden soll exemplarisch der eingebettete Ablauf eines Escape Rooms anhand der drei Phasen Einführung, Spiel und Reflexionsphase beschrieben werden.

Einführung: Hier erfolgt die Einteilung der Klasse in Kleingruppen und der Spielablauf wird erklärt:

- Die Rätsel des digitalen Education Escape Rooms müssen innerhalb des genannten Zeitlimits gelöst werden.
- Zugang zum jeweils nächsten Rätsel erhalten die Schüler*innen durch einen Code, der sich aus der Lösung des Rätsels ergibt.
- Das Spiel ist gewonnen, wenn alle Rätsel innerhalb der vorgegebenen Zeit – als Erstes – gelöst wurden.

Die Spielphase beginnt mit der narrativen Einführung, sei es durch eigenständiges Lesen der einführenden Geschichte innerhalb der Gruppen oder noch im Plenum; gegebenenfalls bietet sich für digitale Escape Rooms auch ein kleines Video oder eine geheimnisvolle Audionachricht etc. an. Mit dem Zugriff auf das erste Rätsel startet die typischerweise vorgegebene Spielzeit.

Grundsätzlich arbeiten die Gruppen eigenständig an den Rätseln. Die Lehrkraft unterstützt lediglich bei Fragen und gibt gegebenenfalls vereinzelt Tipps. Im jeweiligen Onlinetool eingebettete Rätsel werden nacheinander online bearbeitet. In einer anderen Variante müssen die Codes verschiedener Rätsel kombiniert werden, um zur Auflösung der Geschichte zu gelangen.

Die Anzahl der Rätsel innerhalb eines Escape Rooms hängt auch von deren Komplexität ab – eine grobe Richtlinie wäre eine Anzahl von drei bis fünf Rätseln für die Durchführung innerhalb einer Doppelstunde. Das Lösen des letzten Rätsels führt zum „Happy End“ der Geschichte und gegebenenfalls zu einer kleinen Belohnung. Das Spiel ist zu Ende, wenn die Zeit abgelaufen ist oder zumindest eine der Gruppen die Aufgaben gelöst hat.

Abbildung 2: Schematischer Spielablauf

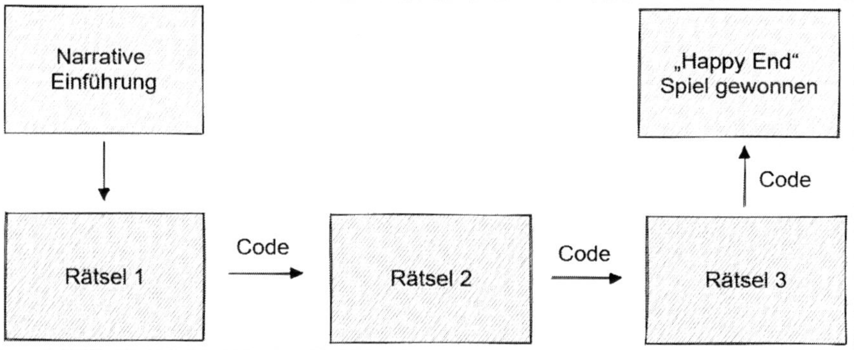

Quelle: eigene Darstellung

In der abschließenden Reflexionsphase kann die Lehrkraft zunächst abfragen, welche Aufgaben besonders schwierig waren und wo es Diskussionen in den Gruppen gab. Darauf kann dann näher eingegangen werden. Dabei können auch im Escape Room neu eingeführte Begriffe aufgegriffen oder Beispiele aus den Aufgaben zusammen mit den Schülerinnen und Schülern um weitere ergänzt werden. Haben die Schüler*innen im Escape Room Kreativaufgaben umgesetzt, dann werden die Ergebnisse der Klasse gezeigt (Hays 2005; Henriksen/Lainema 2010).

4 Technische Voraussetzungen

Zur Erstellung bzw. Digitalisierung eines Educational Escape Rooms können diverse Onlinetools eingesetzt werden. Das Grundprinzip ist dabei die Übertragung des Rätsels gegebenenfalls zusammen mit der Narration auf das Onlinetool.

Exemplarisch wurde die Plattform *learningApps* (https://learningapps.org/) ausgewählt, die kostenfrei nutzbar ist und eine einfache Handhabung ermöglicht. Das Tool dient zur Gestaltung diverser kurzer – auch spielerischer – Lerneinheiten, sogenannten „Apps". Diese können z.B. aus einem Quiz, Kreuzworträtsel oder Zuordnungsaufgaben bestehen.

Analog zum Aufbau von learningApps können auch über die Software H5P (https://h5p.org/) innerhalb einer Moodle-Instanz kleine interaktive Lernanwendungen angelegt und gesammelt als Educational Escape Room genutzt werden. Darüber hinaus gibt es eine Reihe von Abo-basierten Design- bzw. Präsentationstools, die Vorlagen für kleine Unterrichtseinheiten oder Spiele bereitstellen (z.B. https://genial.ly/).

Im Folgenden soll als alternatives Format zu learningApps auch ein Beispiel eines Escape Rooms mit dem Onlinetool *google forms* kurz beschrieben werden.

Die vorliegenden Onlinetools sind grundsätzlich nicht auf die Erstellung von Escape Rooms spezialisiert, sondern deren Funktionsumfang wird für diesen Zweck ausgenutzt. Durch die jeweiligen Formatoptionen ergeben sich gegebenenfalls Abweichungen vom ursprünglichen Rätselformat innerhalb eines Raums, in dem die Spieler*innen sich bewegen (Grāvelsiņa/Daniela 2021).

Für die Nutzung von Onlinediensten sollte beachtet werden, dass keine persönlichen Daten der Schüler*innen erhoben werden (z.B. https://lehrerfortbildung-bw.de/st_recht/daten/faq_ds/).

5 Potenziale und Herausforderungen von digitalen Educational Escape Rooms

Eine große Stärke der Methode liegt in der aktivierenden bzw. motivierenden Komponente, die sich aus der Kombination von narrativen Elementen und Rätsellösen sowie dem Wettbewerb zwischen Gruppen ergibt. Durch das spielerische Setting können potenziell auch Schüler*innen erreicht werden, die sonst weniger am Unterricht interessiert sind. Ebenso wird die Kommunikation und kollaboratives Arbeiten durch die – dem Spiel inhärente – Teamarbeit gefördert (Fotaris/Mastoras 2019).

Durch den Einbau von Redundanzen und Differenzierung in Rätsel sowie die mögliche Arbeitsteilung können unterschiedliche Lernniveaus bzw. auch unterschiedliche Fähigkeiten der Schüler*innen angesprochen werden. Die Auseinandersetzung mit – gegebenenfalls mehreren – Charakteren der Geschichte können außerdem unkonventionelle oder variierende Sichtweisen vermitteln, die später in der Reflexion aufgegriffen werden können.

Die individuelle Beteiligung und Immersion ist bei Onlinegruppenarbeiten nicht gut zu kontrollieren, so auch bei online durchgeführten Escape Rooms. Auch spielerische Methoden können Reaktanz auslösen: Schüler*innen, die vielleicht einmal mit ihrer Leistung beim inzwischen verbreiteten Spielen von Escape Games unzufrieden waren, können bei Educational Escape Rooms, die auch noch mit einer Lernanforderung verbunden sind, mit Unlust reagieren.

Ein Nachteil für Lehrende bei der eigenständigen Erstellung eines Educational Escape Rooms ist der Zeitaufwand, da insbesondere Testläufe essenzieller Bestandteil der Erstellung sind (School Break 2020b). Sobald sie final erstellt und erprobt sind, können Educational Escape Rooms allerdings relativ unkompliziert im Unterricht wiederholt eingesetzt werden. Insbesondere digitale Escape Rooms können mit geringem Aufwand angepasst und etwa ohne großen Kopieraufwand rebootet werden (Hoyne et al. 2021).

Als Grundlage können bereits fertig aufbereitete Escape Rooms dienen. Eine entsprechende Sammlung findet sich beispielsweise unter www.school-break.eu, wo u.a. Educational Escape Rooms für die Ökonomische Bildung frei verfügbar sind.

6 Einsatz eines digitalen Educational Escape Room zum Thema „Geschäftsfähigkeit"

Der Educational Escape Room „Timos Roller" (Peichl et al. 2022) wurde auf unterschiedlicher Basis online beispielhaft umgesetzt. Er behandelt jeweils Basiswissen zu Stufen der Geschäftsfähigkeit, inkl. Taschengeldparagraf. Er eignet sich dabei eher zur Wiederholung als zum Einstieg, da z.B. die konkreten Altersschwellen abgefragt werden (generell zur Sequenzfrage Buchner/Rüter/Kerres 2022).

6.1 Ablauf und didaktische Hinweise

Dieser digitale Escape Room kann sowohl auf Tablets oder Computern im Klassenraum als auch per Videokonferenz eingesetzt werden. Kleingruppen können die Aufgaben parallel bearbeiten.

Folgendes Szenario bildet den Ausgangspunkt für das Spiel: „Timo, 15 Jahre, will sich einen Roller kaufen. Dafür hat er Geld gespart und bekommt Geld von seiner Oma geschenkt. Nach dem Kauf möchten seine Eltern, dass Timo den Roller zurückgibt. Doch wie sind die gesetzlichen Grundlagen?"

6.2 Möglicher Unterrichtsverlaufsplan

Klassenstufe	8./9. Klasse
Dauer	60 Minuten
Bezug zum Bildungsplan Baden-Württemberg	„die Bedingungen (u.a. Geschäftsfähigkeit, Willenserklärung) für das Zustandekommen eines Kaufvertrags (z.B. Onlinegeschäfte) mithilfe von gesetzlichen Regelungen erklären" (KM BW 2016, 16)
Lernziele	Die Schüler*innen können ... 1. An einem Beispiel die Stufen der Geschäftsfähigkeit, insbesondere des Taschengeldparagrafen, gesetzliche Handlungsregelungen alltäglicher Tauschbeziehungen sowie deren Bedeutung für die Betroffenen bestimmen; 2. Verträge als wechselseitige Willenserklärungen beschreiben; 3. Komplexe Aufgaben (Kombination aus narrativ eingebundener Informationen und Rätselclues) lösen.

Sequenz und Dauer	Beschreibung	Material/Medium
Einleitung 10 Minuten	Einteilung der Schüler*innen in 3er-/4er-Gruppen Kurze Vorstellung des Spielablaufs durch die Lehrkraft Bereitstellen des Links zum Spiel (gegebenenfalls über QR-Code oder Schul-Cloud) Bei Nutzung in Videokonferenz: Einteilung in Break-out-Rooms	Link zum Online Escape Room Ein Tablet/Laptop mit Internetzugang pro Gruppe
Spielphase 20–30 Minuten	Die Gruppen bearbeiten die Rätselaufgaben eigenständig: • Paare zuordnen: Stufen der Geschäftsfähigkeit zu Beispielen zuordnen • Gruppenzuordnung: Vertragsbeispiele als wirksam oder unwirksam einsortieren • Multiple-Choice-Quiz: Entscheiden, ob sich ein Paragraf auf Timos Problem anwenden lässt • Quiz: Eingabe des finalen Lösungssatzes Die Lehrkraft ist bei Fragen oder Problemen erreichbar	Bei Nutzung in Videokonferenz: Break-out-Rooms

Reflexion 20 Minuten	Die Lehrkraft kann zunächst abfragen: Welche Aufgaben waren besonders schwierig? Wo gab es Fragen bzw. Diskussionen? Gegebenenfalls werden die gesetzlichen Regelungen nochmals genau gelesen und sprachliche Unklarheiten ausgeräumt. Fragen zur Anwendung auf Timos Fall oder die anderen genannten Fälle können geklärt werden. Es können weitere Beispiele für die Stufen der Geschäftsfähigkeit diskutiert werden sowie die Problematik von Ratenkäufen als – mehr oder weniger verdeckte – Kreditform.	

Zunächst soll die Umsetzung von ‚Timos Roller' im Onlinetool learningApps beschrieben werden. Abschließend geht es dann um eine Version in Google Forms, d.h. einem Portal, das zwar nicht für Lernzwecke entwickelt wurde, aber vielfältige Möglichkeiten in dieser Hinsicht bietet.

6.3 Umsetzung eines digitalen Educational Escape Rooms mit learningApps

Der Escape Room ist abrufbar unter: https://kurzelinks.de/5ohl bzw. über einen QR-Code:

Unter www.learningapps.org wird jedes Rätsel zunächst einzeln als sogenannte „App" umgesetzt. In einer Sammlung mehrerer Apps, einer „Kollektion", werden diese dann zusammengefasst, sodass die Spieler*innen auf der Startseite einen Überblick über die Rätsel bekommen. Beim Start des Spiels wird zunächst der Einleitungstext angezeigt:

> „Timo ist 15 Jahre alt und will sich einen Roller für 1.300 € kaufen. Von seinem Taschengeld hat er schon 700 € gespart. Die restlichen 600 € bekommt er von seiner Oma geschenkt. Timo kauft den Roller ohne das Einverständnis seiner Eltern. Timos Eltern sind entsetzt und wollen, dass er den Roller zurückgibt.
> Darf Timo den Roller behalten bzw. muss der Verkäufer auf Wunsch der Eltern den Roller zurücknehmen? Ihr seid Timos Freunde und wollt nun gemeinsam herausfinden, ob Timo nach dem Gesetz den Roller behalten darf."

Nach jedem erfolgreich gelösten Rätsel erhalten die Spieler*innen ein Wort des finalen Lösungssatzes, der am Schluss eingegeben werden muss, um das Spiel zu gewinnen.

Beim Öffnen eines Rätsels erscheint zunächst eine kurze Information. Der Text erklärt die Aufgabe, eingebettet in die Narration. Daraufhin lösen die Spieler*innen das jeweilige Rätsel und erhalten dann Rückmeldung, ob sie dieses richtig gelöst haben. Es können diverse von learningApps angebotene Rätselformate umgesetzt werden, indem die entsprechenden Vorlagen von der Lehrkraft ausgefüllt werden.

Wenn alle Rätsel gelöst wurden und der Lösungssatz eingegeben wurde, wird die „Digitale Belohnung" geöffnet – ein thematisch passendes Musikvideo.

Abbildung 3: Startseite des Educational Escape Rooms

Quelle: eigene Darstellung. Hintergrundbild: https://pixabay.com/de/photos/roller-italien-landschaft-bauernhof-6624573/

Abbildung 4: Zuordnung von Beispielen zu verschiedenen Stufen der Geschäftsfähigkeit

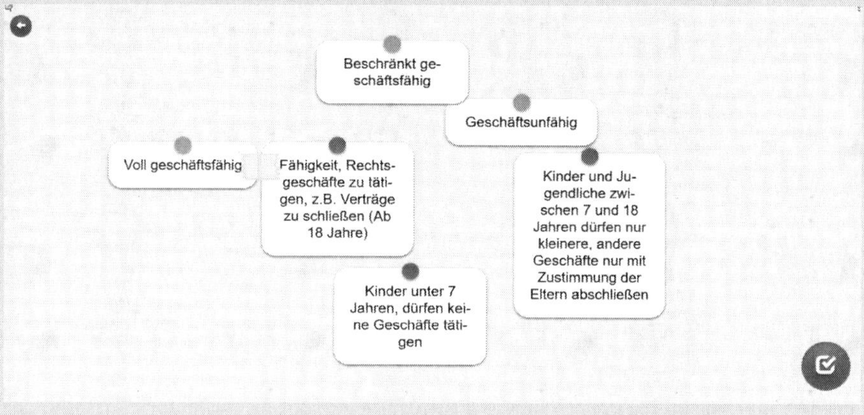

Abbildung 5: Rückmeldung nach Lösen der Rätsel. Für das Lösen jedes Rätsels wird ein Wort für den Lösungssatz angezeigt

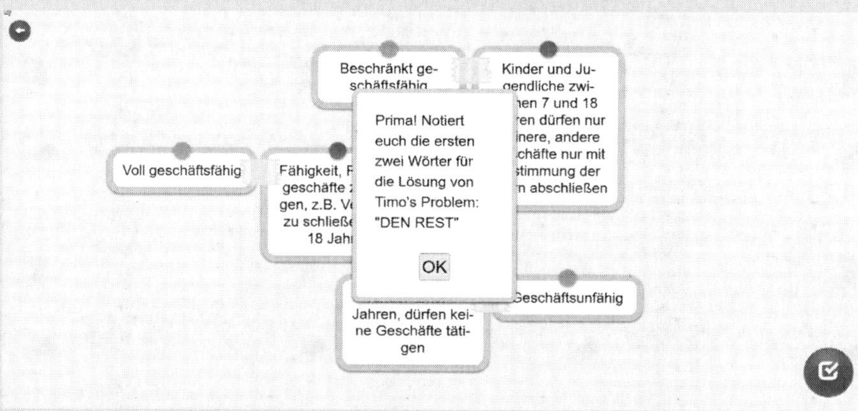

Quelle: jeweils eigene Darstellung

Abbildung 6: Einordnung von Verträgen als wirksam oder unwirksam

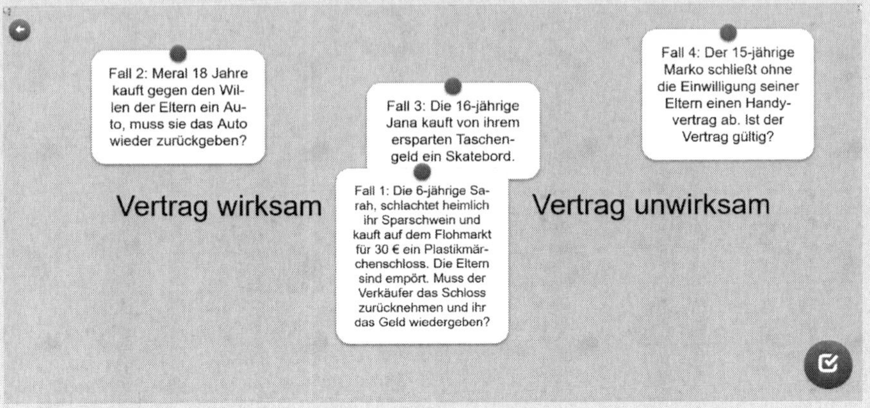

Quelle: eigene Darstellung

Abbildung 7: Erstellen eines Rätsels über die Vorlage von learningApps

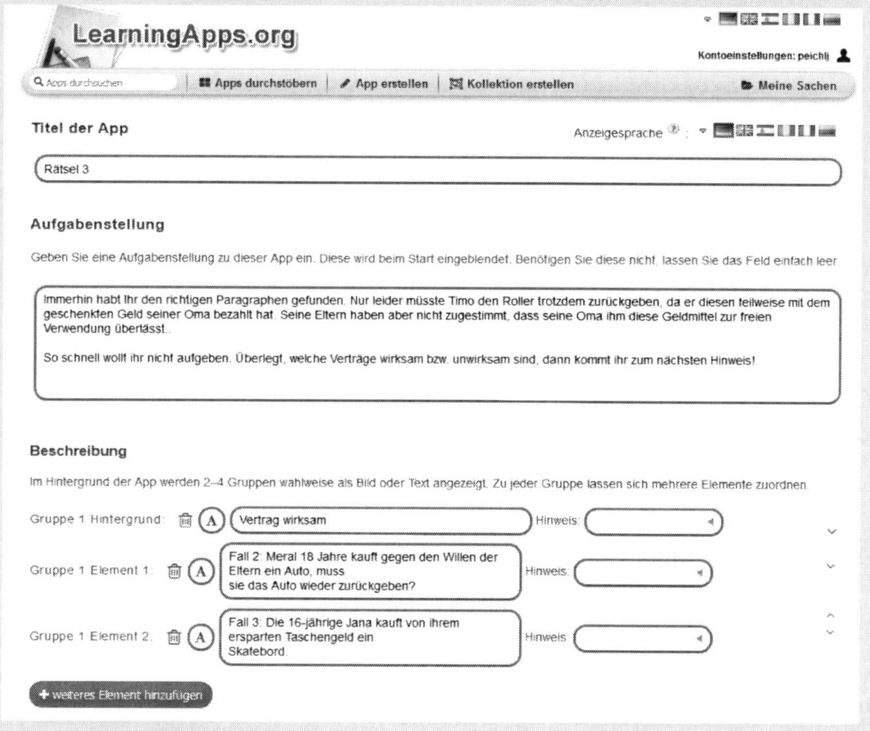

Quelle: eigene Darstellung

6.4 Umsetzung eines digitalen Educational Escape Rooms mit Google Forms

Bei Google Forms handelt es sich um ein Onlineformular. In diesem Format wird in jedem Abschnitt jeweils ein Rätsel in Form von Bildern oder Texten präsentiert. Die Schüler*innen müssen die Lösung der jeweiligen Aufgabe in einem Eingabefeld eintragen. Die Lösung wird automatisch überprüft, sodass nur bei Eingabe der richtigen Zahlen- oder Buchstabenkombination das nächste Rätsel geöffnet wird. Analog zum ersten Beispiel wird nach Lösen des letzten Rätsels der Link zum Musikvideo aufgerufen.

Die Inhalte des beschriebenen Escape Rooms wurden von den Autorinnen und Autoren auch über das Tool Google Forms in digitaler Form umgesetzt: https://kurzelinks.de/nwxy

Abbildung 8: Rätselbeschreibung und Formulareingabe mit Google Forms

Escape Game - Timos Roller

In Google anmelden, um den Fortschritt zu speichern. Weitere Informationen

* Erforderlich

Rätsel 1

Durch das Verbinden der passenden Felder schneiden die Linien einige Symbole. Bringt die geschnittenen Symbole in die richtige Reihenfolge, dann erhaltet ihr den Tipp, wo man die Antwort auf die Frage finden kann. Achtung: Nur gerade Linien von der Mitte der linken zur Mitte der rechten Kästchen schneiden die richtigen Symbole! Ihr könnt ein Lineal o.Ä. zur Hilfe nehmen.

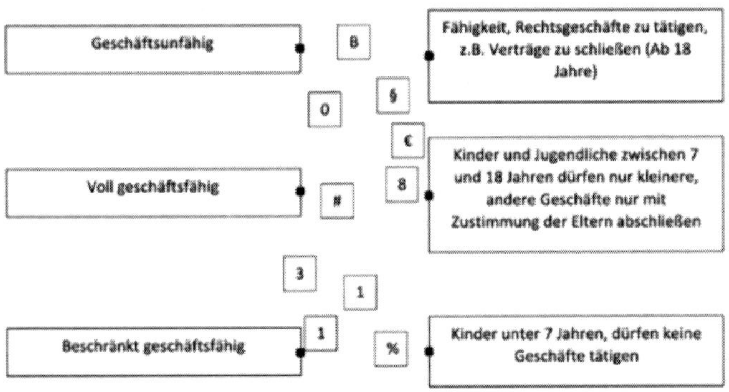

Die Lösung lautet: *

Meine Antwort

Quelle: eigene Darstellung

Literatur

Alisch, Julia/Kirchner, Vera (2020): Escape Rooms. Eine Methode mit Potenzial für die ökonomische und politische Bildung? In: Unterricht Wirtschaft Politik, 10(3), S. 53–55.

Buchner, Josef/Rüter, Martina/Kerres, Michael (2022): Learning with a digital escape room game: before or after instruction? In: Research and Practice in Technology Enhanced Learning, 17(10). https://doi.org/10.1186/s41039-022-00187-x.

Carretero Gomez, Stephanie/Vuorikari, Riina/Punie, Yves (2017): DigComp 2.1. The Digital Competence Framework for Citizens. With eight proficiency levels and examples of use. Luxemburg. Online: https://op.europa.eu/en/publication-detail/-/publication/3c5e7879-308f-11e7-9412-01aa75ed71a1 Zugriff (1.2.22).

DeGöB – Deutsche Gesellschaft für ökonomische Bildung (2004/2006/2009): Kompetenzen der ökonomischen Bildung für allgemein bildende Schulen und Bildungsstandards für den mittleren Bildungsabschluss, für den Grundschulabschluss und den Abschluss der gymnasialen Oberstufe. O. O. Online: https://www.degoeb.de/fileadmin/media/medien/04_DEGOEB_Sekundarstufe-I.pdf (Zugriff: 9.11.22).

Eliane (2018): Missionen für deinen DIY Escape Room. In: escaperoomspiele.de, Artikel vom 26.1. Online: https://escaperoomspiele.com/missionen-fuer-deinen-diy-escape-room/ (Zugriff: 4.4.22).

Essa (2015): A history of room escapes – terminology and the different names that a room escape is called. Online: https://intervirals.wordpress.com/2015/02/18/a-history-of-room-escapes-terminology-and-the-different-names-that-a-room-escape-is-called/ (Zugriff: 4.4.22).

Fotaris, Panagiotis/Mastoras, Theodoros (2019): Escape Rooms for Learning: A Systematic Review. DOI: 10.34190/GBL.19.179.

Grāvelsiņa, Elīna/Daniela, Linda (2021): Designing an Online Escape Room as an Educational Tool. In: Daniela, Linda (Hg.): Smart Pedagogy of Game-based Learning. Cham, S. 119–131.

Hays, Robert T. (2005): The Effectiveness of Instructional Games. A Literature Review and Discussion. Naval Air Warfare Center Training Systems Division. Online: https://apps.dtic.mil/dtic/tr/fulltext/u2/a441935.pdf (Zugriff: 28.4.22).

Henriksen, Thomas Duus/Lainema, Timo (2010): Didactic Design for Business Games. Online: https://www.researchgate.net/publication/266227704_Didactic_Design_for_Business_Games (Zugriff: 26.4.22).

Hoyne, Seamus/O'Brien, Pamela/Kiely, Natasha/O'Brien, Kelly/Byrne, David/Winterburn, Michael (2021): Wie Technologie genutzt werden kann, um immersivere Rätsel zu erstellen. In: School Break: Handbuch #4 – Rätseltypen – oder gibt es was zu lösen? Online: http://www.school-break.eu/wp-content/uploads/2021/09/SB_Handbuch_4_Ratseltypen.pdf (Zugriff: 26.4.22).

Kern, Annette (2021): Wie man Testfragen in Escape-Room-Rätsel verwandelt. In: School Break: Rätseltypen – oder gibt es was zu lösen. Handbuch #4. Online: http://www.school-break.eu/wp-content/uploads/2021/09/SB_Handbuch_4_Ratseltypen.pdf (Zugriff: 26.1.22).

KM BW – Ministerium für Kultus, Jugend und Sport Baden-Württemberg (2016): Bildungsplan des Gymnasiums. Wirtschaft/Berufs- und Studienorientierung (WBS). Stuttgart. Online: https://www.bildungsplaene-bw.de/site/bildungsplan/get/documents/lsbw/export-pdf/depot-pdf/ALLG/BP2016BW_ALLG_GYM_WBS.pdf (Zugriff: 13.7.22).

Krol, Gerd-Jan (2000): „Ökonomische Bildung“ ohne „Ökonomik“? Zur Bildungsrelevanz des ökonomischen Denkansatzes. In: Onlinejournal für Sozialwissenschaften und ihre Didaktik, 2(1), S. 20–30.

López-Pernas, Sonsoles/Saqr, Mohammed/Gordillo, Aldo/Barra, Enrique (2022): A learning analytics perspective on educational escape rooms. In: Interactive Learning Environments, DOI: 10.1080/10494820.2022.2041045.

Nicholson, Scott (2018): Creating Engaging Escape Rooms for the Classroom, Childhood Education, 94(1), S. 44–49, DOI: 10.1080/00094056.2018.1420363.

o. A. (2020): Escape Room Themen: Aller Anfang ist einfach. In: Cluetivity, Artikel vom 10.10. Online: https://www.cluetivity.com/blog/escape-room-themen/?lang=de (Zugriff: 4.4.22).

Peichl, Jessica/Remmele, Bernd/Bühner, Annika/Blum, Benedikt (2022): Timos Roller – Online Escape Game zum Thema „Geschäftsfähigkeit“. Online: https://kurzelinks.de/5ohl (learningApps) und https://kurzelinks.de/nwxy (Zugriff: 4.4.22).

Prensky, Marc (2007): Digital game-based learning. St. Paul, Minn.

Remmele, Bernd (2014): Spielbasiertes Lernen in der ökonomischen Bildung – ein Systematisierungsversuch. In: Müller, Christian/Schlösser, Hans Jürgen/Schuhen, Michael/Liening, Andreas: Bildung zur Sozialen Marktwirtschaft. Stuttgart, S. 75–86.

Remmele, Bernd (2020): Plot-Puzzle for Educational Escape Rooms Design. School Break Handbook 4. Freiburg. Online: http://www.school-break.eu/wp-content/uploads/2020/05/Plot-Puzzle-Workshop-for-eER-Design.pdf (Zugriff: 26.1.22).

School Break (2020a): Handbuch #1 – Escape Rooms im Unterricht verwenden. Online: http://www.school-break.eu/wp-content/uploads/2020/03/SB_Handbuch_1_eERs_im_Unterricht.pdf (Zugriff: 28.3.22).

School Break (2020b): Handbuch #3 – Escape Rooms im Unterricht verwenden. Online: http://www.school-break.eu/wp-content/uploads/2020/03/SB_Handbuch_3_ERs_mit_SuS_entwickeln.pdf (Zugriff: 28.3.22).

Seeber, Günther/Retzmann, Thomas/Remmele, Bernd/Jongebloed, Hans-Christian (2012): Bildungsstandards für die ökonomische Allgemeinbildung. Schwalbach/Ts.

Mira Eberle, Günther Seeber

Digitale Planspiele in der Ökonomischen Bildung

1 Einführung in Planspiele

Erste Planspiele zu Lehrzwecken haben ihren Ursprung bereits in den frühen Jahren des 19. Jahrhunderts, als spielerische Simulationen der Kriegsführung zur Ausbildung künftiger Offiziere herangezogen wurden (Kaiser/Kaminski 2012). Im Unternehmenskontext fanden Planspiele über das Verdeutlichen von logistischen Abläufen und Problemstellungen Eingang in die Schulung von Führungskräften und seit den 1960er Jahren schließlich auch in den Politik- bzw. Wirtschaftsunterricht (Arndt 2013). Durch die Simulation im Spiel können Handlungsalternativen ausprobiert werden, ohne dass Lernenden negative Konsequenzen in der realen Welt drohen. Mithilfe von Planspielen können Lernende die Folgen ihres Handelns im Rahmen festgelegter Regeln, die durch ein Modell die Wirklichkeit abstrahieren, erfahren und damit begreifen. Dabci können verschiedene mediale Zugänge gewählt werden, die dem Spiel und dem Lernziel angepasst sind. Neben dem Fachwissen werden zahlreiche weitere Kompetenzen geschult. Lernende müssen Informationen eigenständig analysieren und in Gruppen bewerten. Unter Zeitdruck haben sie Entscheidungen zu treffen, die durch die Abgabe im Spiel „umgesetzt“ werden. Systemisches Denken ist dabei ebenso gefragt wie das Denken im Modell. Die Schülerinnen und Schüler üben es ein, Probleme zu analysieren, Strategien zu entwickeln und kreative Lösungen zu finden.

2 Didaktische Verortung von digitalen Planspielen

Planspiele erfüllen die Prinzipien der Handlungsorientierung und können der konstruktivistischen Lerntheorie zugeordnet werden (Reinmann/Mandl 2006). Die Konfrontation mit einem Planspiel motiviert Lernende, im Rahmen fachlich begründeter Spielregeln entdeckend zu lernen und ganzheitlich zu handeln. Dabei knüpft die Spielsituation an der Lebenswelt an und unterstützt die Mitspielenden dabei, Problemsituationen und Herausforderungen ganz individuell zu meistern (Imling-Iten 2019). Entscheidungs- und Urteilskompetenz werden in dem lösungsorientierten Ansatz eingeübt. Insbesondere die komplexen Interdependenzen von ökonomischen Mechanismen können so veranschaulicht und exemplarisch verdeutlicht werden. Plurale Perspektiven, wie beispielsweise die der Ökologie oder des Sozialen, können über verschiedene Spielrunden integriert und für die Lernenden erlebbar werden.

Drei Arten von Planspielen für den Ökonomieunterricht werden unterschieden. Einmal gibt es die Unternehmensplanspiele, welche die Lernenden in die Rolle der Unternehmensleitung versetzen (Kaiser/Kaminski 2012). Dann beziehen etwas weiter gefasste Planspiele auch Systemzusammenhänge ein, die bei einer Entscheidung nachvollzogen werden müssen. Außerdem fokussieren die sogenannten Konferenzspiele auf eine qualitative Problemauseinandersetzung, die sich dafür eignet, plurale Perspektiven einzunehmen. In diesen letztgenannten Planspielen, die sich vorzugsweise für den Politikunterricht anbieten, gibt es keine richtigen und falschen Lösungen, sondern es werden Kompromisse bei unterschiedlichen Interessen gesucht (Seeber 2007).

Im Spiel selbst werden in eingenommenen Rollen Fähigkeiten zur Entscheidungsfindung geübt und Handlungskompetenzen umfassend gefördert (Imling-Iten 2019; Kaiser/Kaminski 2012). Durch die zugrunde liegenden ökonomischen Modellannahmen, die in den Vor- und Nachbereitungsphasen zur Durchführung des Planspiels in Bezug zu setzen sind, soll ein Bewusstsein über ökonomisch durchdachte und begründete Handlungsmöglichkeiten und Lösungen erarbeitet werden (Seeber 2007). Das Planspiel vereint somit das Rollenspiel und die Fallstudie. Fachwissen und fachliche Kompetenzen tragen gemeinsam mit methodischen, personalen und sozialen Kompetenzen zur Lösungsfindung bei (Rappenglück 2017). In Unternehmensplanspielen stehen typische ökonomische Wissenskomponenten, zum Beispiel solche zu Märkten und Wettbewerb sowie kalkulatorische Anwendungen (Lagerhaltung, Kapazitätsplanung, Preisgestaltung), im Vordergrund. Die überfachlichen Kompetenzen werden entlang wirtschaftlicher Sachverhalte gestärkt: Soziale Kompetenz in der arbeitsteiligen Teamarbeit, methodische in der Strategiefindung und der Alternativenabwägung oder personale in der Erfahrung von Selbstwirksamkeit. Im Planspiel werden kognitive Fähigkeiten und Fertigkeiten der Lernenden mit motivationalen, volitionalen und sozialen Bereitschaften verknüpft. Das wiederholt sich in den verschiedenen Runden mit üblicherweise zunehmend komplexeren Aufgabenstellungen (Seeber 2007). Dadurch wird ein nachhaltiges Lernen ermöglicht (Klippert 2008). Die Methode geht folglich umfassend auf das Kompetenzverständnis nach Weinert (2001) ein und soll die Lernenden befähigen, auch in Zukunft verschiedene Anforderungssituationen reflektiert bewältigen zu können.

Am Ende dieses Beitrags finden sich Angaben zu einer Reihe relevanter Planspiele. In der Regel sind sie computergestützt und finden in Kleingruppen im Klassenraum statt. Die Breite der digitalen Kompetenzziele hängt dann von der Ausgestaltung der Spielsituation und der damit verbundenen Aufgabenstellungen ab. Recherchieren von Informationen, Auswerten und Verwalten von Daten als Kompetenzen des Bereichs „Mit digitalen Informationen umgehen" im Referenzrahmen der EU (Enterra o.J.) können dann ebenso dazugehören wie „Digitale Inhalte erstellen", wenn zum Beispiel ein Unternehmenslogo oder ein Unternehmensleitbild zu entwerfen ist. Im Mittelpunkt von solchen elektronisch gestützten Planspielen steht aber die Handlungskompetenz im Rahmen wirtschaftlicher Problemsituationen. Digitale Werkzeuge sind dann nur Mittel zum Zweck (Seeber 2007). Erst rein digitale Planspiele mit Akteurinnen und Akteuren, die virtuell kommunizieren und zusammen bzw. gegeneinander spielen, können einen digitalen Zusatznutzen bringen, der nicht allen anderen Lernzielen nachgeordnet ist, wie es in herkömmlichen Planspielen der Fall ist. Auch wenn die Stärkung sozialer Kompetenz mutmaßlich im direkten physischen Kontakt besser zu leisten ist als im Austausch über eine virtuelle Plattform, so bietet sich hier doch ein Abbild zunehmend wichtiger werdender Arbeitsrealität. Homeoffice und Homeschooling werden pandemieunabhängig ebenso zu dieser Realität gehören wie die digitale Vernetzung von beispielsweise Partnerschulen. Da im Alltag der Jugendlichen zudem das gemeinsame Spiel im virtuellen Raum längst Einzug gehalten hat und auch ihre Kommunikation zu einem guten Teil dort stattfindet, stärken virtuelle Planspiele realitätsnah digitale Kompetenzen und motivieren auf altersgemäße Weise (Kaiser/Raiser/Warkalla 2017). Problematisch kann für die Lehrkraft sein, dass sie nicht nur relativ komplexe Spielregeln beherrschen muss, sondern auch die besonderen Anforderungen der Organisation im virtuellen Raum.

3 Ablauf der Methode, Phasenschema

Die Lehrkraft wählt mit Blick auf den Bildungsplan und ihre Lernziele ein geeignetes Planspiel aus. Darüber hinaus sollten Komplexität und Dynamik an die Lerngruppe angepasst sein. Die einzelnen Phasen sind im Folgenden in Anlehnung an Kaiser/Kaminski (2012) dargestellt.

Tabelle 1: Idealtypischer Phasenverlauf eines Planspiels

Konfrontation	Zu Beginn des Spiels erfolgt in der Konfrontationsphase eine Einführung in die Thematik und die Ausgangssituation des Spiels. Fachliche Inhalte, Modellannahmen und beteiligte Rollen werden durch die Lehrkraft, ein Informationsblatt oder in einem kurzen Film erläutert. Notwendiges Vorwissen und Spielregeln werden geklärt; die Materialien werden ausgeteilt.
Vorbereitungs- und Informations-phase	In der Informationsphase finden sich die Lernenden in den durch die Lehrkraft gebildeten Gruppen zusammen. Die Lehrkraft teilt das Material aus und die Lernenden setzen sich mit den bereitgestellten Informationen auseinander. In einer Fragerunde sollte sichergestellt werden, dass alle Lernenden die Problemsituation, die zugrunde liegenden Modellannahmen und Rahmenbedingungen kognitiv erfasst haben. Bei komplexen Spielen kann in dieser Phase auch das Verständnis mit zu bearbeitenden Aufgaben gesichert werden.
Spielphase	Die erste Runde kann bei komplexen Planspielen auch als Einführungsrunde zur Einarbeitung der Spielenden betrachtet werden. In den (weiteren) Spielphasen erarbeiten die Schüler*innen in ihren jeweiligen Gruppen kreative Lösungen. Dazu müssen sie sich mit der Ausgangssituation, den Rollen und der gegebenen Lage auseinandersetzen und das Problem erkennen. Durch begründete Entscheidungen sollen sie Lösungsmöglichkeiten erarbeiten und gegeneinander abwägen. Für die spätere Reflexion bietet es sich an, die wichtigsten Überlegungen schriftlich zu fixieren. Die zeitliche Begrenzung der Spielphasen sollte transparent sein und strikt eingehalten werden. Zum Ende jeder Spielphase halten die Gruppen ihre Entscheidungen als Zwischenergebnisse fest. Je nach Planspiel sind diese bei der Spielleitung einzureichen oder im Terminal einzugeben, damit sie analog oder digital ausgewertet werden können. Anschließend erhalten die Teilnehmenden ihre Rückmeldungen. In Konferenzspielen steht am Ende der Runden jeweils ein Diskurs, in dem die aus den verschiedenen Rollen resultierenden Argumente ausgetauscht werden.
Reflexionsphase	Nach der Einführungsrunde: Die im Zuge des ersten Spielens aufgekommenen Fragen sind zu klären. Am Ende der Spielphasen und der Schlussrunde: Im gemeinsamen Plenumsaustausch wird über die Ergebnisse sowie die verschiedenen Vorgehensweisen und Lösungsstrategien gesprochen. Auch die Verhaltensweisen der Spielenden und der Vergleich zwischen Spielmodell und erlebter oder vermittelter Alltagswirklichkeit, Modellkritik und Modellveränderung sind hier zu besprechen.
Veränderte Ausgangssituation	Bevor eine neue Spielphase startet, können Ausgangssituation, Regeln oder Materialien erweitert oder verändert werden (bspw. Ressourcen verknappen). Die Lernenden kehren dann in die Spielphase zurück und sind angehalten, Gelerntes einzubringen, ihr Vorgehen und ihre Lösungsstrategie zu verbessern.

Der besondere Nutzen eines Planspiels liegt in dessen Dynamik mit wechselnden Anforderungen und sich ändernden Perspektiven (Arndt 2020). Sind alle geplanten Spielrunden durchlaufen, schließt eine Reflexions- bzw. Nachbereitungsphase an das Planspiel an. Diese hat sowohl die fachliche Auswertung und Sicherung als auch die Reflexion der sozial-kommunikativen Aspekte zum Ziel. Eine detaillierte Übersicht allgemeiner Auswertungsschritte findet sich bei Seeber (2007).

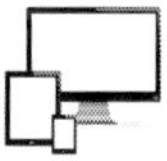

4 Technische Voraussetzungen

In Bezug auf technische Geräte ist der Einsatz von digital unterstützten Planspielen niederschwellig und vom jeweilig gewählten Planspiel oder dessen Durchführungsart abhängig. Die Lehrkraft kann beispielsweise bei *PowerPlayer* variieren, ob nur sie selbst die Rundenauswertungen digital unterstützt durchführt, ob es die Lernenden tun und ob diese ein Onlinetool zur Lösungsfindung nutzen. Während das Spiel *PowerPlayer* sowohl offline mit technischer Unterstützung via MS-Excel-Auswertung als auch online mittels der spieleigenen Website (Online Companion) durchgeführt werden kann, sind die Materialien des Spiels *MeisterPOWER* oder die Spiele der Joachim Herz Stiftung vollkommen im digitalen Raum verortet. Werden web- bzw. browserbasierte Planspiele genutzt, sind ein stabiler Internetanschluss und entsprechende Hardware pro Person oder Gruppe notwendig. Darüber hinaus können sich Videos zur Gestaltung eines motivierenden Einstiegs in die Thematik eignen. Für Offlineplanspiele, wie Gründer Sprint (Edition Brainstorm OHG o.J.) oder School2Startup (Wissensfabrik 2018), die ihre Vorzüge in ihrer Haptik besitzen, werden keine technischen Hilfsmittel, jedoch Spielmaterial wie Figuren oder Spielgeld benötigt. Jedoch sind diese haptischen Planspiele derzeit nicht mehr erhältlich. Haptische Planspiele könnten kurzfristig komplett vom Markt verschwinden.

5 Stärken und Schwächen der Methode

Aufgrund ihrer strukturierten Form können Planspiele in jeder Schulstufe und auf jedem Fähigkeitsniveau eingesetzt werden. Weitere Anpassungen hinsichtlich Lebensweltbezug, Komplexität des zugrunde liegenden Modells oder der dynamischen Spielrunden zugunsten der Lerngruppe beugen Über- und Unterforderung vor und motivieren die Teilnehmenden durch ihre Passgenauigkeit. Durch die Anlehnung an die Realität ist wirklichkeitsnahes Arbeiten und Lernen möglich. In Bezug auf die komplexen Problemstellungen wird vernetztes Denken gefördert. Neben den Handlungskompetenzen werden zahlreiche Schlüsselqualifikationen angesprochen. Da die einzelnen Gruppen in Planspielen unter gegebenen Bedingungen vollkommen selbstorganisiert arbeiten, agieren die Lernenden eigenständig und können ihre Selbstwirksamkeit direkt erfahren. Spielerisch können sie die Verantwortungsübernahme in der Gruppe erproben. Insbesondere üben sie das Arbeiten und die Entscheidungsfindung unter Unsicherheit und Zeitdruck, was als typisches Element von Planspielen gilt (Arndt 2013).

Als nachteilig können der Zeitaufwand und die Schwierigkeit hinsichtlich der Lernerfolgskontrolle angesehen werden. So kann es herausfordernd werden, die zeitlichen Abläufe des Planspiels in den starren Rahmen der Stundentafeln einzubringen. Doppelstunden oder auch Projekttage erleichtern hier den Einsatz. Auch ist der Vorbereitungsaufwand für die Lehrkraft hoch. Er relativiert sich aber mit Blick auf die Vielfalt der geförderten Handlungskompetenzen aufseiten der Lernenden. Leistungsüberprüfungen, die gefordert sind, beschränken sich in der Regel auf Wissens- und Verstehensleistungen. Der Lernerfolg von in Planspielen vermittelten, übergreifenden Kompetenzen wird so vernachlässigt (Seeber 2007).

6 Praxisbeispiel PowerPlayer – ein Planspiel zu Kosteneffizienz und nachhaltigem Energieeinsatz

6.1 Das Spielkonzept

Im Mittelpunkt der folgenden Ausführungen steht das von der Nationalen Agentur der EU als *Good Practice* ausgezeichnete Planspiel PowerPlayer. Seit 2016 steht es im Internet kostenfrei zur Verfügung (http://www.powerplayer.info/). Entwickelt wurde es in einem im Erasmus-plus-Programm von der EU geförderten Projekt. Das Spiel verbindet strategisches Denken im Rahmen unternehmerischer Entscheidungen mit dem Nachhaltigkeitsgedanken und macht insbesondere den Konflikt zwischen den Zielen der Kostenminimierung und jenen eines nachhaltigen Wirtschaftens deutlich. Anders als die meisten Planspiele Ökonomischer Bildung ist es bereits ab der achten Klassenstufe einsetzbar. Weitere Besonderheiten sind in das Spiel integrierte Forschungsaufträge für die Lernenden, zwei begleitende Fallstudien und die Möglichkeit, einen Service-Learning-Auftrag anzuschließen. Mit diesen optionalen Möglichkeiten bietet es ein vielfältiges Sortiment von realitätsbezogenen Elementen handlungsorientierten Lernens.

Alle notwendigen sowie ergänzende Materialien stehen im Internet auf der Projektwebsite zur Verfügung. Dazu gehören ein Lehrkräfteinformationspaket mit den Spielregeln und didaktischen Vorschlägen, wie auch ein Glossar mit kurz und prägnant erläuterten Fachbegriffen, die in PowerPlayer eine Rolle spielen. Darunter finden sich sowohl kostenrechnerische Termini als auch solche zum Zusammenspiel von Ökonomie und Ökologie. Da im Mittelpunkt der Einkauf von Energie steht, werden auch Informationen zum Einsatz fossiler und regenerativer Energien präsentiert.

Im Lehrkräfteinfopaket wird die Gesamtkonzeption vorgestellt, die einen guten Eindruck vom Spiel vermittelt. In der Rubrik *Teacher Training* finden Sie z.B. Präsentationen zum Spielablauf, zum praktischen Unterrichtseinsatz, zur Didaktik und zu den fachlichen Grundlagen. Nicht zuletzt bietet die Website einen Fragebogen inklusive Kurztest für die Schüler*innen zur Nachbereitung und Ergebnissicherung.

6.2 Das Spielnarrativ

Zur Einführung in die relativ leicht zu verstehenden Regeln des Spiels findet sich eine Präsentation auf der Website, die Sie im Unterricht direkt einsetzen können. Die Lernenden schlüpfen in die Rollen von Unternehmensleitungen. Ihre Firmen stellen Bekleidung in dem fiktiven Staat *Wattland* her. Insgesamt produzieren dort fünf Unternehmen mit unterschiedlichen Profilen. So gibt es beispielsweise die *Gipfelstürmer*, die Outdoorkleidung herstellen und verkaufen und denen eine umweltverträgliche Produktion besonders am Herzen liegt. *Natürlich Retro* hat sich auf einen Vintage-Stil spezialisiert und legt als kleines Familienunternehmen Wert auf die Mitarbeitendenzufriedenheit. *Platinum* als Big Player spielt dagegen in einer anderen Liga, ist im oberen Preissegment international erfolgreich und achtet besonders auf seinen guten Ruf bei der Zielgruppe der Reichen und Schönen. Auf diese Weise haben alle Gruppen als Unternehmen ein eigenes Profil mit unterschiedlich gewichteten Zielen.

6.3 Der Wettbewerb

PowerPlayer ist ein Wettbewerbsspiel, an dessen Ende ein Unternehmen zum Sieger gekürt wird. Gewonnen hat die Gruppe, die am besten ihre Unternehmensziele erreicht. Allen gemeinsam ist dabei, dass sie das ihnen zur Verfügung stehende Budget in der Landeswährung *Watti* möglichst effizient einsetzen, wenn sie Energie für ihre Produktion einkaufen. Auch wenn die unternehmenseigenen Rahmendaten unterschiedlich sind, errechnet ein Algorithmus jede Runde einen dimensionslosen, aber vergleichbaren Punktezwischenstand für die Unternehmen.

Die Lehrkraft trägt die Entscheidungen der Schülerinnen und Schüler in eine dafür zur Verfügung stehende Excel-Datei ein. Beim Energieeinkauf haben sie die Wahl zwischen fossilen (Kohle, Öl, Gas, Atomkraft) und regenerativen (Wasserkraft, Windkraft, Biomasse, Solarenergie) Energieträgern. Deren Preise unterscheiden sich und sie bringen unterschiedliche Punkte im Hinblick auf die Unternehmensziele Kosteneffizienz, Mitarbeitendenzufriedenheit, Reputation und Umwelt. So ist z.B. der Einsatz von Kohle kostengünstig, bringt aber Minuspunkte bei Reputation und Umwelt. Solarenergie punktet dagegen besonders mit Blick auf die Umwelt, ist aber vergleichsweise teuer.

In jeder Spielrunde ändern sich die Rahmendaten. Die erreichten Punkte jeder Runde gehen in die Gesamtwertung ein. Ziel ist es, jeweils die Energieträgerkombination zu finden, die am meisten Punkte bringt, ohne das Budget zu überschreiten.

Profil

Name	PowerPlayer (http://www.powerplayer.info/)
Art des Spiels	Strategiespiel für bis zu 25 Schüler*innen (maximal 5 Gruppen) Wettbewerbsspiel
Thema	Nachhaltigkeit und unternehmerisches Handeln
Spielziel	Energieversorgung des eigenen Unternehmens unter Abwägung von Umweltzielen und wirtschaftlichen Interessen
Erweiterungen	Forschungsaufträge, Service Learning
Zielgruppe	achte Klassenstufe, allgemeinbildende Schulen, auch in Klasse 9 bis 11 einsetzbar
Fachbezug	Wirtschaft, Sozialkunde, Gemeinschaftskunde, Wirtschaft-Politik Arbeitslehre, Techniklehre, Erdkunde
Lernziele	Die Schüler*innen können ... • ihr Fachwissen zu Kostenplanung, Nachhaltigkeit, fossilen und regenerativen Energieträgern in der Problemsituation anwenden; • Methodenwissen zu Problemlösungsstrategien und zur Kostenkalkulation einsetzen und üben vernetztes Denken; • Sozialkompetenz in der Teamarbeit trainieren und erfahren Selbstwirksamkeit; • ein Bewusstsein und eine Haltung zu ökologischen Folgen ökonomischer Handlungen entwickeln; • den Computer als Hilfsinstrument zur Problemlösung und zur Ergebniskalkulation nutzen sowie Internetrecherchen durchführen.
Zeitaufwand	4 Doppelstunden à 90 Minuten oder ein Projekttag mit 8 Schulstunden

Quelle: in Anlehnung an das Lehrkräftehandbuch auf der Website

6.4 Optionale Erweiterungen

Die Spielwebsite bietet zwei Fallstudien, die den Realitätsbezug von PowerPlayer verdeutlichen. Der kurze Text zu der Nachhaltigkeitsstrategie des Outdoorbekleidungsherstellers VAUDE ist für eine Nachbesprechung des Planspiels gedacht. Die zweite Fallstudie einer Schülerfirma namens Energie-Team präsentiert deren Vorschläge für Energieeinsparungen, die sich in den *Aktionskarten* des Spiels wiederfinden.

Die Website hält auch Material für ein auf dem Spiel aufbauendes Lernen durch Engagement (Service Learning) bereit. Im Mittelpunkt stehen Energieaudits zu Hause und in der Schule. Die Lernenden können Empfehlungen zum Stromsparen erarbeiten und ein Beratungskonzept entwickeln.

Es existiert außerdem eine vereinfachte Fassung des Spiels für die *Grundschule* unter dem Namen *Kleider für Wattland* (Pelegri/Seeber 2018). Es ist haptisch ausgelegt. Die Lehrkraft benötigt nur einen Taschenrechner oder eine Kalkulationssoftware.

6.5 Möglicher Unterrichtsverlaufsplan

Das Planspiel umfasst vier Spielrunden. Mit der fachlichen Einführung, die je nach Vorkenntnissen der Lernenden unterschiedlich lange ausfallen kann, und der Spielvorbereitung inklusive einer Beispielrechnung für den Energieeinkauf sowie mit Nachbesprechung und Ergebnissicherung werden maximal acht Schulstunden veranschlagt.

Sequenz und Minuten	Hinweise	Materialien/Medien
Konfrontation 45 Minuten	Zunächst werden alle Lernenden auf den gleichen Wissensstand gebracht (die drei Säulen der Nachhaltigkeit, Unternehmenszweck und Unternehmensziele, Kostenarten).	Glossar
Doppelstunde Vorbereitung/ Information 35 Minuten Spielrunde 1 55 Minuten	Die Lehrkraft führt in die Situation in Wattland ein. Die Schüler*innen lernen die Abläufe einer Entscheidung kennen. Die Entscheidungshilfe zur Kalkulation wird besprochen. Nun werden sie in Gruppen aufgeteilt und im Klassenraum verteilt. Sie machen sich mit dem Unternehmensprofil vertraut => Hilfestellung durch die Lehrkraft nötig. Die Gruppen erhalten ihre Aufgaben und führen sie selbstständig durch. Die Lehrkraft fordert sie rechtzeitig zur Eingabe ihrer Entscheidungen in die Excel-Tabelle auf. Zwischenergebnisauswertung mit Kurzreflexion (nach jeder Runde!)	Einführungspräsentation (PowerPoint) 1 Spielbrett je Gruppe (Ausdruck) 1 Punktetafel je Gruppe (Ausdruck) 1 Unternehmensprofil je Gruppe (Ausdruck) 1 Rundentafel je Gruppe (Ausdruck) Hinweise im Lehrkräftehandbuch
Doppelstunde Spielrunde 2 45 Minuten Spielrunde 3 45 Minuten	Es gibt Sonderpunkte für umweltverträgliches Handeln. Neben einem zielgerechten Einkauf können die Gruppen andere Maßnahmen ergreifen, wie beispielsweise in Forschung investieren oder einfach energiesparende Beleuchtung einsetzen. Die Entscheidungen sind nun komplexer. Bei der Einkaufsentscheidung erleichtert der Online Companion die Kalkulation.	1 Rundentafel je Gruppe (Ausdruck) 1 Rundentafel je Gruppe (Ausdruck) Aktionskarten (bis zu 8 je Gruppe) Online Companion (WLAN-Zugang)
Doppelstunde Spielrunde 4 45 Minuten Auswertung, Diskussion 45 Minuten	Der Anteil an erneuerbarer Energie muss wegen einer Gesetzesänderung erhöht werden. Sonderpunkte bekommt die Gruppe mit dem höchsten Anteil. Es gilt nun, die erfolgreichsten Unternehmen festzustellen, die verschiedenen Strategien zu reflektieren, Erfolgs- und Misserfolgsfaktoren zu identifizieren. Sie sollten betonen, wo die platzierten Gruppen ihre Stärken hatten und wie sie ihrem Profil gerecht wurden. Es gibt keine wirklichen Verlierer*innen. Die Teamkommunikation sollte reflektiert werden.	1 Rundentafel je Gruppe (Ausdruck)
Resümee, Ergebnissicherung 45 Minuten	Realitätsbezug herstellen Kurztest und Einstellungserhebung Abschlussgespräch	Fallstudie 1 Fragebogen für jede/n Schüler*in

6.6 Technische Ausstattung

PowerPlayer ist ein computergestütztes Spiel. Als Mindestausstattung benötigt die Lehrkraft einen Laptop bzw. ein Tablet – idealerweise mit WLAN-Zugang. Wenn die Lernenden den *Online Companion* nutzen sollen – das wird ab der dritten Spielrunde empfohlen –, benötigen sie ebenfalls je Gruppe ein digitales Endgerät mit Netzzugang. Hier genügt auch ein Smartphone. Außerdem ist es sinnvoll, den Spielplan, die Rundenaufgaben und die Aktionskarten für jede Gruppe einmal auszudrucken.

Da PowerPlayer nicht als rein digitales Spiel konzipiert ist, wird die Durchführung im Klassenraum angeraten. Da aber keines der Materialien von allen Gruppen zusammen genutzt wird, lässt sich das Spiel unter Nutzung einer geeigneten Kommunikationssoftware, die virtuelle Gruppensitzungen der Lernenden erlaubt, synchron digital durchführen. Das gilt nicht für das Primarstufenspiel, bei dem der Spielplan von allen genutzt wird und die Punkte nicht digital erfasst, sondern mit Spielfiguren auf dem Plan gelaufen werden.

Analoge Planspiele (haptisch und/oder computergestützt)

Bundesverband der Energie- und Wasserwirtschaft (Hg.): Wir machen Energiewende. Online: https://www.energie-macht-schule.de/content/planspiel-energiewende (Zugriff: 6.1. 22).

Edition Brainstorm OHG (Hg.): Gründer Sprint (nicht mehr verfügbar)

Kleider für Wattland. PowerPlayer für die Grundschule. Siehe: Pelegri/Seeber (2018).

Retzmann, Thomas (Hg.): Tommys Törtchen. In: Methodentraining für den Ökonomieunterricht I. Mikromethoden – Makromethoden. Schwalbach/Ts.

SUSEN Consortium (Hg.): PowerPlayer. Online: www.powerplayer.info (Zugriff: 6.1.22).

Wissenfabrik – Unternehmen für Deutschland e. V. (Hg): School2Start-up. Online: https://www.wissensfabrik.de/mitmachprojekte/weiterfuehrende-schule/school2startup/ (Zugriff: 16.2.22).

Digitale Planspiele

Arbeitsgemeinschaft der Handwerkskammern Baden-Württemberg (Hg.): MeisterPOWER. Online: https://meister-power.de (Zugriff: 6.1.22).

Deutscher Sparkassen Verlag GmbH (Hg.) Planspiel Börse. Online: https://www.planspiel-boerse.de (Zugriff: 6.1.22).

Martin-Luther-Universität Halle-Wittenberg (Hg.): LUDUS Unternehmens-Planspiel. Online: https://irc.wiwi.uni-halle.de/lehre/200197_2883378/ (Zugriff: 6.1.22).

Planspielmediatheken von

bibb – Bundesinstitut für Berufsbildung: Planspiele & Serious Games 2015. Online: https://www.bibb.de/de/29264.htm (Zugriff: 6.1.22).

bpb – Bundeszentrale für politische Bildung: Datenbank: Planspiele der politischen Bildung. Online: http://www.bpb.de/lernen/formate/planspiele/65585/planspieldatenbank (Zugriff: 6.1.22).

Joachim Herz Stiftung: Teach Economy. Das Portal für den Wirtschaftsunterricht. Online: https://www.teacheconomy.de/planspiele/ (Zugriff: 6.1.22).

Klippert, Heinz (2008): Planspiele. Spielvorlagen zum sozialen, politischen und methodischen Lernen in Gruppen. 5. Auflage. Weinheim.

Planpolitik GbR: Online: https://www.planpolitik.de/ (Zugriff: 9.11.22).

TOPSIM GmbH: Unternehmensplanspiele für Ihre Lehre. Online: https://www.topsim.com/education-solutions/ (Zugriff: 6.1.22).

Universität Siegen: Planspiele für den Wirtschaftsunterricht. Online: https://www.wiwi.uni-siegen.de/wiwi/wid/lehrerportal/planspiele/ (Zugriff: 14.2.22).

Zentrum für Schulqualität und Lehrerbildung (ZSL): Übersicht über Planspiele und Simulationen im Ökonomie-Unterricht. Online: https://lehrerfortbildung-bw.de/u_gewi/wirtschaft/gym/bp2004/fb1_2/06_sim/plan/uebersicht/index.html (Zugriff: 6.1.22).

Literatur

Arndt, Holger (2013): Methodik des Wirtschaftsunterrichts. Opladen.

Arndt, Holger (2020): Digitale Spiele und ökonomische Bildung – Theorieband. Erlangen.

Enterra GmbH (o.J.): DigComp 2.1 – Aktualisierte Version des EU-Rahmenmodells zu digitalen Kompetenzen. Online: https://digcomp.enterra.de/artikel/digcomp-2-1-veroeffentlicht.html (Zugriff: 14.2.22).

Imlig-Iten, Nina (2019): Lernen mit digitalen Lernspielen im Unterricht: Einfluss von angebots- und nutzungsspezifischen Faktoren. Zürich. Online: https://www.zora.uzh.ch/id/eprint/171089/1/171089.pdf (Zugriff: 9.11.22).

Kaiser, Franz-Josef/Kaminski, Hans (2012): Methodik des Ökonomieunterrichts. Grundlagen eines handlungsorientierten Lernkonzepts mit Beispielen. 4. Auflage. Bad Heilbrunn.

Kaiser, Konstantin/Raiser, Simon/Warkalla, Björn (2017): Einfach digital? Onlineplanspiele in der politischen Bildung. In: Petrik, Andreas/ Rappenglück, Stefan (Hg.): Handbuch Planspiele in der politischen Bildung. Lizenzausgabe für die Bundeszentrale für politische Bildung. Bonn, S. 267–274.

Klippert, Heinz (2008): Planspiele. Spielvorlagen zum sozialen, politischen und methodischen Lernen in Gruppen. 5. Auflage. Weinheim.

Pelegri, Alejandro/Seeber, Günther (2018): Kleider für Wattland. Ein strategisches Planspiel zum Thema Nachhaltigkeit und Energie. In: Praxis Grundschule, 41(1), S. 30–41.

Rappenglück, Stefan (2017): Planspiele in der Praxis der politischen Bildung: Entwicklung, Durchführung, Varianten und Trends. In: Petrik, Andreas/Rappenglück, Stefan (Hg.): Handbuch

Planspiele in der politischen Bildung. Lizenzausgabe für die Bundeszentrale für politische Bildung. Bonn, S. 17–34.

Reinmann, Gabi/Mandl, Heinz (2006): Unterrichten und Lernumgebungen gestalten. In: Krapp, Andreas/Weidenmann, Bernd (Hg.), Pädagogische Psychologie. 5. vollst. überarbeitete Auflage. Weinheim, S. 613–658.

Seeber, Günther (2007): Planspiele im Ökonomieunterricht. In: Retzmann, Thomas (Hg.): Methodentraining für den Ökonomieunterricht. Schwalbach/Ts., S. 155–167.

Weinert, Franz E. (2001): Vergleichende Leistungsmessung in Schulen – Eine umstrittene Selbstverständlichkeit. In: Ders. (Hg.): Leistungsmessungen in Schulen. 3. aktualisierte Auflage. Weinheim/Basel, S. 17–31.

Liane Platz, Caroline Bonnes

Ökonomische Bildung für nachhaltige Entwicklung durch Serious Games

1 Die Förderung von Urteilsfähigkeit im Wirtschaftsunterricht

Die Forderung nach einem nachhaltigen Handeln und Leben mobilisiert in Form der Jugendbewegung *Fridays for Future* so viele junge Menschen wie seit Langem nicht mehr. Auch in den sozialen Medien zeigt das Thema Nachhaltigkeit eine starke Präsenz (Sommer et al. 2019). Damit verbundene Forderungen nach einer Reduktion von Treibhausgasen und Konsumverzicht bewegen sich in einem Spannungsfeld, da die daraus abgeleiteten Maßnahmen u.a. unter sozialen und ökonomischen Folgen zu diskutieren sind, wodurch Zielkonflikte entstehen können (Radke 1999). So steht die Forderung nach einer Monetarisierung externer Effekte – z.B. durch eine höhere Besteuerung fossiler Brennstoffe – in der Kritik, sozio-ökonomisch schwächere Personen zu benachteiligen (Brocchi 2019). Die Abwägung dieser unterschiedlichen Ziele und Interessen in Form eines Sach- und Werturteils ist eines der Bildungsziele der Ökonomischen Bildung (Weber 2015). Um diese Urteilsfähigkeit zu fördern, ist eine kognitive und affektive Auseinandersetzung mit unterschiedlichen Perspektiven notwendig, was für Schüler*innen sehr anspruchsvoll sein kann (Hedtke 2015).

Serious Games bieten für die Förderung dieser Urteilsfähigkeit – unter anderem durch die Möglichkeit der Perspektivübernahme – einen situierten und problemorientierten Ansatz, um junge Menschen auf spätere sozioökonomische Entscheidungsprozesse vorzubereiten (Remmele/Seeber 2008). Gleichzeitig wird mit Serious Games ein Zugang gewählt, den Jugendliche ebenfalls in ihrer Freizeit mehrheitlich nutzen (Tenzer 2021). Serious Games sind definiert als (digitale) Lernspiele, deren Entwicklung zuvor definierten Lernzielen folgt und die eine instruktionale Begleitung durch (integrierte) Maßnahmen umfasst, die der Informationsauswahl sowie -verarbeitung dienen (Moreno/Mayer 2005). Insbesondere Aufgaben, die der Reflexion des Spielhandelns, der Spiellogik sowie des Transfers auf die Realität dienen, sind elementar, wenn diese Methode ihre Wirkung entfalten soll (Taub et al. 2019).

Der vorliegende Beitrag analysiert den Einsatz von Serious Games im Wirtschaftsunterricht unter lerntheoretischen, fachdidaktischen sowie mediendidaktischen Überlegungen. Die entsprechenden Implikationen werden anhand eines Serious Games – *Isle of Economy* – in exemplarischen Unterrichtsbeispielen abgeleitet.

2 Serious Games zur Förderung einer Bildung für nachhaltige Entwicklung im Wirtschaftsunterricht

Spielbasiertes Lernen ist der didaktisch gerahmte Einsatz von Unterhaltungsspielen und Serious Games (Lernspielen), wobei letztere dezidiert für Lernprozesse entwickelt wurden (Platz/Juettler/Schumann 2021). Bei der Entwicklung von Serious Games sind zuvor definierte Lernziele leitend, sodass im Idealfall durch den Spielerfolg die Leistungsentwicklung abgebildet bzw. erhoben werden kann (Klopfer et al. 2018). Serious Games liegen mittlerweile überwiegend digital vor, die instruktionelle Begleitung ist in das Spiel eingebettet oder erfolgt begleitend durch die Lehrperson (Moreno/Mayer 2005). Aufgrund unterschiedlicher Ausprägungen im Hinblick auf Medium, Domäne, Mechanik etc. gibt es keine einheitliche Definition des Begriffs *Serious Game* (Übersicht in Salen/Zimmerman 2010). Abzugrenzen sind Serious Games grundsätzlich von reinen Simulationen (z.B. ERP-Systemen im kaufmännischen Unterricht) und Gamification (z.B. Wettbewerbsformaten), die jeweils ein notwendiges, aber nicht hinreichendes Kriterium für ein Serious Game darstellen (Loh/Sheng/Ifenthaler 2015). Nach Mayer besitzen Spiele fünf Eigenschaften, die nur in Kombination unter diese Definition fallen, in anderen Fällen sei von *Gamification* zu sprechen (2014): (Serious) Games sind (1) regelbasierte, simulative Systeme, die (2) reaktiv auf Spielentscheidungen antworten. Sie sind (3) herausfordernd und (4) bauen kumulativ auf Spielentscheidungen auf. Zudem sind sie (5) für Spieler*innen durch ihr Design attraktiv.

Schüler*innen können in einer positiven Fehlerkultur einer Spielumgebung ihre Annahmen testen und erhalten durch die Folgen ihrer Entscheidung unmittelbares Feedback (MacGee 2007). Dabei übernehmen sie je nach Spielnarrativ unterschiedliche Perspektiven, z.B. die eines angehenden Superstars in *MoneyFit Talent* oder die eines Berufsfischers bzw. einer Berufsfischerin im Spiel *Fischteich* (Tab. 1) (siehe Allbauer-Jürgensen/Oberrauch in diesem Band). In einigen Fällen wird das Spielziel dadurch erreicht, dass vorgegebene (knappe) Ressourcen effektiv verwaltet und generiert werden. Die Komplexität kann dabei variieren, z.B. durch den zusätzlichen Einfluss weiterer Spieler*innen oder anderer Faktoren, wie bspw. durch die Menge der zu verwaltenden Ressourcen. Inwiefern innerhalb des Spielprozesses ein multiperspektivischer Zugang für die

Schüler*innen hergestellt werden kann (Loerwald/Stemmann 2016), hängt vom Design des Spiels ab: So kann nach einer Spielphase ein Rollenwechsel – weg von der Individual- hin zur Systemebene – vorgesehen sein (z.B. in *Isle of Economy* oder bei *Fischteich*) unter der Berücksichtigung von Kontextfaktoren (z.B. durch Konkurrenzsituationen). Jugendliche können so die Auswirkungen (sozio-)ökonomischer Entscheidungen ohne reale Risiken erproben. Da sie mehrheitlich auch in ihrer Freizeit spielen, kann angenommen werden, dass Jugendliche durch den Einsatz von Serious Games ein ihnen aus ihrer Lebenswelt vertrautes Medium nutzen (Tenzer 2021). Unabhängig davon kann ein Serious Game aufgrund seines simulativen Charakters und der damit verbundenen Komplexitätsreduktion von Realität erst durch eine instruktionelle Begleitung lernwirksam eingesetzt werden.

Tabelle 1: Exemplarische Übersicht von Serious Games zur Förderung nachhaltiger Entwicklung

Spiel	Thema	Zielgruppe	Anbieter	QR-Codes
Fischteich (Fischerspiel)	Allmendegüter (Dilemma, Eigentumsrecht, Konsum, Kosten, Marktversagen, Nutzen, Preis, Rivalität, Staat, Umweltökonomie)	Politik- und Wirtschaftsunterricht, alle Klassenstufen	Iconomix (Schweizer Nationalbank)	
Isle of Economy	Grundlegende Wirtschaftsmechanismen (Arbeitsteilung, Opportunitätskosten, öffentliche Güter oder Handel)	Politik- und Wirtschaftsunterricht, ab Klassenstufe 8	Teach Economy (Joachim Hertz Stiftung)	
MoneyFit Talent	Finanzielle Bildung (Budgetierung von Ressourcen wie Zeit, Geld und Energie)	Politik- und Wirtschaftsunterricht, Sekundarstufe I	Lernnetz (Postfinance)	
Serena Supergreen	Gendersensible Berufsorientierung (Arbeitsfeld Erneuerbare Energien)	Fächerübergreifender Einsatz möglich, Klasse 9/10	Wissenschaftsladen Bonn e. V.	

Serious Games sind als simulative Lernmethode besonders dazu geeignet, um über die Anknüpfung an Erfahrungen eine kognitive und affektive Aktivierung zu ermöglichen (Meyer 2021). Insbesondere digitale Serious Games bieten durch potenziell unbegrenzte digitale Welten einen großen Möglichkeitsraum für die Gestaltung von lernförderlichen Szenarien. Sie bieten sich daher sehr gut für die Bearbeitung des Themas Nachhaltigkeit im Sinne des domänenübergreifenden Leitprinzips der Bildung für nachhaltige Entwicklung an (Carnap/Arnold/Bormann 2017). Dimensionen von Nachhaltigkeit, wie ökologische, soziale, ökonomische und gegebenenfalls auch politische Nachhaltigkeit, können dabei als Urteilskategorien dienen, die zudem potenzielle Zielkonflikte veranschaulichen (Füchter 2014). Dies kann z.B. die Abwägung der Priorisierung von individuellen und gesellschaftlichen Zielen sein, aber auch die Urteilsbildung zu zwei konfligierenden gesellschaftlichen Zielen, wie bspw. die Vereinbarkeit von Maßnahmen zur Bekämpfung des Klimawandels und Maßnahmen zur Unterstützung ökonomischer Ziele. Im Bereich des Ökonomieunterrichts kann z.B. die Frage, wie nachhaltiges Wirtschaften zu erreichen sei, bspw. durch Reduktion bzw. Verzicht oder in Vereinbarkeit mit Wachstum, ausgehend von Innovationen einen domänenspezifischen Zugang bilden, der ausreichend offen gestaltet ist, um Urteilsfähigkeit zu fördern (Löw Beer 2016). Zusätzlich haben digitale Serious Games das Potenzial, digitale Kompetenzen zu fördern, im Allgemeinen als auch insbesondere durch die Kollaboration innerhalb des Spiels (Romero/Usart/Ott 2015).

3 Ablauf von Serious Games und Phasenschema

Die instruktionelle Unterstützung erfolgt durch die Begleitung der Informationsauswahl und -verarbeitung (Moreno/Mayer 2005). Lerntheoretisch lässt sich spielbasiertes Lernen als erfahrungs- bzw. handlungsbasierte Lernmethode verorten. Die Spielerfahrung ist damit Teil eines zyklisch angelegten Lernprozesses, der sich beliebig wiederholen lässt (Plass/Homer/Kinzer 2016).

In Anlehnung an die erfahrungsbasierte Lerntheorie nach Kolb können Spielphasen sowie instruktionelle Begleitung wie folgt verortet werden (2015): Einführung, Spielerfahrung, Reflexion und Abstraktion sowie Experimentieren. Begonnen wird mit einer (1) Einführung in das Spiel (Informationsauswahl), z.B. durch die Lehrperson, eine Spielanleitung oder mithilfe einer integrierten Spielassistenz. Dabei ist zu empfehlen, die Einführung bei komplexeren Spielen mit Grundlagen zu beginnen und nach einer kurzen Spielphase weitere Regeln zu ergänzen bzw. neben einer mündlichen Einführung eine schriftliche Anleitung anzubieten, um die kognitive Belastung (*Cognitive Load*, Petko/Schmid/Cantieni 2020) zu reduzieren, um das Arbeitsgedächtnis und damit die lernrelevanten kognitiven Verarbeitungsprozesse nicht zu überfordern. Danach folgt eine gegebenenfalls kürzere (2) Spielphase, in der es darum geht, mithilfe der Spielmechaniken zu experimentieren. Die in dieser Phase entstehenden Probleme, Fragen sowie erste Erfolgserlebnisse sind als Spielerfahrung Gegenstand einer anschließenden (3) Reflexionsphase (Informationsverarbeitung). Wie offen die Phase gestaltet wird, hängt von der Reflexionskompetenz der Schüler*innen ab. Ausgehend davon lassen sich (4) deduktive Erkenntnisse zu Spiellogiken abstrahieren, mit denen erneut experimentiert werden kann.

Indem der Zyklus wiederholt wird, können potenzielle Fehlkonzepte innerhalb der Reflexionsphasen direkt bearbeitet werden. Zudem kann im Rahmen der Reflexions- und Abstraktionsphase sukzessiv ein Transfer von der Spielwelt und ihrer Logik hin zur realen Lebenswelt angestrebt werden. Dabei bieten sich Vergleiche mit aktuellen sozioökonomischen Problemstellungen an, wie die Thematisierung der Allmendeklemme anhand der Überfischung der Ozeane oder der Feinstaubbelastung in Großstädten. Entsprechende Fragestellungen können anschließend – auch mit Referenz auf die Spielerfahrung – mithilfe von Lernaufgaben bearbeitet werden (Böhner/Dolzanski 2016).

4 Der Einsatz von Serious Games im Unterricht – (technische) Voraussetzungen und Implikationen

Bevor ein Serious Game im Unterricht eingesetzt werden kann, sollte die Lehrperson das Spiel testen und analysieren, inwiefern es sich für eine Klasse eignet (anthropogene und soziale Voraussetzungen) und ob sich das Lernziel dadurch effektiv erreichen lässt (didaktisch-methodische Analyse). Der multimediale Charakter digitaler Serious Games birgt einerseits das Risiko eines hohen Cognitive Load, erlaubt aber andererseits einen Zugang, der den Gewohnheiten von Jugendlichen entspricht. Zugleich können sich Lerneffekte auch dann zeigen, wenn Schüler*innen in der Spielzeit nicht versuchen, das Spielziel zu erreichen, sondern dieses sabotieren (Remmele 2017). Grundsätzlich gilt, dass Serious Games allein aufgrund ihres eher seltenen Einsatzes und des damit verbundenen Neuigkeitswerts bei Schülerinnen und Schülern situationales Interesse wecken können, was über den Zeitverlauf mithilfe eines Methodenmix (z.B. Gruppendiskussionen oder der Einsatz von Portfolios zur begleitenden Reflexion) aufrechterhalten werden kann (Hidi/Renninger 2006).

Während einige Spiele browserbasiert vorliegen (z.B. *Isle of Economy* und *MoneyFit Talent*), können andere (z.B. *Serena Supergreen*) als App auch auf mobile Endgeräte, wie z.B. Tablets, heruntergeladen und offline gespielt werden. Diese erfordern allerdings häufig viel Speicherplatz. Je nachdem, wie umfangreich die Spieldauer ist, empfiehlt es sich, während der Unterrichtszeit eine Einführung sowie die Möglichkeit zur Testung zu geben und die eigentlichen Spielphasen (2.2) unterrichtsbegleitend zu planen. In browserbasierten Spielen wie *Isle of Economy* besteht für Lehrpersonen zudem die Möglichkeit, das Spielverhalten der Klasse in Form grafisch aufbereiteter Zusammenfassungen zu erhalten. Diese können als Grundlage für Reflexionsphasen genutzt werden. Eine solche Form der indirekten Hausaufgabenkontrolle ist jedoch nicht für alle Spiele möglich. Ebenfalls ist zu prüfen, inwiefern eine Registrierung der Schüler*innen vorausgesetzt wird, welche Daten erfasst werden, wo die Daten gespeichert werden und ob es sich um eine mit der Datenschutz-Grundverordnung (DSGVO) konforme Anwendung handelt.

5 Förderung Ökonomischer Bildung für nachhaltige Entwicklung durch das Serious Game Isle of Economy

5.1 Spielbeschreibung

Isle of Economy (Joachim Herz Stiftung 2019; Teach Economy 2022) ist ein browserbasiertes, kooperatives Serious Game, durch das die Schüler*innen im Klassenverbund (bis 35 Teilnehmende) ein Verständnis für grundlegende Wirtschaftsmechanismen entwickeln können. Im Verlauf des Spiels geht es u.a. um die Themen Knappheit, Arbeitsteilung, öffentliche Güter, Handel und Opportunitätskosten (Tab. 2). Die Handlungen innerhalb des Spiels basieren darauf, ökonomische Entscheidungen – einzeln oder zusammen – zu treffen, wohlüberlegt und gut begründet. Die Schüler*innen stranden im Spiel auf einer einsamen Insel. Ziel des Serious Games ist es, gemeinsam durch Kooperation eine neue Zivilisation aufzubauen. Das Spielende ist erreicht, wenn ein Rathaus gebaut wurde.

Das Spiel ist für den unterrichtsbegleitenden Einsatz im Wirtschaftsunterricht oder verwandten Fächern ab der 8. Klassenstufe geeignet. Es wird über sechs bis zehn Wochen gespielt und läuft in Echtzeit mit, d.h. eine Stunde im Spiel entspricht einer Stunde in der Realität. Der Spielaufwand begrenzt sich auf wenige Minuten pro Tag, in denen die Schüler*innen u.a. entscheiden, welchen Aktivitäten sie in den nächsten Stunden oder Tagen nachgehen möchten (z.B. Nahrung, Kleidung, Erholung, Handel, Hausbau), ob sie sich auf einen Produktions- oder Dienstleistungsbereich spezialisieren möchten und *wie* und *welche*

Entscheidungen sie als Gemeinschaft treffen möchten. Dabei geht es beispielsweise um die Einführung des Inseltalers als Zahlungsmittel, die Abstimmung über Steuern oder den Bau bzw. die Herstellung von Gemeinschaftsgütern. Das Spiel läuft nach dem Ausloggen auf Basis der getroffenen Entscheidungen weiter. Die Schüler*innen können im Laufe der Zeit die Auswirkungen ihrer Entscheidungen u.a. durch zusammenfassende Spielstatistiken beobachten. Zusätzlich gibt es eine Quizfunktion, in der Lernende sich gegenseitig herausfordern können und ergänzende Minispiele auf der Spielwebsite.

5.2 Technische Hinweise und Spielmaterialien

Isle of Economy ist browserbasiert und kann auf dem PC/Laptop wie auch auf dem Tablet oder Smartphone gespielt werden. Die Lehrkraft muss sich registrieren und erhält eine kostenfreie Lizenz für drei Monate, die bei Bedarf verlängert werden kann. Von den Schülerinnen und Schülern werden keine personenbezogenen Daten erhoben. Die Server stehen in Deutschland. Es wird empfohlen, dass die Lernenden das Spiel ca. 15 Minuten täglich außerhalb der Unterrichtszeit spielen und anschließend die entsprechende Reflexion während des Unterrichts stattfindet. Für die Lehrkräfte gibt es eine Spielanleitung sowie umfangreiche Unterrichtsmaterialien, die von der Joachim Herz Stiftung kostenfrei zur Verfügung gestellt werden. Zu den fünf Modulen (Tab. 2) gibt es jeweils Verlaufspläne und Arbeitsmaterialien für Unterrichtseinheiten à 45 Minuten.

5.3 Förderung Ökonomischer Bildung für nachhaltige Entwicklung

Während andere Spiele einzelne Nachhaltigkeitsthemen direkt thematisieren, wie z.B. das Thema erneuerbare Energien in *Serena Supergreen*, bietet *Isle of Economy* die Möglichkeit, anhand der Fokussierung auf grundlegende Wirtschaftsmechanismen eine große Breite an Nachhaltigkeitsthemen in den Unterricht mit aufzunehmen. So besteht die Möglichkeit, verschiedene Nachhaltigkeitsaspekte direkt in die Module zu integrieren oder durch eine ergänzende Unterrichtseinheit zu jedem Modul (z.B. im Rahmen einer Doppelstunde) die Nachhaltigkeitsaspekte des jeweiligen Moduls vertieft zu bearbeiten. In Tab. 2 sind beispielhaft mögliche Nachhaltigkeitsthemen zu den jeweiligen Modulen aufgeführt. In den existierenden Materialien sind die Aufgaben häufig geschlossener Natur, d.h., es geht vorwiegend um die Wiedergabe oder Anwendung von Wissen. Daher bietet sich eine Ergänzung um offene Aufgabenformate an, die als Lernaufgabe mehrere Lösungswege ermöglichen und die Urteilsbildung so gezielt fördern.

Tabelle 2: Übersicht möglicher Nachhaltigkeitsbezüge

Modul	Nachhaltigkeitsbezüge
1 Bedürfnisse, Güter & Knappheit	Reflexion des Verhältnisses zwischen grenzenlosen Bedürfnissen und begrenzten Ressourcen, z. B. zu den Themen Smartphones/seltene Erden, Fischfang
2 Arbeitsteilung & Opportunitätskosten	Reflexion des Verhältnisses von Opportunitätskosten und Nachhaltigkeit, z. B. zu den Themen nachhaltiges Reisen, Sustainable-Value-Ansatz
3 Tauschketten & Geld	Reflexion neuer Währungssysteme unter Abwägung ökologischer und politischer Implikationen, z. B. zum Thema Kryptowährungen
4 Märkte	Reflexion, inwiefern Angebot- und Nachfragedynamiken Nachhaltigkeit fördern oder hindern können, z. B. zu den Themen Fast Fashion, Fleischkonsum
5 Staatliche Gestaltung	Reflexion staatlicher Regulierung aufgrund von Externalitäten, z. B. Reduktion von Verpackungsmüll oder CO_2

Neben der Ergänzung um offene Aufgabenformate im Rahmen der vorhandenen Module wird zum Abschluss einer Unterrichtsreihe in der Sekundarstufe II vorgeschlagen, das Spieldesign selbst zu reflektieren und ausgehend von Nachhaltigkeitsdimensionen weiterzuentwickeln. Dieser Ansatz kann auch für ähnliche Spiele genutzt werden und soll durch die Entwicklung eines „Sollzustands" der Spielwelt die ökonomische Kompetenz und zugleich die digitale Kompetenz fördern. Die Schüler*innen bewerben sich um ein fiktives Praktikum bei der Spielentwicklungsagentur XY und werden als Teil des Assessments mit der Entwicklung eines Konzepts beauftragt, *Isle of Economy* weiterzuentwickeln, sodass das Thema Nachhaltigkeit innerhalb des Serious Games expliziter abgebildet wird. Im Folgenden wird hierfür ein beispielhafter Verlaufsplan dargestellt.

5.4 Möglicher Unterrichtsverlaufsplan

Klassenstufe	Sekundarstufe II (Einsatz in Sek. I in reduzierter Komplexität der Anforderungen)
Zeitbedarf	90 Min.
Exemplarischer Bezug zum Bildungsplan (KM BW 2016)	Leitperspektiven: • Bildung für nachhaltige Entwicklung • Medienbildung Kompetenzbereich: • Dimension III: Ordnung und System (Ökonomisches System analysieren, bewerten und gestalten)
Lernziele	Die Schüler*innen können … • die Spielwelt als (simulatives) ökonomisches System analysieren, unter Nachhaltigkeitskriterien bewerten und gestalten (Fachkompetenz); • Ergebnisse präsentieren, bewerten und unter Berücksichtigung medienspezifischer Besonderheiten von Serious Games reflektieren (Methodenkompetenz).

Sequenz und Minuten	Hinweise	Material[1]/Medium/ Sozialform
Einstieg 10 Minuten	Begrüßung der Klasse als Bewerber*innen um einen Praktikumsplatz, Vorstellung des Problems/Auftrags und Wiederholung der Nachhaltigkeitsdimensionen sowie Überblick über zentrale Spielelemente, Klärung von Fragen und Gruppeneinteilung	Präsentation + „Dossier"/ Beamer, Leinwand, Tablet/ Plenum
Erarbeitungs-phase I 15 Minuten	Sammlung und Hierarchisierung von Ideen zu einem der folgenden Bereiche: • Narrativ und Spielziel • Spielaufgaben • Spielmechaniken (z. B. zu Kooperation und Konkurrenz) • Anreizsysteme	Padlet[2]/Tablets/ Gruppenpuzzle (Expert*innengruppen)
Zwischenkonso-lidierung 5 Minuten	Blitzlicht zu Arbeitsstand und Erläuterung des nächsten Auftrags	Plenum
Erarbeitungs-phase II 30 Minuten	Entwicklung eines konsistenten Designkonzepts unter Berücksichtigung folgender Kriterien in Kleingruppen: • Einbezug aller Nachhaltigkeitsdimensionen und deren Kennzeichnung • Einbezug aller Spielbereiche • Vorschläge, inwiefern ersetzt oder ergänzt werden soll • Spielmotivation[3]	Conceptboard[4]/Tablets/ Gruppenpuzzle (Stamm-gruppen)
Konsolidie-rungsphase 30 Minuten	Vorstellung der Konzepte und Kommentierung, Abstimmung über bestes Konzept, affektive und kognitive Reflexion des situierten Lernkonzepts	Conceptboard, Mentimeter/ Beamer, Leinwand, Tablet/ Plenum

Anmerkungen

1 Die hier vorgeschlagenen digitalen Hilfsmittel können alternativ auch analog durch Flipchart, Moderationskarten und am Ende durch einen Galeriegang ersetzt werden.

2 Hier bietet es sich an, die Aufgaben jeweils innerhalb des Hilfsmittels mit zentralen Zusatzinformationen einzubetten.

3 Zur zeitlichen Differenzierung können unabhängig vom Thema Nachhaltigkeit nach Beendigung des obligatorischen Auftrags die Benutzer*innenfreundlichkeit und das Design im Allgemeinen reflektiert werden.

4 Je nach Lerngruppe bietet es sich an, das Ergebnis mithilfe von Kategorien vorzustrukturieren.

+ – 6 Potenziale und Herausforderungen von Serious Games

Der Einsatz von Serious Games in der Ökonomischen Bildung bietet aufgrund ihrer simulativen Eigenschaften die Möglichkeit, komplexe Prozesse in einem risikoarmen Kontext zu erproben. Aufgrund ihres überwiegend digitalen Mediums können sie zudem im Fernunterricht oder als Blended-Learning-Format eingesetzt werden. Die Vielzahl an Angeboten – gerade auch im englischsprachigen Raum – erlaubt eine breite Verwendung über Schulstufen und Inhalte hinweg, auch im bilingualen Unterricht. Allerdings variiert die Qualität hier deutlich, was zum Teil auf einen komplexen Abwägungsprozess zwischen Lern- und Unterhaltungszielen zurückgeführt werden kann. Zudem „altern" digitale Spiele schnell und die Annahme, dass sich positive Einstellungen der Lernenden gegenüber ihren privaten Videospielen auf den Einsatz von Serious Games im Unterricht übertragen lassen, konnte bisher nicht bestätigt werden (Riemer/Schrader 2015).

Daneben ist zu prüfen, inwiefern das ausgewählte Spiel die intendierten Lernprozesse tatsächlich fördert, weil dies – gerade bei älteren Schülerinnen und Schülern – zu einer höheren Lernmotivation führen kann (Platz 2022). Sind diese Voraussetzungen gegeben, ist der Einsatz von Serious Games unabhängig von der Schulstufe zu empfehlen.

Literatur

Böhner, Markus/Dolzanski, Christoph (2016): Fachdidaktik für Lehrende im Bereich Wirtschaft. Schlüssel für erfolgreichen Unterricht. Teach the teacher. Berlin.

Brocchi, Davide (2019): Nachhaltigkeit und soziale Ungleichheit. Warum es keine Nachhaltigkeit ohne soziale Gerechtigkeit geben kann. Wiesbaden. https://doi.org/10.1007/978-3-658-25633-3.

Carnap, Anna/Arnold, Marie-Therese/Bormann, Inka (2017): Bestandsaufnahme zur Verankerung von Bildung für nachhaltige Entwicklung Bildungs- und Lehrplänen. Online: https://www.researchgate.net/profile/inka-bormann/publication/315576095_bestandsaufnahme_zur_verankerung_von_bildung_fur_nachhaltige_entwicklung_bildungs-_und_lehrplanen (Zugriff: 12.4.22).

Füchter, Andreas (2014): Diagnostik und Förderung im gesellschaftswissenschaftlichen Unterricht. Didaktische Konzeption und unterrichtspraktische Ansätze für die Unterrichtsfächer Politik, Wirtschaft, Geschichte und Geographie (Reihe Theorie und Praxis der Schulpädagogik, Bd. 1, 3. Auflage). Immenhausen.

Hedtke, Reinhold (2015): Wissenschaftsorientierung und Kontroversität in der ökonomischen Bildung. In: GWP – Gesellschaft. Wirtschaft. Politik, 64(4), S. 445–450. https://doi.org/10.3224/gwp.v64i4.21143.

Hidi, Suzanne/Renninger, K. Ann (2006): The Four-Phase Model of Interest Development. Educational Psychologist, 41(2), S. 111–127. https://doi.org/10.1207/s15326985ep4102_4.

Joachim Herz Stiftung (Hg.) (2019): Isle of Economy. Wirtschaft von Anfang an [Computer software]. Hamburg. Online: http://www.isleofeconomy.de/ (Zugriff: 12.4.22).

Klopfer, Eric/Haas, Jason/Osterweil, Scot/Rosenheck, Louisa/Macklin, Colleen (2018): Resonant games. Design principles for learning games that connect hearts, minds, and the everyday (The John D. and Catherine T. Macarthur Foundation series on digital media and learning). Cambridge, MA.

KM BW – Ministerium für Kultus, Jugend und Sport Baden-Württemberg (2016): Bildungsplan des Gymnasiums. Wirtschaft/Berufs- und Studienorientierung (WBS). Stuttgart. Online: https://www.bildungsplaene-bw.de/site/bildungsplan/get/documents/lsbw/export-pdf/depot-pdf/ALLG/BP2016BW_ALLG_GYM_WBS.pdf (Zugriff: 13.7.22).

Kolb, David A. (2015): Experiential learning. Experience as the source of learning and development. 2. Auflage. Upper Saddle River, NJ.

Loerwald, Dirk/Stemmann, Arne (2016): Behavioral finance and financial literacy. Educational implications of biases in financial decision making. In: Aprea, Carmela/Wuttke, Eveline/Breuer, Klaus/Keng Koh, Noi/Davies, Peter/Greimel-Fuhrmann, Bettina/Lopus, Jane S. (Hg.): International handbook of financial literacy. Singapore. S. 25–38. https://doi.org/10.1007/978-981-10-0360-8_3.

Loh, Christian S./Sheng, Yanyan/Ifenthaler, Dirk (2015): Serious Games Analytics: Theoretical Framework. In: Loh, Christian S./Sheng, Yanyan/Ifenthaler, Dirk (Hg.): Serious games analytics. Methodologies for performance measurement, assessment, and improvement. Reihe: Advances in game-based learning. Cham, S. 3–29. doi:10.1007/978-3-319-05834-4_1.

Löw Beer, David (2016): Ökonomische Bildung für eine nachhaltige Entwicklung. Leverkusen-Opladen. https://doi.org/10.3224/84742029.

MacGee, James P. (2007): What video games have to teach us about learning and literacy. Basingstoke.

Mayer, Richard E. (2014): Computer games for learning. An evidence-based approach. Cambridge, MA.

Meyer, Hilbert (2021): Unterrichtsmethoden. 19. Auflage. Berlin/Frankfurt/M.

Moreno, Roxana/Mayer, Richard E. (2005): Role of Guidance, Reflection, and Interactivity in an Agent-Based Multimedia Game. In: Journal of Educational Psychology, 97(1), S. 117–128. https://doi.org/10.1037/0022-0663.97.1.117.

Petko, Dominik/Schmid, Regina/Cantieni, Andrea (2020): Pacing in Serious Games: Exploring the Effects of Presentation Speed on Cognitive Load, Engagement and Learning Gains. In: Simulation & Gaming, 51(2), S. 258–279. https://doi.org/10.1177/1046878120902502.

Plass, Jan L./Homer, Bruce D./Kinzer, Charles K. (2016): Foundations of Game-Based Learning. In: Educational Psychologist, 50(4), S. 258–283. https://doi.org/10.1080/00461520.2015.1122533.

Platz, Liane (2022): Learning with serious games in economics education a systematic review of the effectiveness of game-based learning in Upper Secondary and Higher Education. In: International Journal of Educational Research, 115, 102031. https://doi.org/10.1016/j.ijer.2022.102031.

Platz, Liane/Juettler, Michael/Schumann, Stephan (2021): Game-based learning in economics education at upper secondary level. The impact of game mechanics and reflection on students' financial literacy. In: Aprea, Carmela/Ifenthaler, Dirk (Hg.): Game-based Learning Across the Disciplines. Basel, S. 25–42.

Radke, Volker (1999): Nachhaltige Entwicklung. Konzept und Indikatoren aus Wirtschaftstheoretischer Sicht. Heidelberg.

Remmele, Bernd (2017): Playing Against the Game. In: International Journal of Game-Based Learning, 7(3), S. 74–82. https://doi.org/10.4018/IJGBL.2017070107.

Remmele, Bernd/Seeber, Günther (2008): Spielbasiertes Lernen als Methode der Entrepreneurship Education. In: Remmele, Bernd/Schmette, Martina/Seeber, Günther (Hg.): Educating Entrepreneurship, Wiesbaden, S. 89–100. https://doi.org/10.1007/978-3-8350-5480-6_7.

Riemer, Valentin/Schrader, Claudia (2015): Learning with quizzes, simulations, and adventures: Students' attitudes, perceptions and intentions to learn with different types of serious games. In: Computers & Education, 88, S. 160–168. DOI: 10.1016/j.compedu.2015.05.003.

Romero, Margarida/Usart, Mireia/Ott, Michaela (2015): Can Serious Games Contribute to Developing and Sustaining 21st Century Skills? In: Games and Culture, 10(2), S. 148–177. https://doi.org/10.1177/1555412014548919.

Salen, Katie/Zimmerman, Eric (2010): Rules of play. Game design fundamentals (Nachdr.). Cambridge.

Sommer, Moritz/Rucht, Dieter/Haunss, Sebastian/Zajak, Sabrina (2019): Fridays for Future. Profil, Entstehung und Perspektiven der Protestbewegung in Deutschland. ipb working paper, 2. Online: https://www.otto-brenner-stiftung.de/fileadmin/user_data/stiftung/02_Wissenschaftsportal/03_Publikationen/2019_ipb_FridaysForFuture.pdf (Zugriff: 9.11.22).

Taub, Michelle/Bradbury, Amanda E./Mudrick, Nicholas V./Azevedo, Roger (2019): Self-Regulation and Reflection in Game-Based Learning. In: Plass, Jan/Mayer, Richard/ Homer, Bruce (Hg.): Handbook of game-based learning. Cambridge, S. 239–262.

Teach Economy (Hg.) (2022): Isle of Economy – Wirtschaft von Anfang an. Online: https://www.teacheconomy.de/planspiele/isle-of-economy/ (Zugriff: 12.4.22).

Tenzer, F. (2021): Anteil der Computer- und Videospieler in verschiedenen Altersgruppen in Deutschland im Jahr 2020. In: Statista (Hg). Online: https://de.statista.com/statistik/daten/studie/315924/umfrage/anteil-der-computerspieler-in-deutschland-nach-alter/ (Zugriff: 12.4.22).

Weber, Birgit (2015): Urteilskompetenz – auch ein Ziel ökonomischer Bildung? Gestaltungsorientierte Urteilskompetenz braucht politische und ökonomische Bildung. In: Unterricht Wirtschaft +Politik, 5(2), S. 18–23.

Anja Bonfig, Jana Krüger

Webvideos in der (Sozio-)Ökonomischen Bildung

1 Einleitung

Videos, die primär für soziale Medien produziert und über diese Kanäle auch veröffentlicht, geteilt und diskutiert werden, sind eine besondere Form von audiovisuellen Bewegtbildern und werden daher als „Webvideos" bezeichnet (Gräßer/Noll 2020, 3). Die Gründung und Bekanntheit von YouTube markierte dabei einen Meilenstein für Webvideos (Burgess/Green 2018), die „längst in der Mitte der Gesellschaft angekommen" sind (Hündgen/Argirakos 2013, 53) und einer „permanenten Veränderung und […] Vermischung mit weiteren Bewegtbildvarianten" (Gräßer/Noll 2020, 4) unterliegen. Zentral für den Konsum und die Verbreitung von Webvideos sind die Videoplattformen YouTube und TikTok. Die Videoplattform YouTube hat seit ihrer Gründung 2005 einen Wandel durchlaufen: Von einer Plattform, auf der ausschließlich Videos von unterschiedlichen Nutzerinnen und Nutzern bereitgestellt werden, hin zu einem sozialen Netzwerk. Besonders durch die Einführung des Community Tab 2017, durch welchen Nutzer*innen untereinander auf der Plattform kommunizieren können, lässt sich YouTube dem Bereich der sozialen Medien zuordnen. Soziale Medien können als Angebote definiert werden, die es Menschen auf der Grundlage digital vernetzter Technologien ermöglichen, anderen nicht nur Informationen zugänglich zu machen, sondern auch soziale Beziehungen zu knüpfen und/oder zu pflegen (Taddicken/Schmidt 2021). Nicht zuletzt durch die Option, mittels auf der Plattform platzierter Videos unmittelbar Geld zu erhalten, ist YouTube als soziales Netzwerk eng mit ökonomischem Handeln verbunden.

2 Didaktische Verortung und Kompetenzförderung von Webvideos im Wirtschaftsunterricht

Die steigende mediale Aktivität und Nutzungsdauer von YouTube in der Altersgruppe der 12- bis 19-Jährigen (mpfs 2020) und die damit einhergehende Entwicklung hin zum Leitmedium für diese Altersgruppe (Rat für Kulturelle Bildung e.V. 2019) ist neben der bereits skizzierten Einordnung nur ein weiteres Argument, warum auch (Sozio-)Ökonomische Bildung soziale Medien allgemein – und zurzeit besonders YouTube – als Lerngegenstand sowie zugleich als Lernmedium aufgreifen sollte. Ein pädagogisch-didaktisches Argument für die Gestaltungen von Webvideos im Unterricht ist, dass der Unterricht als motivierend erlebt wird, wenn Videos in bei Jugendlichen populären Plattformen auch selbst erstellt werden (Schmid et al. 2017).

Werden im Unterricht Webvideos (wie z.B. die wirtschaftlichen Potenziale und Möglichkeiten von YouTube oder Social-Media-Marketing) thematisiert, müssen u.a. auch die Wechselwirkungen mit gesellschaftlichen Normen, Werten etc. aufgegriffen und (wirtschafts-/verbraucher*innen-)politische Maßnahmen diskutiert werden. Wie die obigen Ausführungen zeigen, unterscheiden sich Webvideos von anderen Videoformaten (wie klassischen Bewegtbildern oder Erklärvideos) in der Intention der Veröffentlichung und somit in der Gestaltungsweise, weshalb nur eingeschränkt auf didaktische und methodische Ansätze aus diesem Bereich zurückgegriffen werden kann. Grundlegend folgt die Auseinandersetzung und Gestaltung von Webvideos im Wirtschaftsunterricht dem didaktischen Ansatz der Problemorientierung, da die Lernenden ein ökonomisch geprägtes Problem bzw. eine Lebenssituation bearbeiten, wodurch sie (Handlungs- und Urteils-)Kompetenzen erlangen, die ihnen helfen, diese zu analysieren, zu bewältigen und zu gestalten (u.a. Famulla et al. 2011). (Sozio-)ökonomische Kompetenzen, die durch die Analyse und Gestaltung von Webvideos im Wirtschaftsunterricht gefördert werden (können) sind u.a. die Fähigkeit, Interessenkonstellationen, Kooperationen und Beziehungsgefüge, Ungleichheit sowie Möglichkeiten und Wirkungen wirtschaftspolitischer Gestaltung analysieren, beschreiben, erklären, bewerten, kritisch reflektieren und gestalten zu können (u.a. Hedtke 2018; Retzmann et al. 2010). Neben fachlichen Kompetenzen werden durch die Analyse und Gestaltung von Webvideos im Wirtschaftsunterricht auch digitale sowie personale Kompetenzen (z.B. Medien kritisch zu beurteilen und/oder kreativ und selbstständig zu gestalten) gefördert. Ein Bezugspunkt für die digitalen Kompetenzen ist u.a. der Ansatz der Medienkompetenz nach Baacke (1996), insbesondere die Dimension der Medienkritik. Diese umfasst sowohl eine analytische (d.h., problematische gesellschaftliche Prozesse werden erfasst) als auch reflexive (d.h., das analytische Wissen wird auf sich und sein Handeln angewendet) und ethische (d.h., „analytisches Denken und reflexiver Rückbezug [werden] als sozial verantwortet" (Baacke 1996, 120) abgestimmt und definiert) Facette. Ergänzend muss YouTube (als „soziales Bewegtbildnetzwerk“) für die Identitätsarbeit berücksichtigt werden (u.a. Gräßer/

Noll 2020; Hugger/Braun 2015). Alle Facetten werden in der geplanten Umsetzung aufgegriffen, die somit dem Aspekt der Ganzheitlichkeit folgt. Im Spezifischen bedeutet dies, dass u.a. Teilkompetenzen der Kompetenzbereiche „Produzieren und Präsentieren“ sowie „Analysieren und Reflektieren“ der KMK-Empfehlung „Bildung in der digitalen Welt” gefördert werden (KMK 2016). Die fachdidaktische Konzeption zur Analyse und Erstellung von Webvideos (mit einer Fokussierung auf Geschlechterstereotype) lässt sich mediendidaktisch durch die gesellschaftlich-kulturelle Perspektive des Frankfurt-Dreiecks begründen[1] – eines medien- und informatikdidaktischen Modells mit der Funktion eines überfachlichem Orientierungs- und Reflexionsrahmens (Brinda et al. 2019). Zudem werden aus dem Bereich der geschlechtersensiblen Didaktik das Prinzip der Entdramatisierung (Faulstich-Wieland/Weber/Willems 2004) sowie Aspekte der Konstruktion, Rekonstruktion und Dekonstruktion von Geschlecht (Wiepcke 2012) aus der Ökonomischen bzw. beruflichen Bildung berücksichtigt.

3 Phasenschema zum Einsatz von Webvideos im Unterricht

Die Implementierung von Webvideos in den Wirtschaftsunterricht als Lerngegenstand und Lerninhalt verbindet Ziele (Sozio-)Ökonomischer Bildung und Medienbildung unter dem Aspekt der Ganzheitlichkeit (s.o.). Da nicht nur ein Lernen mit, sondern auch ein Lernen über Medien stattfinden soll, ist es unabdingbar, dass in und ergänzend zur Phase der Videogestaltung die Lernenden Webvideos fachlich analysieren und in gesellschaftliche Zusammenhänge einbetten.

1 Anmerkung: Aufgrund des unterrichtspraktischen Bezugs wird im Unterrichtsmaterial M2 nicht auf das Frankfurt-Dreieck verwiesen, sondern das Dagstuhl-Dreieck berücksichtigt, u.a. deshalb, weil das Frankfurt-Dreieck, als Überarbeitung des Dagstuhl-Dreiecks, einen stärkeren theoretischen, konzeptionellen Bezug aufweist (Weich 2019, 4–5).

Phase I	Analyse von Webvideos und Videoplattformen unter allgemeinen (sozio)ökonomischen Kriterien/Fragestellungen in Anlehnung an das Dagstuhl-Dreieck (siehe Unterrichtsverlauf)
Phase II	Analyse von Webvideos unter einem spezifischen (sozio-)ökonomischen Kriterium (hier: Geschlechterstereotype)
Phase III	Videogestaltung Pre-Production (Vorplanung) Production (eigentliche Filmaufnahme) Post-Production (Bearbeitung des Materials/Videoschnitt) Präsentation der Ergebnisse Reflexion
Phase IV	Gesamtreflexion

4 Technische Voraussetzungen von Videoanalyse und -produktion

Für die Analyse ausgewählter Webvideos in Phase I und II erscheint eine Software zum Abspielen von Videos mit der Möglichkeit der Verlangsamung (auch direkt in einer Browseranwendung oder auf YouTube möglich) als sinnvoll. Unter Umständen lohnt sich für die Schule die Anschaffung der Software „Lichtblick“ von AMMMa AG[2] zur Videoanalyse. Für die Gestaltung von Webvideos in Phase III sind ein Smartphone, Tablet oder Laptop mit Webcam erforderlich. Auch für den Videoschnitt ist die Nutzung eines Laptops bzw. Tablets sinnvoll. Software zum Schneiden ist in der Regel auf den gewählten Endgeräten mit Betriebssystemen vorhanden (z. B. bei Windows „Video-Editor“). Zahlreiche kostenlose Schnittprogramme sind auch im Internet verfügbar.

+ – 5 Potenziale und Herausforderungen der Methode

Die Erstellung von Videos ist Schülerinnen und Schülern bereits aus dem privaten Bereich bekannt und schafft damit Motivation und unmittelbare

2 https://ammma.de/home/#solution_lichtblick: Lichtblick kann als Web-App ohne Installation über alle Browser aufgerufen werden, die Anwendung ist somit sowohl auf mobilen Geräten als auch auf Desktop-Geräten bzw. Notebooks mit den Betriebssystemen Android, iOS, Windows, Chrome und Mac OS lauffähig. Die Kosten sind abhängig vom Bedarf und beim Unternehmen zu erfragen (Angaben des Unternehmens, Stand März 2022).

Anknüpfungspunkte zur eigenen Lebenswelt. Durch das Medium und den Lerngegenstand lassen sich zahlreiche Kompetenzen fördern (s.o.): selbstständiges Arbeiten, Kooperationsfähigkeit, Teamfähigkeit, Kreativität und ein reflektierter Umgang mit digitalen Medien. Zentrale didaktische Prinzipien Ökonomischer Bildung wie bspw. Problemorientierung, Lebens- und Praxisnähe, Anschaulichkeit, Ganzheitlichkeit, Schüler*innenorientierung sowie Selbsttätig- und Selbstständigkeit werden umgesetzt (Arndt 2020). Die Auseinandersetzung mit einem (Lernen über Medien) und die Produktion eines Webvideos (Lernen mit Medien) knüpft an eine problemhaltige und alltagsorientierte Ausgangssituation an, die kreativ und individuell von den Schülerinnen und Schülern bearbeitet werden kann. Damit ist auch die Möglichkeit der Binnendifferenzierung gegeben.

Hinsichtlich der methodischen Umsetzung besteht die Gefahr einer einseitigen Schwerpunktsetzung, die den Fokus auf die Webvideoerstellung (Phase III) und weniger auf die theoretische Durchdringung (Phase I und II) sowie die reflexive Auseinandersetzung (Phase IV) legt. Hier sollte im Sinne einer reflexiven, umfassenden und ganzheitlichen Bearbeitung darauf geachtet werden, den einzelnen Phasen einen ausreichenden Stellenwert einzuräumen, um nicht nur den Aspekt des „Tuns“, sondern auch des „begründeten reflexiven Tuns“ in den Vordergrund zu stellen. Unterrichtspraktische Erfahrungen zeigen, dass gegebenenfalls die Möglichkeit der Überforderung bzw. Frustration bei den Schülerinnen und Schülern besteht, wenn eine vorhandene Diskrepanz zwischen Storyboard und Umsetzung in der Realität erkennbar wird.

Prinzipiell ist bei Webvideos die Gefahr einer hohen Nutzungsdauer mit entsprechenden Einflüssen auf Freizeitgestaltung, Wahrnehmung von sozialen Normen etc. (siehe Abschnitt 1 und Abschnitt 6 in diesem Beitrag) auch im Unterricht zu thematisieren. So waren 88% der 12- bis 19-Jährigen 2021 täglich online und dies im Durchschnitt 241 Minuten (mpfs 2021). Aufgrund der Präsenz von Werbung auf Videoplattformen und in Webvideos selbst gilt es, diesen Aspekt bei der Betrachtung vorhandener Webvideos im Unterricht ebenfalls mit den Lernenden mehrperspektivisch zu reflektieren.

6 Praxisbeispiel: Geschlechterstereotype in Webvideos

(Soziale) Plattformen wie YouTube reflektieren nicht nur das Soziale (in dem z.B. soziale Normen aufgegriffen werden), sondern produzieren auch soziale Strukturen (Kolo 2021). Dies zeigt sich auch im Hinblick auf Geschlechterstereotype in YouTube-Videos. Die Sichtbarkeit von nicht männlich gelesenen Personen ist in (deutschen) YouTube-Videos (noch) ungleicher als im Kino oder Fernsehen (Prommer/Wegener/Linke 2019) und auch „die Darstellung von ‚typisch weiblich' und ‚typisch männlich' [ist] noch stereotyper als in den klassischen Medien" (Götz/Prommer 2020, 44). Dies zeigt sich u.a. an den Themen der Videos deutscher YouTuber*innen sowie der Darstellungsform. Für YouTuberinnen konnten 15 Themenbereiche identifiziert werden. Sie befassen sich in ihren Videos hauptsächlich mit Beauty (30 %), Food (23 %), Beziehung/Partnerschaft (23 %), Mode und Familie sowie Haushalt (15 %). YouTuber weisen eine größere Themenvielfalt auf (21 Themenbereiche). „Männer beschäftigen sich auf YouTube zwar auch mit Musik, Beziehung, Familie und Mode, aber auch mit Politik (7 %), Gaming und vielem mehr" (Prommer/Wegener/Linke 2019, 19). Prommer/Wegener/Linke (2019) kamen ferner zu dem Ergebnis, dass Frauen in Videos stärker affektorientiert agieren, d.h., sie thematisieren ihre eigenen Gefühle und sprechen Emotionen an, wohingegen männliche YouTuber ihre Gefühle seltener kommunizieren. YouTuberinnen entsprechen „gängigen Schönheitsnormen (jung, hübsch, schlank, blond, weiß usw.)", die als Vorbild für junge Mädchen dienen (Döring 2019, 6). Döring (2019, 4) hält allgemein fest, dass in YouTube-Videos eine „[s]exuelle Objektifizierung und Stereotypisierung" weit verbreitet ist. Somit werden die Möglichkeiten und Potenziale, die sogenannte nutzer*innengenerierte Inhalte („user-generated content") bieten könnten, nicht genutzt (Döring 2019, 4; Götz/Prommer 2020, 44). Durch solche „neuen Formen der Hyper-Ritualisierung traditioneller Weiblichkeitsinszenierungen, […] entsteht ein sich selbst aufrechterhaltendes System, welches jede ehrliche emanzipatorische Auseinandersetzung verhindert" (Götz/Prommer 2020, 45). Die nachfolgende Unterrichtseinheit thematisiert Geschlechterstereotypen in Webvideos auf YouTube und leistet damit einen Beitrag hinsichtlich einer gendersensiblen Medienkompetenz.

7 Möglicher Unterrichtsverlaufsplan

Klassenstufe	7–10
Zeitbedarf	7 Unterrichtseinheiten à 90 Minuten (gegebenenfalls in einer Projektwoche durchführbar)
Bezug zum Bildungsplan Baden-Württemberg (KM BW 2016)	Leitperspektive Verbraucherbildung/Medienbildung/Toleranz und Akzeptanz von Vielfalt Inhaltsbezogene Kompetenzen: 3.1.1. Verbraucher, 3.1.1.1. Konsument • Verhaltensweisen bei Konsumentscheidungen erörtern • Verbraucher*innenverhalten in einer Informationsgesellschaft analysieren • Instrumente der Verbraucher*innenpolitik beurteilen und Voraussetzungen für Konsument*innensouveränität erklären • rechtlichen Rahmen des Gütermarkts überprüfen
Lernziele der Unterrichtsreihe	Die Schüler*innen können … • ihr eigenes Nutzungsverhalten von digitalen Medien/Social Media beschreiben und bewerten; • technische, kulturelle-gesellschaftliche sowie anwender*innenbezogene Perspektiven der Videoplattform YouTube erläutern; • Webvideos hinsichtlich Geschlechterstereotypen analysieren und beurteilen; • ein eigenes Webvideo gestalten, mit dem Ziel, Geschlechterstereotype aufzubrechen (Dekonstruktion) und die Vielfalt von Geschlecht darzustellen; • Geschlechterasymmetrien und -hierarchien kritisch-reflexiv beurteilen sowie Lösungsansätze erläutern.

Sequenz und Minuten	Didaktische Hinweise	Material/ Medium/ Sozialform
Problemorientierter Einstieg		
Einstieg 45 Minuten	Problemorientierter, exemplarischer Einstieg, durch unkommentiertes Abspielen eines YouTube-Videos eines/einer zurzeit bekannten YouTuber*in (z. B. Beauty-Influencer*in) Erfahrungsbasierter Austausch/Erfassen der Vorstellungen der Lernenden im Hinblick auf: • eigenes/allgemeines Nutzungsverhalten von digitalen Medien/Social Media der Lernenden • Geschlechterstereotype in YouTube-Videos	YouTube-Video Diskussion und Sicherung in der Klasse M1
Phase I Theoretische Auseinandersetzung: YouTube und Webvideo		
Erarbeitung I 90 Minuten	Vertiefte Auseinandersetzung mit YouTube Jeweils zwei bis drei Gruppen arbeiten an folgenden Fragestellungen (Dagstuhl-Dreieck): • Wie funktioniert YouTube? • Wie wirkt YouTube? • Wie nutze ich YouTube? Ergebnissicherung/Zwischenfazit	Gruppenarbeit/ Gruppenpuzzle M2
Phase II Theoretische Auseinandersetzung: Geschlechterstereotype in Webvideos		
Erarbeitung II 45 Minuten 45 Minuten	Geschlechterstereotype in Webvideos auf YouTube Analyse von Geschlechterstereotypen in selbstgewählten Webvideos Ergebnissicherung und Reflexion	Gruppenarbeit (2–3 Lernende); Ergebnissicherung (Vortrag) im Plenum M3 ausgewähltes Webvideo

Phase III Praktische Auseinandersetzung: Videogestaltung		
Erstellung eines eigenen Webvideos 240 Minuten	Eigene Videoproduktion – Entscheidung, wie „Geschlecht" thematisiert wird, z. B. • „geschlechterkonforme" Darstellung • Überzeichnung/Provokation der geschlechterstereotypen Darstellung • geschlechterunabhängiges Webvideo (Situationen, individuelle Eigenschaften, Kompetenzen, Defizite etc. stehen im Vordergrund) • Aufgreifen und Darstellung von Geschlechtervielfalt – Zielgruppenfokussierung/-analyse etc. – Erarbeitung eines Storyboards – Videodreh – Videoschnitt Reflexion gegebenenfalls „Oscarverleihung"	Gruppe von max. 5 Lernenden Influencer-Werkstatt Smartphone/ Tablet/Laptop
Phase IV Reflexion und Transfer		
Reflexion und Transfer 90 Minuten	Leitfrage: Darstellung von Geschlechterstereotypen in Webvideos – (nur) ein Spiegel unserer Gesellschaft? Die Lernenden sollen in der Diskussion ihre Äußerungen begründen. Es ist darauf zu achten, dass unterschiedliche Positionen und Perspektiven in der Diskussion angesprochen werden. Folgende Leitfragen dienen als Orientierungshilfe. • Welche Darstellungen von Geschlechterstereotypen sind „in Ordnung", welche nicht? Warum? • Wie würde dein Alltag aussehen, wenn du dich (immer und nur) entsprechend der geschlechterstereotypen Darstellungen in YouTuber*innen-Videos verhalten würdest/müsstest? Wie würdest du dich fühlen? • (Wie) Sollen YouTuber*innen transparent machen, warum sie welche Themen, Inhalte, Produkte etc. in ihren Videos präsentieren? • (Wie) Soll die Darstellung von Geschlechterstereotypen in Webvideos gesetzlich verboten werden? • (Welche) Vorgaben für die Darstellung von Geschlechterstereotypen soll/könnte/müsste es geben (z. B. Quote männlicher/weiblicher/queerer YouTuber*innen)?	Diskussion mit Leitfragen

Materialien

M1 „Social Media und Ich“

Aufgabe 1

Nicht jede*r nutzt digitale Medien und Social Media gleich.

a. Beschreibe, wie du digitale Medien und Social-Media-Angebote nutzt. Beantworte hierfür ehrlich die folgenden Fragen:
   i. Welche Online-Angebote nutzt du am häufigsten?
   ii. Was genau schaust du dir auf diesen Angeboten/Internetseiten an?
   iii. Welche Apps nutzt du am häufigsten?
   iv. Wie oft in der Woche nutzt du diese Angebote?
   v. Warum nutzt du Social-Media-Angebote?

b. Vergleiche deine Antworten mit den Ergebnissen einer Befragung von über 1.000 Jugendlichen (der sogenannten JIM-Studie). Eine Übersicht über die wichtigsten Ergebnisse findest du über den QR-Code:
   (Hinweis: Die Ergebnisse zu den obigen Fragen findest du auf den Seiten 25 bis 30.)

c. Erkläre, wo und wie sich deine Antworten von den Ergebnissen der Studie unterscheiden.

Aufgabe 2

Schaut euch gemeinsam die ersten fünf Minuten des YouTube-Videos „Julian bewertet meine Bikinis – absolute KATASTROPHE 🙄 | Bibi“ an.

a. Beantworte die nachfolgenden Fragen:
   Wie gefällt dir das Video? Warum gefällt dir das Video/warum nicht? Was ist dir besonders aufgefallen?

b. Schau dir das Video noch einmal mit deinem Sitznachbarn oder deiner Sitznachbarin genauer an. Beschreibt für die männliche(n) Person(en) und für die weibliche(n) Person(en) folgende Punkte:
   i. Welche *Themen* werden von der Person angesprochen? Für welche ist die Person der/die „Experte“/„Expertin“?
   ii. Welche *Kleidung* hat die Person an?
   iii. Wie *redet* die Person mit anderen?
   iv. Wie wird sie von anderen Personen *angesprochen*?
   v. Wie ist die *Körpersprache* der Person?

M2 „YouTube und ich"

Analysiert die Videoplattform YouTube nach den folgenden Schwerpunkten/Perspektiven. Beantwortet die jeweils dazugehörigen Fragen. Recherchiert hierfür im Internet.

Abbildung: Dagstuhl-Dreieck

Technologische Perspektive

Gesellschaftlich-kulturelle Perspektive

(A) Erläutert, wie YouTube funktioniert.
- Was sind die formalen Hintergründe?
- Was sind die technischen Voraussetzungen?
- Was sind Nutzungsvoraussetzungen?

(B) Erläutert, wie YouTube wirkt.
- Wer veröffentlicht beliebte Webvideos (viele Aufrufe)?
- Warum veröffentlichen die YouTuber*innen Videos?
- Warum wählen YouTuber*innen bestimmte Inhalte?

Anwender*innen-bezogene Perspektive

(C) Erläutert, wie YouTube genutzt wird.
- Wie nutze ich YouTube?
- Wie sieht das Nutzungsverhalten der anderen aus?

Quelle: Heinrich, Nina (2021): Bildungshacks: Tipps für Social Media im Unterricht. In: Bundeszentrale für politische Bildung, Beitrag vom 31.3. Online: https://www.bpb.de/lernen/digitale-bildung/werkstatt/330658/bildungshacks-tipps-fuer-social-media-im-unterricht (Zugriff: 9.11.22).

M3 „Geschlechterstereotype in Webvideos"

Aufgabe 1

a. Lies den folgenden Abschnitt und erkläre mit eigenen Worten den Begriff „Stereotype".

„Der Begriff Stereotyp setzt sich aus den griechischen Wörtern stereos (auf Deutsch: starr, hart, fest) und typos (auf Deutsch: feste Norm, charakteristisches Gepräge) zusammen. Im Jahr 1922 wurde dieser Begriff erstmals von dem amerikanischen Journalisten Walter Lippmann benutzt, um damit die ‚Bilder in unseren Köpfen' zu beschreiben, welche ‚sich als Vorstellungsinhalte zwischen unsere Außenwelt und unser Bewusstsein schieben'. Die Sozialpsychologinnen Sarah E. Martiny und Laura Fröhlich definieren Stereotype als ‚Überzeugungen über Charakteristiken, Eigenschaften und Verhaltensweisen von Mitgliedern **bestimmter sozialer Gruppen**'. [...] Stereotype werden zu Vorurteilen, wenn sie negative Bewertungen und ablehnende Haltungen gegenüber **Personen** zeigen, einzig und allein aus dem Grund, dass diese **einer bestimmten Gruppe** angehören. Im Gegensatz zum Stereotyp steht beim Vorurteil eine negative Emotion im Vordergrund."

Quelle:https://www.bpb.de/system/files/dokument_pdf/M%2003.07%20Typisierung%20-%20Stereotypisierung%282%29.pdf

b. Nenne Beispiele für „soziale Gruppen".
c. Ein Merkmal, nach dem eine Gruppe „gebildet" werden könnte, ist z. B. das biologische Geschlecht. Lies dir den Text noch einmal durch und erkläre anschließend den Begriff „Geschlechterstereotype".
d. Beschreibe Beispiele für Geschlechterstereotype aus deinem Alltag.

Aufgabe 2

a. Welche geschlechterstereotypen Darstellungen finden sich in YouTube-Videos? Lies hierzu S. 13–14 im Material von KlickSafe. Den Text findest du über den QR-Code.
b. Vertiefung: Wie entstehen „Geschlechterstereotype"? Schau dir das Video an, welches du über den QR-Code findest. Erkläre anschließend den Begriff „Gender".
c. Hast du in den letzten Tagen in deiner Freizeit ein Video auf YouTube geschaut? Schau es dir noch einmal an und analysiere die geschlechterstereotypen Darstellungen.
(Alternativen:
   i. Schau dir Ausschnitte aus verschiedenen Videos deines Lieblings-YouTubers oder deiner Lieblings-YouTuberin an.

   ii. Schau dir zwei der beliebtesten Videos von „Bibis Beauty Palace", „Julien Bam" oder „Gronkh" an. (Hinweis: Dies sind drei der beliebtesten YouTuber*innen bei 14- bis 15-Jährigen.)

d. Schau dir deine Notizen aus M1 Aufgabe 2 a) noch einmal an. Würdest du das Video nun wieder so bewerten? Warum bleibst du bei deiner Einschätzung bzw. warum hat sich dein erster Eindruck verändert?

8 Weiterführende Materialvorschläge

Phase	Anmerkung	QR-Code		
I	Ergänzungen zu M2 Influencer-Werkstatt des Niedersächsischen Landesinstituts für schulische Qualitätsentwicklung	https://is.gd/i80hlt		
	Ergänzungen zu M2 Arbeitsmaterial von Klicksafe „Kosmos YouTube“	https://is.gd/tSiaZ7		
	(A) Erläutert, wie YouTube funktioniert • Nutzungsbedingungen von YouTube.de • klicksafe Infotext: Was ist YouTube?	https://is.gd/Ux3CZd	https://is.gd/OkzcMr	
	(B) Erläutert, wie YouTube wirkt • Influencer-Werkstatt Beispielanalyse: Influencer auf Instagram • Influencer-Werkstatt: Influencer – Was ist das? • klicksafe Infografik: Wie verdienen YouTuber-Stars Geld?	https://is.gd/Cb5qFT	https://is.gd/POXi7i	https://is.gd/YJPFXy
	(B) Erläutert, wie YouTube wirkt • Medienanstalten, Leitfaden zur Werbekennzeichnung bei Online-Medien • klicksafe, Infotext: Influencer – Wichtige Vorbilder oder schlechter Einfluss? • socialblade, Statistik: Top 100 YouTuber in Deutschland nach Followern	https://is.gd/OblheH	https://is.gd/HrRcjv	https://is.gd/x4qac6

I	(C) Erläutert, wie YouTube genutzt wird • Google Infotext: Starker Anstieg von YouTube-Nutzung auf TV-Bildschirmen • klicksafe Infotext: Was ist YouTube? • Google Infotext: Die beliebtesten YouTube-Werbevideos	https://is.gd/9LGukG https://is.gd/0UJih7 https://is.gd/qm7xN2
II	Ergänzungen zu M3 • klicksafe, Unterrichtsmaterial Baustein 3: Mediale Frauen- und Männerbilder	https://is.gd/NeGK1l
III	Videogestaltung • Vorlage Storyboard: Video im Unterricht • so-geht-medien, Downloads zum Thema „Drehen mit dem Smartphone"	https://is.gd/P0I0Pb https://is.gd/rm2J2C

Literatur

Arndt, Holger (2020): Ökonomische Bildung. FAU Lehren und Lernen, Bd. 3. Erlangen-Nürnberg.

Baacke, Dieter (1996): Medienkompetenz - Begrifflichkeit und sozialer Wandel. In: von Rein, Antje (Hg.): Theorie und Praxis der Erwachsenenbildung. Medienkompetenz als Schlüsselbegriff. Bad Heilbrunn, S. 112–124.

Brinda, Torsten/Brüggen, Niels/Diethelm, Ira/Knaus, Thomas/Kommer, Sven/Kopf, Christine/Missomelius, Petra/Leschke, Rainer/Tilemann, Friederike/Weich, Andreas (2019): Frankfurt-Dreieck zur Bildung in der digital vernetzten Welt: Ein interdisziplinäres Modell. Online: https://www.keine-bildung-ohne-medien.de/wp-content/uploads/2019/07/Frankfurt-Dreieck-zur-Bildung-in-der-digitalen-Welt.pdf (Zugriff: 22.4.22).

Burgess, Jean/Green, Joshua (2018): YouTube: Online video and participatory culture. 2. Auflage. Cambridge.

Döring, Nicola (2019): Videoproduktion auf YouTube: Die Bedeutung von Geschlechterbildern. In: Apelt, Maja/Bode, Ingo/Hasse, Raimund/Meyer, Uli/Groddeck, Victoria V./Wilkesmann, Maximiliane (Hg.): Handbuch Organisationssoziologie. Wiesbaden, S. 1–11. https://doi.org/10.1007/978-3-658-20712-0_53-1.

Famulla, Gerd-E./Fischer, Andreas/Hedtke, Reinhold/Weber, Birgit/Zurstrassen, Bettina (2011): Bessere ökonomische Bildung: problemorientiert, pluralistisch, multidisziplinär. In: Aus Politik und Zeitgeschichte, (12), S. 48–54. Online: https://www.bpb.de/shop/zeitschriften/apuz/33429/bessere-oekonomische-bildung-problemorientiert-pluralistisch-multidisziplinaer/ (Zugriff: 9.11.22).

Faulstich-Wieland, Hannelore/Weber, Martina/Willems, Katharina (2004): Doing Gender im heutigen Schulalltag: Empirische Studien zur sozialen Konstruktion von Geschlecht in schulischen Interaktionen. 2. Auflage. Veröffentlichungen der Max-Traeger-Stiftung, Bd. 39. Weinheim.

Götz, Maya/Prommer, Elizabeth (2020): Geschlechterstereotype und Soziale Medien: Expertise für den Dritten Gleichstellungsbericht der Bundesregierung. Berlin. Online: https://www.dritter-gleichstellungsbericht.de/kontext/controllers/document.php/124.7/f/6001aa.pdf (Zugriff: 22.4.22).

Gräßer, Lars/Noll, Christian (2020): Medienentwicklung und Medienpädagogik: Webvideo. In: Sander, Uwe/von Gross, Friederike/Hugger, Kai-Uwe (Hg.): Handbuch Medienpädagogik. Wiesbaden. https://doi.org/10.1007/978-3-658-25090-4_69-1.

Hedtke, Reinhold (2018): Das Sozioökonomische Curriculum. Sozioökonomische Bildung, Bd. 1. Schwalbach/Ts.

Hugger, Kai-Uwe/Braun, Lea M. (2015): Videoclips im Internet als Identitätsressource von Jugendlichen. In: Lauffer, Jürgen/Röllecke, Renate (Hg.): Bewegte Bilder: Bewegende Pädagogik. Visuelle Medienkulturen in der Jugendmedienarbeit. München, S. 19–24.

Hündgen, Markus/Argirakos, Dimitrios (2013): Lasst uns diskutieren. In: Gräßer, Lars (Hg.): Schriftenreihe zur digitalen Gesellschaft NRW, Bd. 2. Einfach fernsehen? Zur Zukunft des Bewegtbildes. München, S. 53–64.

KM BW – Ministerium für Kultus, Jugend und Sport Baden-Württemberg (2016): Bildungsplan des Gymnasiums. Wirtschaft/Berufs- und Studienorientierung (WBS). Stuttgart. Online: https://www.bildungsplaene-bw.de/site/bildungsplan/get/documents/lsbw/export-pdf/depot-pdf/ALLG/BP2016BW_ALLG_GYM_WBS.pdf (Zugriff: 13.7.22).

KMK – Kultusministerkonferenz (2016): Bildung in der digitalen Welt. Strategie der Kultusministerkonferenz (Beschluss vom 8.12.2016, in der Fassung vom 7.12.2017). Online: https://www.kmk.org/fileadmin/pdf/PresseUndAktuelles/2018/Digitalstrategie_2017_mit_Weiterbildung.pdf (Zugriff: 7.11.2022).

Kolo, Castulus (2021): Die Ökonomie sozialer Medien. In: Schmidt, Jan-Hinrik/Taddicken, Monika (Hg.): Springer NachschlageWissen. Handbuch Soziale Medien. 2. Auflage, Wiesbaden, S. 1–23.

mpfs – Medienpädagogischer Forschungsverbund Südwest (Hg.) (2020): JIM-Studie 2020: Jugend, Information, Medien. Basisuntersuchung zum Medienumgang 12- bis 19-Jähriger. Stuttgart. Online: http://www.mpfs.de/fileadmin/files/Studien/JIM/2020/JIM-Studie-2020_Web_final.pdf (Zugriff: 22.4.22).

mpfs – Medienpädagogischer Forschungsverbund Südwest (Hg.) (2021): JIM-Studie 2021: Jugend, Information, Medien. Basisuntersuchung zum Medienumgang 12- bis 19-Jähriger. Stuttgart. Online: https://www.mpfs.de/fileadmin/files/Studien/JIM/2021/JIM-Studie_2021_barrierefrei.pdf (Zugriff: 22.4.22).

Prommer, Elizabeth/Wegener, Claudia/Linke, Christine (2019): Geschlechterdarstellungen auf YouTube: Das enge Spektrum der YouTuberin und das weite Feld der Männer. FORUM Sexualaufklärung und Familienplanung, 1, S. 16–20. Online: https://forum.sexualaufklaerung.de/ausgaben-ab-2010/2019/ausgabe-1/geschlechterdarstellungen-auf-youtube/ (Zugriff: 9.11.22).

Rat für Kulturelle Bildung e. V. (Hg.) (2019): Jugend/YouTube/Kulturelle Bildung: Horizont 2019. Essen. Online: https://www.rat-kulturelle-bildung.de/fileadmin/user_upload/pdf/Studie_YouTube_Webversion_final.pdf (Zugriff: 22.4.22).

Retzmann, Thomas/Seeber, Günther/Remmele, Bernd/Jongebloed, Hans-Carl (2010): Ökonomische Bildung an allgemeinbildenden Schulen: Bildungsstandards Standards für die Lehrerbildung. Abschlussbericht an den Gemeinschaftsausschuss der deutschen gewerblichen Wirtschaft. Essen. Online: https://www.researchgate.net/publication/254406081_Oekonomische_Bildung_an_allgemein_bildenden_Schulen_-_Bildungsstandards_Standards_fuer_die_Lehrerbildung (Zugriff: 9.11.2022).

Schmid, Ulrich/Goertz, Lutz/Behrens, Julia/Bertelsmann Stiftung (2017): Monitor Digitale Bildung: Die Schulen im digitalen Zeitalter. Bertelsmann Stiftung. https://doi.org/10.11586/2017041.

Taddicken, Monika/Schmidt, Jan-Hinrik (2021): Entwicklung und Verbreitung sozialer Medien. In: Schmidt, Jan-Hinrik/Taddicken, Monika (Hg.): Springer NachschlageWissen. Handbuch Soziale Medien. 2. Auflage. Wiesbaden, S. 1–20.

Weich, Andreas (2019): Das „Frankfurt-Dreieck“. Ein interdisziplinäres Modell zur Bildung und Digitalisierung. In: Medienimpulse, 57(2). Online: https://journals.univie.ac.at/index.php/mp/article/view/2830/2541 (Zugriff: 9.11.2022).

Wiepcke, Claudia (2012): Wirtschaftsdidaktik und Geschlechterforschung. In: Kampshoff, Marita/Wiepcke, Claudia (Hg.): Handbuch Geschlechterforschung und Fachdidaktik. Wiesbaden, S. 299–313.

Jan-Martin Geiger, Andreas Liening,
Christian Lippe

Projektarbeit mit digitalen Tools in der Ökonomischen Bildung: Ein Praxischeck im Bereich der Entrepreneurship Education

1 Digitale Projektarbeitstools in der Ökonomischen Bildung

Agantty, Miro, Padlet, Slack, Trello und Co. – für den schulischen Einsatz stehen immer mehr digitale Tools zur Verfügung, die gemeinschaftliche Arbeitsprozesse transparenter machen und das Distanzlernen unterstützen wollen. Doch wie lassen sie sich innerhalb des Wirtschaftsunterrichts sinnvoll einbinden? Der vorliegende Beitrag verdeutlicht Möglichkeiten des Einsatzes digitaler Tools für die schulische Projektarbeit im Gegenstandsbereich der Entrepreneurship Education. Zu diesem Zweck erfolgt zunächst eine Einführung in die Projektarbeit vor dem Hintergrund ökonomischen Lehrens und Lernens. Hierbei werden auch potenzielle fachliche (d.h. wirtschaftswissenschaftliche) sowie interdisziplinäre Kompetenzbereiche (Kirchner/Loerwald 2014; Retzmann/Hausmann 2012) aufgezeigt, die sowohl durch die Projektarbeitsmethode als auch durch digitale Kommunikationstools gefördert werden. Der Einsatz dieser Tools muss dabei dem Anspruch gerecht werden, eine tatsächliche Unterstützung für das unterrichtliche Lerngeschehen anbieten zu können, indem der Individualität von Lernvoraussetzungen begegnet und zugleich gemeinschaftliches Lernen gefördert wird (Heinen/Kerres 2015). Ein solches Potenzial ist für die Projektarbeitsmethode grundsätzlich zu vermuten, bei der zunächst Informationen und Materialien durch die Lerngruppe gesammelt und strukturiert werden müssen. Digitale Tools versprechen, dass dies über die physische Distanz gelingt und besonders auch digitale Repräsentationsformen (z.B. Videos, Websites) stärker einbezogen werden können. Da Projektarbeiten über mehrere Wochen angelegt sein können und der Arbeitsprozess damit offener für Veränderungen wird, soll die digitale Unterstützung Transparenz über den gemeinschaftlichen Lernfortschritt verschaffen und eine asynchrone Aufgabenbearbeitung ermöglichen.

Wie eine unterrichtspraktische Einbindung der digitalen Projektarbeit gelingen kann, wird durch die Beschreibung einer exemplarischen Unterrichtseinheit zum Thema Geschäftsideeentwicklung gezeigt, die unter Einbezug des Projektarbeitstools Trello mit einer Stufe 11 innerhalb des sozialwissenschaftlichen Unterrichts eingesetzt wurde. Der vorliegende Beitrag schließt mit einer Reflexion und zeigt Potenziale wie Grenzen dieses spezifischen Zugangs für den ökonomischen Unterricht auf.

2 Unterrichtspraktische Bedeutung der digitalen Projektarbeit

Die (digitale) Projektarbeit soll Lernenden das eigenverantwortliche Durchlaufen unterschiedlicher Handlungsschritte bei der Erschließung eines fachspezifischen Phänomens eröffnen. Im Gegensatz zu replizierenden Lernformen (wie z.B. Auswendiglernen) wird Schülerinnen und Schülern auf diese Weise eine hohe Autonomie über ihr eigenes Lerngeschehen zugesprochen. Lerntheoretisch steht die Methode damit in der Tradition konstruktivistischer Ansätze wie dem erfahrungsbasierten Lernen (Kolb 1984). Die Projektarbeit gilt als eine Unterrichtsmethode, bei der Lernende sich gemeinschaftlich und in eigenverantwortlicher Weise einem Problem oder einer Gestaltungsaufgabe über einen bestimmten Zeitraum widmen (Gudjons 2014). Sie wird zu den Methoden der demokratischen Unterrichtsgestaltung gezählt (Dewey et al. 1935) und folgt dem Gedanken eines „gleichberechtigten Rollenverständnisses von Lehrenden und Lernenden“ (Kaiser/Kaminski 2012, 196). Ihr handlungsorientiertes Potenzial schöpft sie dabei aus der Zusammenführung mehrerer Arbeitsschritte, die die Aufgabenerschließung, Planung, Durchführung und Präsentation von Arbeitsergebnissen umfassen. Neben dem Aufbau fachlicher Expertise fokussiert diese Methode kollaboratives und selbstgesteuertes Lernen und fördert damit insbesondere auch überfachliche Kompetenzen (Reich 2008). Die Projektmethode ermöglicht es Lernenden zudem, eigenes Vorwissen zu aktivieren, etwa indem ein Einstieg über alltagsnahe (Entscheidungs-)Situationen z.B. im Hinblick auf eigene Konsumentscheidungen erfolgt (Kaiser/Kaminski 2012). Hierdurch wird unterrichtlichen Gestaltungsprinzipien wie u.a. Problemorientierung, Handlungsorientierung und kognitive Aktivierung (Arndt 2020) Rechnung getragen. Mit Blick auf ökonomische Lehr-Lern-Kontexte ist die Projektarbeit daher eine bedeutende Methode zur Erschließung unterschiedlicher Phänomene wie u.a. Einkommensentstehung und -verwendung, Wertschöpfung oder gesellschaftliche Dilemmata.

Das unterrichtliche Lerngeschehen wird zunehmend durch digitale Projektarbeitstools wie Trello, Slack, Padlet, Agantty, Miro u.v.m. unterstützt, die zwar nicht zuletzt, aber gerade auch angesichts der wachsenden Bedeutung von Distanzunterricht und E-Learning-Formaten eine Form der unterrichtlichen Teilhabe eröffnen. Die Idee digitaler Projektarbeitstools entspringt dem agilen Management und wurde zunächst innerhalb der Softwareentwicklung angewendet und später auf weitere Bereiche ausgedehnt (Lindner 2019). Es geht um das Herstellen von Transparenz über den Arbeitsfortschritt für alle Beteiligten und die damit verbundene Möglichkeit, Veränderungen an bestehenden Projektbausteinen vorzunehmen. Während dabei eine bestimmte Aufgaben- bzw. Problemstellung vorgegeben ist, werden Lösungen hierzu noch nicht final geplant, sondern vielmehr in kleinschrittiger Weise durch ein Projektteam in Bausteinen erstellt (Schwaber/Sutherland 2020). Die Nutzung digitaler Tools wird dabei als wesentliche Gelingensbedingung verstanden, da Teammitglieder ihre Projektfortschritte kontinuierlich aufeinander abstimmen können (Lindner 2019). Zudem besteht ein Vorteil in vielfältig verwendbaren Repräsentationsformen wie Texten, Grafiken und Tabellen, die im Gegensatz zu analogen Methoden neue Visualisierungs- und Strukturierungsmöglichkeiten eröffnen (Heinen/Kerres 2015). Wohl auch deshalb sind digitale Projektarbeitstools so anschlussfähig für unterrichtliches Lernen, etwa wenn es um die Organisation von Wissen, das gemeinsame Entwickeln von Arbeitsergebnissen oder das Verfolgen von Lernfortschritten in Echtzeit geht. So werden zur eigenständigen Erschließung von Problemstellungen und Erarbeitung von Lösungsansätzen umfangreiche Informationen und Materialien durch Lernende zusammengetragen (Kaiser/Kaminski 2012), die analysiert und gemeinschaftlich diskutiert werden können. Im Rahmen einer digitalen Projektarbeit können diese bspw. thematisch sortiert werden und von Lernenden mit eigenen Gedanken z.B. in Form digitaler Post-its versehen werden. Durch die digitale Projektmethode können Lernende zudem in asynchroner Form an ihren Projektbausteinen arbeiten, wodurch auch für das ökonomisch zentrale Konzept der Arbeitsteilung sensibilisiert wird.

Auf den ersten Blick bietet die digitale Projektarbeit somit folgende Unterstützungspotenziale für das Lerngeschehen im Wirtschaftsunterricht (nachfolgend finden sich Aspekte aus Heinen/Kerres 2015 adaptiert für die digitale Projektarbeit):

- Brainstorming (vgl. Scherzinger im vorliegenden Sammelband) und Aktivierung von Wissensaspekten im Hinblick auf ökonomische Themen, für die auch eine dauerhafte Sicherung möglich ist,
- Einbindung unterschiedlicher Repräsentationsformen wie Mindmaps und Grafiken sowie innovative Strukturierungsmöglichkeiten, um ökonomische Phänomene bzw. Zusammenhänge zu veranschaulichen,

- Transparenz über den Arbeitsfortschritt in Echtzeit, Sensibilisierung für Arbeitsteilung,
- kontinuierliche Veränderbarkeit von Projektbausteinen,
- Ermöglichung von Teilhabe über physische Distanz.

3 Kompetenzbereiche der Ökonomischen und digitalen Bildung

Die Verwendung digitaler Projektarbeitstools wie Miro, Padlet oder Trello adressiert verschiedene Kompetenzbereiche der Ökonomischen Bildung, die sich auf Fachwissen, methodisches Wissen oder soziale Kompetenzen beziehen und sowohl in fachlich (d.h. wirtschaftswissenschaftlichen) als auch überfachlich geprägten Situationen, die eine problembasierte Denkweise erfordern (z.B. bei Teamarbeit), Bedeutung entfalten. Mögliche Kompetenzen können Tab. 1 entnommen werden.

Tabelle 1: Kompetenzbereiche Ökonomischer und digitaler Bildung

Kompetenzbereich	Teilkompetenzen
Fachspezifische Kompetenzen	Lernende können ... • ökonomische Sachverhalte unter Einbezug digitaler Projektarbeitstools analysieren und strukturieren; • innerhalb der digitalen Lernumgebung (unternehmerische) Handlungsalternativen beurteilen und Projektbausteine planen; • gemeinschaftlich und digital Lösungsansätze für ökonomische Problemstellungen gestalten.
Überfachliche Kompetenzen	Lernende können ... • ein Problem eigenständig erschließen; • unterschiedliche Lösungen diskutieren und einander konstruktives Feedback geben; • ihre Arbeitsergebnisse vor ihrer Lerngruppe präsentieren.
Digitale Kompetenzen	Lernende können ... • eine Aufgabenstellung arbeitsteilig über die physische Distanz bearbeiten; • Informationen online recherchieren und diese vor dem Hintergrund einer Aufgabenstellung auswerten; • Projektfortschritte in digitaler Form dokumentieren.

Die formulierten Kompetenzen orientieren sich an Kompetenzmodellen im Hinblick auf Entrepreneurship und Innovation von Retzmann/Hausmann (2012) sowie Kirchner/Loerwald (2014), die digitalen Kompetenzbereiche sind dem „DigComp 2.2"-Modell von Vuorikari/Kluzer/Punie (2022) entlehnt.

4 Technische Voraussetzungen der digitalen Projektarbeit

Der sinnvolle Einsatz von Tools zur digitalen Projektarbeit setzt grundsätzlich eine angemessene digitale Ausstattung von Schulen, Lehrkräften sowie Schülerinnen und Schülern voraus. Sofern die digitale Projektarbeit in hybrider Form stattfindet, bedürfen nicht nur die Lernenden zu Hause, sondern auch in der Schule einer entsprechenden Ausstattung. Insbesondere ist auch die Bereitstellung einer schnellen und stabilen Internetverbindung sowohl innerhalb der Schule (WLAN) als auch ans Netz (Glasfaser) zu nennen. Zudem ist in diesem Zusammenhang auch an die Hardwareseite zu denken (Smartboard, Panel etc. mit Kamera und entsprechenden Mikrofonen sowie Tablets oder Laptops/PCs), die für eine hybride Form des Unterrichts innerhalb der Schule zugänglich sein müssten.

Die digitalen Tools spielen ihren Vorteil genau dann aus, wenn Präsenzunterricht eingeschränkt ist, z.B. im Zuge von Homeschooling oder hybridem Unterricht. Ist Lernenden ein Schulbesuch nicht möglich, sind sie gleichzeitig aber grundsätzlich zur Teilnahme am gemeinschaftlichen Lerngeschehen fähig (denkbar z.B. bei krankheitsbedingter Isolation), eröffnen ihnen hybride Lernformen eine wichtige Form der Teilhabe. Viele digitale Projektarbeitstools bieten den Vorteil, Arbeitsfortschritte über eine längere Zeit in einem geschützten Rahmen abzubilden. Das setzt gleichwohl eine Registrierung durch Schüler*innen bzw. durch die Lehrkraft voraus (z.B. bei Trello, Agantty, Slack). Hierfür sollte zu Beginn bzw. vorab entsprechend Zeit reserviert werden. Je nach Tool und Lerngruppe muss für die Registrierung gegebenenfalls das Einverständnis von Eltern bzw. auch der Schulleitung eingeholt werden. Vorteilhaft ist in jedem Fall der geschützte Arbeitsraum, in dem sich die Schüler*innen bewegen können und der überdies eine dauerhafte Nutzung von Arbeitsergebnissen erlaubt. Interessant erscheinen alternative Tools, die eine Nutzung ohne separate Anmeldung ermöglichen (z.B. über das Schaffen einer Schnittstelle in moodle). Dieses würde auch eventuelle Berührungsängste (Datenschutz/Datenmissbrauch) auffangen.

+ – 5 Potenziale und Herausforderungen der digitalen Projektarbeit in der Entrepreneurship Education

Gerade innerhalb der Entrepreneurship Education, die auf die Förderung unternehmerischer Denk- und Verhaltensweisen zielt und Schülerinnen und Schülern einen kritisch-konstruktiven Umgang mit Phänomenen wie Gründung und Innovation ermöglichen will (Kirchner/Loerwald 2014), ist die digitale Projektarbeit eine wichtige Methode. Ein prominentes Beispiel stellen Schulfirmenprojekte dar, im Zuge derer Lernende die Rolle von Gründungspersonen einnehmen und gemeinschaftlich an eigenen Geschäftsideen arbeiten (Liening et al. 2016; Penning 2015). Im Rahmen solcher Lernprozesse kommt das Potenzial digital ausgerichteter Projektarbeitstools, das in der Förderung asynchronen, gemeinschaftlichen Lernens und dem nachhaltigen Sichern von Projektfortschritten über einen längeren Zeitraum liegt, zum Tragen. Auch jenseits von Schulfirmen scheinen digitale Projektarbeiten zur Gestaltung entrepreneurialer Lernarrangements geeignet, z.B. in Kombination mit Fallstudienarbeiten oder Planspielen (Liening 2019). Dies ergibt sich einerseits aus dem handlungsorientierten Fokus der Methode, die von der Problemerfassung bis hin zur Erarbeitung von Lösungen unterschiedliche Projektschritte miteinander verzahnt und neben der Erarbeitung fachlicher Phänomene insbesondere auch soziale und methodische Kompetenzen fördert (Gudjons 2014). Andererseits stammen digitale Projektarbeitstools selbst aus dem Anwendungsbereich der Geschäftsprozessentwicklung und des Innovationsmanagements (Schwaber/Sutherland 2020) und können Schülerinnen und Schülern ein praxisnahes Erleben dieser Phänomene ermöglichen. Unterrichtlich kann dies bspw. durch die Entwicklung von Produktprototypen oder das Designen von Geschäftsprozessen realisiert werden.

Neben den aufgezeigten Potenzialen ist auch auf Grenzen der digitalen Projektarbeit hinzuweisen. Ihr Einsatz stellt hohe Anforderungen an Lehrende und Lernende, da ein schmaler Grat zwischen Über- und Unterforderung der Lerngruppe bestehen kann. Während die mit der Methode verbundene hohe Autonomie über den eigenen Lernprozess zwar das Selbstvertrauen Lernender in ihre Fähigkeiten fördern kann, ist gleichwohl ein aktives Zutun und die Fähigkeit zum Formulieren von Zielen für die Projektarbeit eine wesentliche Voraussetzung der Lerngruppe (Kaiser/Kaminski 2012; Knoblauch 2022). Digitale Tools können hier bei einem Einsatz unter physischer Distanz sogar noch problemverschärfend wirken. Sofern also Unklarheiten seitens der Aufgabenstellungen zu groß sind oder es Lernenden nicht gelingt, sich auf ein konkretes Projektziel zu fokussieren, besteht die Gefahr der Überforderung, die ohne entsprechendes Monitoring noch schwieriger durch Lehrende erkannt werden kann. Lernende können dann im Extremfall resignieren, andererseits können auch unterfordernde Problemstellungen demotivierend wirken und das Lernerlebnis beeinträchtigen. Lehrende müssen sich daher gegenüber Anzeichen möglicher Über- oder Unterforderung sensibel zeigen und Möglichkeiten finden, das digital stattfindende Lerngeschehen zu begleiten. Ein weiterer schmaler Grat besteht auch hinsichtlich der Asynchronität des Lerngeschehens, mit der einerseits eine Individualisierung des Lerngeschehens und damit eine stärkere Orientierung an individuellen Lernbedingungen verbunden wird (Heinen/Kerres 2015). Andererseits lässt sich beobachten, dass eine asynchrone Aufgabenbearbeitung bzw. Präsentation von Ergebnissen auch dazu führen kann, dass Lernende weniger miteinander interagieren und Gelegenheiten zur gegenseitigen Wertschätzung von Projekten fehlen (Knoblauch 2022). Hilfreich kann hier das Einbetten einzelner synchroner Elemente (z.B. das Vorstellen von Zwischen- oder Endergebnissen) sein, bei denen zudem die Diskussionsatmosphäre – die bei digitalen Zusammenkünften ebenfalls leiden kann – gestärkt wird (ebd.).

6 Digitale Projektarbeitstools im Praxischeck: Exemplarische Unterrichtsgestaltung mit Trello

Unternehmerisches Denken und Handeln ist für Menschen in vielerlei Situationen bedeutsam und fokussiert sich u.a. auf berufliche Rollen wie Gründung oder Innovationsprozesse in abhängiger Beschäftigung (Kirchner/Loerwald 2014). Gleichzeitig soll unternehmerisches Denken und Handeln auch einen reflektierten Umgang im Rahmen von Kaufentscheidungen ermöglichen, etwa wenn es darum geht, eine Produktauswahl anhand bestimmter Wertschöpfungsaspekte (z.B. die Einhaltung des Wohls von Mensch und Tier) vorzunehmen. Das nachfolgende Beispiel legt daher den Fokus der digitalen Projektarbeit auf die Entwicklung von Geschäftsideen, um Schülerinnen und Schülern einen Eindruck für relevante Aspekte organisationaler Wertschöpfung zu ermöglichen. Bei diesen Aspekten handelt es sich in Anlehnung an Gassmann/Frankenberger/Csik (2013) um:

- das zentrale Wertversprechen, das von einer Geschäftsidee ausgeht und dabei ein Produkt oder eine Dienstleistung einschließen kann,
- die damit verbundenen Einnahmequellen,
- die dahinterliegende Wertschöpfungskette sowie
- die angesprochene Kundschaft.

Lernende können den kritischen Umgang mit diesen Aspekten üben, indem sie eigene Geschäftsideen entwickeln und reflektieren. Wie dies unter Einbindung der digitalen Projektarbeitsmethode gelingen kann, ist nun nachfolgend dargelegt.

Die Unterrichtseinheit ist für Lerngruppen der Klassenstufen 10 und 11 geeignet. Lernende stehen in dieser Phase an der Schwelle zum Berufsleben und befassen sich zunehmend mit Fragen der Einkommensentstehung und -verwendung (Steinmann 1997). Ein kritisches Auseinandersetzen mit betrieblichen Wertschöpfungsaspekten erscheint daher als ein wichtiger und lebensnaher Themenbereich für die Lerngruppe. Das vorliegende Praxisbeispiel verfolgt daher das Ziel, Schülerinnen und Schülern mithilfe der digitalen Projektarbeit eine reflexive Betrachtung unterschiedlicher Wertschöpfungsaspekte zu ermöglichen.

6.1 Didaktischer Aufbau

Planungsaspekt	Erläuterung
Klassenstufe	Stufe 10/11
Zeitbedarf	3 Unterrichtsstunden à 45 Minuten
Anknüpfungspunkte in den Lehrplänen	Inhaltsfelder insbesondere zu beruflichen Rollen und Verbrauch, z. B. Gründung und Transfer, Berufswahl, Markt und Wettbewerb
Lernziele	Lernende, die die Unterrichtseinheit erfolgreich absolvieren, können ... • betriebliche Wertschöpfungsaspekte arbeitsteilig erkunden; • Informationen und Materialien digital strukturieren und analysieren; • eine Geschäftsidee mit digitalen Projekttools in gemeinschaftlicher Weise gestalten; • das Phänomen „Gründung" reflektieren.

6.2 Möglicher Unterrichtsverlaufsplan

Sequenz und Minuten	Hinweise	Materialien/Medien/ Sozialform
Vorstellung der Projektarbeit 10 Minuten	Die Lehrkraft führt in das Thema „Wie entwickelt man eine Geschäftsidee?" ein. Hierbei wird die Bedeutung des Themas für die Lerngruppe hervorgehoben und auf die einleitende Aufgabenstellung (Entwicklung einer Geschäftsidee) aufmerksam gemacht.	Bildung von Gruppen zu je 3 bis 4 Schülerinnen und Schülern
Einführung in die Geschäftsideeentwicklung 25 Minuten	Das Arbeitsblatt zur Geschäftsideeentwicklung wird ausgeteilt. Die Lernenden erarbeiten Aspekte, die für die Entwicklung einer eigenen Geschäftsidee bedeutend sein können.	Arbeitsblatt „Geschäftsidee" (Aufgaben 1 und 2) Arbeit in den Lerngruppen
Einführung in das digitale Projektarbeitstool 10 Minuten	Die Lernenden melden sich bei Trello an, begeben sich in ihre Lerngruppe und machen sich mit der Lernumgebung vertraut. Die Lehrkraft verwaltet die Lerngruppen in Trello.	Computer/Tablet sowie das digitale Tool (hier: Trello) Einen Kurzüberblick über die Möglichkeiten dieses Tools bietet trello.com/de/guide
Entwicklung einer eigenen Geschäftsidee 45 Minuten	Die Lernenden entwickeln eigenständig eine Geschäftsidee, die sich im schulischen Rahmen umsetzen lässt. Hierbei orientieren sie sich an den im Rahmen des Arbeitsblatts vorgestellten Geschäftsmodellaspekten.	Computer/Tablet sowie das digitale Tool (z. B. Trello)
Ergebnispräsentation 30 Minuten	Die Lerngruppen stellen ihre Ergebnisse im Plenum vor und steigen anschließend in die Diskussion ein.	Computer/Tablet sowie das digitale Tool, Videopräsentation bei Distanz, Plakate bei Präsenz
Reflexion 15 Minuten	Die Lehrkraft leitet die inhaltliche und methodische Reflexion der Unterrichtseinheit an. Hierbei können Anknüpfungspunkte der Projektarbeit für die tatsächliche Umsetzung einzelner Geschäftsideen in der Schule thematisiert werden.	Digitales Kommunikationstool

Materialien

M1 „Geschäftsidee"

In Vorbereitung auf die Abschlussfeier möchte die Stufe 11 ihre Kasse aufbessern und spielt mit dem Gedanken, eine Schulfirma zu gründen. Für eine Ausarbeitung erster Ideen gründet sich eine Projektgruppe um Sina und Oskar. Sie kennen sich bislang jedoch nicht mit Gründungen aus und überlegen, welche Punkte man bei der Entwicklung einer Geschäftsidee berücksichtigen müsste.
Im Zuge ihrer Recherche stoßen sie auf ein Geschäftsmodellkonzept, das aus unterschiedlichen Punkten wie 1) Wertversprechen, 2) Kundinnen/Kunden, 3) Ressourcen und 4) dem Ertragsmodell besteht.

Abbildung 1: Geschäftsmodellkonzept

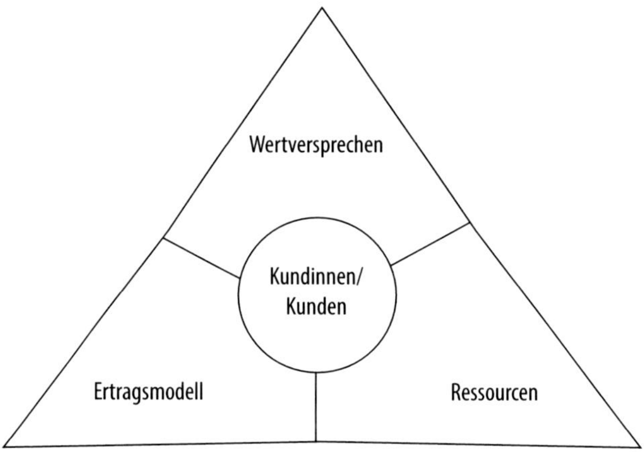

Quelle: Übersetzt aus Gassmann/Frankenberger/Csik (2013)

Aufgaben

1) Bitte recherchiert, was sich hinter den Begriffen verbirgt, und notiert euch Definitionen in eigenen Worten. Diskutiert darauf aufbauend, warum diese Aspekte wichtig für eine Geschäftsidee sein könnten.
2) Wählt ein Unternehmen oder eine gemeinnützige Organisation aus, die euch bekannt ist. Analysiert in Gruppenarbeit, wie die Geschäftsmodellaspekte dort ausgestaltet sind.
3) Helft Sina und Oskar bei der Entwicklung einer Schulfirma und orientiert euch dabei an den oben genannten Aspekten. Trefft dazu realistische Annahmen (z. B. über verfügbare Räumlichkeiten, finanzielle Mittel etc.) und erarbeitet in Gruppen ein plausibles Geschäftsmodell.

6.3 Funktionen von Trello

Trello geht über das Einbinden und Strukturieren von Arbeitsmaterialien oder Notizen hinaus. Lerngruppen können zu einzelnen Projektarbeitsschritten Pinnwände mit digitalen Inhalten erstellen, Teilaufgaben definieren sowie Checklisten und Zeit- bzw. Terminpläne einbinden. Hierbei lassen sich die Gruppenmitglieder einzelnen Projektarbeitsschritten zuordnen, sodass eine arbeitsteilige Bearbeitung möglich wird. Das Verwenden von Checklisten schafft Transparenz dahingehend, welche Arbeitsschritte bereits erledigt bzw. welche noch offen sind. Eingebundene Materialien (Texte, Grafiken, Videos, Websites) und digitale Post-its können via „Drag-and-drop"-Funktion strukturiert und für die Lerngruppe sichtbar gemacht werden. Lehrende können bei entsprechender Konfiguration und mit Einverständnis der Teilnehmenden Einsicht in die einzelnen Projektarbeitsgruppen nehmen und damit den Arbeitsfortschritt verfolgen. Es ist ratsam, dass eine Einführung in die wichtigsten Funktionen bei der Erstnutzung vorausgeht.

6.4 Erprobung und Reflexion der Unterrichtsreihe: Ein Erfahrungsbericht

Die oben beschriebene Unterrichtsreihe wurde im Dezember 2021 mit der Klassenstufe 11 einer Gesamtschule in Nordrhein-Westfalen erprobt. Unterrichtlich wurde die Reihe in das Fach Sozialwissenschaften eingebunden. Nachstehend erfolgt die Reflexion der hierbei gesammelten Praxiserfahrungen.

Das Entwickeln einer Geschäftsidee weckt bei den Schülerinnen und Schülern Kreativität und Spaß, was sich auch an der Vielzahl der unterschiedlichen Ideen ablesen lässt. Die Gruppen setzen verschiedene Schwerpunkte und fokussieren sowohl mögliche Outcomes aus den vorhandenen Ressourcen (z.B. Nutzung vorhandener Räumlichkeiten zur Gründung einer Schulcafeteria oder eines „Repaircafés") als auch die Frage, wie größtmögliche Einnahmen generiert werden können (als Ziel wird bspw. ein fester Betrag ausgegeben). Hervorzuheben ist, dass die Lernenden sich an den örtlichen Gegebenheiten ihrer Schule orientieren und die Aufgabe damit lebensnah wird. Die Lernenden nutzen die Funktionen von Trello unterschiedlich stark und binden z.B. Fotos von Räumen ein oder führen Preisrecherchen unter Einbezug von Weblinks durch. Zu wünschen wäre eine verstärkte Nutzung der Visualisierungsfunktionen, etwa für Brainstormings oder um das Modell aus dem Arbeitsblatt mit Inhalt zu füllen. Im Zuge der Erarbeitung einer eigenen Geschäftsidee benötigen die Lerngruppen vereinzelt Hilfestellung bei der Beschreibung des Wertversprechens oder dem Bewusstmachen von Ressourcen. Auch die Verknüpfung der Aspekte untereinander bedarf der Unterstützung durch die Lehrperson.

Literatur

Arndt, Holger (2020): Ökonomische Bildung. Erlangen.

Dewey, John/Kilpatrick, William/Schulz, Georg/Wiesenthal, Ernst (1935): Der Projekt-Plan: Grundlegung und Praxis. Weimar.

Gassmann, Oliver/Frankenberger, Karolin/Csik, Michaela (2013): The St. Gallen Business Model Navigator. Online: https://wackwork.de/wp-content/uploads/2017/11/St-Gallen-Business-Model-Innovation-Paper.pdf (Zugriff: 9.11.22).

Gudjons, Herbert (2014): Handlungsorientiert lehren und lernen: Schüleraktivierung – Selbsttätigkeit – Projektarbeit. Reihe: Erziehen und Unterrichten in der Schule. 8. Auflage. Bad Heilbrunn.

Heinen, Richard/Kerres, Michael (2015): Individuelle Förderung mit digitalen Medien. Handlungsfelder für die systematische, lernförderliche Integration digitaler Medien in Schule und Unterricht. Gütersloh. Online: https://www.bertelsmann-stiftung.de/fileadmin/files/BSt/Publikationen/GrauePublikationen/Studie_IB_iFoerderung_digitale_Medien_2015.pdf (Zugriff: 9.11.22).

Kaiser, Franz-Josef/Kaminski, Hans (2012): Methodik des Ökonomieunterrichts: Grundlagen eines handlungsorientierten Lernkonzepts mit Beispielen. Bad Heilbrunn.

Kirchner, Vera/Loerwald, Dirk (2014): Entrepreneurship Education in der Ökonomischen Bildung. Eine fachdidaktische Konzeption für den Wirtschaftsunterricht. Hamburg.

Knoblauch, Christoph (2022): Digital Project-Based Learning in the Higher Education Sector. In: Guralnick, David/Auer, Michael E./Poce, Antonella (Hg.): Innovations in Learning and Technology for the Workplace and Higher Education. Cham, S. 170–179.

Kolb, David A. (1984): Experiential learning: Experience as the Source of Learning and Development. 2. Auflage. Englewood Cliffs.

Liening, Andreas (2019): Ökonomische Bildung: Grundlagen und neue synergetische Ansätze. 2. Auflage. Wiesbaden.

Liening, Andreas/Geiger, Jan-Martin/Kriedel, Ronald/Lahme, Cornelius/Sender, Till/Wagner, Waldemar (2016): Synergetische Ökonomische Bildung – Theoriebildung und praktische Einbettung am Beispiel des Dortmunder Modells der Entrepreneurship Education. In: Arndt, Holger (Hg.): Das Theorie-Praxis-Verhältnis in der ökonomischen Bildung. Schwalbach/Ts., S. 57–69.

Lindner, Dominic (2019): KMU im digitalen Wandel. Ergebnisse empirischer Studien zu Arbeit, Führung und Organisation. Wiesbaden.

Penning, Isabelle (2015): Schülerfirmen als Simulationsmodell. In: Arndt, Holger (Hg.): Kognitive Aktivierung in der Ökonomischen Bildung. Schwalbach/Ts., S. 228–241.

Reich, Kersten (2008): Konstruktivistische Didaktik. 4. Aufl. Weinheim.

Retzmann, Thomas/Hausmann, Viona (2012): Wie lässt sich unternehmerisches Denken messen? Überlegungen zur Konstruktion eines standardisierten Tests. In: Retzmann, Thomas (Hg.): Entrepreneurship- und Arbeitnehmerorientierung. Leitbilder und Konzepte für die ökonomische Bildung in der Schule. Schwalbach/Ts., S. 50–65.

Schwaber, Ken/Sutherland, Jeff (2020): The Scrum Guide. The Definitive Guide to Scrum: The Rules of the Game. Online: https://scrumguides.org/docs/scrumguide/v2020/2020-Scrum-Guide-US.pdf (Zugriff: 9.11.22).

Steinmann, Bodo (1997): Das Konzept Qualifizierung für Lebenssituationen im Rahmen der ökonomischen Bildung heute. In: Kruber, Klaus-Peter (Hg.): Konzeptionelle Ansätze für ökonomische Bildung. Bergisch Gladbach, S. 1–22.

Vuorikari, Riina/Kluzer, Stefano/Punie, Yves (2022): DigComp 2.2. The Digital Competence Framework for Citizens. With new examples of knowledge, skills and attitudes. Luxemburg. Online: https://data.europa.eu/doi/10.2760/490274 (Zugriff: 20.4.22).

Manfred Mohr

Online-Debattieren in der Ökonomischen Bildung mit Kialo

1 Einleitung

In der Ökonomischen und politischen Bildung existiert eine Vielzahl an Methoden mit einem Fokus auf dem kritischen und reflektierten Meinungsaustausch. Hierzu gehören beispielsweise die Talkshow, die Fishbowl-Diskussion, die Pro-Kontra-Debatte und auch Fallstudien oder Planspiele, in denen Diskussionen eine tragende Rolle spielen. Alle diese Methoden bieten den Schülerinnen und Schülern die Möglichkeit, eigene Interessengebiete abzugrenzen, sich zu artikulieren, in andere Denkweisen hineinzuversetzen, Kompromisse zu schließen sowie diese zu akzeptieren (Scholz 2010). Onlinediskussionsforen bestehen bereits seit geraumer Zeit und bieten Raum für einen Wissens- und Informationsaustausch, auch außerhalb von innerschulischen Lernumgebungen (Thomas 2002). Neuere digitale Plattformen wie tricider (2011) oder Kialo (2017), die explizit für die schulische und studentische Umgebung entwickelt oder weiterentwickelt wurden, ermöglichen mithilfe von Pro-Kontra-Listen die Durchführung von digitalen Diskursen in Echtzeit. Differenzen zwischen den verschiedenen Diskussionsformen werden insbesondere in der Ausgestaltung des Streitgesprächs oder der Debatte zu den jeweiligen Standpunkten sichtbar (Zierer 2019).

Aufgrund ihrer breiten Zugänglichkeit und kontinuierlichen Weiterentwicklung eignet sich die Diskussionsplattform Kialo besonders gut für eine beispielhafte Einbindung von Online-Debatten im Rahmen von Schulunterricht. Die Website Kialo wurde als kostenfrei zugängliche Anlaufstelle für Diskussionsanlässe jeglicher Art gegründet (Margolis 2018). Nach einer Registrierung besteht die Möglichkeit, an bereits bestehenden und aktuell populären Diskussionen mittels Pro- und Kontrabeiträgen teilzunehmen. Über die eigens für Bildungszwecke angepasste Website Kialo Edu (https://www.kialo-edu.com) können Lehrende eine eigene Diskussionsgrundlage erschaffen, eine Themenstellung festsetzen sowie damit verbundene Informationen in Textform oder mithilfe von Bildern oder Grafiken hinterlegen.

2 Didaktische Verortung und Kompetenzförderung von Kialo als Online-Debatte

Als digitale Variante der Pro-Kontra-Debatte bestehen bei der Online-Debatte sowohl Verknüpfungen zur konstruktivistischen Lerntheorie als auch zu lerntheoretischen Ansätzen des Konnektivismus. Im Sinne der konstruktivistischen Didaktik konstruieren sich die Lernenden ihre eigene Vorstellung von richtig oder falsch, für oder gegen, indem sie verfügbare Informationen analysieren, abwägen oder diskutieren (Reich 2010). Auch bietet die aktive Auseinandersetzung mit konträren Meinungen sowie Reflexionsphasen die Möglichkeit, zuvor eingenommene Standpunkte zu dekonstruieren und neu zu denken. In der Online-Debatte entstehen aus Grundpositionen Weiterführungen und zugleich damit verbundene Gegenreaktionen. Entlang der Leitplanken des konnektivistischen Ansatzes handelt es sich damit um vernetzte Lernprozesse und um sich fortwährend wandelnde Informationsmengen (Siemens 2005).

Mittels der Online-Debatte werden konstituierende fachdidaktische Prinzipien der Ökonomischen oder politischen Bildung berücksichtigt (Schattschneider 2020). Die Lernenden setzen sich mit einem problembehafteten Sachverhalt auseinander, dessen Ursachen, Zusammenhänge und Konsequenzen ergründet werden (Problemorientierung). So erwiesen sich ethisch oder emotional berührende Themenfelder, wie beispielsweise der Handel oder die Privatisierung von Nahrungsmitteln, Möglichkeiten einer staatlichen Regulierung der Preise von Alltagsgütern oder die Abschaffung staatlich geregelter Ladenöffnungszeiten als besonders motivierend. Problemstellungen können meist unterschiedliche Denk-, Diskussionsansätze sowie verschiedene Lösungsmöglichkeiten eröffnen (Multiperspektivität). Die differierenden Standpunkte können dabei innerhalb von Onlineplattformen sowohl schriftsprachlich, bildlich als auch videounterstützt bzw. multimedial dargestellt werden (Scheiter 2017). Die aus Diskussionsanlässen aufkeimenden Meinungsverschiedenheiten und die daraus entstehenden Konflikte zwischen den Vertreterinnen und Vertretern der verschiedenen Standpunkte gilt es aufzulösen (Kontroversität). All diese Prozesse dienen einem reflektierten und umfassenden Einblick in einen vordefinierten Sachverhalt und damit einer differenzierten Meinungsbildung (Urteilsbildung). Schließlich bietet die (Online-)Debatte den Lernenden ein lebensweltorientiertes Feld, indem sie gemeinsam innerhalb eines simulativen Handlungsprodukts selbst zu Handelnden werden (Handlungsorientierung). Durch die Auseinandersetzung mit unterschiedlichen Positionen zu aktuellen und lebensnahen Fragestellungen sollen Schüler*innen lernen, konsensfähige Lösungen für spannungsbehaftete Situationen zu begründen. Entsprechend eröffnet die Methode für den Kompetenzbereich „Konflikte perspektivisch und ethisch beurteilen“ (DeGöB 2014) ein besonders breites Lernfeld. Abseits inhaltlicher Auseinandersetzungen fördern Online-Debatten insbesondere die Kommunikationskompetenz in einer digitalen Welt. Schüler*innen lernen, Meinungen und Positionen überzeugend darzustellen, auf andere Argumentationslinien einzugehen (Arndt 2013; Vuorikari/Kluzer/Punie 2022), und erweitern dadurch zugleich ihre Ambiguitätstoleranz.

3 Mögliche Ablaufphasen einer Online-Debatte mit Kialo

Online-Debatten können sowohl von der Lehrkraft als auch von Schülerinnen und Schülern angestoßen werden. Vorbereitend für den Einsatz in schulischen Lern-Settings sollte von der Lehrkraft eine möglichst ergiebige und zugleich eine an der Lebenswelt der Schüler*innen orientierte Problemstellung recherchiert werden (Schattschneider 2020). Beispielhaft hierfür könnte eine Kontroverse zur Einführung von Mindestpreisen auf Fleisch oder gar ein Konsumverzicht auf Fleisch sein. Ziel ist es, Wirtschaftsunterricht für „alltägliches Handeln durchsichtig und kritisierbar zu machen, um bewusstes Handeln für den einzelnen wie für die Gruppen zu ermöglichen“ (Hahn/Hiller 1975, 190).

Ein grobes Konzept zur Integration in den Schulunterricht findet sich für den englischen Sprachunterricht (Lorenz 2021). Für den Einsatz von Online-Debatten in der Ökonomischen oder politischen Bildung existiert bislang kein definiertes Ablaufschema. Entsprechend bieten sich Rückgriffe auf Strukturschemata wie etwa die Pro-Kontra-Debatte an. In der Literatur besteht mindestens ein Konsens über eine Untergliederung in eine Vorbereitungsphase, Diskussionsphase und Reflexionsphase (Mickel 1999; Kuhn/Gloe 2010; Arndt 2013). Vorgeschlagen wird an dieser Stelle eine ergänzende und ausführlichere Untergliederung in sechs Phasen: Konfrontation, Abstimmung I, Information, Diskussion, Abstimmung II, Reflexion.

Die Phasen lassen sich hybrid in den Präsenzunterricht integrieren oder können in Gänze online und mit synchronen sowie asynchronen Unterrichtsphasen stattfinden.

Konfrontation	Die Lernenden werden mit einer möglichst alltagsbezogenen, problembehafteten und kontrovers zu diskutierenden Fragestellung konfrontiert. Beispiele für Kontroversen sind z. B.: Die Einführung eines Mindestpreises für Fleisch oder Butter oder Entscheidungen zwischen Eigennutz und Allgemeinwohl. Die Visualisierung kann vollständig auf Kialo erfolgen und mittels grafischer Darstellungen unterstützt werden.
Abstimmungsphase I	In einer ad hoc durchgeführten Umfrage wird ein spontanes Meinungsbild zum Thema eingeholt. Es bietet sich an, das Ergebnis festzuhalten, sodass in der Reflexionsphase erneut darauf zurückgegriffen werden kann. Hierzu kann ergänzend auf andere digitale Lerntools, wie beispielsweise Mentimeter, zurückgegriffen werden (vgl. Brahm im vorliegenden Handbuch).
Informationsphase	Die Lernenden erhalten in Einzel- oder Gruppenarbeit einen Einblick in die befürwortenden sowie ablehnenden Positionen zur Eingangsfrage. Die Kontroversen bilden das fachliche Fundament und können zugleich Anregung für weiterführende Gedankengänge oder für eine vertiefende Recherche auf weiteren Websites bieten.
Diskussionsphase	In einer ersten Phase verfassen die Schüler*innen in Gruppen Pro- und Kontraargumente auf Kialo. Anschließend werden die Gruppen aufgelöst. Die Lernenden kommentieren und bewerten nun die jeweiligen Argumente und unterstützen oder entkräften die Positionen durch eigene Ergänzungen.
Abstimmungsphase II	Das durch die Diskussion neu formierte Meinungsbild zur Eingangsfrage wird erneut erhoben. Zur besseren Vergleichbarkeit sollte auf dasselbe Instrument wie in der ersten Abstimmungsphase zurückgegriffen werden.
Reflexionsphase	Abschließend findet ein Austausch statt, indem die Lernenden erläutern, welche Argumente sie am meisten überzeugt haben und aus welchen Gründen einzelne Schüler*innen zu einer Neupositionierung ihrer Haltung gekommen sind.

4 Technische Voraussetzungen und praktische Tipps

Kialo bietet auf seiner offen und kostenfrei zugänglichen Plattform einen schnellen Einstieg in digital gestützte Diskussionsprozesse. Voraussetzung für den Abruf ist ein Webbrowser und eine bestehende Internetverbindung. Durch die verhältnismäßig breite englischsprachige Community bietet sich besonders der Einsatz im bilingualen Unterricht an (Lorenz 2021). Die Informationsphase kann durch die Auswahl einer bereits aktiven und frei zugänglichen Diskussion vollständig auf Kialo erfolgen, wodurch ein Vorbereitungsschritt für die Lehrkraft entfällt. Als Beispiel für eine deutschsprachige Kialo-Diskussion findet sich eine Auseinandersetzung zum Thema „Bedingungsloses Grundeinkommen: Pro und Contra", welches unter https://www.kialo.com/bedingungsloses-grundeinkommen-pro-und-contra-31355/ (Kialo 2022) aufgerufen werden kann.

Die ebenfalls kostenfreie und eigens für den Bildungssektor entworfene Schwesterplattform Kialo Edu, erreichbar unter https://www.kialo-edu.com/, bietet zusätzlich für Lehrkräfte umfassende Möglichkeiten zur Rechte- und Aufgabenverwaltung. Diskussionen können gezielt zugänglich gemacht, geplant und mit einem Start- und Endzeitpunkt festgelegt werden. Zudem können den Schülerinnen und Schülern Diskussionsaufgaben gestellt werden. Dazu legt die Administration eine Mindestanzahl an eigenen neuen Argumenten, Unterargumenten, Kommentaren, Quellenangaben oder Abstimmungen fest. Zusätzlich können Lehrende Einzelfeedbacks senden, welche auf Wunsch nur für die Verfassenden einsehbar sind. Somit kann der Lernprozess während und auch im Anschluss an eine Diskussion unterstützt werden.

Für die Auswertung und Reflexionsphasen einer Kialo-Diskussion werden zwei sich kontinuierlich aktualisierende Visualisierungstools angeboten. Mittels der Baumstruktur und der Startseite findet sich ein rascher Überblick über die Anzahl und Art der maßgeblichen Argumente. Die Diskussions-Topologie (Abb. 1) bietet hierzu ergänzend eine detailliertere Einsicht in den Diskussionsverlauf. Nachvollziehbar sind Grunddaten wie die Anzahl der Teilnehmenden, die Zahl der Argumente und Kommentare sowie deren Zugehörigkeit zu übergeordneten Basisargumenten (Chaudoin/Shapiro/Tingley 2017).

Abbildung 1: Diskussions-Topologie

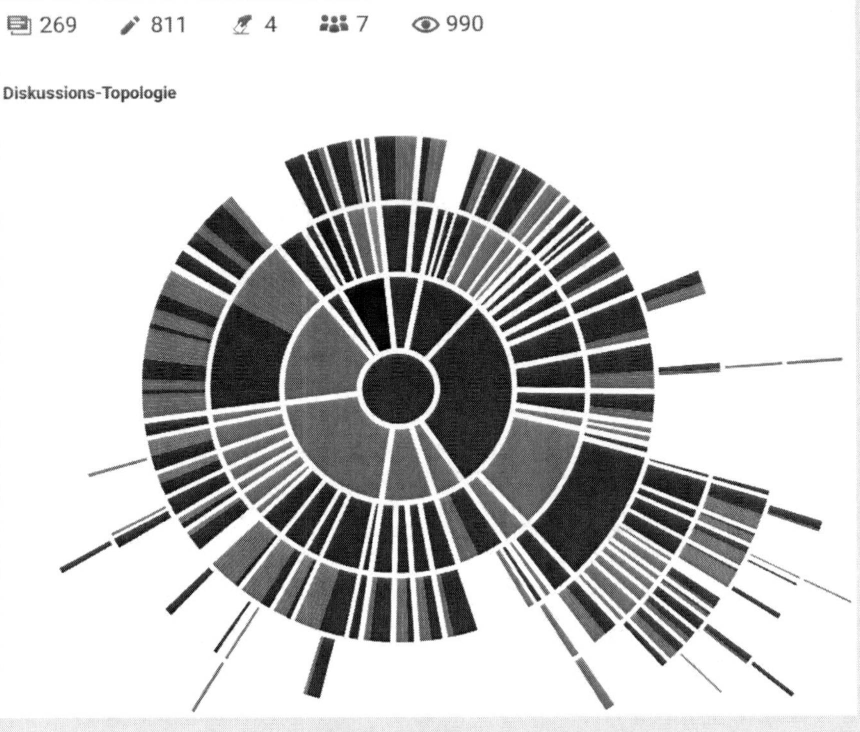

Quelle: Kialo 2022

+− 5 Potenziale und Herausforderungen von Online-Debatten mit Kialo

Als Onlineumgebung bietet Kialo die Möglichkeit eines interaktiven Meinungsaustauschs. Übliche Beschränkungen wie die Begrenzung auf die eigene Schulklasse werden aufgehoben. Parallelklassen, Eltern oder externe Expertinnen und Experten können in Lernprozesse bequem eingebunden werden. Kialo visualisiert die Argumentationsstränge nachvollziehbar und hilft somit dabei, einzelne Argumentationslinien aufzugreifen, ihnen zuzustimmen oder passende Gegenpositionen zu beziehen (Lorenz 2021). Lehrende und Lernende erhalten durch die Archivfunktion die Möglichkeit, auch im Nachgang auf die Diskussion zurückzugreifen, Feedback zu geben oder das Thema zu einem späteren Zeitpunkt erneut aufzugreifen, neu zu bewerten oder zu ergänzen.

Neben einem Webzugang ist eine zwingende Registrierung unter Kialo Edu notwendig. Diese kann jedoch auch ohne die Angabe einer E-Mail-Adresse erfolgen, womit etwaige Bedenken hinsichtlich des Datenschutzes entkräftet werden können (ebd.). Benutzer*innenname und Passwort müssen in diesem Fall sicher notiert und verwahrt werden. Bei gänzlicher Abkoppelung der Kialo-Diskussion vom Präsenzunterricht kann die Lehrkraft kaum in den Lernprozess eingreifen, was womöglich eine verstärkte Nachbereitung mit einem erhöhten Arbeitsaufwand nötig macht. Zur zielgerichteten Unterstützung wird daher eine Integration von Kialo innerhalb des Präsenzunterrichts empfohlen, womit den Grundgedanken von hybriden Lernarrangements Rechnung getragen wird (Keres/Jechle 1999).

6 Praxisbeispiel: Kialo-Debatte zum Thema Mindestpreise für Fleisch

6.1 Fachwissenschaftliche Einführung für die Lehrkraft: Der Mindestpreis

Wiederkehrende Berichte über unzureichende hygienische Zustände in Tierställen oder mangelhafte Arbeitsbedingungen in der fleischverarbeitenden Industrie entfachen fortwährend Diskussionen um die Einführung von Mindestpreisen für Fleisch (o.A. 2022). Ökonomisch betrachtet handelt es sich bei der Festlegung von Mindest- oder Höchstpreisen um eine politische Maßnahme, die unmittelbar in die freie Preisgestaltung des Markts eingreift. Ein gesetzlicher Mindestpreis legt fest, zu welchem minimalen Preis ein Gut verkauft werden darf. Wirksame Mindestpreise liegen somit über den marktüblichen Preisen (May/Wiepcke 2012). Dem neoklassischen Standardmodell folgend ergibt sich aus der Festsetzung wirksamer Mindestpreise ein Angebotsüberschuss, der in Abb. 2 nachzuvollziehen ist.

Abbildung 2: Wirkung des Mindestpreises am Beispiel Fleisch

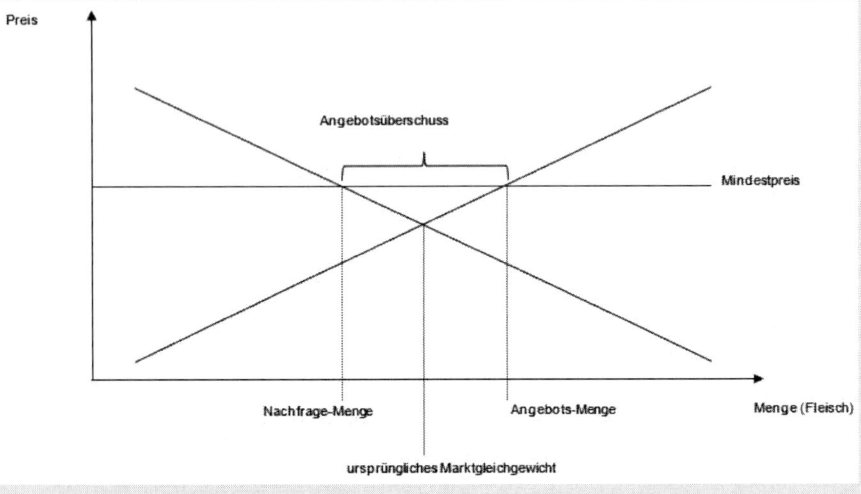

Quelle: in Anlehnung an Mankiw/Taylor 2021, 262

Der staatlich festgelegte und somit wirksame Mindestpreis wird über dem ursprünglichen Marktgleichgewicht festgelegt. Das Angebot an Fleisch ist im Beispiel deutlich größer als die Nachfrage (Angebotsüberschuss). Um das Problem des Angebotsüberschusses zu lösen, ergibt sich die Notwendigkeit eines weiteren staatlichen Eingriffs und einer Abnahme der überschüssigen Fleischmenge (Bofinger 2020). Durch den mit Steuergeldern finanzierten Abkauf des Fleisches bilden sich Lagerbestände, die aufgrund des geltenden Mindestpreises nicht mehr auf denselben Markt zurückgeführt werden können. Zwar wird durch den Mindestpreis das Ziel der Unterstützung der Anbietenden – hier von qualitativ hochwertigem und ethisch korrekt produziertem Fleisch – erreicht. Allerdings ergeben sich Wohlfahrtsverluste aufseiten der Konsumierenden. Ein Teil der Bevölkerung kann aufgrund der erhöhten Preise nicht mehr am Markt partizipieren und muss den bisherigen Fleischkonsum reduzieren oder darauf verzichten. Probleme ergeben sich ferner auch auf dem Weltmarkt, verbunden mit Nachteilen fleischproduzierender exportierender Drittländer. Ein funktionstüchtiges System mit Mindestpreisen würde eine Abschottung des Markts gegenüber dem Ausland, zu deren Nachteil, bedeuten (ebd.).

6.2 Möglicher Unterrichtsverlaufsplan

Klassenstufe	11./12. Klasse
Zeitbedarf	90 Minuten (2 Unterrichtseinheiten à 45 Minuten)
Bezug zum Bildungsplan Baden-Württemberg GYM (KM BW 2016)	• Leitperspektive Verbraucher*innenbildung • Leitperspektive Bildung für nachhaltige Entwicklung • Inhaltsbezogene Kompetenzen: – 3.1.1 Grundlagen der Ökonomie: Individuelle als auch gesellschaftliche Dilemmasituationen erklären und das Verhalten der Akteur*innen in diesen Situationen bewerten können – 3.1.3 Globale Gütermärkte: Formen von „Fairem Handel“ beschreiben und dessen Auswirkungen auf verschiedene Akteur*innen erörtern können
Lernziele	Die Schüler*innen können nach Absolvierung der Unterrichtseinheiten … • mithilfe der Informationen auf der Kialo-Plattform und im Internet argumentative Standpunkte des Für und Wider einer Einführung von Mindestpreisen für Fleisch erarbeiten und sich dynamisch entwickelnde Diskussionsprozesse mitgestalten; • argumentative Standpunkte zu Mindestpreisen auf dem Fleischmarkt aus politischer, ökonomischer und ethischer Perspektive kritisch reflektieren und beurteilen.

Sequenz und Minuten	Hinweise	Material/ Medium/ Sozialform
Konfrontation 2 Minuten	Die Kialo-Diskussion wird von der Lehrkraft aufgerufen und die Problemstellung eingeblendet. Vorab muss die Kialo-Edu-Diskussion von der Lehrkraft mit folgenden Einstellungen erstellt und konfiguriert werden: eine These, Voting aktivieren, Diskussionsaufgaben aktivieren, 6 Argumente und 3 Unterargumente schreiben, 10 Argumente voten.	Kialo

Abstimmungs-phase I 5 Minuten	Per Onlineumfrage, z. B. via Mentimeter (vgl. Brahm, in diesem Band), wird ein Meinungsbild zur Fragestellung (Sollte für Fleisch ein Mindestpreis eingeführt werden?) eingeholt. Um eine lebendige Diskussion zu ermöglichen, wird empfohlen, eine neutrale Haltung auszuschließen. Vorgeschlagen wird ein vierstufiges Ranking mit den Optionen: A) Stimme sehr zu; B) Stimme eher zu; C) Stimme eher nicht zu; D) Stimme nicht zu Alternativ lässt sich das Ranking im Klassenzimmer mittels der Vier-Ecken-Methode durchführen. Jede Raumecke repräsentiert dabei eine Position. Die Ergebnisse sollten festgehalten werden.	Mentimeter Alternativ: Vier-Ecken-Methode
Informations-phase 30 Minuten	Das Arbeitsblatt (Kialo: Sollte für Fleisch ein Mindestpreis eingeführt werden?) mit der Aufgabenstellung für die Informations- und Diskussionsphase wird ausgegeben. Der Kialo-Diskussions-Zugangslink mit Schreibrechten sollte auf dem unteren Ende des Arbeitsblatts notiert werden. Die Schüler*innen notieren sich auf Basis der zur Verfügung gestellten Texte erste Pro- und Kontraargumente. Weitere Argumente und ein Erklärvideo zum Thema Mindestpreis werden im Internet recherchiert.	Arbeitsblatt YouTube Webrecherche Einzelarbeit
Diskussions-phase 40 Minuten	Die Schüler*innen tauschen sich in Kleingruppen von 3–4 Personen aus und tragen ihre wichtigsten Pro- und Kontraargumente zusammen. Diese werden anschließend auf Kialo ausformuliert. Differenzierung: Je nach verfügbarer Zeit bewerten die Schüler*innen die einzelnen Argumente über das entsprechende Kialo-Tool oder verfassen Unterargument und Kommentare.	Kialo Gruppen-arbeit
Abstimmungs-phase II & Reflexion 10 Minuten	Mittels derselben Methode wie zur Eingangsabstimmung wird ein neu formiertes Meinungsbild eingeholt. Unterstützend wird die Kialo-Übersichtsseite und/oder die Diskussions-Topologie eingeblendet. Zur vertieften Diskussion werden folgende Impulsfragen vorgeschlagen: Welche Argumente haben euch am meisten überzeugt? Weshalb habt ihr eure Meinung geändert? Welche Maßnahmen müssten ergriffen werden, um das gewünschte Ergebnis zu erzielen? Welche Dinge könntet ihr selbst zur Verbesserung der Situation beitragen?	Mentimeter Alternativ: Vier-Ecken-Methode Kialo

Materialien

M1 Kialo: Sollte für Fleisch ein Mindestpreis eingeführt werden?

Aufgabe 1

a) Lies die beiden Positionen zur Auseinandersetzung „Pro und Kontra – Sollte für Fleisch ein Mindestpreis eingeführt werden?" auf der nächsten Seite.

b) Notiere jeweils die genannten Argumente.

Pro	**Kontra**

c) Sieh dir das Video (https://www.youtube.com/watch?v=BmokTDz3VJ8) „Der Mindestpreis – Ein marktkonträrer Eingriff des Staates" auf YouTube an und ergänze die Tabelle.

d) Recherchiere im Internet nach weiteren Standpunkten und Argumenten zum Thema. Die beiden Schlagworte „Mindestpreis" und „Fleisch" helfen dir dabei.

Aufgabe 2

a) Tauscht euch in Gruppen mit 3–4 Personen aus und tragt auf Kialo sowohl auf der Pro- als auch auf der Kontraseite mindestens drei eurer gesammelten Argumente ein.

b) Verfasst außerdem drei Unterargumente zu den von anderen Gruppen verfassten Argumenten und bepunktet am Ende eurer Arbeitsphase mindestens fünf Argumente auf beiden Seiten.

Kialo-Link: [Von Lehrkraft zu erstellen und einzufügen]

Literatur

Arndt, Holger (2013): Methodik des Wirtschaftsunterrichts. Opladen.

Bofinger, Peter (2020): Grundzüge der Volkswirtschaftslehre. Eine Einführung in die Wissenschaft von Märkten. Hallbergmoos.

Chaudoin, Stephen/Shapiro, Jacob/Tingley, Dustin (2017): Revolutionizing Teaching and Research with a Structured Debate Platform. Online: https://scholar.harvard.edu/files/dtingley/files/structureddebate.pdf (Zugriff: 1.4.22).

DeGöB – Deutsche Gesellschaft für Ökonomische Bildung (2004): Kompetenzen der ökonomischen Bildung für allgemeinbildende Schulen und Bildungsstandards für den mittleren Schulabschluss. Online: is.gd/gaAgBO (Zugriff: 12.2.22)

Hahn, Walter/Hiller, Gotthilf Gerhard (1975): Mehrperspektivischer Sachunterricht – Vier Aspekte eines Begründungszusammenhangs. In: Giel, Klaus (Hg.): Stücke zu einem mehrperspektivischen Unterricht. Aufsätze zur Konzeption 2. Stuttgart, S. 182–192.

Kerres, Michael/Jechle, Thomas. (1999): Hybride Lernarrangements: Personale Dienstleistungen in multi- und telemedialen Lernumgebungen. In: Forschungsinstitut für Arbeiterbildung: Jahrbuch Arbeit – Bildung – Kultur, Bd. 17, S. 21–39.

Kialo (2017): Kialo: Hello, World! Online: https://blog.kialo.com/kialo-hello-world-d12ac78a320a (Zugriff: 12.2.22).

Kialo (2022): Diskussions-Topologie. Online: https://www.kialo.com/bedingungsloses-grundeinkommen-pro-und-contra-31355 (Zugriff: 12.2.22).

KM BW – Ministerium für Kultus, Jugend und Sport Baden-Württemberg (2016): Bildungsplan des Gymnasiums. Wirtschaft/Berufs- und Studienorientierung (WBS). Stuttgart. Online: https://www.bildungsplaene-bw.de/site/bildungsplan/get/documents/lsbw/export-pdf/depot-pdf/ALLG/BP2016BW_ALLG_GYM_WBS.pdf (Zugriff: 12.2.22).

Kuhn, Hans Werner/Gloe, Markus (2014): Die Pro-Contra-Debatte. In: Frech, Siegfried/Kuhn, Hans Werner/Massing, Peter (Hg.): Mikromethoden, Makromethoden. Schwalbach/Ts., S. 145–162.

Lorenz, Fabian (2021): Is cloning animals ethical? Mit Kialo Argumente finden und Diskussionen strukturieren. In: digital unterrichten Englisch, 1, S. 10–11. Online: https://www.kialo.com/is-cloning-animals-ethical-7948?path=7948.0~7948.1 (Zugriff: 9.11.22).

Mankiw, Gregory N./Taylor, Mark P. (2021): Grundzüge der Volkswirtschaftslehre. Stuttgart.

Margolis, Jonathan (2108): Meet the start-up that wants to sell you civilised debate. In: Financial Times, Artikel vom 24.1. Online: https://www.ft.com/content/4c19005c-ff5f-11e7-9e12-af73e8db3c71 (Zugriff 12.2.22).

May, Hermann/Wiepcke, Claudia (Hg.) (2012): Lexikon der ökonomischen Bildung. München.

Mickel, Wolfgang (Hg.) (1999): Handbuch zur politischen Bildung. Schriftenreihe der Bundeszentrale für politische Bildung. Bonn. Online: http://www.gbv.de/dms/bs/toc/267671741.pdf (Zugriff: 9.11.22).

o. A. (2022): Özdemir nennt den Preiskampf beim Fleisch eine Sauerei. In: Spiegel Online, Artikel vom 14.1. Online: https://www.spiegel.de/wirtschaft/service/cem-oezdemir-nennt-den-preiskampf-beim-fleisch-eine-sauerei-a-c4811ab0-1d10-4172-8472-735274b418cb (Zugriff: 12.2.22).

Reich, Kersten (2010): Systemisch-konstruktivistische Pädagogik. Einführung in die Grundlagen einer interaktionistisch-konstruktivistischen Pädagogik. Weinheim.

Schattschneider, Jessica (2020): Debatte. In: Reinhardt, Sibylle/Richter, Dagmar (Hg.): Politik-Methodik. Handbuch für die Sekundarstufe I und II. Berlin, S. 119–122.

Scheiter, Katharina (2017) Lernen mit digitalen Medien – Potenziale und Herausforderungen aus Sicht der Lehr- Lernforschung. In: Handbuch Schulmanagement, 164(4), S. 33–53.

Scholz, Lothar (2010): Methoden-Kiste. Thema im Unterricht. Extra. Karteikarten. Bonn. Online: https://www.bpb.de/shop/materialien/thema-im-unterricht/36913/methoden-kiste/ (Zugriff: 9.11.22).

Siemens, George (2005): Connectivism: A learning theory for the digital age. In: International Journal of Instructional Technology and Distance Learning, January. Online: http://www.itdl.org/Journal/Jan_05/article01.htm (Zugriff: 12.2.22).

Thomas, Matthew J. W. (2002): Learning within incoherent structures: the space of online discussion forums. In: Journal of Computer Assisted Learning, 18(3), S. 351–366.

tricider (2011): Intelligentes Brainstorming im Web 2.0, Pressemitteilung vom 2.6. Online: https://www.tricider.com/images/presse/Pressemitteilung_01.pdf (Zugriff: 12.2.22).

Vuorikari, Riina/Kluzer, Stefano/Punie, Yves (2022): DigComp 2.2. The Digital Competence Framework for Citizens. With new examples of knowledge, skills and attitudes. Luxemburg. Online: https://data.europa.eu/doi/10.2760/490274 (Zugriff: 20.4.22).

Zierer, Klaus (2019): Unterrichtsprinzipien. In: Ders. (Hg.): Leitfaden Schulpraktikum. Baltmannsweiler, S. 64–68.

Selbstständiges Lernen

Martina Baucom, Karina Junker,
Athanassios Pitsoulis, Gabriele Prinz, Nadja Wolf

Digitale Arbeitsblätter in der Ökonomischen Bildung

1 Potenziale und Formen von digitalen Arbeitsblättern in der Ökonomischen Bildung

Das Arbeitsblatt, zu verstehen als „ein didaktisch strukturierter, schriftlich, rechnerisch oder bildnerisch zu lösender Arbeitsauftrag", ist nach dem Schulbuch das am häufigsten genutzte Medium im Unterricht (Meyer 1991, 307). Es enthält üblicherweise Abbildungen und Textelemente, ist vielseitig einsetzbar und wird in der Regel in Papier- oder Digitalform bereitgestellt (Wilbers 2020). Das Arbeitsblatt ermöglicht Schüler*innen eine selbstständige Auseinandersetzung mit einem Thema ohne synchrone Moderation durch die Lehrkraft (Brettschneider 2001; Meyer 1991).

Arbeitsblätter können verschiedenste didaktische Funktionen erfüllen und entsprechend vielseitig im Unterricht eingesetzt werden. Aufgrund dieser Vielseitigkeit und der Vertrautheit von Lehrenden mit dem Medium gehören vorbereitete Arbeitsblätter zu den typischen Begleitmaterialien von Lehr- und Schulbüchern. Trotz der Möglichkeit, frei verfügbare Arbeitsblätter für den Wirtschaftsunterricht zu nutzen, verbringen aber insbesondere engagierte Lehrer*innen viel Zeit mit deren Gestaltung (Mambour 2018; Wilbers 2020).

Es ist anzumerken, dass auch analoge Arbeitsblätter digital angereichert werden und voll digitale Arbeitsblätter unterschiedlich interaktiv sein können. So kann ein klassisches Arbeitsblatt in Papierform z. B. durch Links in Form von QR-Codes Schnittstellen zu digitalen Inhalten bieten, ist dann aber immer noch ein analoges Arbeitsblatt. Ein Scan desselben Arbeitsblatts ist zwar eine digitale Version, bietet aber a priori noch keinerlei Interaktivität. Um diese hinzuzufügen, sind weitere Arbeitsschritte in der Medienentwicklung nötig.

Für eine grobe Systematisierung des Potenzials digitaler Medien zur Ermöglichung mobilen Lernens eignet sich die SAMR-Systematik von Puentedura (2013). Digitale Arbeitsblätter ermöglichen nach dieser Systematik *Substitution*, *Augmentation* und *Modifikation*, weniger aber eine *Redefinition* der Unterrichtsinhalte. Berding/Jahncke/Albersmann (2020) argumentieren, dass dynamische und interaktive Arbeitsblätter eine geeignete Grundlage für Lernumgebungen in der Ökonomischen Bildung bieten, die das aktive und eigenständige Konstruieren von Zusammenhängen fördern. Im Vergleich zum traditionellen Unterricht schaffen sie ein positives Empfinden gegenüber dem Unterrichtsgeschehen, wovon besonders schwächere Schüler*innen profitieren.

Pallack (2019) kennzeichnet dynamische und interaktive Arbeitsblätter als Angebote, die in einem digitalen Medium zur Verfügung gestellt und durch Webanwendungen oder andere digitale Werkzeuge erstellt wurden. Nach dem vorliegenden Verständnis erfordern sie eine neue Art von Bearbeitung durch das Einbringen von eigenen Ideen und Lösungen. Aufgrund ihrer Flexibilität eignen sie sich für den Einsatz im Unterricht in verschiedensten Themenbereichen und Inhaltsfeldern der Ökonomischen Bildung. Nach Berding/Jahncke/Albersmann (2020, 279), die den Einsatz im Rechnungswesenunterricht untersuchen, ist in der Wirtschaftspädagogik „[…] das Konzept dynamischer und interaktiver Arbeitsblätter bislang kaum ausgearbeitet und somit auch wenig erforscht".

Für den Wirtschaftsunterricht werden zu verschiedensten Themen konventionelle Arbeitsblätter als Download angeboten (z.B. bei https://jugend-und-bildung.de; https://www.friedrich-verlag.de/wirtschaft-politik/unterricht-wirtschaft-politik/), jedoch fehlen häufig Bearbeitungs- und Steuerungsmöglichkeiten, um die Dokumente online zu editieren. In diesem Beitrag soll besonders der Nutzen von interaktiven digitalen Arbeitsblättern im Wirtschaftsunterricht näher beleuchtet werden, eine Auswahl nützlicher URLs zur Gestaltung von interaktiven Arbeitsblättern zur Verfügung gestellt werden (Anhang 1), um abschließend ein Best-Practice-Beispiel (Text und Anhang 2) vorzustellen. Die Anlagen werden als Open Educational Resource zur Verfügung gestellt und sind über den folgenden Link erreichbar:

https://bit.ly/3xQJj1H

2 Didaktische Verortung und Kompetenzförderung beim Einsatz von digitalen Arbeitsblättern

Arbeitsblätter sind hoch funktionale Medien. Sie können verschiedenste didaktische Ziele erfüllen und entsprechend vielseitig im Unterricht eingesetzt werden. Digitale Arbeitsblätter auf mobilen Endgeräten sind vor allem dann vorteilhaft, wenn sie im Rahmen von entdeckendem, problemorientiertem und selbstgesteuertem Lernen eingesetzt werden (Höffler/Leutner 2007). Sie können die Schüler*innen in ihrer Selbstständigkeit und Problemlösungskompetenz fördern, aktivierend und motivierend wirken sowie ihnen dabei helfen, sich an die gestellten Leistungsanforderungen zu gewöhnen (Arndt 2017; Brettschneider 2001). Selbstständigkeit kann grundlegend gefördert werden, indem Schüler*innen, wie im gezeigten Beispiel, Links oder QR-Codes zu Websites finden, die sie aufrufen, um eine ökonomische Fragestellung selbstständig zu beantworten. Lässt man Lernende Arbeitsblätter allein oder in Gruppen selbst konzipieren (Müller 2016), kann deren Selbstständigkeit weitergehend gefördert werden. Problemlösungskompetenz kann durch explorative Aufgaben und Fragestellungen gefördert werden, in denen das Erkennen von Zusammenhängen und deren Analyse im Vordergrund stehen; besonders in der Mathematikdidaktik ist dies ein gern gewählter Ansatz bei digitalen Unterrichtsmedien (siehe z.B. Linnemann/Philipp 2017; Pallack 2019). Explorative Aufgabenstellungen, die z.B. zur Lösung erfordern, dass die Schüler*innen Bekanntes in unbekanntem Kontext anwenden, ermöglichen kognitive Aktivierung (Fauth/Leuders 2018).

Digitale Arbeitsblätter fördern weiterhin die Medienkompetenz („digital literacy“, Furber 2012, 17) der Schüler*innen, da ihre Bearbeitung typischerweise den Umgang mit Hard- und Software und oft eigene (Online-)Recherche erfordert. Digitale Arbeitsblätter und die Software-Tools, die z.B. für das kollaborative Bearbeiten genutzt werden, beinhalten typische Merkmale digitaler Medien (bspw. Menüfunktionen, interaktive Formularfelder, Pop-up-Menüs, Instant-Feedback etc.), und helfen den Schüler*innen so dabei, ein Verständnis der Funktionen zu entwickeln. Dieser implizite Lerneffekt sollte von den Lehrenden bei der Gestaltung digitaler Arbeitsblätter immer mitberücksichtigt werden.

Mittels digitaler Arbeitsblätter kann auch ein Beitrag zur Entwicklung der Informationskompetenz (information literacy) der Schüler*innen geleistet werden, z.B. indem bei Rechercheaufgaben die Schüler*innen angehalten werden, die recherchierten Inhalte im Internet kritisch zu reflektieren, indem sie prüfen, ob der/die Herausgeber*in einer Quelle vertrauenswürdig ist. Weiterhin wird durch digitale Arbeitsblätter das sichere Agieren der Schüler*innen im World

Wide Web gefördert, indem sie dazu angehalten werden, ihre persönlichen Informationen zu schützen, z. B. dadurch, dass sie beim Besuch einer Website nur die notwendigen Cookies zulassen.

Abschließend können folgende didaktische Prinzipien zusammengefasst werden, die beim Einsatz von digitalen Arbeitsblättern tangiert werden: (1) Prinzip der Anschaulichkeit: Da digitale Arbeitsblätter über mobile Endgeräte bearbeitet werden, ermöglichen sie z. B. durch die Einbettung eines Videos zu einem konkreten Beispiel eine Veranschaulichung der Lerninhalte. (2) Prinzip der Variation: Digitale Arbeitsblätter ermöglichen eine Differenzierung, indem leistungsschwächere und -stärkere Schüler*innen eine Aufgabe auf Basis von Unterlagen mit unterschiedlichem Schwierigkeitsgrad bearbeiten. (3) Prinzip der Selbsttätigkeit: Digitale Arbeitsblätter fördern das eigenständige Arbeiten der Lernenden, weil sie sich die Inhalte selbst erschließen und die Lehrperson nicht die traditionelle Rolle der Vermittler*in, sondern der Unterstützer*in im Lehr-Lern-Prozess einnimmt (Muuß-Merholz 2015).

Bei all diesen positiven Aspekten darf nicht vergessen werden, dass der überbordende Einsatz auch von digitalen Arbeitsblättern bei Schülerinnen und Schülern zu Langeweile führen und einen vertrauten Umgang mit dem Lehrbuch vereiteln kann (Mathes 2017). Außerdem gilt auch für digitale Arbeitsblätter, dass sie eine möglichst klare und verständliche Aufgabenformulierung beinhalten und die Aufmerksamkeit der Schüler*innen auf die relevanten Inhalte lenken sollten (Mittelstädt 2007; Boeckmann/Heymen 1990). Durchdachte dynamische Arbeitsblätter, die durch einen hohen Grad an *Digitalität* und *Interaktivität* gekennzeichnet sind, können zwar die intrinsische Lernmotivation der Schüler*innen unterstützen; es wäre aber falsch, anzunehmen, ein digitales Arbeitsblatt wäre per se besser als ein herkömmliches (Schaumburg 2015). Das Resümee von Kerres (2002, 187) ist nach wie vor gültig: „Der durchschnittliche Lernerfolg ist relativ unabhängig von dem gewählten Mediensystem und der eingesetzten Technologie. Das Lernen mit Medien schneidet im Durchschnitt nicht besser, aber auch nicht schlechter ab als konventioneller Unterricht.“

3 Technische Voraussetzungen und Praxistipps für den Einsatz digitaler Arbeitsblätter im Wirtschaftsunterricht

Im Gegensatz zu analogen Arbeitsblättern, an die die Schüler*innen meist schon gewöhnt sind, sind vor die Bearbeitung ihrer digitalen Pendants oft weitere Hürden gesetzt, die sich aus den spezifischen Besonderheiten der verwendeten Dateiformate und/oder Software-Tools ergeben. Dies gilt nicht nur für die zur Verfügung stehenden Funktionen, sondern auch für die jeweiligen Benutzer*innenoberflächen. Bei Arbeitsblättern im Adobe PDF-Format, die z.B. mit Sejda (sejda.com) erstellt worden sind, lassen sich z.B. Drop-down-Menüs integrieren. Die mit Tutory (tutory.de) entwickelten und beispielhaft im Anhang zu findenden Arbeitsblätter ermöglichen darüber hinaus auch Sortieraufgaben. Vor allem Schüler*innen, die noch nicht an solche Funktionen gewöhnt sind, brauchen hierzu eine Einführung. Bei der Verwendung von digitalen Arbeitsblättern, die mit dem beliebten Tool TeacherMade (teachermade.com) erstellt wurden, muss neben den Funktionen auch gegebenenfalls die englischsprachige Benutzer*innenoberfläche eingeführt werden. Bei der Verwendung der iPadOs-App GoodNotes (goodnotes.com) besteht die Möglichkeit, Notizbücher anzulegen und Arbeitsblätter beim Download gezielt dort abzuspeichern oder die PDF-Datei direkt in der App zu bearbeiten. Für die nötigen Erläuterungen all dieser Spezifika muss im Unterricht Zeit eingeplant werden (Muuß-Merholz 2015).

Neue digitale Arbeitsblätter einfacher Art werden im Normalfall mit einem Textverarbeitungsprogramm wie Microsoft Word erstellt, in ein geeignetes Format wie PDF exportiert und anschließend mit einer Software zur Bearbeitung von PDF-Dateien weiterbearbeitet. Im letzten Arbeitsschritt werden dann z.B. Formularfelder, Checkboxen etc. eingefügt. Neben der recht kostspieligen Software zur Bearbeitung von PDF-Dateien vom Marktführer Adobe existieren auch günstigere Alternativen, wie zum Beispiel Sejda (https://www.sejda.com/de/). Andere Software dieser Art sind häufig in der Basisversion kostenlos (z.B. PDF-XChange Editor, https://pdf-xchange.de/). Jedoch wird bei diesen Programmversionen schnell erkennbar, dass sie erst in den kostenpflichtigen „Pro-Versionen" die tiefgreifende Bearbeitung von PDF-Dateien ermöglichen.

Es ist sinnvoll, das endgültige Arbeitsblatt als PDF-Datei, unter Verwendung eines für die Schüler*innen nachvollziehbaren Dateinamens zu speichern, da diese Art der Datei auf einer Vielzahl von Endgeräten verwendet werden kann (Wilbers 2020). Eine Erstellung ist zudem auf Onlineplattformen möglich, wie zum Beispiel TeacherMade. Außerdem gehören fertige digitale Arbeitsblätter inzwischen über die bereits genannten Beispiele zum Angebotsrepertoire von Verlagen und Institutionen, die sich in der Ökonomischen Bildung engagieren. Die Verteilung der Arbeitsblätter erfolgt digital, meist über ein cloudbasiertes Learning Management System bzw. iServ, jedoch seltener per AirDrop, E-Mail oder USB-Stick. Für die Bearbeitung benötigen die Schüler*innen digitale Endgeräte sowie Software zum Öffnen, Bearbeiten und Speichern der Arbeitsblätter.

+ – 4 Potenziale und Herausforderungen digitaler Arbeitsblätter

Im Gegensatz zu klassischen Papierarbeitsblättern müssen digitale Arbeitsblätter nicht kopiert werden. Dies spart nicht nur Zeit und Kosten, sondern schont auch die Umwelt. Durch Bedienungshilfen am mobilen Endgerät (Lupe, Vorlesefunktion) wird Barrierefreiheit ermöglicht. Digitale Arbeitsblätter können in einem logischen Ordnungssystem abgelegt werden, was sich dazu eignet, wichtige Techniken zur Ablage und Organisation von Materialien und Unterlagen zu vermitteln, die in der analogen Welt gewöhnlich mithilfe von Heften oder Ordnern erfolgt (Wilbers 2020; Wellenhofer 1991). Diese Funktion muss bei der Verwendung von digitalen Arbeitsblättern mitgedacht werden, da ein digitales Ablagesystem benötigt wird. In der Ökonomischen Bildung erfüllt die Arbeit mit einem solchen Ablagesystem für digitale Arbeitsblätter eine berufsvorbereitende Funktion, da das selbstständige Sammeln, Verarbeiten und Weitergeben von Informationen im Rahmen der Bearbeitung von Arbeitsblättern den Tätigkeiten in kaufmännischen Berufen ähnelt und so eingeübt wird (Brettschneider 2001).

Die Arbeit mit Arbeitsblättern bringt aber nicht nur Vorteile, sondern birgt auch Risiken. Beispielsweise können technische Probleme (z.B. ein Ausfall des Schul-WLANs) dazu führen, dass die digitalen Arbeitsblätter nicht für die Verwendung in der Unterrichtsstunde zur Verfügung stehen. Zudem muss der Einsatz oft mit den Schüler*innen vorab eingeübt werden. Werden kostenpflichtige digitale Arbeitsblätter von Verlagen bezogen, sollte die Kosten-Nutzen-Relation sowie die didaktische und methodische Eignung überprüft werden (Mambour 2018). Zudem unterliegen die von den Verlagen vertriebenen Arbeitsmaterialien in der Regel dem Urheberrecht (vgl. Arfmann/Amtmann in diesem Band). Änderungen und die Verbreitung des veränderten Materials sind somit nur eingeschränkt oder gar nicht möglich (Muuß-Merholz 2018). Open Educational Resources (OER) (vgl. Schön/Ebner in diesem Band) können hier eine gute Alternative darstellen, da diese in der Regel verändert und verbreitet werden dürfen (ebd.).

Im folgenden Praxisbeispiel wird das Potenzial digitaler Arbeitsblätter für eine Schulstunde zum Thema Umwelt und E-Commerce (Onlinehandel) demonstriert.

5 Praxisbeispiel: Digitale Arbeitsblätter zum Thema Umwelt und E-Commerce

Das Spannungsverhältnis zwischen Nachhaltigkeit und E-Commerce ist hochaktuell, hat doch der seit Jahren schnell wachsende Onlinehandel während der Corona-Pandemie noch einmal stark zugenommen (Zimmermann et al. 2020). Die Leichtigkeit, mit der Produkte online „geshoppt" werden können, wird indes erkauft mit Auswirkungen auf die Umwelt: Allein der gewerbliche Straßenverkehr bzw. die gewerbliche Schifffahrt sind für 30 bzw. 10 % der weltweiten CO_2-Emissionen im Verkehr verantwortlich (Coppola 2021). Es ist bezeichnend, dass der Marktführer Amazon, der allein 2019 weltweit circa 10 Milliarden Produkte an seine Kundinnen und Kunden geliefert hat, inzwischen einen CO_2-Fußabdruck hinterlässt, der dem eines kleinen Landes entspricht (Pisani/Sapra 2020).

Ökonomisch gesehen wirft Onlinehandel ein Externalitätenproblem auf: Viele Verbraucher*innen sehen nur die privaten Nettovorteile des Kaufs im Internet, die Nachteile in Form von kollektiven Umweltkosten werden weder von ihnen noch von der Branche internalisiert. Diese Kosten werden unter anderem verursacht durch Transportemissionen (für Erstlieferungen und Retouren) und die negative Umweltbilanz von nicht nachhaltigen Verpackungsmaterialien bzw. durch die Vernichtung von Retouren (Zimmermann et al. 2021). Es wäre aber falsch, das Einkaufen im Internet pauschal aus Umweltgesichtspunkten zu verurteilen; unter den richtigen Bedingungen kann Onlinehandel sogar ökologisch vorteilhafter sein als der Kauf im stationären Handel (Zimmermann et al. 2020).

Dieses Spannungsverhältnis zu thematisieren, das Denken in Alternativen zu trainieren und das eigene Konsumverhalten kritisch zu reflektieren, eignet sich hervorragend für das Inhaltsfeld Verbraucher*innenbildung im Wirtschaftsunterricht.

Im nächsten Abschnitt wird ein Unterrichtsbeispiel für eine einstündige und an den aktuellen curricularen Vorgaben des Landes Niedersachsen orientierte Einheit im Themenfeld *Verbraucher*innen & Erwerbstätige im Wirtschaftsgeschehen* gezeigt.

5.1 Möglicher Unterrichtsverlaufsplan

Klassenstufe	10. Klasse, Realschule Profil Wirtschaft
Zeitbedarf	45 Minuten
Curriculare Vorgaben	Realschule im Profil Wirtschaft in Niedersachsen (Niedersächsisches Kultusministerium 2011)
Themenfeld	Verbraucher*innen & Erwerbstätige im Wirtschaftsgeschehen
Angesprochene Kompetenzbereiche laut curricularen Vorgaben (ebd.)	Techniken zur Informationsbeschaffung: Die Schüler*innen nutzen Massenmedien zur Informationsbeschaffung. Kompetenzbereich Erkenntnisgewinnung: Die Schüler*innen untersuchen die Vor- und Nachteile des E-Commerce.
Thema der Stunde	Analyse und Zusammenhänge zwischen E-Commerce, Konsum und Umwelt
Lernziel	Die Schüler*innen untersuchen die Umweltauswirkungen des E-Commerce anhand ausgewählter Faktoren.

Sequenz und Minuten	Verlauf	Organisation/Arbeits- und Sozialform/ Medien/Materialien
Einstieg 10 Minuten	• Zu Beginn des Themas stellt Lehrperson folgende Frage, um die Schüler*innen für das Thema zu sensibilisieren: „Was kauft ihr bzw. eure Familie online und warum?" Die Schüler*innen sollen mit dem Tool ONCOO per Brainstorming ihre Antworten für die gesamte Klasse visualisieren (vgl. Scherzinger in diesem Band)	• Plenum • Brainstorming • Computer/Tablet/Handy

Erarbeitung 25 Minuten	• Lehrperson zeigt die ersten 30 Sekunden des Videos (siehe M3). Schüler*innen äußern Vermutungen zu der Frage, ob Onlineshopping oder der Einkauf im lokalen Geschäft besser für die Umwelt ist. • Lehrperson: Im Video wurde die Frage gestellt, ob man beim Onlineshopping ein schlechtes Gewissen haben muss. Wann könnte das so sein? • Schüler*innen äußern Vermutungen. • Lehrperson: „Lasst uns herausfinden, ob man ein schlechtes Gewissen haben muss oder nicht." • Lehrperson erklärt die digitalen Arbeitsblätter und deren Funktionsweise sowie den Arbeitsauftrag. • Schüler*innen recherchieren arbeitsteilig anhand der Arbeitsblätter in Partner*innenarbeit zwei umweltrelevante Faktoren des Onlineshoppings und bewerten auf Basis der Informationen die Umweltverträglichkeit des Onlineeinkaufs. • Schüler*innen vergleichen ihr Ergebnis mit der in dem Video aus dem Einstieg vorgestellten Studie und überlegen als quantitative und qualitative Differenzierung Möglichkeiten, umweltfreundlicher im Internet einzukaufen.	• Plenum/Einzelarbeit/Partner*innenarbeit • Digitale Arbeitsblätter M1, M2 und M3 (s. Materialien) • Computer/Tablet/Handy und Kopfhörer • GoodNotes installiert und Schüler*innen bereits bekannt
Ergebnissicherung 10 Minuten	• Damit die Schüler*innen die Inhalte der Stunde reflektieren können, erfolgt eine Abfrage mit dem Tool mindwendel: „Worauf könntest du in Zukunft bei deinem nächsten Einkauf achten?" • Durch Ranking oder Likes können die verschiedenen Beiträge der Schüler*innen zur Fragestellung zu einer Diskussion anregen.	• Plenum • GoodNotes • Mindwendel (https://www.mindwendel.com/) • Computer/Tablet/Handy

5.2 Verwendete Software

GoodNotes (2021) ermöglicht die Bearbeitung und systematische Speicherung von digitalen Dokumenten. Existierende digitale Arbeitsblätter können als PDF-Datei in das Programm importiert, bearbeitet und anschließend in einem digitalen Notizbuch in der App abgespeichert, als E-Mail verschickt oder in eine Cloud exportiert werden. Es können nicht nur bereits bestehende Dokumente mit Notizen versehen werden, sondern auch Arbeitsblätter neu erstellt werden. Zudem können Elemente wie beispielsweise Zeichnungen, Symbole oder Sketchnotes erstellt und für die Wiederverwendung in einer Bibliothek in der App gespeichert werden (https://www.goodnotes.com/).

Die in Anhang 2 befindlichen Arbeitsblätter sind ein Eigenentwurf und wurden mit dem Programm Word von Microsoft und Tutory erstellt. Unter https://bit.ly/3xQJj1H können digitale Versionen heruntergeladen werden. Bei dem Programm Tutory handelt es sich um eine webbasierte Anwendung, mit der digitale Arbeits- und Lösungsblätter gestaltet werden können (Haubner/Hoyer 2022). Diese sind schon mit einem Rand, Lochung und einer Kopfzeile mit Datum, Fach und Namensfeld versehen, sodass sie gedruckt gut archiviert werden können. Der Anbieter mit Sitz in Deutschland verfolgt dabei prinzipiell den Open-Educational-Resources(OER)-Ansatz. In der kostenlosen Basisversion der Anwendung sind bereits einige Funktionen verfügbar. Außerdem können grafische Elemente für die Gestaltung der Arbeitsblätter im Programm direkt aufgerufen und verwendet werden. Nutzer*innen können zudem Editor-Bausteine erstellen, um z.B. Grafikelemente einfach in neue Arbeitsblätter einzubinden. Die Arbeitsblätter können in das PDF-Format und HTML-Format exportiert, heruntergeladen und bearbeitet werden. Auch die Bereitstellung auf Lernplattformen ist möglich. Die kostenpflichtigen Versionen der Anwendung bieten weitere Funktionen und Gestaltungsmöglichkeiten (siehe Preisübersicht https://www.tutory.de/).

Mindwendel ist ein Tool des Niedersächsischen Landesinstituts für schulische Qualitätsentwicklung (NLQ), welches länderübergreifend frei zugänglich ist und kostenlos zur Verfügung gestellt wird. Es kann über den Browser aufgerufen und genutzt werden. Das Tool kann für die kollaborative Sammlung von Ideen im Schulunterricht eingesetzt werden (NLQ o.J.). Es bietet die Möglichkeit, Beiträge und Ideen mit einem „Like“ zu versehen; auch können diese sortiert und farblich gekennzeichnet werden (ebd.). Wie im Praxisbeispiel kann mindwendel zur Beantwortung einer Frage verwendet werden oder auch als Brainstorming-Tool. Neben mindwendel bietet die Website kits (Kompetent in Technik und Sprache) weitere interessante Tools an.

6 Zusammenfassung und Ausblick

Arbeitsblätter sind hochfunktionale und häufig genutzte Medien im Unterricht. Sie können verschiedenste didaktische Funktionen erfüllen und entsprechend vielseitig im Unterricht eingesetzt werden. Digitale Arbeitsblätter bieten im Gegensatz zu konventionell-analogen den Vorteil, dass sie digitale Inhalte (z.B. animierte Bilder oder Videos) und interaktive Elemente (z.B. Formularfelder oder manipulierbare Grafiken) miteinander kombinieren und gänzliche neue Inhaltsdarstellungen und Aufgabenstellungen ermöglichen.

Digitale Arbeitsblätter können dementsprechend unterschiedliche didaktische Ziele erfüllen und entsprechend vielseitig im Unterricht eingesetzt werden. Sie sind vor allem dann vorteilhaft, wenn sie im Rahmen eines entdeckenden, problemorientierten und selbstgesteuerten Lernszenarios eingesetzt werden. In einem solchen Szenario können sie die Schüler*innen in ihrer Selbstständigkeit und Problemlösungskompetenz fördern, aktivierend und motivierend wirken sowie ihnen dabei helfen, sich an die gestellten Leistungsanforderungen zu gewöhnen. Gleichzeitig helfen sie im Idealfall dabei, die „digitial literacy“ und „information literacy“ der Schüler*innen zu fördern. Die Realisierung dieser Vorteile setzt allerdings die Überwindung gewisser technischer Hürden voraus (v.a. die Verfügbarkeit von geeigneter Hard- und Software) sowie digitalisierungsbezogene und didaktische Kompetenzen bei den Lehrenden.

In diesem Beitrag wurde besonders der Nutzen von interaktiven digitalen Arbeitsblättern im Wirtschaftsunterricht näher beleuchtet. Die Autor*innen stellen in Anhang 1 eine Auswahl nützlicher URLs zur Gestaltung von interaktiven Arbeitsblättern sowie ein Best-Practice-Beispiel (Text und Anhang 2) als OER zur Verfügung. In ihrer anekdotischen Evidenz lohnt sich der Einsatz solcher digitalen Medien im Unterricht sehr. Abgesicherte Erkenntnisse über die Wirkungen des Einsatzes solcher Medien im Unterricht bedürfen dezidierter empirischer Wirkungsforschung.

Anhang

Auswahl nützlicher URLs zum Thema Digitale Arbeitsblätter im Wirtschaftsunterricht

URL	Inhalt
https://www.wirtschaftsunterricht-gestalten.de/tools	Tools für Leitfäden, Praxisbeispiele, Checklisten, Kriterienkataloge, Übersichten 5. Auflage, 2020, von Prof. Dr. Karl Wilbers, Universität Erlangen-Nürnberg (FAU)
https://www.thomasfelzmann.at/welche-vorteile-bieten-digitale-arbeitsblaetter/	Digitale Arbeitsblätter mit „Numbers“ (App) Es können Arbeitsblätter z. B. zum Ausfüllen von Begriffen aus dem Wirtschaftsunterricht für das iPhone/iPad mit der kostenlosen App Numbers entwickelt werden, die sich selbst korrigieren.
https://schule-digital-begreifen.de/interaktive-pdf-fuer-den-unterricht-erstellen/	Schule Digital Begreifen Erklärung, Aufbau und Funktion interaktiver PDFs
https://eduki.com/de/suchergebnisse?query=interaktives%20material%20wirtschaft	eduki Lehrermarktplatz Kostenpflichtiges interaktives Unterrichtsmaterial (Beispiel Kaufentscheidungen Wirtschaft und Recht)
https://www.medien-fachberatung.be/lehrer/tools-für-den-lehrer/interaktive-arbeitsblätter-erstellen/	Tools für Lehrkräfte Autonome Hochschule Ostbelgien Empfehlung von Tools zum Erstellen von interaktiven Arbeitsblättern

Materialien

M1 (Einzelarbeit und Partner*innenarbeit)

1. Der Transport ist ein wichtiger Faktor, wenn es um die Umweltwirkung des Onlineshoppings geht. Finde mehr darüber heraus.
   - **Recherchiere** mithilfe des Links die unterschiedlichen Umweltbelastungen, die durch den Transport im lokalen Geschäft und beim Onlineshopping entstehen.
   - **Notiere** deine Ergebnisse in Stichworten.
   - **Tausche** dich anschließend mit deinem/r Partner*in über die Ergebnisse aus.
   - **Begründet** anhand eurer recherchierten Information, ob der Einkauf im Onlinehandel oder im stationären Handel die Umwelt mehr belastet.

Hier brauchst du Kopfhörer.

Quelle: Graw, Lukas (2019): Umweltschutz: Online bestellen oder besser in der Stadt kaufen? In: YouTube, Video vom 17.12. Online: https://www.youtube.com/watch?v=9-_byst1nGw (Zugriff: 20.1.22).

M2 (Einzelarbeit und Partner*innenarbeit)

1. Der Verpackungsmüll ist ein wichtiger Faktor, wenn es um die Umweltwirkung des Onlineshoppings geht. Finde mehr darüber heraus.
   - **Recherchiere** mithilfe des Links die Umweltprobleme, die sich durch die Verwendung von Versandverpackungen ergeben.
   - **Notiere** deine Ergebnisse in Stichworten.
   - **Tausche** dich anschließend mit deinem/r Partner*in über die Ergebnisse aus.
   - **Begründet** anhand eurer recherchierten Information, ob der Einkauf im Onlinehandel oder im stationären Handel die Umwelt mehr belastet.

Peyk, Stefanie (2021): SWR Marktcheck – Wohin mit dem Verpackungsmüll? In: SWR, Beitrag vom 18.3. Online: https://www.swrfernsehen.de/marktcheck/muell-durch-versandhandel-102.html (Zugriff: 15.1.22).

M3 (Partner*innenarbeit)

2. Ihr habt jetzt etwas über die Umweltwirkung eines Einkaufs im Internet herausgefunden.
   - **Vergleicht** anschließend eure Begründung mit der im folgenden Video dargestellten Studie. **Notiert** eure Reaktion in Stichworten.

Hier braucht ihr Kopfhörer.

Quelle: Scheffler, Wiebke (2020): Ist Onlineshopping nachhaltiger als Einkaufen im Laden? | Ökochecker SWR. In: YouTube, Video vom 12.11. Online: https://www.youtube.com/watch?v=TovaoKckrfE (Zugriff: 15.1.22).

3. Schon fertig?
   - **Beschreibt**, wie man möglichst umweltfreundlich im Internet einkaufen kann.

Literatur

Arndt, Holger (2017): Medien des Wirtschaftsunterrichts. Opladen, S. 197–198.

Berding, Florian/Jahncke, Heike/Albersmann, Malte (2020): Dynamische und interaktive Arbeitsblätter im Rechnungswesenunterricht. Eine Wirkungsstudie im Kontrollgruppendesign. In: Berding, Florian/Jahncke, Heike/Slopinski; Andreas (Hg.): Moderner Rechnungswesenunterricht. Wiesbaden, S 277–317.

Boeckmann, Klaus/Heymen, Norbert (1990): Unterrichtsmedien selbst gestalten. Handbuch für Schule und Unterrichtspraxis. Neuwied.

Brettschneider, Volker (2001): Arbeitsblätter und Schülerarbeitsmappen im Unterricht über Ökonomie. Online: https://www.sowi-online.de/praxis/methode/arbeitsblaetter_schuelerarbeitsmappen_unterricht_ueber_oekonomie.html (Zugriff: 28.2.22). (Dieser Text ist ursprünglich unter gleichem Titel erschienen in: arbeiten+lernen/Wirtschaft, 1993, 3(12), S. 33–35).

Coppola, Daniela (2021): Sustainability in e-commerce – statistics & facts. In: Statista, Beitrag vom 24.10. Online: https://www.statista.com/topics/8200/sustainability-in-e-commerce/#topicHeader__wrapper (Zugriff: 21.3.22).

Fauth, Benjamin/Leuders, Timo (2018): Kognitive Aktivierung im Unterricht. Landesinstitut für Schulentwicklung Baden-Württemberg. Wirksamer Unterricht, Bd. 2. Stuttgart. Online: https://ibbw-bw.de/site/pbs-bw-km-root/get/documents_E-219390139/KULTUS.Dachmandant/KULTUS/Dienststellen/ibbw/Empirische%20Bildungsforschung/Programme-und-Projekte/Wirksamer_Unterricht/IBBW_WU2_Fauth_Leuders%282022%29_KognitiveAktivierung.pdf (Zugriff: 21.3.22).

Furber, Steve (2012): Shut down or restart? The way forward for computing in UK Schools. Executive summary, January. Hg. v. The Royal Society. London. Online: https://royalsociety.org/-/media/education/computing-in-schools/2012-01-12-summary.pdf (Zugriff: 25.4.22).

GoodNotes (2021): GoodNotes: Leave paper behind. Online: www.goodnotes.com (Zugriff: 18.1.22).

Graw, Lukas (2019): Umweltschutz. Online bestellen oder besser in der Stadt kaufen? In: YouTube. Video vom 17.12. Online: https://www.youtube.com/watch?v=9-_byst1nGw (Zugriff: 20.1.22).

Haubner, Thomas/Hoyer, Thomas (2022). Tutory: Arbeitsblätter einfach online erstellen – und sie analog oder digital teilen. Online: https://www.tutory.de/ (Zugriff: 20.1.22).

Höffler Tim N./Leutner, Detlev (2007): Instructional animation versus static pictures: A meta-analysis. In: Learning and Instruction, 17(6), S. 722–738.

Kerres, Michael (2002): Bunter, besser, billiger? Zum Mehrwert digitaler Medien in der Bildung. In: Informationstechnik und Technische Informatik, 44, S. 187–192. Online: https://learninglab.uni-due.de/sites/default/files/kerres-itti_0.pdf (Zugriff: 3.11.22).

Linnemann, Torsten/Philipp, Kathleen (2017): Folgen, Zahlenmauern, Geraden. Explorative Einführung in Geradengleichungen und lineare Funktionen. In: Mathematik lehren, 203, S. 20–25.

Mambour, Gerrit (2018): Arbeitsblatt. In: Besand, Anja/Sander, Wolfgang (Hg.): Handbuch Medien in der politischen Bildung. Schwalbach/Ts., S. 25–35.

Mathes, Claus (2017): Wirtschaft unterrichten. Methodik und Didaktik der Wirtschaftslehre. Haan-Gruiten.

Meyer, Hilbert (1991): Unterrichtsmethoden II: Praxisband. Berlin.

Mittelstädt, Ewald (2007): Lernaufgabe: Arbeitsblatt. In: Reinhardt, Sibylle/Richter, Dagmar (Hg.): Politik-Methodik. Handbuch für die Sekundarstufe I und II. Berlin, S. 171–173.

Muuß-Merholz, Jöran (2015): Chancen der Digitalisierung für individuelle Förderung im Unterricht – zehn gute Beispiele aus der Schulpraxis. Gütersloh, S. 224–307. Online: https://www.bertelsmann-stiftung.de/fileadmin/files/BSt/Publikationen/GrauePublikationen/Download_IB_10_Praxisbeispiele_151117.pdf (Zugriff: 3.11.22).

Muuß-Merholz, Jöran (2018): Freie Unterrichtsmaterialien finden, rechtssicher einsetzen, selbst machen und teilen. Weinheim.

Müller, Frank (2016): Selbstständigkeit fördern und fordern. 5. Auflage. Weinheim.

NLQ – Niedersächsisches Landesinstitut für schulische Qualitätsentwicklung (o. J.): Tools. Online: https://kits.blog/tools/ (Zugriff: 26.1.22).

Niedersächsisches Kultusministerium (Hg.) (2011): Curriculare Vorgaben für die Realschule. Profil Wirtschaft. Hannover.

Pallack, Andreas (2019): Digitale Medien im Mathematikunterricht der Sekundarstufen I + II. Berlin.

Pisani, Joseph/Sapra, Bani (2019): 'Middle of the herd' no more: Amazon tackles climate change. In: AP News, Artikel vom 20.9. Online: https://apnews.com/article/climate-jeff-bezos-us-news-ap-top-news-wa-state-wire-dd2368999232425bb5d7d2b9e84604b5 (Zugriff: 10.11.22).

Peyk, Stefanie (2021): SWR Marktcheck – Wohin mit dem Verpackungsmüll? In: SWR, Beitrag vom 18.3. Online: https://www.swrfernsehen.de/marktcheck/muell-durch-versandhandel-102.html (Zugriff: 15.1.22).

Puentedura, Ruben (2013): SAMR: Moving from Enhancement to Transformation [Weblog post]. Online: http://www.hippasus.com/rrpweblog/archives/000095.html (Zugriff: 24.1.22).

Schaumburg, Heike (2015): Chancen und Risiken digitaler Medien in der Schule. Medienpädagogische und -didaktische Perspektiven. Gütersloh. Online: https://www.bertelsmann-stiftung.de/fileadmin/files/BSt/Publikationen/GrauePublikationen/Studie_IB_Chancen_Risiken_digitale_Medien_2015.pdf (Zugriff: 25.1.22).

Scheffler, Wiebke (2020): Ist Onlineshopping nachhaltiger als Einkaufen im Laden? |Ökochecker SWR. In: YouTube, Video vom 12.11. Online: https://www.youtube.com/watch?v=TovaoKckrfE (Zugriff: 15.1.22).

Wellenhofer, Walter (1991): Grundlagen einer modernen Arbeitsblattpraxis. Ziele, Konzeptionen, Möglichkeiten, Grenzen. München.

Wilbers, Karl (2020): Wirtschaftsunterricht gestalten. Berlin. Online: http://nbn-resolving.org/urn:nbn:de:0111-pedocs-208986 (Zugriff: 25.1.22).

Zimmermann, Till/Hauschke, Fynn/Memelink, Robin/Reitz, Alexander/Pelke, Nane/John, René/Eberle, Ulrike/Ninnemann, Jan (2021): Die Ökologisierung des Onlinehandels: Neue Herausforderungen für die umweltpolitische Förderung eines nachhaltigen Konsums. Teilbericht II. UBA-Texte 142/2021. Hg. v. Umweltbundesamt. Ökopol Institut für Ökologie und Politik. Hamburg. Online: https://www.umweltbundesamt.de/sites/default/files/medien/479/publikationen/texte_142-2021_die_oekologisierung_des_onlinehandels.pdf (Zugriff: 30.1.22).

Zimmermann, Till/Memelink, Robin/Rödig, Lisa/Reitz, Alexander/Pelke, Nane/John, René/Eberle, Ulrike (2020): Die Ökologisierung des Onlinehandels. Neue Herausforderungen für die umweltpolitische Förderung eines nachhaltigen Konsums. UBA-Texte 227/2020. Hg. v. Umweltbundesamt. Ökopol Institut für Ökologie und Politik. Hamburg. Online: https://www.umweltbundesamt.de/sites/default/files/medien/5750/publikationen/2020_12_03_texte_227-2020_online-handel.pdf (Zugriff: 30.1.22).

Ulf Kerber, Franziska Wittau

Augmented Reality in der Ökonomischen Bildung

1 Einleitung

Augmented Reality (AR), eine Technologie, die Elemente der realen, physischen Welt durch virtuelle, computergenerierte Elemente interaktiv in Echtzeit überlagert bzw. erweitert (engl. *to augment*; vgl. Abb. 1) (Azuma 1997), entwickelt sich zunehmend vom Nischenphänomen zu einer Technologie mit wirtschaftlichem Potenzial und großer Relevanz für die Arbeit der Zukunft (PWC 2019). Bedeutung erhält AR beispielsweise in den folgenden Bereichen:

- Aus- und Weiterbildung: Durch AR lassen sich realistische Szenarien ohne größere Risiken und Verluste nachstellen (Fehling 2017), beispielsweise bei technischen Ausbildungsberufen (z.B. AR-Schweißausbildung, AR-Montagetraining, AR-Hauswirtschaftstraining, vgl. zu weiteren Beispielen Osmers/Blunk/Prilla 2019),
- Vereinfachung und Unterstützung (industrieller) Arbeitsprozesse (etwa im Rahmen von (Fern-)Wartungen),
- Konsum und Handel, etwa in Form virtueller Umkleidekabinen oder Apps, die Konsumgüter wie Möbel in ihrer späteren Umgebung präsentieren können (AR-Shopping).

Gerade der letzte Punkt eröffnet Ansatzpunkte einer Nutzung von und Auseinandersetzung mit AR in der Ökonomischen Bildung, da insbesondere AR-Shopping-Anwendungen in der (zukünftigen) Lebenswelt der Lernenden eine zunehmend größere Bedeutung einnehmen werden. Im Rahmen der Verbraucher*innenbildung kann mittels AR-Anwendungen die ökonomische Relevanz des digitalen Wandels für das Konsumhandeln exemplarisch vermittelt werden.

Abbildung 1: Marker-based mobile Augmented Reality an Schulmodellen

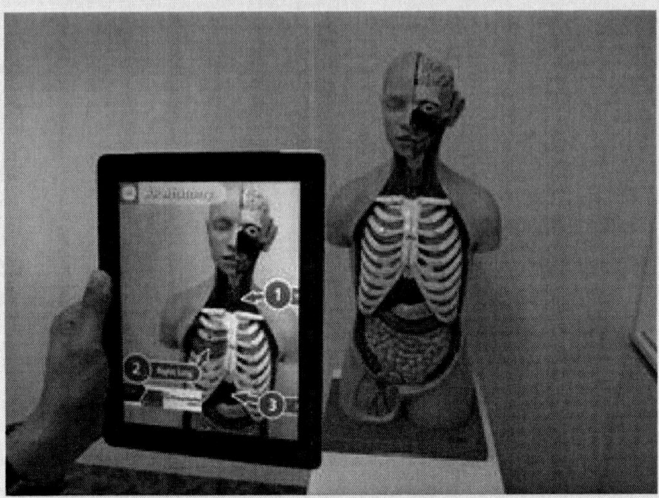

Quelle: CCO

2 (Fach-)Didaktische Einordnung und Einbettung von AR in Lehr-Lern-Settings

2.1 Techn(olog)ische Einordnung von AR

Neben vergleichsweise kostenintensiven AR-Brillen ermöglichen auch mobile Endgeräte wie Smartphones und Tablets die Nutzung von AR-Anwendungen. Diese eignen sich aufgrund der Kosten-Nutzen-Relationen in besonderem Maße für schulische Kontexte. Eine Vielzahl aktueller Geräte bringen die technologischen Voraussetzungen schon nativ mit, da diese z.B. bereits in den iPads der Schule oder den Smartphones der Lernenden (vor-) installiert sind. Benötigt werden darüber hinaus spezielle Apps, mit denen AR-Lernumgebungen abgerufen werden können (z.B. Zeitfenster-App, s.u.).

Die Wirklichkeit, die durch AR-Elemente ergänzt wird, kann dabei sowohl die direkte, den oder die Nutzer*in umgebende Welt sein (unmittelbare Umwelt) als auch jede indirekte Ansicht der realen Welt, zum Beispiel in Form von Bildern oder Videos und Streams (Carmigniani/Fuhrt 2011). Der Grad der Überlagerung reicht von einfachen Einblendungen von z.B. Texten, Bildern oder

Links bis hin zu komplett computersimulierten, virtuellen Inhalten. Man spricht dann von Mixed Reality (MR). Im Gegensatz zur Virtual Reality (VR) taucht der oder die Benutzer*in in diesen Settings aber nicht vollständig in künstliche, virtuell generierte Welten ein. AR ergänzt also im Gegensatz zur VR die Wirklichkeit, statt sie vollständig zu ersetzen.

Abbildung 2: Realitäts-Virtualitäts-Kontinuum nach Milgram/Kishino (1994)

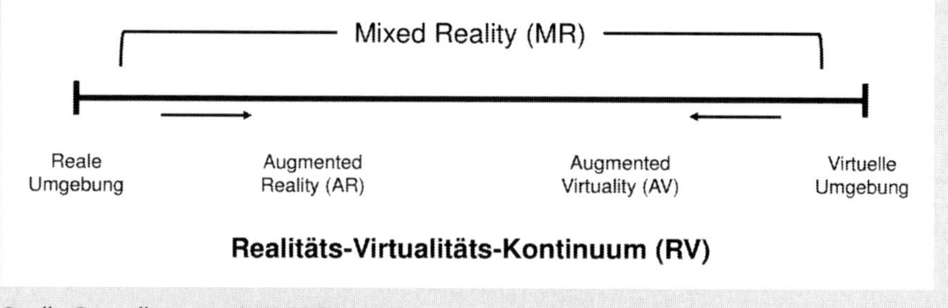

Quelle: Darstellung von Aera CC BY-SA 4.0

Die technischen Voraussetzungen der Nutzung von AR unterscheiden sich zudem in Abhängigkeit von der Frage, ob auf bereits bestehende AR-Anwendungen zurückgegriffen werden soll oder Lernende – und auch Lehrende – eigenständig AR-Umgebungen entwickeln wollen. Für Letzteres benötigen Lehrende und Lernende entsprechende Autor*innenwerkzeuge – einen sogenannten AR-Editor. Das ist eine Stand-alone- oder browserbasierte Software, die es ermöglicht, auch ohne Programmierkenntnisse eigene AR-(Lern-)Szenarien umzusetzen. Editoren, die für den Bildungsbereich kostenlose Zugänge (mit eingeschränkter Funktionalität) anbieten, sind aktuell u.a. 3DBear, CoSpaces Edu oder Assemblr EDU. Für die weitere Planung einer Unterrichtseinheit im Rahmen dieses Beitrags wird auf die Software Adobe Aero zurückgegriffen.

2.2 Didaktische Nutzung und Verortung von AR

Durch den Einsatz von AR lassen sich prinzipiell alle räumlichen Objekte in der Realität in Echtzeit um weitere, visuell-verbale Informationen erweitern. Dies können in Bildungskontexten auf einfachster Ebene z.B. statische Schulbuchinhalte oder -grafiken sein, die beim Blick durch ein digitales Endgerät durch Texte, Videos, Animationen, gamifizierte Inhalte oder 3-D-Modelle erweitert werden (Kravtsov/Pulinets 2020). Je nach Komplexitätslevel können die Lernenden zudem explorativ mit der virtuell generierten Zusatzinformation interagieren (z.B. Betrachtung von verschiedenen Seiten zum Erkennen zusätzlicher Informationen am Objekt, Auslösen möglicher Simulationshandlungen). Durch die virtuellen Erweiterungsmöglichkeiten von AR – auch an bereits bestehend-statischen Lerngegenständen – wird passive Rezeption in eine aktive und selbstentdeckende Handlungsorientierung überführt, indem kognitive, affektive und psychomotorische Zugänge zum Lernen und damit eine induktive Erarbeitung über eigenständige (Re-)Konstruktionsprozesse ermöglicht werden. Komplexe Sachverhalte und deren Wirkungszusammenhänge lassen sich so eigenständig am durch AR erweiterten Objekt erarbeiten. Hinzu kommt die Möglichkeit, auditive und visuelle Informationen zeitlich parallel zur Verfügung zu stellen, was der Kognitiven Theorie des multimedialen Lernens folgend (Mayer 2005) lernförderlich wirkt. Größere Potenziale sind von AR-Anwendungen zu erwarten (Söbke/Montag/Zander 2018), wenn diese in konstruktivistisch-situative und handlungsorientierte Lernszenarien beim Lernen an authentischen Orten eingebettet sind (Brown/Collins/Duguid 1989), sich die Lernenden also z.B. an einem außerschulischen Lernort befinden und vor Ort Lerninhalte selbstständig-entdeckend mittels AR erschließen (Herber 2012). Für die Ökonomische Bildung liegen hierfür noch keine Anwendungen vor, aber es existieren übertragbare Beispiele aus anderen Domänen. Mit der AR-Zeitfenster-App etwa können Lernende an aktuellen Orten durch eine virtuelle Führung historische wie auch wirtschaftshistorische Zusammenhänge erkunden und sich über Bild- und Texteinblendungen eine visuelle Vorstellung von Kontinuitäten und Wandel am Lernort erarbeiten. Auch bei Betriebserkundungen sind ähnliche Vorgehensweisen denkbar. Diese könnten mittels AR-Storytelling zusätzlich personalisiert und um narrative Elemente erweitert werden (vgl. zur Funktionsweise die MauAR-App), sodass den Lernenden eine selbstständige, personifizierte Erkundung des Betriebs in Begleitung von virtuellen Avataren angeboten würde.

Zudem könnten Prozesse der Berufsorientierung an außerschulischen Lernorten mittels AR ergänzt und verbessert werden, indem Lernenden während Praktikumsphasen Einblicke auch in solche Tätigkeitsfelder ermöglicht werden, die ihnen normalerweise nicht zugänglich sind (z.B. aus Sicherheitsgründen). Die AR-Anwendung leitet sie dabei Schritt für Schritt durch die erforderlichen Aufgaben – etwa den Umgang mit Chemikalien in einem Musterlabor (Osmers/Blunk/Prilla 2019). AR stellt somit eine lernendenzentrierte Technologie dar, mit deren Hilfe schnell, individualisiert und adaptiv Informationen erworben werden können.

Ebenfalls zu den konstruktivistischen Szenarien zählt die eigenständige Entwicklung von AR-Umgebungen, auf die im unten folgenden Praxisbeispiel genauer eingegangen wird. Eine solche produktionsorientierte Ebene beim Lernen mit AR entspricht den Forderungen nach einer handlungs-, problem- und situationsorientierten Gestaltung Ökonomischer Bildung, da es die folgenden Elemente umfasst (Kirchner 2014; Steinmann 1995; Krol/Loerwald/Müller 2012):

- Ganzheitlichkeit/Schüler*innenaktivität (Verbindung kognitiv-intellektueller und sinnlicher Lernprozesse; situative Einbettung des Wissens, die die eigenständige Erarbeitung von Wissen ermöglicht)
- Produktorientierung (Herstellung eines (realen) Lernprodukts in Form einer AR-Anwendung)
- Ermöglichen einer ökonomisch geleiteten Betrachtung struktureller Probleme moderner Gesellschaften (hier die Digitalisierung mit ihren Folgewirkungen)

3 Kompetenzförderung durch den Einsatz von AR

Die Nutzung von AR-Anwendungen kann zur Ausbildung sowohl fachlicher als auch digitalisierungsbezogener Kompetenzen beitragen. Auf der fachlichen Ebene lassen sich vor allem die folgenden Kompetenzdimensionen – exemplarisch aufgelistet für das Feld der Verbraucher*innenbildung – fördern (DeGöB 2004):

Kompetenzdimension	Beispiel (Die Schüler*innen können ...)
Handlungssituationen ökonomisch analysieren	• das Interesse von Produzent*innen/Händler*innen und Konsument*innen in der Nutzung von AR-Shopping darstellen und vergleichen; • die Bedeutung von AR-Shopping für die Veränderung von Konsumgewohnheiten und Märkten (z. B. online vs. lokal) erklären;
Entscheidungen ökonomisch begründen	• Kosten-Nutzen-basierte Urteile über die eigene Nutzung von AR-Anwendungen fällen und begründen;
Rahmenbedingungen der Wirtschaft verstehen und mitgestalten	• die Notwendigkeit der (politischen) Gestaltung einer zunehmend digitalisierten Wirtschaft erörtern;
Konflikte perspektivisch und ethisch beurteilen	• am Beispiel des Umgangs mit personenbezogenen Daten die Rolle ethischer Fragen in der digitalen Transformation der Wirtschaft beurteilen.

In ihrer Gesamtheit tragen diese Kompetenzen zur Entwicklung von Orientierungs-, Urteils-, Entscheidungs- und Handlungsfähigkeit der Lernenden bei. Insbesondere in problemorientierten Settings, die eine abwägende Auseinandersetzung alternativer Lösungsmöglichkeiten für strukturelle Probleme moderner Ökonomien einfordern, ist dabei ein besonderer Fokus auf die Urteilskompetenz als eine die oben dargestellten Kompetenzdimensionen verbindende Klammer zu legen. Dass die perspektivische und ethische Beurteilung von Konflikten Urteilskompetenz einfordert, ist augenscheinlich. Aber auch

> die Fähigkeit, Entscheidungen ökonomisch zu begründen [erfordert] das Abwägen von Kosten und Nutzen und von Alternativen im Blick auf das eigene Wohl, aber auch das Wohl anderer [mit Blick auf AR-Shopping etwa Zukunft des stationären Handels, FW/UK]. Sie basiert auf der Analyse von Anreizen und Restriktionen in Handlungssituationen. (Weber 2015, 19)

In diesem Sinne gehen die gefällten Urteile dann auch über reine Feststellungsurteile hinaus und fordern das Postulat der Gestaltungsorientierung ein (ebd.).

Diese Kompetenzdimensionen Ökonomischer Bildung sind eng mit digitalisierungsbezogenen Kompetenzen verbunden. So fördert sowohl die Auseinandersetzung mit den Interessen von Kund*innen und Händler*innen an AR als auch das Treffen Kosten-Nutzen-basierter Entscheidungen über die eigene Nutzung von AR Kompetenzen in den Bereichen Umgang mit Informationen und Daten als auch digitale Sicherheit (Vuorikari/Kluzer/Punie 2022), siehe dazu auch Brahm/Wiepcke in diesem Band). Neben dieser eher anwendungsorientierten Perspektive sollte digitale Bildung aber auch gesellschaftlich-kulturelle und technologische Perspektiven berücksichtigen (GI 2017). Das gelingt insbesondere dann, wenn das Lernen *über* mit der produktorientierten Erstellung *von* digitalen Medien (konkret: einem AR-Use-Case) verbunden wird. Dies ermöglicht neben dem fachbezogenen Kompetenzgewinn auch ein handlungsorientiertes Verstehen der technologischen Funktionsweise von AR (*computational thinking*).

4 Herausforderungen beim Einsatz von AR im Unterricht

Neben den in den Abschnitt 2.2 und 2.3 dargelegten Potenzialen, die für den Einsatz von AR im Rahmen Ökonomischer Bildung sprechen, müssen auch die folgenden Herausforderungen bedacht werden (Zender et al. 2018): So kann z.B. die fehlende Medienkompetenz der Lehrenden und Lernenden als notwendige

Voraussetzung einem bildungswirksamen Einsatz von AR (fachgerechte Bedienung von AR-Technologie, Erstellen von AR-Anwendungen) entgegenstehen. Techn(olog)ische Probleme können auftreten, wenn eine unübersichtliche Infrastruktur besteht (eine Vielzahl an AR-fähigen Geräten, wenig intuitive Bedienoberflächen sowohl von bereits existierenden AR-Anwendungen als auch AR-Editoren sowie die Bindung von proprietären AR-Anwendungen an bestimmte Hardware). Dies kann den Einsatz von AR erschweren und eine ungenaue Erkennung von Markern (z.B. beeinflusst durch die jeweiligen Lichtverhältnisse) mit sich bringen. Das Erlangen der notwendigen Medienkompetenzen wird so zusätzlich erschwert. Ferner kann eine fehlende fachdidaktische Verortung begünstigen, dass AR-Anwendungen zwar als motivierendes Werkzeug eingesetzt werden, ohne dabei aber die fachbezogene Kompetenzentwicklung zu unterstützen. Hinzu kommen datenschutzrechtliche Fragen insbesondere beim Einsatz solcher AR-Anwendungen, die nicht explizit für den Bildungsbereich entwickelt wurden, aber gerade aus diesem Grund den alltagsbezogenen Nutzen von AR besonders gut illustrieren können (z.B. AR-Shopping-Apps, die ohne die Freigabe sensibler Daten der Nutzer*innen gar nicht verwendet werden können).

5 Praxisbeispiel aus dem Ökonomieunterricht: „AR-Shopping – Die Zukunft des Onlinehandels?"

5.1 Inhaltliche Einführung zu AR-Shopping

Die ökonomische Bedeutsamkeit von AR, insbesondere im Bereich des AR-Shopping bzw. AR-Marketing, wurde bereits in Abschnitt 1 dargelegt. Hinsichtlich ihrer Funktionsweisen lassen sich drei verschiedene Formen von AR-Shopping-Anwendungen voneinander unterscheiden (Lavoye/Mero/Tarkiainen 2021):

1. Anwendungen, die das eigene Bild erweitern bzw. überlagern (sogenanntes *Virtual Fitting*, z.B. durch die digitale Anprobe von Kleidung, Brillen etc. oder das digitale Ausprobieren von Make-up),
2. Anwendungen, die der eigenen Umgebung computergenerierte Elemente hinzufügen (z.B. IKEA Place, eine App, die Möbel virtuell in 3-D in das eigene Zuhause projiziert),
3. Anwendungen, die Objekte erweitern bzw. zusätzliche Informationen zu diesen bereitstellen (z.B. sogenannte Living Products. Das jeweilige Produkt wird dabei zum Leben erweckt, etwa indem das entsprechende Werbemaskottchen auf dem Bildschirm eingeblendet wird und mit Produkt und/oder Nutzer*in interagiert).

Durch den Einsatz von AR-Anwendungen verfolgen insbesondere Onlinehändler*innen das Ziel, mittels Verbesserung der Einkaufserlebnisse und der Reduzierung von Entscheidungsunsicherheiten Probleme wie zu hohe Rücksendequoten zu minimieren, da diese für die Händler*innen mit einem erheblichen Kostenaufwand verbunden sind (ebd.). Dies bedeutet nicht, dass beispielsweise verbesserte Einkaufserlebnisse oder die Einsparung von CO_2 nicht auch im Interesse der Konsument*innen liegen können. Trotzdem können AR-Shopping-Anwendungen vor allem als Teil eines modernen, digitalen Marketings verstanden werden, das Kund*innen emotional zu erreichen versucht und darauf basierend impulsives Kaufverhalten anregen kann (Chen et al. 2021). Das liegt nicht zuletzt daran, dass AR-Anwendungen die Vorstellungskraft der Verbraucher*innen über die angebotenen Produkte verbessert, was als wesentlicher Schritt bei der Entscheidungsfindung betrachtet werden kann (McLean/Wilson 2019). Von diesem Vorteil profitiert vor allem der Onlinehandel, dessen Marktanteile in den vergangenen Jahren bereits signifikant angestiegen sind.

Um volle Funktionalität zu gewährleisten, erfordern AR-Anwendungen eine Vielzahl von Berechtigungen (z.B. Zugriff auf die Handykamera, gespeicherte Bilder, Einsatz von Cookies) sowie die Bereitstellung persönlicher Daten (z.B. körperliche Merkmale, Einkaufsverlauf). Forschungsergebnisse belegen, dass Nutzer*innen von AR-Anwendungen aufgrund dieser Berechtigungen erhebliche Bedenken hinsichtlich des Schutzes ihrer Privatsphäre haben. Gleichwohl sind sie bereit, persönliche Informationen preiszugeben. Lavoye/Mero/Tarkiainen (2021) schließen hieraus, dass die positiven Eigenschaften von AR die möglichen negativen Folgen zu überwiegen scheinen. Dieser scheinbare Widerspruch verdeutlicht, wie notwendig es ist, dass Lernende um die zentrale Bedeutung von Daten in der und für die digitale Ökonomie wissen (Schuhen/Askari/Schürkmann 2017).

5.2 Didaktische Hinweise

Das nachfolgende Einsatzbeispiel von AR orientiert sich an den didaktischen Prinzipien der Problem- und Projektorientierung (siehe Abschnitt 2.2). Es verbindet die Erarbeitung und die diskursiv-perspektivische Anwendung von Wissen über AR mit der eigenständigen, handlungsorientierten Gestaltung von AR in Form von sowohl simulativem Handeln als auch produktivem Gestalten. Als konkretes Produkt erstellen die Lernenden ein AR-Use-Case, das in die Marketingstrategie eines Onlinehandels eingebettet werden soll. Im nachfolgenden Fallbeispiel wird dabei bewusst auf die Vorgabe eines konkreten Produkts verzichtet, sodass den Lernenden gegebenenfalls eine Mitbestimmung über das zu bewerbende Produkt ermöglicht werden kann. Die Entwicklung der Kampagne erfolgt in Form eines Gruppenpuzzles[1], wobei die Lernenden sowohl in ihrer Stamm- als auch Expert*innengruppen unterschiedliche kommunikativ-kollaborative Rollen (Marketing, Vertrieb, Datenschutz) einnehmen (Herrmann 2021). In ihrer Expert*innenrolle erarbeiten sich die Lernenden die verschiedenen Vor- und Nachteile AR-basierter Verkaufsstrategien. Diese müssen schließlich in der Stammgruppenarbeit aufeinander bezogen werden, um eine schlüssige Kampagne zu entwerfen, die die unternehmerischen Ziele der Umsatzsteigerung sowie eine Erhöhung der Kund*innenbindung ebenso bedenkt wie die Frage, welche nötigen Daten hierfür wie und wozu erhoben werden können, ohne dabei ethische und juristische Grundsätze zu verletzen. So besteht eine positive Abhängigkeit der Gruppenmitglieder voneinander, da die gestellte Aufgabe nur gemeinsam durch unterstützende Interaktion gelöst werden kann.

Folgende inhaltliche Positionen sind in den Expert*innengruppen zu erarbeiten:

1. Marketing: Kern des Marketings ist das Erkennen und Befriedigen von Kund*innenwünschen sowie eine darauf ausgerichtete Kommunikationsstrategie. Die Lernenden dieser Expert*innengruppen müssen sich daher anhand einer Kund*innen-, Markt- und Wettbewerbsanalyse überlegen, welche Zielgruppen wie und an welchem Ort (des Onlineshops) im Rahmen der AR-Kommunikationskampagne angesprochen werden können.
2. Vertrieb: Der Vertrieb ist jene Funktion im Unternehmen, die Produkte und Dienstleistungen dem oder der Endverbraucher*in zugänglich macht. Die Lernenden, die die Rolle des Vertriebs übernehmen, analysieren, wie die Betreuung der Kundin bzw. des Kunden vor dem Kauf, während des Kaufs und nach dem Kauf gestaltet werden kann, um somit eine Steigerung der Umsätze und/oder eine höhere Kund*innenbindung zu erzielen.
3. Datenschutz: Datenschutz umfasst nach der Datenschutz-Grundverordnung (DSGVO) jegliche Erfassung, Speicherung, Verarbeitung, aber auch Löschung und Sperrung personenbezogener Daten. Für Unternehmen, insbesondere in digitalisierten Ökonomien, haben solche Daten auf der einen Seite erheblichen Wert, da sie eine nutzer*innenspezifische Ansprache und Produktvermarktung erlauben. Auf der anderen Seite bestehen sowohl nach DSGVO als auch mit Blick auf Bedenken der Nutzer*innen Grenzen

1 Zur Methode des Gruppenpuzzles: vgl. https://ilias.uni-giessen.de/ilias/goto.php?target=cat_31102&client_id=JLUG Die Abbildung kann zusätzlich genutzt werden, um die Methode Gruppenpuzzle in der Lernendengruppe einzuführen)

in der Erhebung und Nutzung von Daten, die es zu berücksichtigen gilt. Hier muss es die Rolle und Aufgabe der Lernenden sein, zu prüfen, ob die aus der AR-Anwendung erzielbaren Daten ethisch sinnvoll und gesetzeskonform eingesetzt werden können. Zuvor müssen sie sich daher mit diesen Aspekten – auch aus Perspektive der Kund*innen sowie des Verbrauch*innenschutzes – gezielt auseinandersetzen.

5.3 Möglicher Unterrichtsverlaufsplan

Klassenstufe	9–12
Zeitbedarf	9 Unterrichtseinheiten, davon 6 als Projekttag
Lern- und Kompetenzziele	Die Schüler*innen können ... • am Beispiel von AR die Bedeutung digitaler Elemente im Marketingmix eines Unternehmens erklären und aufbauend hierauf ein eigenständiges AR-Use-Case in Form eines Gruppenpuzzles entwickeln, • den ökonomischen Nutzen des Einsatzes von AR-Anwendungen unter Berücksichtigung der jeweiligen Vor- und Nachteile bzw. Kosten-Nutzen-Relationen für Händler*innen, Verbraucher*innen und die ökologische Nachhaltigkeit analysieren und reflektieren; • am Beispiel von AR-Anwendungen die Bedeutung personenbezogener Daten in digitalen Ökonomien moralisch beurteilen; • das eigene Konsumverhalten in digitalen Kontexten unter Berücksichtigung der eigenen Bedürfnisse und der jeweiligen Einflussfaktoren kritisch reflektieren; • die Funktionsweise von AR-Anwendungen erklären, indem sie kriterienorientiert ein eigenständiges AR-Marketing-Szenario für ein frei wählbares Produkt entwickeln.

Abkürzungen:

- EA: Einzelarbeit
- GA: Gruppenarbeit
- UE: Unterrichtseinheit(en)
- UG: Unterrichtsgespräch

Sequenz und Dauer	Hinweise	Sozialform/ Material/ Medium
Hinführung (1 UE, in der Regel ca. 45 Minuten)	Einführung in das Grundszenario des Erstellens einer AR-Marketingkampagne in der Stammgruppe des Gruppenpuzzles (1. Stammgruppenphase): • Zielstellung des Projekts wird mithilfe von M1 eröffnet • erste Annäherung an bestehende AR-Shoppinganwendungen[2] zunächst in EA, dann gruppeninterner Austausch. • Lernende schildern Eindrücke entlang der in M1 gelisteten Fragen im Plenum	EA, GA, UG Arbeitsblatt M1, Tablets (gegebenenfalls andere mobile Endgeräte)
Problematisierung (1 UE)	Annäherung an die sich stellenden Herausforderung: „Was muss eine AR-basierte Marketingkampagne leisten können?" Klären der Voraussetzungen zum Erstellen der Kampagne: • Klären der Aufgaben • Einführung der Lernenden in die jeweiligen Rollen und die damit verbundenen Aufgaben • Einführung in Adobe Aero Austausch in der Expert*innengruppe (Expert*innenphase des Gruppenpuzzles)	EA, GA Rollenkarten M2
Erarbeitung (1 UE)	Erarbeiten rollenbasierter Standpunkte zu AR-Anwendungen aus Expert*innenperspektive im Gruppenpuzzle (Expert*innenphase des Gruppenpuzzles) a) Marketing b) Datenschutz c) Vertrieb Gemeinsames Sammeln erster Ideen zur Entwicklung einer Marketingkampagne, die der Lehrkraft zur Absprache für Rückmeldungen vorgelegt werden (2. Stammgruppenphase des Gruppenpuzzles)	Gruppenpuzzle (EA, GA) Rollenkarten (M2) Arbeitsblatt M3 Hinweis: Für das vorliegende Praxisbeispiel wurde nur eine exemplarische Rollenkarte (Marketingmitarbeiter*in) entwickelt. Weitere Rollenkarten können auf diesem Beispiel aufbauen (Aufgabenstellungen übernehmen, Informationstexte anpassen), hier aufgrund des begrenzten Umfangs aber nicht abgedruckt werden.

2 Sollte eine Einverständniserklärung der Lernenden bzw. Erziehungsberechtigten vorliegen, können auch die in den Videos vorgestellten Apps selbst genutzt werden.

Projekttag (6 UE)	Umsetzen der zuvor erarbeiteten Kampagne in der Stammgruppe: 1. Entwicklung eines AR-Use-Cases mithilfe des AR-Editors Adobe Aero und Einbettung dieser Anwendung in eine Kampagne 2. Vorstellen von Anwendungsfall und dessen Funktion innerhalb der Kampagne im Plenum Optional: Möglichkeit des Peer-Feedbacks und darauf aufbauender Überarbeitungsschleife einbauen, hierfür ist eine gemeinsame Erarbeitung von Bewertungskriterien Voraussetzung.	GA Tablets, AR-Editor (z. B. Adobe Aero)
Reflexion und Transfer (1 UE)	Frage nach der Übertragbarkeit und Relevanz insbesondere für das eigene Konsumhandeln, z. B. entlang der folgenden Fragen: • Würden die Lernenden selber AR-Anwendungen nutzen wollen? Was spricht dafür/dagegen? • Wo funktionieren AR-Anwendungen? Wo lohnt sich ein Einsatz nicht (hier gegebenenfalls Beispiele vorgeben)?	UG

Materialien

M1 Einberufung eines Expert*innenmeetings zur Neugestaltung unserer Marketingkampagne

Von: Vorstandsvorsitzende@abc-handel.de

Betreff: Planung der neuen Marketingkampagne/Ausweitung unseres digitalen Angebots

An: marketing@abc-handel.de, vertrieb@abc-handel.de, datenschutz@abc-handel.de

Liebe Mitarbeiter*innen,
was bis vor einigen Jahren noch nach Zukunftsmusik klang, ist mittlerweile eine mögliche Ergänzung unseres Onlineauftritts, die wir prüfen sollten. Ich spreche von Augmented Reality. Augmented Reality, oder abgekürzt AR, bedeutet übersetzt „erweiterte Realität". Es ergänzt die reale Welt, die uns umgibt, um digitale Elemente. Hierfür greift die AR-Software auf die Kamera zu und ergänzt das Kamera-Live-Bild um virtuelle Elemente, die dann auf dem Display dargestellt werden. Durch die dreidimensionale Darstellung und Einbettung der Elemente entsteht der Eindruck, als würden diese in der realen Welt existieren. Dadurch, dass AR-Anwendungen mittlerweile auf vielen Smartphones und Tablets laufen, ist AR eine vergleichsweise einfache Möglichkeit, unseren Onlinehandel zu erweitern und zu verbessern.
Aus diesem Grund beruft der Vorstand ein außerordentliches Expert*innenmeeting ein. Ihre Expertise ist gefragt! Entwickeln wir gemeinsam eine Marketingstrategie, in die AR sinnvoll eingebunden werden kann. Bitte bereiten Sie sich auf unser Treffen vor, indem Sie sich über die folgenden AR-Anwendungen informieren:

Wandfarben ausprobieren https://tinyurl.com/2p8t72cj	Möbel in Raum platzieren https://tinyurl.com/mszs3xtr	Kleidung virtuell anprobieren https://tinyurl.com/3b2cpfa4

Überlegen Sie entlang der Beispiele:

1. Welche Möglichkeiten eines veränderten Einkaufsverhaltens bietet AR?
2. Welche Vorteile haben AR-Anwendungen aus Kund*innensicht? Welche möglichen Nachteile sehen Sie?
3. Welche Vorteile bietet AR Ihrer Meinung unserem Unternehmen? Welche möglichen Nachteile gibt es Ihrer Meinung nach?

Ich freue mich auf ein produktives Treffen. Ihre

Petra Groß
Petra Groß (Vorstandsvorsitzende)

M2 Rollenkarte Marketingmitarbeiter*in

Du arbeitest in der Marketingabteilung der abc-Handel GmbH, die einen erfolgreichen Onlineshop betreibt. Deine schwerpunktmäßige Aufgabe besteht in der Vermarktung der Produkte und der Bindung der Kundschaft an den Shop.
Da die Konkurrenz groß ist, hat der Vorstand den Auftrag erstellt, eine AR-basierte Marketingkampagne zu entwickeln, um weiterhin an die bestehenden Erfolge anknüpfen zu können.

Aufgaben

1. Sieh dir das folgende Tutorial zur Nutzung von Adobe Aero, einer Software, mit der sich AR-Anwendungen erstellen lassen, an.

   https://tinyurl.com/tr454zfd

2. Erarbeite dir in Einzelarbeit entlang der folgenden Informationen Hintergrundwissen zu Vor- und Nachteilen von AR im digitalen Marketing und fasse diese stichpunktartig in Form einer Tabelle zusammen.
3. Tausche dich in deiner Expert*innengruppe (Marketing) über die gefundenen Informationen aus. Überlegt gemeinsam, wann und wie AR erfolgreich in eine Marketingkampagne eingebaut werden kann.
4. Tragt die Informationen aus den Expert*innengruppen in eurer Stammgruppe zusammen. Entwickelt entlang der Vorlage M3 eine Idee für die Einbindung einer AR-Anwendung in den Onlineshop, die ihr dem Vorstand (Lehrer*in) vorstellen werdet. Die endgültige Kampagne inklusive der AR-Anwendung müsst ihr später dem erweiterten Vorstand (Lehrkraft + Rest der Klasse) vorstellen.

Informationen

Marketing in Zeiten zunehmender Digitalisierung muss vor allem schnell sein. Durch die Digitalisierung des Marketings werden in Zukunft die Unternehmen belohnt, die viele Blicke auf sich lenken. Allerdings gibt es online eine Flut von Angeboten und Informationen. Man muss sich also von den anderen unterscheiden. Viele Kundinnen und Kunden shoppen heute online mit mobilen Endgeräten (Tablets und Smartphones). Darauf muss sich das Marketing einstellen. AR-Anwendungen bieten Möglichkeiten, diese Rahmenbedingungen zu berücksichtigen. Sie sind noch eine vergleichsweise wenig verbreitete Erweiterung im Onlinehandel und funktionieren zumindest auf neueren Smartphones und Tablets unkompliziert.

Dabei bietet AR vor allem den Vorteil, dass es die Kund*innenzufriedenheit längerfristig steigern kann. Kundinnen und Kunden können das Produkt auch ohne einen Besuch eines Ladengeschäfts (stationärer Handel) dreidimensional erkunden und so eine verbesserte Vorstellung vom Produkt „in use" bekommen. So kann man beispielsweise herausfinden, ob einem Farben wirklich stehen, oder sich anschauen, ob das Sofa, das einem so gut gefällt, auch ins eigene Wohnzimmer passt. AR verbessert also das Erlebnis der Kundinnen und Kunden im Onlineshop. Wenn die Kundinnen und Kunden das dann noch mit Screenshots z. B. in den sozialen Netzwerken teilen, werden das eigene Unternehmen und auch das jeweilige Angebot noch bekannter. Das wiederum kann sich positiv auf die Umsätze auswirken – es wird mehr verkauft.

Gerade wenn sich Unternehmen von der unmittelbaren Konkurrenz durch Zusatzangebote wie AR unterscheiden und Kundinnen bzw. Kunden mit diesem Angebot zufrieden sind, kann das auch die Kund*innenbindung insgesamt stärken. Folglich kaufen die Kundinnen und Kunden auch in Zukunft wieder in dem Shop ein, mit dem sie positive Erfahrungen gesammelt haben. Dafür ist neben dem konkreten Nutzen (also der Frage, ob zum Beispiel das Sofa ins jeweilige Wohnzimmer passt) auch der Spaß an der Nutzung von AR ein wichtiger Faktor, der für die Nutzung von AR spricht. Es ist ein deutlich größeres Erlebnis, ein Produkt „zum Leben zu erwecken", als sich durch endlose Bilder zu scrollen.

Hierfür muss aber unbedingt geklärt werden, wer potenziell mit AR erreicht werden kann. AR-Anwendungen funktionieren vor allem auf neueren, rechenstarken Smartphones und Tablets. Verfügen die potenziellen Adressatinnen und Adressaten (zumindest in absehbarer Zeit) über diese? Kann gegebenenfalls über Influencer*innen oder Social Media der Bekanntheitsgrad der Anwendung und damit auch des Unternehmens vergrößert werden? Werden diejenigen, die über die technischen Voraussetzungen verfügen, AR auch wirklich nutzen? Hier müssen unbedingt auch datenschutzrechtliche Hürden mitgedacht werden.

Auch muss berücksichtigt werden, dass die Anwendungen überhaupt programmiert werden müssen. Das ist mittlerweile durch sogenannte AR-Editoren vergleichsweise unproblematisch möglich. Trotzdem ist es mit Kosten verbunden. Hier muss geklärt werden, ob sich dieser Aufwand lohnt.

Weiterführende Links mit Beispielen und Zusatzinformationen zu AR-Marketing

https://tinyurl.com/mr3cjuu3 https://tinyurl.com/mrx6uyyy https://tinyurl.com/yckz5reh

M3

Datum: ________________

Name der Kampagne:

Kurzbeschreibung der Kampagne (Mit welchem Ziel wird AR eingesetzt?):

Zielgruppe (Welche Personengruppen sollen erreicht/angesprochen werden?):

Nutzen (Was kann AR als zusätzliches Element leisten, was andere Elemente nicht leisten könnten?):

Grenzen (Was sind Grenzen des Einsatzes von AR? Welche möglichen Probleme ergeben sich?):

AR-Positionierung (Wo im Onlineshop sollte die AR-Anwendung zu finden sein? Warum?):

Softwarelinks AR-Editoren

- 3DBear (https://www.3dbear.io)
- CoSpaces Edu (https://cospaces.io/edu/)
- Assemblr EDU (https://edu.assemblrworld.com/assemblr-edu-app)
- Adobe Aero (https://www.adobe.com/de/products/aero.html)
- Areeka-Studio (https://studio.areeka.net/)

Literatur

Azuma, Ronald T. (1997): A Survey of Augmented Reality. In: Presence. Teleoperators and Virtual Environments, 4, S. 355–385.

Brown, John Seely/Collins, Allan/Duguid, Paul (1989): Situated Cognition and the Culture of Learning. In: Educational Researcher, 18(1), S. 32–42.

Carmigniani, Julie/Furht, Borko (2011): Augmented Reality: An Overview. In: Furht, Borko/Furht, Borivoje (Hg.): Handbook of augmented reality. New York, S. 3–46.

Chen, Jengchung Victor/Ruangsri, Sirapattra/Ha, Quang-An/Widjaja, Andree E. (2021): An experimental study of consumers' impulse buying behaviour in augmented reality mobile shopping apps. In: Behaviour & Information Technology, Artikel vom 15.10., S. 1–22.

DeGöB – Deutsche Gesellschaft für ökonomische Bildung (2004): Kompetenzen der ökonomischen Bildung für allgemein bildende Schulen und Bildungsstandards für den mittleren Schulabschluss. Online: https://www.degoeb.de/fileadmin/media/medien/04_DEGOEB_Sekundarstufe-I.pdf (Zugriff: 22.4.22).

Fehling, Christian Dominic (2017): Erweiterte Lernwelten für die berufliche Bildung. Augmented Reality als Perspektive. In: Thissen, Frank (Hg.): Lernen in virtuellen Räumen. Perspektiven des mobilen Lernens. Berlin, S. 125–142.

GI – Gesellschaft für Informatik (2016). Dagstuhl-Erklärung. Bildung in der digitalen vernetzten Welt. Online: https://gi.de/fileadmin/GI/Hauptseite/Themen/Dagstuhl-Erkla__rung_2016-03-23.pdf (Zugriff: 22.4.22).

Herber, Erich (2012): Augmented Reality – Auseinandersetzung mit realen Lernwelten. In: Zeitschrift für E-learning, 7(3), S. 7–13.

Herrmann, Zachary (2021): Collaborative Learning. Roles That Encourage Equitable Collaborative Learning. In: Edutopia, Artikel vom 17.3. Online: https://www.edutopia.org/article/roles-encourage-equitable-collaborative-learning (Zugriff: 22.4.22).

Kirchner, Vera (2016): Wirtschaftsunterricht aus der Sicht von Lehrpersonen. Eine qualitative Studie zu fachdidaktischen teachers' beliefs in der ökonomischen Bildung. Wiesbaden.

Kravtsov, Hennadiy/Pulinets, Anastasiia (2020): Interactive Augmented Reality Technologies for Model Visualization in the School Textbook. In: ICTERI Workshops, November, S. 918–933. Online: https://easychair.org/publications/preprint/h6fx (Zugriff: 3.11.22).

Krol, Gerd-Jan/Loerwald, Dirk/Müller, Christian (2011): Mit Ökonomik lernen! Plädoyer für eine problemorientierte, lerntheoretisch und fachlich fundierte ökonomische Bildung. In: GWP – Gesellschaft – Wirtschaft – Politik, 2/2011, S. 17–18.

Lavoye, Virginie/Mero, Joel/Tarkiainen, Anssi (2021): Consumer behaviour with augmented reality in retail: a review and research agenda. In: The International Review of Retail, Distribution and Consumer Research, 31(6), S. 299–329. Online: https://www.researchgate.net/publication/350469411_Consumer_behavior_with_augmented_reality_in_retail_a_review_and_research_agenda (Zugriff: 10.11.22).

Mayer, Richard E. (2005): The Cambridge handbook of multimedia learning. Cambridge.

McLean, Graeme/Wilson, Alan (2019): Shopping in the digital world: Examining customer engagement through augmented reality mobile applications. In: Computers in Human Behavior, S. 210–224.

Milgram, Paul/Kishino, Fumio (1994): A taxonomy of mixed reality visual displays. In: IEICE TRANSACTIONS on Information and Systems, 77(12), S. 1321–1329.

Osmers, Niklas/Blunk, Oliver/Prilla, Michael (2019): Augmented und Virtual Reality zur Unterstützung von betrieblicher Aus- und Weiterbildung in deutschsprachigen Unternehmen. Clausthal.

PWC – Pricewater House Coopers (2019): Seeing is believing. How virtual reality and augmented reality are transforming business and the economy. Online: https://www.pwc.com/gx/en/technology/publications/assets/how-virtual-reality-and-augmented-reality.pdf (Zugriff: 1.5.22).

Schuhen, Michael/Askari, Minoubanu/Schürkmann, Susanne (2017): Neue Herausforderungen für die Verbraucherbildung an Schulen. Verbraucherinnen und Verbraucher im Internet der Dinge und die digitale Vernetzung der Wirtschaft. In: Zeitschrift für ökonomische Bildung, 6, S 147–170. Online: https://www.zfoeb.de/2017_6/2017-6_147-170_Schuhen_Askari_Schuerkmann.pdf (Zugriff: 3.11.22).

Söbke, Heinrich/Montag, Michael/Zander, Steffi (2017): Von der AR-App zur Lernerfahrung: Entwurf eines formalen Rahmens zum Einsatz von Augmented Reality als Lehrwerkzeug. In: Proceedings der Pre-Conference-Workshops der 15. E-Learning Fachtagung Informatik (DelFI 2017). Chemnitz. Online: https://www.researchgate.net/publication/319718277_Von_der_AR-App_zur_Lernerfahrung_Entwurf_eines_formalen_Rahmens_zum_Einsatz_von_Augmented_Reality_als_Lehrwerkzeug (Zugriff: 3.11.22).

Steinmann, Bodo (1995): Handlungsorientierte Methoden als unverzichtbares Element ökonomischer Bildung. In: Albers, Hans-Juergen. (Hg.): Handlungsorientierung und ökonomische Bildung. Bergisch Gladbach, S. 151–167.

Vuorikari, Riina/Kluzer, Stefano/Punie, Yves (2022): DigComp 2.2. The Digital Competence Framework for Citizens. With new examples of knowledge, skills and attitudes. Luxemburg. Online: https://data.europa.eu/doi/10.2760/490274 (Zugriff: 20.4.22).

Weber, Birgit (2015): Urteilskompetenz – auch ein Ziel ökonomischer Bildung? Gestaltungsorientierte Urteilskompetenz braucht politische und ökonomische Bildung. In: Unterricht Wirtschaft + Politik, 5(2), S. 18–23.

Zender, Raphael/Weise, Matthias/von der Heyde, Markus/Söbke, Heinrich (2018): Lehren und Lernen mit VR und AR — Was wird erwartet? Was funktioniert? In: Proceedings der Pre-Conference-Workshops der 16. E-Learning Fachtagung Informatik (DeLFI 2018). Frankfurt/M. Online: https://www.researchgate.net/publication/329684397_Lehren_und_Lernen_mit_VR_und_AR-Was_wird_erwartet_Was_funktioniert (Zugriff: 3.11.22).

Christian Staden

E-Portfolios in der Beruflichen Orientierung

1 Zur Bedeutung von E-Portfolios

Viele junge Menschen nutzen gängige Social-Media-Plattformen wie Instagram, TikTok, Facebook, Twitter oder Pinterest regelmäßig vor allem privat als Informations-, Dokumentations-, Reflexions-, Gestaltungs-, Kommunikations- und Präsentationstools (mpfs 2021). Smartphones und andere mobile Endgeräte kommen dabei zunehmend als Werkzeuge zum Einsatz, mit denen schnell und einfach multicodierte Inhalte erstellt werden (mpfs 2021; Kramer 2020). Insbesondere für den Bildungsbereich eröffnen sich durch diesen Wandel von Mediennutzungsgewohnheiten und Kulturtechniken zahlreiche Potenziale. Das betrifft unter anderem den Kontext der Beruflichen Orientierung und den dort bereits seit vielen Jahren verankerten Portfolio-Ansatz. Etablierte Portfolio-Instrumente, wie beispielsweise der Berufswahlpass, haben jedoch als Berufsorientierungswerkzeuge in ihrer papiergebundenen Form stark an Kompatibilität zu den mittlerweile bestehenden medialen Nutzungsformen in der Lebenswelt junger Menschen eingebüßt (Staden 2018).

Dabei ist der Portfolio-Ansatz längst nicht mehr auf die analoge Dimension beschränkt, sondern hat in der Vergangenheit vielfältige neue Impulse für die Entwicklung von E-Portfolios erhalten (Fink 2010; Häcker/Seemann 2013). Sie erweitern nicht nur den Funktionsumfang papiergebundener Instrumente mithilfe der Potenziale digitaler Medien um ein Vielfaches (Rohs/Elsholz 2014; Staden 2018), sondern knüpfen darüber hinaus auch an die Lebenswelt und die medialen Nutzungsgewohnheiten junger Menschen an. Mittlerweile sind E-Portfolio-Systeme verfügbar, die durch ihren Werkzeugcharakter nicht nur von Schüler*innen im Sinne selbstorganisierten Lernens, sondern auch von Lehrkräften in der Konzeption und Umsetzung von berufsorientierendem Unterricht aktiv eingesetzt werden können.

2 Didaktische Verortung und Kompetenzförderung durch E-Portfolios

Häcker (2007) definiert ein Portfolio als zielgerichtete Sammlung von Arbeiten und Artefakten, die

> […] die individuellen Bemühungen, Fortschritte und Leistungen der/des Lernenden auf einem oder mehreren Gebieten zeigt. Die Sammlung muss die Beteiligung der/des Lernenden an der Auswahl der Inhalte, der Kriterien für die Auswahl, der Festlegung der Beurteilungskriterien sowie Hinweise auf die Selbstreflexion der/des Lernenden einschließen. (107)

Bei E-Portfolios bleiben ebendiese Grundsätze unverändert, ergänzend lassen sich die Potenziale digitaler Medien für spezifische Handlungsmuster und Aktionsformen in der Portfolio-Arbeit nutzen (Bauer/Baumgartner 2012). Bei der konventionellen Portfolio-Arbeit werden papiergebundene Materialsammlungen erstellt. Bei der E-Portfolio-Arbeit geschieht das digital unterstützt. Hier kommt ein zumeist webbasiertes E-Portfolio-System zum Einsatz, mit dessen Hilfe Lernende in Form einer persönlichen Lernumgebung digitale Artefakte sammeln, diese individuell strukturieren sowie bedarfsgerecht aufbereiten und darüber hinaus Dritten unterschiedliche Zugänge gewähren können (Bauer/Baumgartner 2012; Rohs/Elsholz 2014).

Bei der Portfolio-Arbeit steht die Leitidee der Förderung von selbstorganisiertem Lernen im Fokus (Häcker 2007; Fink 2010). Im Kontext der Beruflichen Orientierung ist das von spezieller Relevanz, denn als individuelle Entwicklungsaufgabe betrachtet ist diese nicht mit dem Übergang von der Schule in die Berufs- und Arbeitswelt abgeschlossen, sondern stellt sich lebensbegleitend (Butz 2008). Daraus erwächst der pädagogische Auftrag der schulischen Berufsorientierung, „die Jugendlichen durch die systematische Unterstützung bei der rechtzeitigen Bearbeitung aller Teilaufgaben des gesamten Orientierungsprozesses zu unterstützen, ohne ihnen die Verantwortung abzunehmen“ (Brüggemann/Rahn 2020, 17; KMK 2017). Schüler*innen sollen individuell Berufswahlkompetenz aufbauen (Driesel-Lange et al. 2010; Jung 2019). Diese Zielvorstellungen weisen große Schnittmengen zu Handlungsfeldern der Ökonomischen Bildung auf (Schröder 2021), in denen Schüler*innen „Orientierungs-, Urteils-, Entscheidungs- und Handlungsfähigkeit als Konsumenten, Berufswähler, Erwerbstätige und Wirtschaftsbürger“ (DeGöB 2004, 6) im Sinne des lebenslangen Lernens erwerben sollen.

Häcker (2007) verdeutlicht in seiner Definition, dass bei der Arbeit mit (E-) Portfolios Prozess- und Produktcharakter stark miteinander verwoben sind. In Abgrenzung zu klassischen Sammelmappen zielen Portfolios nicht nur auf das reine Abheften von Dokumenten, sondern vielmehr darauf, dass in ihnen prozessbegleitend individuell relevante Inhalte und Arbeiten bewusst und begründet zu einem Gesamtprodukt zusammengeführt werden (ebd.). Sie sind zweckgebundene Sammlungen von Arbeitsergebnissen, in denen Lernende gleichermaßen Anstrengungen, Fortschritte und Lernerfolge individuell dokumentieren, sie diese aber auch kontextspezifisch zur Schau stellen können (Bauer/Baumgartner 2012).

Im Vergleich zu papiergebundenen Portfolios können in E-Portfolios die Potenziale digitaler Medien vor dem Hintergrund wesentlich erweiterter Gestaltungoptionen genutzt werden (Staden 2018). Aktivitäten, die im Rahmen der Beruflichen Orientierung in digitaler Form beispielsweise als Foto-, Video- oder Audiodatei mit dem Smartphone dokumentiert werden, können Lernende in einem webbasierten E-Portfolio strukturiert festhalten. Neben dem Aufbau von Berufswahlkompetenz kann so auch der Aufbau von digitalisierungsbezogenen Kompetenzen gefördert werden (KMK 2021). Schüler*innen können den zielgerichteten Umgang und Einsatz verschiedener medialer Darstellungsformen erlernen, indem sie zu Produzent*innen eigener digitaler Materialien werden.

3 Technische Voraussetzungen

Vor dem Hintergrund der beschriebenen didaktischen Einordnung sind für die Arbeit mit E-Portfolios in der Schule technische Voraussetzungen beachtenswert. So ist ein entsprechendes E-Portfolio-System auszuwählen und in Betrieb zu nehmen, das als webbasiertes Werkzeug bestimmte Dokumentations-, Reflexions-, Gestaltungs- und Präsentationsfunktionen ermöglichen sollte. Das können zum Beispiel Content-Management- oder Blog-Systeme wie z.B. das sehr weit verbreitete Wordpress (https://www.wordpress.org), aber auch WriteFreely (https://writefreely.org) oder Bludit (https://www.bludit.com) sein, die es Benutzerinnen und Benutzern ermöglichen, eigene Lernumgebungen zu erstellen und hier multicodiert Inhalte abzulegen, zu strukturieren und bedarfsgerecht zu veröffentlichen. In vielen gängigen Lernmanagementsystemen (LMS) können entsprechende E-Portfolio-

Werkzeuge durch das Aktivieren von speziellen Systemerweiterungen (sogenannten Plug-ins) freigeschaltet werden. Es gibt ferner Onlinetools, die speziell für die E-Portfolio-Arbeit entwickelt wurden. Dazu zählt beispielsweise das E-Portfolio-System Mahara (https://mahara.org). Als Open-Source Web-Applikation kann Mahara ohne Lizenzkosten für einen laufenden Betrieb auf eigenen IT-Infrastrukturen (z.B. auf einem Schulserver) installiert und dort als E-Portfolio-Tool für alle möglichen inhaltlichen Kontexte betrieben werden. Ohne vertieftes informationstechnisches Know-how ist das jedoch erfahrungsgemäß mit sehr großen Herausforderungen verbunden, da das zunächst struktur- und inhaltsleere Mahara erst auf einem Server zu installieren und anschließend initial zu konfigurieren sowie kontextspezifisch für den Einsatz in der Beruflichen Orientierung einzurichten ist. In der Praxis werden daher eher Weblogs oder die bereits in ein LMS integrierten Varianten von E-Portfolios genutzt.

Für die Nutzung angesprochener Systeme ist entsprechende Hardware notwendig. Es eignen sich insbesondere Smartphones oder Tablets, da mit diesen sowohl über den Browser auf das E-Portfolio-System zugegriffen als auch durch deren Multimedia-Funktionen das Erstellen eigener multicodierter Lern- und Arbeitsergebnisse fokussiert werden kann. Sowohl ein Browser als auch Kamera- und Voice-Recorder-Apps sind auf allen handelsüblichen Geräten vorinstalliert. Ergänzend kann in Erwägung gezogen werden, die eigenen Endgeräte der Schüler*innen in Form eines Bring-your-own-device-Ansatzes zu nutzen. Eigene Smartphones und Tablets sind ohnehin diejenigen Werkzeuge, die Schüler*innen sowohl in der Schule als auch in ihrer Freizeit nutzen (Kramer 2020; mpfs 2021) und auf denen sie erfahrungsgemäß oftmals bereits viele digitale Materialien dokumentiert haben.

4 Die futureBOx: Ein E-Portfolio für die Berufliche Orientierung

Die zuvor dargestellten Herausforderungen beim Einsatz genannter E-Portfolio-Systeme in der Beruflichen Orientierung sind u.a. technisch darauf zurückführen, dass sie für den Einsatz in vielen verschiedenen pädagogischen Kontexten entwickelt wurden. Sie unterstützen technisch zwar alle Gestaltungsebenen von E-Portfolio-Arbeit, bringen aber von Haus aus keine Funktionen mit, die vor dem Hintergrund einer berufsorientierenden Didaktik entwickelt wurden. Diesem Gestaltungsanspruch widmete sich ein Pilotprojekt im Bundesland Bremen, in dem ein spezielles E-Portfolio für die Berufliche Orientierung entwickelt und erprobt wurde – die sogenannte *futureBOx* (siehe Abb. 1).

Abbildung 1: Individueller Startbildschirm einer futureBOx, wie sie in Bremen im Einsatz ist

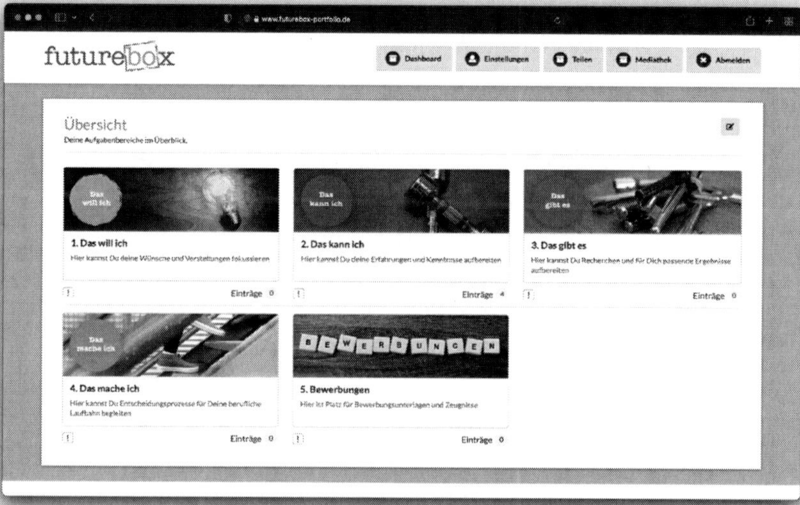

Quelle Abb. 1–4: Screenshots aus futureBOx/eigene Darstellung

Die futureBOx (www.futurebox-portfolio.de) vereint als webbasiertes E-Portfolio-System diverse technische Funktionen, mit denen sich Dokumentations-, Reflexions-, Gestaltungs- sowie Präsentationsprozesse speziell in Handlungsfeldern der Beruflichen Orientierung unterstützen lassen (Staden 2018; Schettler/Staden 2022). Dabei ist sie als Onlinetool bedarfsgerecht anpassbar. Schulen oder andere Bildungsträger können viele inhaltliche und strukturelle Aspekte der futureBOx anpassen. Sie lässt sich wie z.B. Mahara individuell von Schulen und anderen Bildungsträgern, Kommunen oder ganzen Bundesländern selbst betreiben. In Bremen steht die futureBOx landesweit in strukturell angepasster und inhaltlich adaptierter Form für alle Lehrkräfte und Schüler*innen zur Verfügung (siehe Abb. 1).

Nach dem Einloggen finden Nutzer*innen auf der Startseite ein eigenes Dashboard vor, auf dem sich beliebig viele Aufgabenbereiche (als strukturgebende Kacheln dargestellt) anordnen lassen (siehe Abb. 1 und 2). Lehrkräfte können für Schüler*innen solche Kacheln anlegen, die dann unterrichtsvorbereitend in die Nutzer*innenkonten der Lernenden übertragen werden können. Lernende haben die Option, individuell auch eigene Kacheln anzulegen und ihr EPortfolio somit nach eigenen Wünschen und Strukturierungsbedarfen zu gestalten.

Abbildung 2: Schematische Darstellung der futureBOx-Benutzer*innenoberfläche

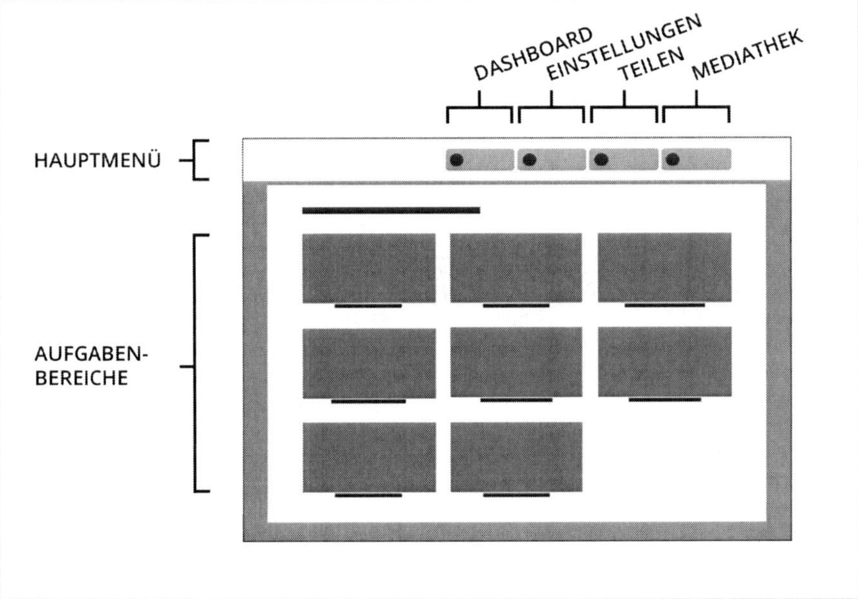

Über die Aufgabenbereichskacheln kann der inhaltlich-strukturelle Einstieg in die E-Portfolio-Arbeit erfolgen. Digitale Materialien, Informationen und weitere zu dokumentierende Artefakte lassen sich von Lernenden in Form sogenannter E-Portfolio-Einträge in Aufgabenbereichen anlegen und speichern (siehe Abb. 3).

Abbildung 3: Einblick in einen Aufgabenbereich mit vier E-Portfolio-Einträgen

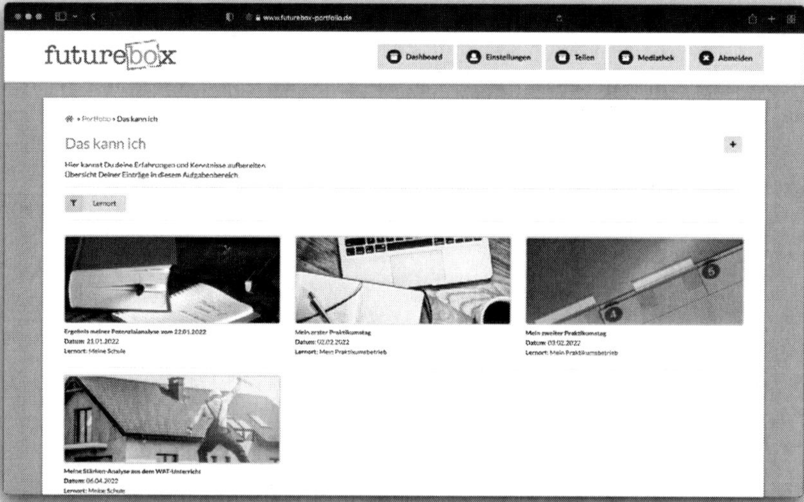

E-Portfolio-Einträge sind sozusagen virtuelle Container für Informationen sowie Materialien. Sie lassen sich in gewisser Weise mit Tagebucheinträgen vergleichen, die sich von Lernenden in vielfältigen Variationen digital unterstützt gestalten lassen. Das können im Kontext der Beruflichen Orientierung beispielsweise mit dem Smartphone via Foto oder Video dokumentierte Eindrücke aus Betriebspraktika oder von außerschulischen Lernorten (Exkursionen, Praxistagen), erarbeitete Unterrichtsmaterialien und andere Materialien sein (Schettler/Staden 2022).

Abbildung 4: E-Portfolio-Eintrag mit darin gespeicherten Informationen und digitalen Materialien

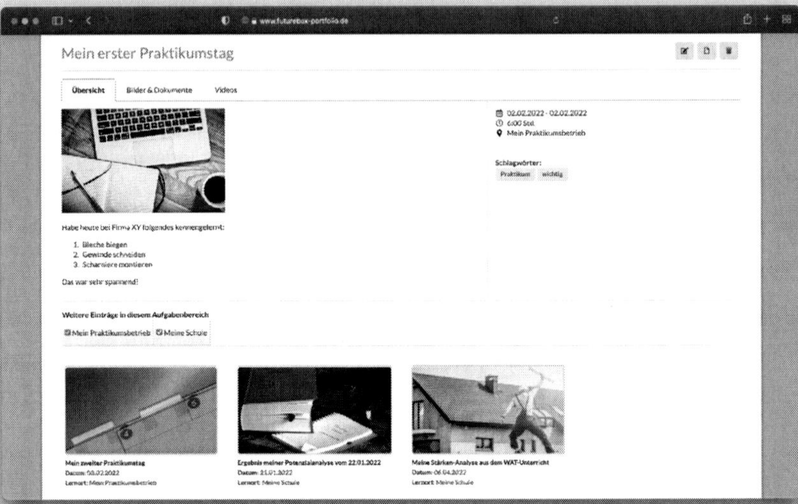

E-Portfolio-Einträge und die darin verankerten Materialien sind permanent über die jeweiligen Aufgabenbereiche des Dashboards wieder aufruf- sowie editierbar und lassen sich über spezielle Filterfunktionen sortiert anzeigen (siehe Abb. 4). Außerdem werden stets bereits vorhandene E-Portfolio-Einträge desselben Aufgabenbereichs verlinkt. Diese Funktionen haben zum Ziel, Reflexionsprozesse technisch dadurch zu unterstützen, dass zeitlich oder örtlich getrennt voneinander dokumentierte Aktivitäten und dazugehörige Materialien dennoch für Schüler*innen als zugehörig zum Gesamtprozess wahrgenommen werden können. Als weitere Strukturierungs- und Filterfunktionen lassen sich das integrierte Schlagwortsystem und die Möglichkeit zum Anlegen von Lernorten mit entsprechenden Kontaktinformationen nutzen (siehe Abb. 4).

In Ergänzung dazu können multicodierte Dateien ad hoc auch zunächst unsortiert in einer nutzer*inneneigenen „Mediathek" gesammelt und später systematisch einzelnen Einträgen zugeordnet werden. Dadurch lassen sich berufsorientierende Erlebnisse und Erfahrungen auch an außerschulischen Lernorten unmittelbar mit z.B. dem Smartphone in der futureBOx in Form von Fotos, Videos, Audiodateien oder in anderer multicodierter Form dokumentieren (z. B. im Praktikum oder auf Exkursionen).

Nicht zuletzt können Schüler*innen die in ihrem futureBOx-Nutzer*innenkonto gespeicherten Materialien und Informationen in Form eines Präsentationsportfolios aufbereiten. Über die Funktion „Teilen" können Portfolio-Einträge und die darin verankerten Dateien zunächst gefiltert und dann mit einem Freigabe-Link verknüpft werden. Über diesen Link können andere Personen Einblicke in die freigegebenen Informationen nehmen. Vielfältige Einsatzszenarien der futureBOx sind in der Beruflichen Orientierung umsetzbar. Für Präsentationen im Unterricht können Schüler*innen ausgewählte Einträge zusammenführen und freigeben, sodass andere Personen (Mitschüler*innen, Lehrkräfte) darauf ebenfalls zugreifen können. Auch Eltern könnten in die E-Portfolio-Arbeit eingebunden werden. Über Freigabe-Links sind alle damit verknüpften Inhalte auch ohne vorheriges Einloggen einsehbar. Auf gleichem Wege können auch Bewerbungsportfolios erstellt werden. Neben der Link-Freigabefunktion können ausgewählte E-Portfolio-Einträge automatisch als bereits formatierte PDF-Datei ausgegeben werden. Diese Datei lässt sich herunterladen, ausdrucken und bei Bedarf auch weiterverteilen.

Während Schüler*innen die zuvor vorgestellten technischen Funktionen für das Führen ihrer eigenen E-Portfolios nutzen können, bestehen für Lehrkräfte spezifische Funktionen, mit denen eine didaktisch zielgerichtete E-Portfolio-Arbeit im berufsorientierenden Unterricht vorbereitet und umgesetzt werden kann. Lehrkräfte können beispielsweise administrative Einstellungen wie das Anlegen neuer Konten für Schüler*innen sowie das Zurücksetzen von Passwörtern vornehmen. Außerdem können inhaltlich-strukturelle Aspekte direkt in der futureBOx vorbereitet werden. Aufgabenbereiche mit Informationen (Titel, Titelbild, Aufgabenstellungen o. Ä.) lassen sich erstellen und für Schüler*innen über einen Export-Import-Mechanismus bereitstellen. Gleiches gilt für Schlagwörter oder das Anlegen von Lernorten, mit denen Schüler*innen ihre E-Portfolios sukzessive strukturieren können (Schettler/Staden 2022).

+ – 5 Potenziale und Herausforderungen von E-Portfolios

Die zuvor dargestellten Aspekte verdeutlichen, dass mit dem Einsatz von E-Portfolios in der Beruflichen Orientierung vielfältige Potenziale aber auch Herausforderungen verbunden sind. Neben einer technischen Ausstattung und notwendigen infrastrukturellen Gegebenheiten sind insbesondere auf didaktischer Ebene zahlreiche Aspekte beachtenswert. Dazu zählt, dass die

E-Portfolios grundsätzlich den Lernenden gehören. Sie sind es, die darin zeigen dürfen, was sie können. Sowohl die Entscheidung darüber, was und in welcher Form im E-Portfolio dokumentiert wird, als auch die Festlegung, wer zu welchem Zeitpunkt welchen Einblick in das E-Portfolio nehmen darf, sollte bei den Schülerinnen und Schülern liegen (Staden 2018; Staden/Howe 2020). Für Schüler*innen eröffnet das die Chance, ihren individuellen Entwicklungsprozess nachzuzeichnen, ohne sich ständig von anderen Personen „kontrolliert" zu fühlen. Für Lehrkräfte ist damit unter Umständen eine große Herausforderung verbunden, denn die E-Portfolios von Schüler*innen lassen sich nicht ohne Weiteres über einen technischen Automatismus einsehen. Didaktische Lösungsoptionen können hier in der integrativen Nutzung von Präsentationsfunktionen liegen, die sich z.B. in Portfolio-Stunden aktiv im Sinne kooperativen Lernens nutzen lassen (Endres/Wiedenhorn/Engel 2008; Inglin 2008).

Weiterhin kann angeführt werden, dass E-Portfolio-Arbeit methodisch keinem idealtypischen Muster folgt. E-Portfolios können in vielfältigen Organisationsformen zum Einsatz kommen, methodisch kann dabei unterschiedlich akzentuiert vorgegangen werden (Brunner/Häcker/Winter 2008). Sowohl Unterrichtseinstiege als auch Erarbeitungs- und Ergebnissicherungsphasen können entweder um Elemente von E-Portfolio-Arbeit angereichert oder gar vollständig mit E-Portfolios umgesetzt werden. Für Lehrkräfte ist zu beachten, dass in der Unterrichtsplanung und -durchführung neben fachdidaktischen auch mediendidaktische Aspekte Beachtung finden sollten. Damit die Chancen für den Erwerb medienbezogener Kompetenzen bei Schüler*innen genutzt werden können, müssen Lehrkräfte gegebenenfalls vertiefte medienpädagogische Kompetenzen entwickeln (Tulodziecki 2012).

6 Praxisbeispiel für die Ökonomische Bildung: E-Portfolio-Arbeit zum Thema „Nachhaltige Berufe" nach einem projektförmigen Ansatz

Kurzeinführung für die Lehrkraft: Das Thema Nachhaltigkeit wird in der Berufs- und Arbeitswelt zunehmend relevanter. Als Querschnittsthema sind verschiedene Branchen betroffen. Die Spannbreite reicht von der Verwendung nachhaltiger Baustoffe in Bauberufen über die Entwicklung nachhaltiger Energiequellen in Forschung und technischen Berufen bis hin zum Thema Ernährung in Gastronomieberufen. Im Kontext individueller Berufsorientierungsprozesse kann Nachhaltigkeit in einen umfassenden Begründungszusammenhang der Ökonomischen Bildung gestellt werden (Schröder 2019). Das nachfolgend dargestellte Szenario ermöglicht es Schüler*innen, sich mit den Themen Nachhaltigkeit und Umweltschutz auseinanderzusetzen und eine eigene Einstellung zur zentralen Frage zu entwickeln, welche Bedeutung Nachhaltigkeit für sie in ihrem zukünftigen beruflichen Werdegang haben soll. Die Dokumentation von Informationen, das Festhalten von Lernmaterialien, die Reflexion zurückliegender und Gestaltung nächster Lernschritte sowie die Präsentation ausgewählter Arbeiten durch Lernende wird kontinuierlich durch die Arbeit mit einem E-Portfolio unterstützt. Für die Umsetzung erscheint es sinnvoll, einen projektförmigen Ansatz (z.B. Projektwoche) zu wählen.

Ziel des Lehr-Lern-Arrangements ist es, dass Schüler*innen in ihren E-Portfolios individuell bedeutsame Informationen und Materialien dokumentieren, reflektieren und schlussendlich gestalterisch so aufbereiten, dass sie zu einer digital unterstützten Ausstellung (Präsentation) einen selbst erstellten Steckbrief zu einem für sie besonders interessanten Beruf beitragen. Dieser Steckbrief wird im E-Portfolio entwickelt und kann per Link-Freigabe für alle einsehbar werden. An dieses Lehr-Lern-Arrangement könnten sich Exkursionen oder Betriebserkundungen als nachfolgende Unterrichtseinheiten anschließen.

6.1 Möglicher Unterrichtsverlaufsplan

Klassenstufe	9./10. Klasse (gegebenenfalls höher)
Zeitbedarf	10 Unterrichtseinheiten/UE (à 45 Minuten im Doppelblock)
Lernziele	Die Schüler*innen können … • das Thema Nachhaltigkeit im Kontext der Berufs- und Arbeitswelt identifizieren und reflektieren; • verschiedene Berufe mit Bezug zum Thema „Nachhaltigkeit" benennen sowie deren Tätigkeitsfelder beschreiben; • die eigenen Einstellungen zum Thema Nachhaltigkeit in der Berufs- und Arbeitswelt benennen, kritisch analysieren und beurteilen.

UE	Ablauf & Hinweise
1 & 2	**Auftakt: Einstieg, Motivation, Vorbereitung** **Inhaltliches Vorgehen:** • Sensibilisierung für das Thema Nachhaltigkeit, z. B. mittels Kurzvideo • Erfahrungsaustausch, Brainstorming zum Begriff Nachhaltigkeit, gemeinsames Anfertigen einer Mindmap • Aufgreifen von evtl. bereits bei Schüler*innen vorhandenen bzw. gefestigten Berufswünschen mit Bezügen zum Thema Nachhaltigkeit • Nutzen von mobilen Endgeräten der Schüler*innen für die Dokumentation von ersten Ergebnissen **Medieneinsatz**: • **Kurzvideo:** https://www.youtube.com/watch?v=RcNKHQb8QIc • **Brainstorming/Mindmap**: Tafel, Smartboard oder z. B. www.oncoo.de, https://flinga.fi oder www.miro.com • **Dokumentation von ersten Ergebnissen** (Mindmap an Tafel/Smartboard) mit Foto-App • **In der futureBOx**: – Gemeinsames **Anlegen von strukturgebenden Merkmalen** (z. B. Schlagwörter, spezielle Aufgabenbereiche auf dem Dashboard) – **Anlegen erster E-Portfolio-Einträge** und Hinzufügen von ersten Ergebnissen, Speichern erster Ergebnisse (z. B. Mediathek & Einträge)
3 & 4	**Gemeinsame Planung: Zielvorstellung, Hinführung, Überblick** **Inhaltliches Vorgehen:** • Ziel des Unterrichtsprojekts wird durch Lehrkraft vorgestellt • Musterbeispiel eines Steckbriefs wird durch Lehrkraft gezeigt • Gemeinsame Entwicklung von Leitlinien für die Zusammenarbeit • Anlegen von Mustereinträgen in E-Portfolios der Schüler*innen als „Platzhalter" für die individuelle Erarbeitung von Inhalten **Medieneinsatz:** • **In der futureBOx:** – **Steckbriefmusterbeispiel** durch Lehrkraft in eigenem Account anlegen – **Freigabe** des Musterbeispiels über Link-Freigabe (**Bereich: Teilen**) für Einsicht durch Schüler*innen – Schüler*innen erstellen **Mustereinträge** mit Arbeitstiteln und ersten Informationen, die im weiteren Verlauf ergänzt werden • **Freigabe-Link** für Steckbriefmusterbeispiel kann gegebenenfalls über QRCode Monkey (www.qrcode-monkey.de) als QR-Code generiert werden

	Erarbeitung: **Thematische Einarbeitung und individuelle Erarbeitung konkreter Aspekte**
5 & 6	**Inhaltliches Vorgehen:** • Schüler*innen steigen in vertiefte **Webrecherche** zu Berufen im Kontext von Nachhaltigkeit ein (Alternative: Durch Lehrkraft vorbereitete Lernmaterialien ohne Webrecherche) • Schüler*innen **dokumentieren** Ergebnisse im E-Portfolio, **sammeln multicodierte Materialien** (z. B. Videos, Fotos von Tätigkeitsbereichen, digitale Dokumente o. Ä.) • Schüler*innen beginnen mit der Auswahl eines **spezifischen Berufs für die Steckbrieferstellung** und reflektieren dabei ihre eigenen Interessengebiete **Medieneinsatz:** • **In der futureBOx:** – **Mustereinträge** mit „Arbeitstiteln" und ersten Informationen erstellen – **Ergebnisse der Webrecherche dokumentieren**, z. B. **Links** hinzufügen, **Screenshots** anfertigen, **digitale Dokumente** oder **Fotos** speichern und als **Medien und Dateien in Einträgen** verknüpfen (z. B. Mediathek) • **Recherche** von Informationen z. B. über www.berufe.tv / www.planet-beruf.de oder www.youtube.de • **Illustrationen/Fotos** von Berufen oder Tätigkeitsbereichen z. B. über www.pixabay.de
	Erarbeitung: **Vertiefung & Zusammenführung**
7 & 8	**Inhaltliches Vorgehen:** • Schüler*innen **nutzen** die **dokumentierten Informationen und Materialien** für die Gestaltung des Steckbriefs • Zwischenstände können mithilfe der E-Portfolios gegebenenfalls einem **Peer-Review** mit Mitschüler*innen unterzogen werden, **Feedback** kann eingearbeitet werden **Medieneinsatz:** • **In der futureBOx:** – Zusammenstellen von Informationen in den E-Portfolios, Schlagwörter zur Verknüpfung verschiedener Materialien oder Einträge – Mustereinträge um recherchierte Informationen und Materialien erweitern – Freigabe-Link („Teilen") mit allen darin verknüpften Informationen für die anschließende Präsentation erstellen • Freigabe-Link als QR-Code generieren (www.qrcode-monkey.de) und gegebenenfalls für Präsentation bereithalten

	Ergebnissicherung: Abschluss & Präsentation
9 & 10	**Inhaltliches Vorgehen:** • **Virtueller Ausstellungsrundgang**, QR-Codes verweisen auf geteilte E-Portfolio-Sammlungen von Schüler*innen • Schüler*innen stellen in einem kurzen **Input** ihren **Steckbrief** vor • **Mitschüler*innen** können durch die in den einzelnen **E-Portfolios freigegebenen Ansichten** auf die Steckbriefe zugreifen • **Freigaben von Mitschüler*innen** können wiederum im **eigenen EPortfolio dokumentiert und verlinkt** werden • Schüler*innen fassen ihre Reflexion hinsichtlich ihrer zukünftigen Berufswahl zusammen und **generieren z. B. einen PDF-Bericht**
	Medieneinsatz: • **Kamera- oder Voice-Recorder-App** zur Dokumentation • **In der futureBOx:** – **Zugriff auf Link-Freigaben** während der Kurzvorträge – **Anlegen von weiteren E-Portfolio-Einträgen** zur Dokumentation interessanter Freigaben von Mitschülerinnen und Mitschülern – Reflexion des eigenen Prozesses und der zentralen Informationen des Unterrichtsprojekts im E-Portfolio, Nutzen von **Schlagwörtern** und weiteren **Filterfunktionen** – Generierung eines **PDF-Projektberichts (Bereich „Teilen")**

Literatur

Bauer, Reinhard/Baumgartner, Peter (2012): Schaufenster des Lernens. Eine Sammlung von Mustern zur Arbeit mit E-Portfolios. Münster.

Brüggemann, Tim/Rahn, Sylvia (2020): Der Übergang Schule–Beruf als gesellschaftliche Herausforderung und individuelle Entwicklungsaufgabe. In: Brüggemann, Tim/Rahn, Sylvia (2020): Berufsorientierung. Ein Lehr- und Arbeitsbuch. 2., überarbeitete und erweiterte Auflage. Münster, S. 11–24.

Brunner, Ilse/Häcker, Thomas/Winter, Felix (2008): Das Handbuch Portfolioarbeit. Konzepte, Anregungen, Erfahrungen aus Schule und Lehrerbildung. 2. Auflage. Seelze-Velber.

Butz, Bert (2008): Grundlegende Qualitätsmerkmale einer ganzheitlichen Berufsorientierung. In: Famulla, Gerd-Ewald/Butz, Bert/Deeken, Sven (Hg.): Berufsorientierung als Prozess. Persönlichkeit fördern, Schule entwickeln, Übergang sichern. Ergebnisse aus dem Programm „Schule – Wirtschaft/Arbeitsleben". Baltmannsweiler, S. 42–62.

DeGöB – Deutsche Gesellschaft für ökonomische Bildung (2004): Kompetenzen der ökonomischen Bildung für allgemein bildende Schulen und Bildungsstandards für den mittleren Schulabschluss. Online: https://www.degoeb.de/fileadmin/media/medien/04_DEGOEB_Sekundarstufe-I.pdf (Zugriff: 14.2.22).

Driesel-Lange, Katja/Hany, Ernst/Kracke, Bärbel/Schindler, Nicola (2010): Berufs- und Studienorientierung. Erfolgreich zur Berufswahl. Ein Orientierungs- und Handlungsmodell für Thüringer Schulen. In: Thüringer Institut für Lehrerfortbildung, Lehrplanentwicklung und Medien (Hg.): Materialien Nr. 165. Bad Berka.

Endres, Wolfgang/Wiedenhorn, Thomas/Engel, Anja (2008): Das Portfolio in der Unterrichtspraxis: Präsentations-, Lernweg- und Bewerbungsportfolio. Reihe: Pädagogik Praxis. Weinheim.

Fink, Matthias C. (2010): ePortfolio und selbstreflexives Lernen. Studien zur Förderung von Reflexivität im Unterricht. Baltmannsweiler.

Häcker, Thomas (2007): Portfolio: ein Entwicklungsinstrument für selbstbestimmtes Lernen. Eine explorative Studie zur Arbeit mit Portfolios in der Sekundarstufe I. 2. überarb. Aufl. Baltmannsweiler.

Häcker, Thomas/Seemann, Jan (2013): Von analogen Portfolios für die Entwicklung von digitalen E-Portfolios lernen. In: Miller, Damian/Volk, Benno (Hg.): E-Portfolio an der Schnittstelle von Studium und Beruf. Münster, S. 73–90.

Inglin, Oswald (2008): Rahmenbedingungen und Modelle der Portfolioarbeit. Welche Konsequenzen ergeben sich für den Unterricht? In: Brunner, Ilse/Häcker, Thomas/Winter, Felix (Hg.): Das Handbuch Portfolioarbeit. Konzepte, Anregungen, Erfahrungen aus Schule und Lehrerbildung. 2. Auflage. Seelze-Velber, S. 81–88.

Jung, Eberhard (2019). Förderung der Berufswahlkompetenz im Wirtschaftsunterricht. In: Schröder, Rudolf (Hg.): Berufliche Orientierung in der Schule. Wiesbaden, S. 51–71.

KMK – Kultusministerkonferenz (2017): Empfehlungen zur Beruflichen Orientierung an Schulen. Beschluss der Kultusministerkonferenz vom 07.12.2017. Online: https://www.kmk.org/fileadmin/Dateien/veroeffentlichungen_beschluesse/2017/2017_12_07-Empfehlung-Berufliche-Orientierung-an-Schulen.pdf (Zugriff: 12.4.22).

KMK - Kultusministerkonferenz (2021): Lehren und Lernen in der digitalen Welt. Ergänzung zur Strategie der Kultusministerkonferenz "Bildung in der digitalen Welt". Beschluss der Kultusministerkonferenz vom 09.12.2021. Berlin. Online: https://www.kmk.org/themen/bildung-in-der-digitalen-welt/strategie-bildung-in-der-digitalen-welt.html (Zugriff: 4.11.22).

Kramer, Michaela (2020): In Erinnerungen scrollen. Erinnerungs- und Biografisierungspraktiken Jugendlicher durch Smartphone-Fotografie und Social-Media-Nutzung. In: Medien + Erziehung, 64(6), S. 8–17.

mpfs – Medienpädagogischer Forschungsverbund Südwest (2021): JIM-Studie 2021. Jugend, Information, Medien. Basisuntersuchung zum Medienumgang 12- bis 19-Jähriger. Online: https://www.mpfs.de/fileadmin/files/Studien/JIM/2021/JIM-Studie_2021_barrierefrei.pdf (Zugriff: 11.4.22).

Rohs, Matthias/Elsholz, Uwe (2014): Einleitung: E-Portfolios für das lebenslange Lernen. In: Elsholz, Uwe/Rohs, Matthias (Hg.): E-Portfolios für das lebenslange Lernen – Konzepte und Perspektiven. Bielefeld, S. 11–18.

Schettler, Claudia/Staden, Christian (2022): Selbstgesteuerte Berufliche Orientierung – digital durch E-Portfolio und Lernplattform unterstützt – ein Praxisbeispiel im Bundesland Bremen. In: Fletemeyer, Tina/Heinemann, Alisha M. B./Schröder, Rudolf/Tietjen, Julia (Hg.): Zeitschrift für ökonomische Bildung, Sondernummer, BOGyO Fachtagung 2022, S. 103–127. Online: http://www.zfoeb.de/sondernummer_tagungsband_bogyo_2022/2022_10006_103_127_schettler.pdf [Zugriff: 3.1.23].

Schröder, Rudolf (2021): Berufliche Orientierung als bedeutsames Teilziel der ökonomischen Bildung. In: Pädagogische Rundschau, 75(1), S. 71–88.

Schröder, Rudolf (2019): Fachdidaktische Erschließung der Wirtschafts- und Arbeitswelt als Querschnittsthema des Wirtschaftsunterrichts. In: Ders. (Hg.): Berufliche Orientierung in der Schule. Wiesbaden, S. 179–192.

Staden, Christian (2018): Gestaltung eines E-Portfolio-Konzepts in der Berufsorientierung. Dissertation, Universität Bremen. Online: http://nbn-resolving.de/urn:nbn:de:gbv:46-00106938-10 (Zugriff: 14.2.22).

Staden, Christian/Howe, Falk (2019): E-Portfolio für die schulische Berufsorientierung. In: Brüggemann, Tim/Rahn, Sylvia (Hg.): Berufsorientierung: Ein Lehr- und Arbeitsbuch. 2., überarbeitete und erweiterte Auflage, Münster, New York, S. 405–414.

Tulodziecki, Gerhard (2012): Medienpädagogische Kompetenz und Standards in der Lehrerbildung. In: Schulz-Zander, Renate/Eickelmann, Birgit/Moser, Heinz/Niesyto, Horst/Grell, Petra (Hg.): Jahrbuch Medienpädagogik, Bd. 9. Wiesbaden.

Markus Allbauer-Jürgensen, Luis Oberrauch

Digitale ökonomische Experimente

1 Bedeutung von Experimenten

Die zunehmende Nutzung experimenteller Methoden in wirtschaftswissenschaftlichen Forschungsarbeiten hat dazu beigetragen, dass sich Experimente auch im schulischen und universitären Kontext als Lehrmethode etabliert haben. Während ökonomische Experimente im Forschungskontext darauf abzielen, neues Wissen zu generieren, werden Experimente in der Schule zu dem Zweck genutzt, vorhandene Erkenntnisse (anschaulich) zu vermitteln (Holt 1999). Mit Nagel (2006, 100) kann das Ziel von Experimenten darin beschrieben werden, „einen Ausschnitt der Realität ins Klassenzimmer zu holen, der dann in einem sicheren und erzieherisch lenkbaren Rahmen analysiert und bearbeitet werden kann." Die Spielenden treffen dabei innerhalb klar abgegrenzter Rahmenbedingungen Entscheidungen, die von der Lehrkraft im Anschluss aggregiert und im Rahmen einer Reflexionsphase diskutiert werden (Schlösser/Schuhen 2011). Digitale Implementierungsvarianten von Experimenten bieten vielfältige Potenziale zur Unterstützung erfahrungsbasierter Unterrichtskonzeptionen, welche auf den Entscheidungen von Lernenden aufbauen. Im Folgenden werden digitale Unterrichtsexperimente vorgestellt und exemplarisch über digitale Varianten des Fischereispiels erläutert.

2 Didaktische Verortung von (digitalen) Unterrichtsexperimenten

Unterrichtsexperimente verbinden die Methoden „Spiel" und „Simulation" und können daher den handlungsorientierten Methoden zugeordnet werden (Schlösser/Schuhen 2011; Weyland 2019). Die Unterrichtsmethode greift dabei die Konzeption des entdeckenden Lernens auf. Die Vermittlung theoretischer Inhalte ist nicht Ausgangspunkt von Lernprozessen – Lernende spielen vielmehr zunächst ökonomische Phänomene innerhalb eines bestimmten Regelkorsetts nach (Haus 2009). Dazu werden im ersten Schritt experimentelle Daten gesammelt, um diese im Anschluss mit der ökonomischen Theorie und der eigenen Lebenswelt der Lernenden abzugleichen. Grundsätzlich kann zwischen drei Arten von Experimenten unterschieden werden: Marktexperimente, spieltheoretische Experimente und Entscheidungsexperimente (Holt 1999). Die mikroökonomisch ausgerichteten Marktexperimente simulieren ein marktähnliches Geschehen (z.B. Auktionsformen oder Angebot und Nachfrage auf Partialmärkten) und machen so beispielsweise das Modell der Preisbildung für die Lernenden erlebbar. In Entscheidungsexperimenten stehen hingegen die individuellen Entscheidungen im Fokus. Ein typisches Beispiel würde Teilnehmende vor die Wahl stellen, verschiedene Lotterien mit unterschiedlichen Gewinnwahrscheinlichkeiten zu spielen, sodass Lernende sich mit ihrer eigenen Nutzenfunktion und Risikoneigung auseinandersetzen. Spieltheoretische Experimente gehen hingegen von einer Interdependenz zwischen den Entscheidungen der Teilnehmenden aus. Mithilfe spieltheoretischer Unterrichtsexperimente können beispielsweise Koordinationsspiele mit multiplen Gleichgewichten, Nullsummenspiele mit gemischten Strategien sowie Gefangenendilemmata behandelt werden.

Wie bei anderen digitalen Methoden und Materialien der Ökonomischen Bildung erfolgt auch die Entwicklung digitaler Unterrichtsexperimente im Wechselspiel mit den Anforderungen und Voraussetzungen für deren Einsatz an Schulen. Die frühe Ausstattung von Hochschulen mit Internetzugängen für Studierende begünstigte die Entwicklung von Experimentalplattformen für den Forschungs- und Vorlesungsbetrieb wie Veconlab (Holt et al. 2010), MobLab (Janssen/Lee/Waring 2014) oder classEx (Giamattei/Lambsdorff 2019) im deutschsprachigen Raum. Digitale Medien ersetzen bei Unterrichtsexperimenten einerseits die analogen Eingaben der Lernenden und unterstützen die Lehrenden durch eine automatisierte Auswertung. Andererseits erweitern digitale (ökonomische) Experimente aber auch die Möglichkeiten analoger Experimente, indem etwa anonyme Entscheidungsszenarien nachgebildet werden können wie digitale Auktionsmärkte oder komplexere soziale Dilemmata (vgl. Diskussion bei Loerwald 2012). Während digitale Experimente ihre Potenziale in anonymen Entscheidungsumgebungen ausspielen, kommen analoge Experimente durch haptische und kommunikative Elemente in nicht anonymen Kleingruppenkontexten zur Anwendung. Eine klare Aufteilung in analoge und digitale Experimente, wie sie für die Einordnung bestehender Anleitungen hilfreich sein kann, ist für die zukünftige Entwicklung der Methode dabei eher hinderlich. Es stellt sich vielmehr die Frage, wie digitale Funktionen mit analogen Elementen zusammenwirken und inwiefern sich die Methode an die zunehmende Bedeutung digitaler Lehr-Lern-Umgebungen anpassen kann.

3 Ablauf der Methode und Phasenschema

In Unterrichtsexperimenten werden die Vorbereitungs-, Durchführungs- und Nachbereitungsphase unterschieden (Nagel 2006). In der Durchführungsphase folgt auf die Konfrontation mit der Spielsituation die Strategiefindung, das Spiel, das Zusammentragen der Ergebnisse und schließlich der Vergleich mit der Theorie (Schlösser/Schuhen 2011). Während die letzte Phase noch im Sinne einer methodischen Reflexion und des Transfers auf strukturähnliche Situationen erweitert werden kann, lässt sich an dieser Phasengliederung eine grobe Beschreibung der Gestaltungsoptionen digitaler Experimente vornehmen (vgl. Tab. 1).

Tabelle 1: Phasen von Unterrichtsexperimenten

I. Vorbereitung	Die erstmalige Einarbeitung in eine neue digitale Plattform verursacht für die Lehrkraft zunächst einen zusätzlichen Vorbereitungsaufwand, der bei wiederholter Nutzung entfällt. Einige Plattformen erleichtern diese Einarbeitung über technische Anleitungen beziehungsweise Instruktionsvideos. Einzelne Plattformen bieten zudem die Möglichkeit, virtuelle Testteilnehmer*innen einzurichten, welche die Lehrperson bedienen und somit das Experiment in der Vorbereitung komplett durchspielen kann (classEx@school o. J.).
II. Durchführung	
1. Konfrontation mit der Spielsituation	In dieser Phase wird die Spielsituation mit schriftlichen und mündlichen Instruktionen erläutert. Digitale Varianten unterstützen die Instruktionen beispielsweise über (individualisierte) Anzeigen auf den Bildschirmen der Teilnehmenden. Davon profitieren insbesondere diejenigen Experimente, in denen rollenspezifische Informationen verteilt werden. Die Zuteilung zu den Rollen erfolgt in der Regel randomisiert über einen Zufallsalgorithmus.
2. Strategiefindung	In der Vorbereitung der Entscheidungen ist die Lehrkraft gefordert, eine beratende Rolle einzunehmen und ausreichend Zeit für das Rollenverständnis sowie für die Strategiefindung einzuplanen. Zuvor muss das Spielverständnis aller Teilnehmenden sichergestellt sein, wobei in einigen digitalen Experimenten vorgeschaltete Verständnisfragen unterstützen können.
3. Spiel	Moderiert von der Lehrkraft treffen die Lernenden in ihrer zugewiesenen Rolle jeweils ihre Spielentscheidungen. In digitalen Varianten passiert dies über vordefinierte Antwortfelder, die beispielsweise ein automatisches Feedback bei nicht zulässigen Antworten geben.

4. Zusammentragen der Ergebnisse	Ein wesentliches Ziel von Unterrichtsexperimenten ist das Sammeln und Aggregieren von Daten, um einen anschließenden Transfer zu ökonomischen Theorien zu ermöglichen. In analogen Varianten kann die Lehrkraft die Entscheidungen der Lernenden per Handzeichen abfragen und dies auf einem Blatt Papier festhalten. Dabei ist die Lehrkraft in der Regel stark gefordert und muss entsprechend Unterrichtszeit für das Zusammentragen und Auswerten der individuellen Entscheidungen aufwenden. Digitale Varianten sind häufig mit vorprogrammierten Ausgaben der Ergebnisse wie Graphen oder Tabellen verknüpft, die ein direktes Feedback auf die Entscheidungen der Lernenden erlauben. Somit kann die Lehrperson ihre Aufmerksamkeit der Interpretation sowie der didaktischen Einordnung der Ergebnisse widmen.
5. Vergleich mit der Theorie	Die erhobenen Daten werden häufig mit Modellvorhersagen und/oder Ergebnissen ausgewählter Forschungsprojekte verglichen. Zudem können die Motive hinter den Entscheidungen reflektiert werden: Welche Überlegungen haben die Lernenden angestellt, um zu ihrer finalen Entscheidung zu gelangen? Wie hätten sich die Entscheidungen bei veränderten Anreizen verändert (z. B. bei höheren materiellen Auszahlungen)? Wären die Entscheidungen in einem abweichenden Entscheidungsszenario anders ausgefallen (vgl. Erweiterungsoptionen in Abschnitt 2.3)? Darüber hinaus kann die Lehrkraft einen Abgleich der experimentellen Entscheidungen mit der Lebenswirklichkeit der Lernenden vornehmen. Hier wird erörtert, ob sich aus Sicht der Lernenden Beispiele aus der eigenen Lebenswelt finden lassen, die die Ergebnisse bestätigen oder widerlegen. Dabei muss über eine methodische Reflexion der Frage nachgegangen werden, inwieweit das (stark vereinfachte) experimentelle Setting die komplexe ökonomische Realität widerspiegelt. Die digitale Unterstützung spielt in dieser Phase – mit Ausnahme eines möglichen Abgleichs mit Modellannahmen – eine untergeordnete Rolle.
6. Nachbereitung	Die Ergebnisse eines Experiments können, vorbehaltlich der Möglichkeiten einer Plattform, gespeichert und so für spätere Unterrichtseinheiten dokumentiert werden. Damit liegen anonymisierte Daten für weitere Auswertungen oder den Abgleich mit Ergebnissen zukünftiger Durchführungen des Experiments vor. Als historische Ergebnisse können diese Daten beispielsweise dann herangezogen werden, wenn sich die Lehrperson einen ersten Überblick über zu erwartende Ergebnisse verschaffen will, wenn in der Auswertungsphase unerwartete Ergebnisse auftreten oder über den Vergleich mit „alten" Ergebnissen ein bestimmter Aspekt hervorgehoben werden soll.

4 Technische Voraussetzungen

Mit Blick auf die technischen Voraussetzungen ist der Einsatz digitaler Unterrichtsexperimente in der Regel niederschwellig und hängt von der durchgeführten Variante ab. Bestehende Anleitungen digitaler Varianten unterscheiden sich unter anderem durch den Grad der digitalen Unterstützung. Dabei ist zu unterscheiden, ob nur die Lehrperson bei der Durchführung durch digitale Tools unterstützt wird oder ob die Durchführung des Experiments zu einem wesentlichen Teil über eine digitale Plattform abläuft.

Digitale Plattformen bieten einen systematischen Ort der Durchführung für Schüler*innen wie auch für Lehrpersonen. Die im vorliegenden Beitrag diskutierten Plattformen wie Teach Economy (Joachim Herz Stiftung o.J.), classEx (Giamattei/Lambsdorff 2019) oder MobLab (MobLab 2022) sind browserbasiert, weshalb die Lehrkraft einen internetfähigen Laptop benötigt.[1] Die Lernenden benötigen für die Eingaben in der digitalen Umgebung ebenfalls ein internetfähiges Endgerät, allerdings ist dafür ein Smartphone ausreichend. Bei Vorliegen einer digitalen Lernumgebung (vgl. virtuelles OX-Lab: www.ox-lab.de) oder einer geeigneten Kommunikationssoftware, die zudem die Aufteilung der Klasse in Gruppen (z.B. über Break-out-Räume) erlaubt, kann das Spiel unter Umständen auch digital durchgeführt werden.

5 Herausforderungen, Potenziale und Perspektiven von digitalen Experimenten

Die Betrachtung einzelner Phasen des Fischereispiels offenbart nicht nur die Potenziale digitaler Experimente, sie legt auch Entscheidungen offen, die bei der Entwicklung der Experimente unter Berücksichtigung didaktischer Kriterien zu treffen sind. Damit ist zugleich auch eine zentrale Herausforderung für Lehrpersonen benannt: Die Wahl der geeigneten Plattform, aber auch der Einstellungen

---

1 Neben den genannten digitalen Plattformen wird z.B. auch über die Seite Iconomix (2021) ein (ursprünglich analoges) Experiment zum später betrachteten Allmendedilemma angeboten, das über digitale Medien angereichert wurde (vgl. Enhancement bei Puentedura 2006). Bei Iconomix wird eine vorprogrammierte Auswertungstabelle zum Download zur Verfügung gestellt, in der von der Lehrperson lediglich die Anzahl der Teilnehmenden sowie die Fangmengen für jede Runde eingetragen werden müssen und die Berechnung der Bestände der nachfolgenden Runden durch die hinterlegte Formel übernommen wird. Gleichzeitig können die Tabelle und der verknüpfte Graf für die Präsentation der Ergebnisse herangezogen werden.

innerhalb eines Experiments (Rundenzahl, Versionen, zusätzliche Parameter) müssen an die Lernziele und Voraussetzungen der Schüler*innen angepasst werden. Dabei hat jede Plattform ihre Besonderheiten und erfordert von Anwenderinnen und Anwendern eine gewisse Einarbeitungszeit und IT-Affinität. Ohne Vorbereitung und Sicherstellung der technischen Voraussetzungen kann es zu Komplikationen im Spielablauf kommen. Probedurchläufe vor der Durchführung im Unterricht werden daher dringend empfohlen. Weitere Schwächen digitaler Ausführungen sind die Anfälligkeit für kurzzeitige Verbindungsstörungen sowie Komplikationen durch Bedienfehler der Lehrenden und Lernenden. Bedienfehlern oder nicht durchdachten Eingaben wird einerseits durch eine Validierung der Felder vorgebeugt (z.B. Zahlen- oder Zeichenfolge, Bereich von … bis), andererseits ist eine ausführliche Erklärung des Spielablaufs zu empfehlen.

Die Potenziale digitaler Experimente reichen über den Ersatz analoger Gestaltungselemente (Puentedura 2006) hinaus. Künftig könnten digitale Experimente derart miteinander und mit anderen Lerninhalten verknüpft werden, dass sie nicht vereinzelt als methodische Zugänge zum Einsatz kommen, sondern Schüler*innen über einen längeren Zeitraum durch den Unterricht begleiten. Während Simultanität ein verbreitetes Gestaltungsmerkmal digitaler Unterrichtsexperimente ist, sind auch nicht simultane Experimente im Sinne von Flipped-Classroom-Konzepten denkbar. Entscheidungen könnten perspektivisch in offenen Unterrichtsformen (z.B. Stationenlernen) oder zu unterschiedlichen Zeitpunkten (z.B. im Rahmen von Hausaufgaben) getroffen und anschließend im Großgruppenunterricht ausgewertet werden.

6 Praxisbeispiel „Das Fischereispiel"

6.1 Das Spielkonzept

Das Fischereispiel (oder auch: Fischerspiel) ist ein weit verbreitetes Unterrichtsexperiment und liegt in verschiedenen Varianten vor (u.a. Ziefle 2000; Pallast 2010; BMU 2013; BMWi 2017; classEx@school 2019; Teach Economy 2018; Iconomix 2021). Simuliert wird in diesem Experiment die Entnahme eines Allmendegutes (hier: Fischbestände) – ein Gemeingut, welches dadurch gekennzeichnet ist, dass niemand von der Nutzung ausgeschlossen werden kann, zugleich aber Rivalität im Konsum besteht. In dieser Kombination kann es zu einer Übernutzung der Ressource kommen – es tritt ein soziales Dilemma in Form eines Entnahmedilemmas ein. Im Experiment nehmen die Teilnehmenden die Rolle von Fischerinnen und Fischern ein und entnehmen über mehrere Runden hinweg Fische. Nach jeder Runde erholt sich der Fischbestand wieder etwas, wobei die Regenerationsrate von Runde zu Runde variiert. Häufig wird der Restbestand vor Beginn einer neuen Rate verdoppelt. So wird von Runde zu Runde eine neue Ausgangssituation geschaffen. Wenn alle Fische aus dem Teich entnommen wurden, ist das Experiment beendet – in der Regel tritt das vor der angekündigten Rundenzahl (zwischen 5 und 10 Runden) ein.

6.2 Spielvarianten

Die digitalen Versionen des Fischereispiels können in Einzelspieler*innen- und Gruppenvarianten unterschieden werden. In den Einzelspieler*innenvarianten, wie z.B. in classEx@school (o.J.) oder in Iconomix (Iconomix 2021; siehe auch: Eisenkopf/Sulser 2016) entscheidet jede/r Teilnehmer*in in jeder Runde über die Fangmenge, die er oder sie entnehmen will. Der Anfangsbestand orientiert sich dabei an der jeweiligen Anzahl der Teilnehmenden und muss vor Beginn des Experiments jeweils neu berechnet werden. In den Gruppenvarianten (Teach Economy 2018) ist die Anzahl der Gruppen – und damit auch der Anfangsbestand an Fischen – fest. Die betrachteten digitalen Plattformen unterscheiden sich neben der konzeptionellen und grafischen Aufbereitung insbesondere in der Offenheit zur individuellen Gestaltung der Parameter des Spiels. So bietet classEx für IT-affine Anwender*innen von der Anpassung einzelner Textelemente über die Veränderung einzelner Parameter (Rundenzahlen, Fangmengen, Reproduktionsrate) bis hin zur vollständigen Neugestaltung des Experiments vielfältige Möglichkeiten. Die Fischereispiele bei Teach Economy (2018) oder auf der englischsprachigen (kostenpflichtigen) Plattform MobLab (2022) wiederum fallen durch die aufwendige grafische Gestaltung auf, beschränken sich dafür bei den Einstellungen, die von den Lehrpersonen vorgenommen werden können, auf das Wesentliche.

6.3 Optionale Erweiterungen

Neben der Standardvariante kann das Fischereispiel um einige Szenarien erweitert werden, um die Spielsituation didaktisch anzureichern. Während im Standardszenario die Eigenschaften von Allmendegütern, die Problematisierung sozialer Dilemmata und der Übernutzung natürlicher Ressourcen oder die Analyse von Kooperation oder Trittbrettfahrerverhalten im Fokus der Auswertung und des Transfers stehen, bieten zusätzliche Runden die Möglichkeit, Auswege aus der Allmendeklemme zu simulieren. So können beispielsweise nicht staatliche Institutionen wie Selbstverpflichtungen im Sinne Elinor Ostroms (1999) eingeführt werden, indem ab der zweiten Runde die Möglichkeit besteht, Absprachen zu treffen oder sich gegenseitig zu sanktionieren. Auch Quoten oder Privatisierungslösungen könnten in weiteren Durchläufen des Experiments eingeführt werden. In digitalen Experimenten sind diese Erweiterungen oft mit einer einfachen Veränderung der Parameter möglich. So kann beispielsweise nach jeder Runde eine zusätzliche Entscheidung zur Bestrafung von Trittbrettfahrern eingeführt werden (in classEx: eigenes Experiment) oder es werden Quoten eingeführt, indem die maximale Entnahmemenge pro Runde beschränkt wird – vorausgesetzt diese Szenarien sind vorgesehen. Diese zusätzlichen Szenarien bieten nicht nur inhaltliche und methodische Erweiterungen, sie fördern auch die Flexibilität im Unterricht. Die Lehrperson kann in Abhängigkeit des Unterrichtsverlaufs ohne zusätzlichen Vorbereitungsaufwand auf die Erweiterungen zurückgreifen.

6.4 Möglicher Unterrichtsverlaufsplan

Abschließend wird der Unterrichtsverlauf exemplarisch für das Fischerspiel von Teach Economy (2018) dargestellt. Unter Berücksichtigung der Besonderheiten der jeweiligen Varianten ist der Ablauf auch auf die anderen Plattformen wie beispielsweise classEx oder MobLab übertragbar. Der Verlauf wird exemplarisch für eine Unterrichtsstunde beschrieben.

Sequenz und Minuten	Hinweise	Materialien/Medien
Vorbereitung	Die Lehrkraft erstellt für die erstmalige Nutzung einen Account bei Teach Economy, setzt sich mit den hinterlegten Instruktionen zum Fischerspiel auseinander und stellt die digitale Infrastruktur im Klassenraum sicher.	Lehrende: • Teach Economy-Account • ein Endgerät (z. B. Laptop) • ein Beamer für die Gruppenansicht Schüler*innen: • 5 mobile Endgeräte (z. B. Smartphones, Tablets)
Konfrontation 5 Minuten	Die Lehrkraft teilt die Klasse in fünf Gruppen ein. Je ein/e Vertreter*in einer Gruppe loggt sich in das Spiel ein, indem er/sie auf der Seite des Experiments einen Code eingibt, welcher der Beameransicht entnommen werden kann. Auf dem Endgerät der Lernenden erscheint eine Anleitung, die die Regeln skizziert und die Rollen beschreibt.	Aufruf der Beameransicht im Fischerspiel bei Teach Economy

Strategiefindung 5 Minuten	Die jeweiligen Besatzungen der Boote (Gruppen) müssen sich nun gemeinsam auf eine Fangmenge einigen, wobei alle Gruppen aus demselben Meer fischen. Es können – je nach Voreinstellung – bis zu neun Runden gespielt werden – vorausgesetzt, der Fischbestand wurde nicht frühzeitig leergefischt.	Aufscheinendes Tutorial im Onlinetool nach Log-in durch die Schüler*innen
Spiel 15–20 Minuten	Die Lehrkraft stellt sicher, dass es keine Absprachen zwischen den Gruppen gibt. Zu Beginn jeder Runde sehen die Lernenden auf ihrem Endgerät den Fischbestand. Die Gruppen können nun ihre Fangmengen eingeben. Nach Abschluss der ersten Runde wird die Auswertung mit den gewählten Fangmengen, dem Restbestand und dem Anfangsbestand für Runde 2 in der Beameransicht angezeigt. Die Spielrunden werden so lange fortgesetzt, bis das Meer leergefischt ist.	Eingabemaske im Onlinetool Beameransicht für alle Gruppen Hinweise in der Lehrkraftanleitung
Zusammentragen der Ergebnisse unmittelbar	Nach jeder Runde und nachdem ein Durchgang mit mehreren Runden beendet wurde (d. h. das Meer leergefischt wurde), erscheinen in der Beameransicht automatisch die grafisch aufbereiteten Ergebnisse. Dabei ist über verschiedene Ergebnisdarstellungen nicht nur die Entwicklung des Gesamtbestands nach den Einzelrunden einsehbar, sondern auch die jeweiligen Fangmengen der Gruppen. Optional kann das Spiel in einem zweiten Durchgang mit der Erlaubnis von Absprachen oder mit Einführung von Quoten durchgespielt werden, sodass die Gruppen die Möglichkeit erhalten, den Fischbestand aufrechtzuerhalten. Falls dies nicht gelingt (z. B. weil sich Gruppen nicht an die Absprache halten), kann die Lehrkraft als staatliche/r Regulierer*in eingreifen und eine festgelegte Fangquote vorgeben.	Rundentafel in Beameransicht
Reflexionsphase 15 Minuten	Die Lehrkraft erörtert mit der Klasse, wie sich die Fischbestände entwickelt haben und wie einzelne Gruppen bzw. Fangmengen das Ergebnis beeinflusst haben. Die Lernenden reflektieren ihre gewählten Strategien und diskutieren Möglichkeiten, wie der Überfischung der Meere entgegengewirkt werden kann. Der Übergang zur Transferphase kann von der Lehrperson individuell gestaltet werden. Sie wird dabei durch die Zusatzmaterialien auf der Plattform unterstützt.	Zusatzmaterialien bei Teach Economy

Literatur

BMU – Bundesministerium für Umwelt, Naturschutz, nukleare Sicherheit und Verbraucherschutz (Hg.) (2013): Rollenspiel: Das Fischereispiel. Online: https://www.umwelt-im-unterricht.de/medien/dateien/rollenspiel-das-fischereispiel/ (Zugriff: 15.2.22).

BMWi – Bundesministerium für Wirtschaft und Energie (Hg.) (2013): Nachhaltigkeit durch gemeinsame Kontrolle. Das Fischerspiel. Online: https://www.unternehmergeist-macht-schule.de/SharedDocs/Downloads/materialien-lehrer/Gruenderklasse-Ausgabe-5.pdf?__blob=publicationFile (Zugriff: 15.2.22).

classEx@school (o. J.): Allmendegüter, nach Registrierung abgerufen unter https://classex.de/school/ (Zugriff: 15.2.22).

Eisenkopf, Gerald/Sulser, Pascal A. (2016): Randomized Controlled Trial of Teaching Methods: Do Classroom Experiments Improve Economic Education in High Schools? In: The Journal of Economic Education, 47(3), S. 211–225.

Giamattei, Marcus/Lambsdorff, Johann G. (2019): classEx—an online tool for lab-in-the-field experiments with smartphones. In: Journal of Behavioral and Experimental Finance, 22, S. 223–231.

Haus, Andrea (2009): Classroom Experiments. Ökonomische Experimente als Unterrichtsmethode. Schwalbach/Ts.

Holt, Charles A. (1999): Teaching Economics with Classroom Experiments. In: Southern Economic Journal, 65(3), S. 603–610.

Holt, Charles A./Johnson, Cathleen/Mallow, Courtney A./Sullivan, Sean P. (2010): Tragedy of the common canal. MPRA Paper 20838. München. Online: https://mpra.ub.uni-muenchen.de/20838/ (Zugriff: 10.11.22).

Iconomix (2021): Allmendegüter. Online: https://www.iconomix.ch/de/module/m06 (Zugriff: 15.2.22).

Janssen, Marco A./Lee, Allen/Waring, Timothy M. (2014): Experimental platforms for behavioral experiments on social-ecological systems. In: Ecology and Society, 19(4), S. 20.

Joachim Herz Stiftung (o. J.): Teach Economy. Das Portal für den Wirtschaftsunterricht. Online: https://www.teacheconomy.de/ (Zugriff: 15.2.22).

Loerwald, Dirk (2012): Die unsichtbare Hand (be-)greifbar machen. Potenziale und Grenzen experimenteller und praxisorientierter Zugänge zum Themenfeld Marktwirtschaft. In: Schuhen, Michael/Wohlgemuth, Michael/Müller, Christian (Hg.): Ökonomische Bildung und Wirtschaftsordnung. Schriften zu Ordnungsfragen der Wirtschaft. Stuttgart.

MobLab (2022): Commons: Fishery. Online: https://www.moblab.com/edu/games/commons-fishery (Zugriff: 15.2.22).

Nagel, Werner (2006): Experimentelles Lernen in der ökonomischen Bildung der Sekundarstufe I. Theoretische Analyse und empirische Tests in der Hauptschule. Aachen.

Ostrom, Elinor (1999): Die Verfassung der Allmende. Jenseits von Staat und Markt. Tübingen.

Pallast, Gregor. (2010): Das Fischerspiel oder die Tragödie der Gemeingüter. In: Jacobs, Heinz (Hg.): Ökonomie spielerisch lernen. Kompetenz gewinnen, Spiele, Rollenspiele, Planspiele, Simulationen und Experimente. Schwalbach/Ts.

Puentedura, Ruben (2006). Transformation, technology, and education (Blogeintrag). Online: http://hippasus.com/resources/tte/puentedura_tte.pdf (Zugriff: 15.2.22).

Schlösser, Hans J./Schuhen, Michael (2011): Mit ökonomischen Experimenten Wirtschaft erleben. In: Retzmann, Thomas (Hg.): Methodentraining für den Ökonomieunterricht II. Schwalbach/Ts., S. 57–74.

Teach Economy (2018): Fischerspiel. Online: https://www.teacheconomy.de/media/unterrichtsmaterial/fischerspiel/Spielanleitung_Fischerspiel.pdf (Zugriff: 15.2.22).

Weyland, Michael (2019): Experimentelles Lernen im Ökonomieunterricht – wirksam, effizient, unverzichtbar? In: Zeitschrift für ökonomische Bildung (ZföB), 8, S. 1–26. Online: https://www.zfoeb.de/2019_8/2019-8_1_26_weyland.pdf (Zugriff: 10.11.22).

Ziefle, Wolfgang (2000): Fischerspiel und Verfassungsspiel. Die Allmendeklemme und mögliche Auswege. In: Breit, Gotthard/Schiele, Siegfried (Hg.): Werte in der politischen Bildung. Bonn.

Michael Koch, Dirk Loerwald, Gwen Schreiber

Forschendes Lernen mittels virtueller Lernräume in der Ökonomischen Bildung

1 Virtuelle Lernumgebungen zur Ermöglichung des Forschenden Lernens in der Schule

Die Methode des Forschenden Lernens spielt im regulären Wirtschaftsunterricht allein aufgrund der zeitlichen Restriktionen eine untergeordnete Rolle. Dies ist insbesondere deshalb bedauerlich, da hierüber Schüler*innen domänenspezifisch wissenschaftspropädeutische Kompetenzen entwickeln können. Virtuelle Lernumgebungen können einen substanziellen Beitrag zur Ermöglichung des Forschenden Lernens in der Schule leisten, indem sie den Lernenden vereinfachte Optionen der Informationsrecherche, Fragen- und Ideenentwicklung, Kommunikation, kollaborativen und kreativen Zusammenarbeit, Durchführung und Auswertung von Befragungen etc. – auch über die reine Unterrichtszeit und den Klassenraum hinaus – eröffnen (Schulze-Vorberg et al. 2018; Günther et al. 2019). Die Einrichtung spezifisch ausgerichteter digitaler Lernräume ermöglicht in diesem Zusammenhang die kohärente und zielgerichtete Bündelung vieler unterschiedlicher didaktischer Ressourcen und ist deshalb als die am besten geeignete Unterstützungsmöglichkeit zu betrachten (Walber 2015). Gleichwohl dürfte die Konzeption und Implementation entsprechender Lernräume in aller Regel die Lehrkräfte im Alltag überfordern. Deshalb wird in diesem Beitrag, anknüpfend an eine generelle Annäherung an das Forschende Lernen in der Schule allgemein und im Wirtschaftsunterricht im Besonderen, ein existierender virtueller Lernraum vorgestellt, der Schülerinnen und Schülern der Sekundarstufe I die Möglichkeit der Auseinandersetzung mit wirtschaftsethischen Fragestellungen im unterrichtlichen Kontext im Sinne des Forschenden Lernens ermöglicht und allen Lehrkräften in Deutschland zur Verfügung steht.

2 Forschendes Lernen im schulischen Unterricht

2.1 Didaktische Verortung und Formen des forschenden Lernens

Beim Forschenden Lernen handelt es sich um eine Lehr-Lern-Methode, die sich stark am üblichen Forschungsprozess orientiert. Im ursprünglichen Sinn ist damit ein Lernen im Modus der Forschung bzw. eine Beteiligung am Forschungsprozess gemeint (exemplarisch Mooraj/Pape 2015; Mieg/Lehmann 2017; Huber/Reinmann 2019). Messner (2009, 9) definiert Forschendes Lernen mit Blick auf diese didaktische Fokussierung wie folgt:

> Als forschendes Lernen können schulische Arbeitsformen dann bezeichnet werden, wenn sie dem Suchen und Finden von Erkenntnissen dienen, die für die Lernenden neu sind und in Haltung und Methode analog den Einstellungen und dem systematischen Vorgehen erfolgen, wie es für wissenschaftliches Arbeiten charakteristisch ist.

Wie beim wissenschaftlichen Forschen stellt eine Problemstellung den Ausgangspunkt des Forschenden Lernens dar (Problemorientierung). Der Forschungsprozess folgt dabei der fachspezifischen Methodologie. In der Ökonomischen Bildung gilt es, Lernende u.a. zu befähigen, Problemstellungen in einer ökonomischen Perspektive zu bearbeiten (z.B. Denken in Kreislaufzusammenhängen, Anreizkategorien) (Kaminski 2017; Loerwald 2020; Retzmann 2008).

Idealtypisch lässt sich der wissenschaftliche Forschungsprozess als ein Zyklus darstellen (siehe Abb. 1).

Abbildung 1: Der Zyklus Forschenden Lernens

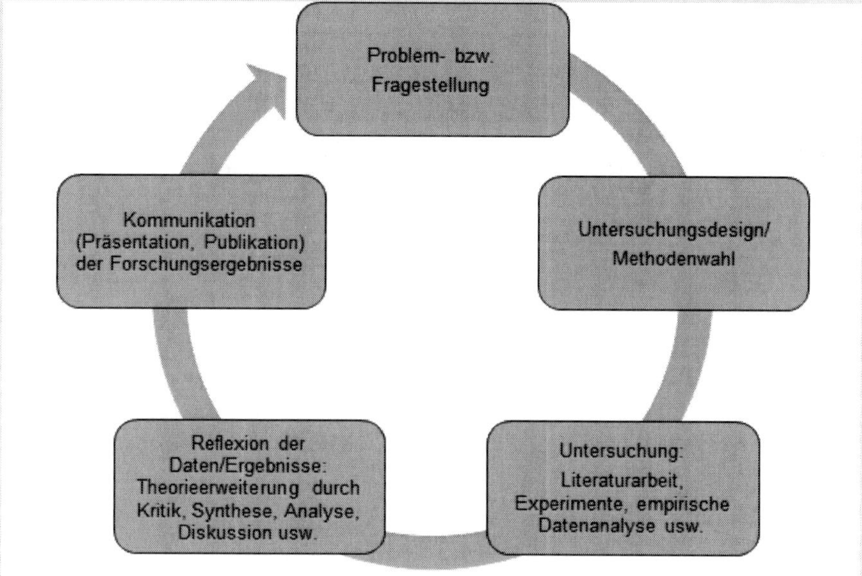

Quelle: eigene Darstellung in Anlehnung an Levy et al. 2011, 6

Als methodischer Ansatz nimmt das Forschende Lernen die wissenschaftliche Forschung zwar zum Vorbild, es sind aber in den meisten Fällen Abweichungen erforderlich, und zwar sowohl hinsichtlich der wissenschaftlichen Güte der Ergebnisse als auch in Bezug auf die Freiheit im Forschungsprozess (Levy et al. 2011). Dies betrifft insbesondere die Neuartigkeit des erworbenen Wissens. Während der wissenschaftliche Forschungsprozess die Generierung eines kollektiven Erkenntnisnutzens zum Ziel hat, zielt das Lernen im Format der Forschung (Forschendes Lernen) auf individuellen Erkenntnisnutzen – es geht um die Generierung „subjektiv" neuen Wissens. Als didaktischer Ansatz nutzt Forschendes Lernen somit den Forschungsprozess als Medium zur Strukturierung von Lehr-Lern-Prozessen (BAK 1970).

Vor diesem Hintergrund lassen sich verschiedene Formen des Forschenden Lernens unterscheiden:

Tabelle 1: Formen Forschenden Lernens hinsichtlich der Dimensionen „Neuartigkeit des Wissens" und „Vorgabe der Forschungsfrage"

		Neuartigkeit des Wissen	
		Für die Lernenden	Für die Scientific Community
Grad der Forschungsfreiheit	Hoch	Offene Forschungsprozesse mit individuellem Erkenntnisnutzen	Offene Forschungsprozesse mit kollektivem Erkenntnisnutzen
	Niedrig	Gelenkte Forschungsprozesse mit individuellem Erkenntnisnutzen	Gelenkte Forschungsprozesse mit kollektivem Erkenntnisnutzen

Quelle: eigene Darstellung in Anlehnung an Levy et al. 2011

Im Hinblick auf das Forschende Lernen im Wirtschaftsunterricht kann dementsprechend bereits an dieser Stelle festgehalten werden, dass in keinem Fall von Lernenden erwartet wird, dass sie beispielsweise umfassende oder gar neue Theorien, Erklärungsansätze und Prognosen zu den mittel- und langfristigen volkswirtschaftlichen Auswirkungen des Onlinehandels oder der Sharing Economy generieren. Gleichwohl können die Schüler*innen durch entsprechend gestaltete Lernprozesse und unter Zuhilfenahme und durch Kombination entsprechender Methoden (z.B. Konzeption, Durchführung und Auswertung von Umfragen, Szenarioentwicklung) durchaus Erkenntnisse hinsichtlich regionalwirtschaftlicher Folgen (z.B. Veränderungen im Einzelhandel und von Innenstädten) erlangen, diese auf ihre Transferierbarkeit auf die nationale Ebene zumindest überprüfen und dabei auch die Auswirkungen des eigenen Konsumverhaltens reflektieren.

2.2 Kompetenzbereiche der digitalen sowie Ökonomischen Bildung

Die Eigenständigkeit im Lernprozess und die selbstständige Entwicklung von Fragen sind Kernbestandteile und Potenziale Forschenden Lernens, die wissenschaftliche Freiheit einer völlig freien Themenwahl und das wissenschaftliche Erfordernis der Neuigkeit der Ergebnisse hingegen nicht. Es geht vielmehr um die Art und Weise der Lernprozessgestaltung und im Kern um den individuellen Prozess der Wissensaneignung (Messner 2009). Das Forschende Lernen stellt somit vielfältige Anforderungen an Schüler*innen, dementsprechend werden über dessen digitale Realisierung unterschiedliche Kompetenzen vermittelt, deren Berücksichtigung im schulischen Kontext beispielsweise von der Europäischen Union (Europäische Kommission 2016; Vuorikari/Kluzer/Punie 2022) und der deutschen Kultusministerkonferenz (KMK 2017) gefordert werden. Dies betrifft insbesondere folgende Bereiche:

- Informations- und Datenkompetenz, in Bezug auf die Suche und Bewertung von Quellen und Informationen und deren Zusammenstellung und Organisation.
  - ➔ Im Rahmen der „Forschungsaktivitäten" spielt die Ermittlung und Auswertung der für die Bearbeitung der Forschungsfrage relevanten Informationen eine zentrale Rolle. Die Recherchen werden dabei in den allermeisten Fällen im Internet erfolgen. Hier bieten sich u. a. sehr gute Ansatzmöglichkeiten, den Schülerinnen und Schülern notwendige Kompetenzen hinsichtlich der Qualitätsbewertung sowie der Entwicklung von Suchstrategien zu vermitteln.
- Kommunikation und Kooperation, im Hinblick auf die zielgerichtete Nutzung digitaler Tools unter Wahrung angemessener Umgangsformen sowie
- Kenntnis und bedarfsgerechte Auswahl von digitalen Instrumenten zur Zusammenarbeit und Präsentation.
  - ➔ Forschendes Lernen erfolgt in aller Regel arbeitsteilig in Kleingruppenkontexten, wobei der kontinuierliche und jederzeit im Ton angemessene Austausch sowie die durchgängige Transparenz aller (Teil-) Arbeitsschritte und -ergebnisse für alle Beteiligten hohe Relevanz haben. Die Auswahl der passenden digitalen Tools sowie deren adäquate Nutzung ist entsprechend bedeutsam und wird im Arbeitsprozess eingeübt.
- Gestaltung, Entwicklung, Zusammenführung und Teilung von digitalen Inhalten, insbesondere unter Berücksichtigung der gängigen Referenzierungspraxis und im Hinblick auf die Integration und Weiterverarbeitung bestehenden Wissens.
  - ➔ Forschendes Lernen stellt die schulische Annäherung an die zentralen Prozesse realer Forschungsprozesse dar, denen wissenschaftliche Standards zugrunde liegen. Insbesondere der reflektierte Umgang mit (digitalen) Quellen sowie deren angemessene Repräsentation sind elementarer Bestandteil des Forschenden Lernens.

Im Hinblick auf die ökonomischen Kompetenzen sind in erster Linie diejenigen wissenschaftspropädeutischer Natur zu nennen. Schüler*innen werden in die Rolle von Forscher*innen versetzt und erschließen sich u. a. (wirtschafts-)wissenschaftliche Denk- und Arbeitsweisen sowie Methoden der Erkenntnisgewinnung, die sie anschließend in anderen Kontexten anwenden können. Darüber hinaus übt das (digitale) Forschende Lernen eine fachspezifische Annäherung an gesellschaftliche und volkswirtschaftliche Problemstellungen ein, in dem – angemessene Forschungsfragen bzw. -aufträge vorausgesetzt – zentrale Perspektivierungen (Analyse von Anreizstrukturen, Kreislauf- und Wirkungszusammenhängen, ordnungspolitischen Implikationen, Mehrperspektivität, Kontroversität) vorgenommen werden können.

Im unten dargestellten Beispiel erfolgt darüber hinaus die Vermittlung wirtschaftsethischer Kompetenzen, insbesondere im Hinblick auf die Differenzierung individual- und ordnungsethischer Erklärungs- und Lösungsansätze von Problemstellungen in modernen Gesellschaften. Hierbei liegt der Fokus auf den Ursachen und Auswirkungen des derzeitigen fundamentalen digitalen Strukturwandels für alle Akteur*innen im Wirtschaftsgeschehen. Es ist also eine doppelte digitale Dimension vorhanden: Die kritische und fachspezifische Auseinandersetzung mit dem Phänomen der Digitalisierung erfolgt mithilfe des digitalen Instrumentes des Wi.Fo!-Labs; beides trägt zur Förderung von (digitaler) Mündigkeit bei.

+ – 3 Digitales forschungsbasiertes Lernen im schulischen Kontext – Potenziale und Herausforderungen

Im schulischen Kontext wird Forschendes Lernen in der Regel im unteren linken Quadranten verortet (vgl. Tab. 1). Der explizierte Erkenntnisgewinn kann sich somit nur auf das lernende Individuum bzw. die Klasse und gegebenenfalls ihr Umfeld (z.B. Schule, Eltern) beziehen.

Grundsätzlich kann der Grad der Forschungsfreiheit über die Fragestellung und die Methode geöffnet werden (siehe Tab. 2), indem der Lernprozess durch mehr oder weniger Vorgaben gelenkt wird.

Tabelle 2: Stufen der Forschungsfreiheit beim Forschenden Lernen

Grad der Forschungs-freiheit	Fragestellung ist vorgegeben	Methode ist vorgegeben	
1	✓	✓	**Stark gelenktes Forschendes Lernen**
2(a)	✓		**Schwach gelenktes Forschendes Lernen**
2(b)		✓	**Schwach gelenktes Forschendes Lernen**
3			**Offenes Forschendes Lernen**

Quelle: eigene Darstellung in Anlehnung an Bell/Smetana/Binns 2005, 32

Im schulischen Kontext werden in der Regel die beiden Varianten 1 und 2(a) und in manchen Fällen möglicherweise 2(b) realisiert werden können.

Der Einsatz eines virtuellen und im Hinblick auf die Handhabung möglichst übersichtlich gestalteten virtuellen Lernraums mit der Kombination unterschiedlicher didaktischer Tools kann eine wesentliche Realisierungshilfe darstellen bzw. Forschendes Lernen gegebenenfalls überhaupt erst ermöglichen. So können Informationen entsprechend der unterschiedlichen Lernvoraussetzungen der Schüler*innen in verschiedenen Schwierigkeitsgraden und medialen Varianten (Texte, Grafiken, Karikaturen, Podcasts, Videos, Web-Based-Trainings etc.) bereitgestellt bzw. externe Internetquellen entsprechend klassifiziert werden. Mithilfe digitaler Positionslinien oder Befragungen lassen sich Vorkenntnisse und Vorstellungen der Schüler*innen einfach eruieren, um beispielsweise den Grad der Offenheit des Forschungsprozesses festzulegen. Digitale Tools und Vorlagen erleichtern die Konzeption und Gestaltung von Fragebögen (z.B. survio.com, umfrageonline.com, doodle.com, lamapoll.de), während bereitgestellte Methodenanleitungen die Realisierung von Lernendenvorhaben unterstützen. Mithilfe von Webinar- oder Kollaborationstools (z.B. BigBlueButton, Zoom, MS-Teams, iserv) können Kommunikations- und Arbeitsphasen zeit- und ortsunabhängig organisiert und es kann der Prozess der Entwicklung einer Forschungsfrage in Gruppenarbeit unterstützt werden.

Im Rahmen des digitalen Forschenden Lernens nimmt die Lehrkraft eine, abhängig von der gewählten Variante und den Voraussetzungen der Schüler*innen, mehr oder weniger stark ausgeprägte lenkende Funktion im Hintergrund ein. Auch hier bieten virtuelle Lernräume eine gute Unterstützung. Im Backend der jeweiligen Plattformen können die Lehrkräfte das Informationsangebot für die Schüler*innen bedarfsgerecht (de-)aktivieren oder aber sukzessive freischalten. Mithilfe digitaler Abfragen können zudem Zwischenschritte im Lern- bzw. Forschungsprozess erfasst werden, ein Chat- bzw. Forenbereich eröffnet die Möglichkeit der kurzfristigen Klärung aufkommender Fragen und Probleme. Bei stärkerer Ausbildung von Forscher*innenqualitäten besteht die Rolle der Lehrperson zunehmend darin, den Schülerinnen und Schülern beratend zur Seite zu stehen. In diesem Zusammenhang bieten beispielsweise Webinar- und Messengertools die Möglichkeit des kurzfristig anzuberaumenden ortsungebundenen Austausches (vgl. zur Gestaltung virtueller Lernräume Arnold et al. 2018).

Zusammenfassend ist an dieser Stelle festzuhalten, dass es der Anspruch bei der Konzeption von entsprechenden virtuellen Lernräumen sein muss, nicht nur Wissen digital anzubieten, sondern den individuellen Wissenserwerb im virtuellen Raum sowie den Transfer in die Lebenswelt der Lernenden unterstützend zu begleiten (Kerres/de Witt 2004). Hierzu bedarf es, insbesondere bei stärker gelenkten Varianten, geeigneter Aufgabenstellungen, Interaktionsmöglichkeiten und kollaborativer Softwareapplikationen.

Die zentrale Herausforderung besteht in der Konzeption, Organisation und Bereitstellung entsprechender digitaler Umgebungen für die Schüler*innen. Sicherlich sind abgespeckte Varianten beispielsweise in Form einfacher cloudbasierter Upload-Download-Foren mit integrierten Linklisten, Onlineforen und Abstimmungs- bzw. Kommunikationstools u.Ä. für einige Lehrkräfte realisierbar (z.B. in iserv oder Microsoft Teams). Umfassendere Lernumgebung mit vielfältigen und untereinander vernetzten digital aufbereiteten Inhalten und Tools bedürfen hingegen der professionellen Gestaltung und Programmierung (z.B. in Moodle oder Stud.IP). Diese kann in aller Regel nur durch schulexterne Institutionen erfolgen (vgl. Wi.Fo!-Lab, s. Abschnitt 5), wodurch sich wiederum die Einsatzmöglichkeiten – entsprechend des bislang geringen Angebots – beschränken.

4 Technische Voraussetzungen für digitales Forschendes Lernen

Sofern die Lernumgebungen browserbasiert angeboten werden, sind die technischen Eintrittsbarrieren als niedrig anzusehen. In aller Regel reichen durchschnittlich konfigurierte Endgeräte sowie Internetzugänge in ausreichender Qualität zur Nutzung (vgl. das konkrete Beispiel in Abschnitt 5). Die schulischen Räumlichkeiten und Zeithorizonte können ungeachtet dessen im konkreten Fall die Umsetzung erschweren (Günther/Schiefer-Rohs 2018). Mitzudenken ist an dieser Stelle zudem die Einhaltung rechtlicher Rahmenbedingungen, wie Urheberrecht und Datenschutz (Schulze-Vorberg et al. 2018; Spendrin 2018; Arfmann/Artmann im vorliegenden Band).

Darüber hinaus kann, insbesondere in längeren Lern- und Forschungsphasen außerhalb des Klassenraums, eine gewisse Intransparenz hinsichtlich der Aktivitäten und Beteiligungen der einzelnen Schüler*innen entstehen. Sofern nicht die Möglichkeit eines Monitorings der individuellen Lernaktivitäten im jeweiligen System implementiert ist, bietet sich hier die regelmäßige Durchführung kurzer Onlinepräsentationen der Zwischenergebnisse in Webinaren oder auf Onlinewhiteboards an.

5 Praxisbeispiel: Das Wi.Fo!-Lab im Wirtschafts.Forscher!-Programm

Im Rahmen des bundesweit ausgerichteten Bildungsprogramms „Wirtschafts. Forscher!“[1] wurde im Zeitraum von 2019 bis 2022 ein virtueller Lernraum für den Wirtschaftsunterricht in der Sekundarstufe I, das Wi.Fo!-Lab, konzipiert, entwickelt und erprobt. Wesentliches Ziel war und ist es, einen (digitalen) Raum für das Forschende Lernen innerhalb der zeitlichen und curricularen Restriktionen des Regelunterrichts im Fach Wirtschaft (oder verwandter Fächer) zu eröffnen. Der Zugang zum Programm und damit zum Wi.Fo!-Lab steht allen Lehrkräften allgemeinbildender Schulen der 16 Bundesländer sowie deutschen Schulen im Ausland kostenfrei offen. Voraussetzung ist eine vorherige Anmeldung, welche in der Regel jährlich unter www.wirtschafts-forscher.de möglich ist.

1 Wirtschafts.Forscher! ist eine Bildungsprogramm der PwC-Stiftung, das diese gemeinsam mit dem Institut für Ökonomische Bildung (IÖB), An-Institut der Universität Oldenburg, der Bildungsagentur Education Y sowie der Medienagentur freiwerk B realisiert. Die Karl Schlecht Stiftung unterstützt das Vorhaben in Baden-Württemberg.

5.1 Zentrale Zielsetzung des Wirtschafts.Forscher!-Programms

Das zentrale Ziel des erstmals im Jahr 2015 realisierten Programms Wirtschafts. Forscher! ist die systematische Einbettung ethischer Dimensionen im curricular fundierten (Politik- und) Wirtschaftsunterricht allgemeinbildender Schulen der Sekundarstufe I. Zu diesem Zweck wird mithilfe des Forschenden Lernens die Entwicklung ökonomischer Kompetenzen systematisch mit dem Erwerb wirtschaftsethischen Denkens verbunden. Besonderes Augenmerk liegt dabei auf der sowohl individuell- wie ordnungsethischen Analyse gegenwärtiger gesellschaftlicher und volkswirtschaftlicher Herausforderungen und Problemstellungen (Kaminski/Koch/Loerwald 2017). Seit 2019 liegt der inhaltliche Fokus auf dem Spannungsfeld von Wirtschaft, Ethik und Digitalisierung (Loerwald/Schreiber 2021).

5.2 Das Wi.Fo!-Lab

Das Wi.Fo!-Lab ermöglicht den Lernenden selbstständiges, eigenaktives und kooperatives Forschendes Lernen in Auseinandersetzung mit ergebnisoffenen und authentischen Problemen. Es ist als virtueller Schreibtisch designt, über den eine Vielzahl an digital aufbereiteten Inhalten angesteuert werden kann:

- Online-Bibliothek mit Texten,
- Erklärfilme und Expert*inneninterviews,
- Statistiken,
- Karikaturen,
- Audiobeiträge,
- Web-Based-Trainings,
- Methodenkoffer,
- Positionslinien,
- Lernübungen und Tests,
- Aufgabenstellungen sowie
- Webinar-, Document-Sharing – und Messengertools.

Abbildung 2: Mediale Vielfalt im Wi.Fo!-Lab, beispielhaft gezeigt am Modul „Wie wir morgen einkaufen" (PwC-Stiftung/Bildungsprogramm „Wirtschafts.Forscher!")

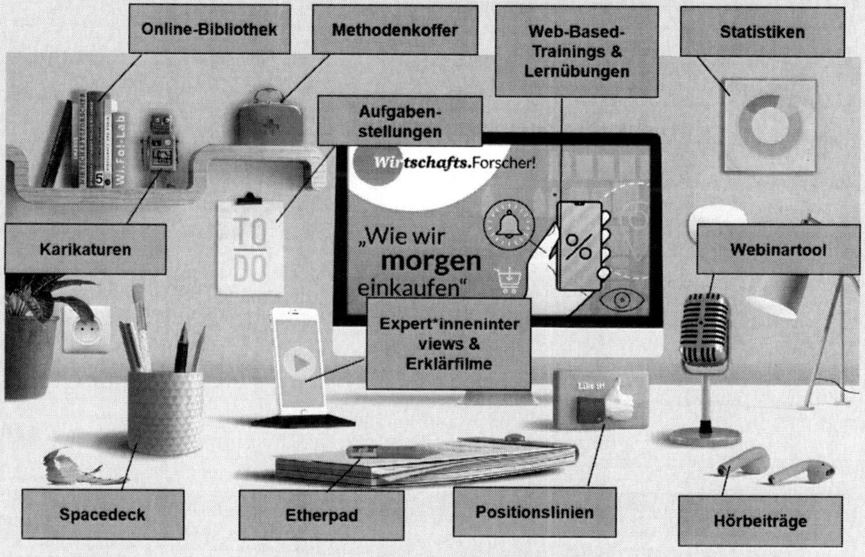

Die Inhalte werden – vor dem Hintergrund einer zunehmend notwendigen Binnendifferenzierung im Klassenverband sowie im Hinblick auf die Gestaltung individueller Lernwege – in unterschiedlicher medialer Form sowie im Anspruchsniveau variierend bereitgestellt. Das Wi.Fo!-Lab unterteilt sich dabei in zwölf eigenständige Inhaltsmodule, die sich jeweils den zentralen Inhaltsbereichen der Ökonomischen Bildung zuweisen lassen und dabei spezifische wirtschaftsethische Fragestellungen in den Blick nehmen:

Tabelle 3: Modulangebot im Wi.Fo!-Lab

Inhaltsbereich	Modul	Inhaltsaspekte
Private Haushalte	Wie wir morgen einkaufen	Konsum & Verbraucher*innenschutz
	Teilen statt kaufen?	Sharing Economy
	Social Media	Einflussfaktoren auf Konsumverhalten
Unternehmen	Wie realistisch ist die Robocalypse?	Arbeitsbeziehungen & Organisation
	Eure Daten – mein Geschäft?	Datenhandel/Datenschutz
	Digitale (Social) Start-ups	Unternehmensgründungen/Entrepreneurship Education
Staat	Smart = grün?	Nachhaltigkeit/Umweltschutz
	Welche staatlichen Maßnahmen braucht die Digitalisierung?	Strukturpolitik
	Algorithmen vs. Gewissen?!	Verbraucher*innenschutz/Ordnungspolitik
Internationale Wirtschaftsbeziehungen	Wer beherrscht das www?	Wettbewerb/Wettbewerbspolitik
	Globale Märkte – lokale Regeln	Ordnungspolitik
	Globalisierung & Entwicklungszusammenarbeit	Entwicklungszusammenarbeit

Quelle: eigene Darstellung

In einem eigenen Administrationsbereich können die Lehrkräfte u.a. durch gezieltes Ein- und Ausschalten von Modulen sowie – auf Modulebene – Medientypen und einzelnen Medien den jeweiligen Lernprozess lenken bzw. den virtuellen Lernraum vollständig für einen selbstgesteuerten Lernprozess der Schüler*innen öffnen. Das Gesamtkonzept zielt dabei auf die Einbettung der Modulbearbeitung in den curricular gerahmten Regelunterricht ab.

Mithilfe des Wi.Fo!-Labs lässt sich im Unterricht sowohl stark wie auch schwach gelenktes Forschendes Lernen (vgl. 2.2) realisieren:

- Schwach gelenkt: Lernendengruppen entwickeln in Bezug auf eines der Module Forschungsfragen, die sie anschließend mithilfe des virtuellen Lernraums und darüber hinaus (z.B. durch Umfragen, Befragung von Expertinnen und Experten, Erkundungen, Szenarienentwicklungen) bearbeiten. Das Wi.Fo!-Lab dient bei der Bearbeitung v.a. als Informations- und Inspirationsquelle sowie Arbeits-, Kommunikations- und Präsentationsraum.

- Stark gelenkt: Die Schüler*innen erhalten von der Lehrkraft in einem ausgewählten Modul einen problemorientierten Arbeitsauftrag zur Bearbeitung in zwei bis vier Unterrichtsstunden. Die Schüler*innen „schlüpfen“ dabei in die Rollen von Forscher*innen oder auch beispielsweise Verbrauchervertreter*innen, Betriebsrät*innen, Expert*innen in staatlichen Gremien o.Ä. und werden aufgefordert, konkrete Fragen zu beantworten, Prozesse kritisch zu analysieren bzw. in Diskursen Position zu beziehen.

Im Folgenden wird ein Beispiel für die zweite Variante skizziert.

5.3 Umsetzungsbeispiel aus dem Wi.Fo!-Lab

Im Zuge des derzeitigen Strukturwandels setzen traditionelle Supermärkte und Geschäfte des Einzelhandels zunehmend auf digitale Techniken. Das Modul 1 „Wie wir morgen einkaufen!“[2] richtet den Fokus auf die hiermit einhergehenden Veränderungen und Herausforderungen für die Verbraucher*innen. Hierunter fallen beispielsweise neue Formen der Beeinflussung von Entscheidungen der Konsument*innen, die gezielte Sammlung und Auswertung personenbezogener Daten, digitale und dynamisch veränderbare Preisauszeichnungen sowie kontaktlose Bezahlformen.

Folgend eine den Lehrkräften im Wi.Fo!-Lab zur Auswahl gestellte Aufgabenstellungen für Kleingruppen:

> Ihr seid Mitarbeiter*innen einer Institution für den Verbraucher*innenschutz und erhaltet folgenden Arbeitsauftrag:
> 1. Ermittelt drei Beispiele, wie mithilfe von digitalen Techniken die Kaufentscheidungen von Verbraucher*innen in Supermärkten zukünftig beeinflusst werden können.
> 2. Erläutert die jeweiligen Vorgehensweisen und Veränderungen zu bisherigen Maßnahmen (z.B. Plakate, Infotafeln).
> 3. Bewertet die digitalen Einflussmöglichkeiten aus den Perspektiven der Supermarktbetreiber*innen und Nachfrager*innen und ermittelt Konfliktlinien. Was dürften die Verbraucher*innen positiv bewerten und was werden wohl viele eher ablehnen?

2 Teile des Moduls stehen in Form einer Demoversion auch Interessierten, die nicht am Programm teilnehmen, zur Verfügung: https://www.wifolab.de/register

Die unterrichtliche Umsetzung im Wi.Fo!-Lab wäre wie dargestellt denkbar:

1. Im ersten Schritt sollten die virtuellen Positionslinien zum Einsatz kommen, um sich dem Thema anzunähern sowie Vorkenntnisse und bestehende Einschätzungen zu eruieren und zu vergleichen. Die Schüler*innen müssten u.a. zu folgenden Aussagen Stellung auf einer Skala (1 = stimme gar nicht zu; 10 = stimme voll zu) beziehen: „Ich fände es gut, wenn der Supermarkt mich aufgrund meiner bisherigen Einkäufe auf zu mir passende Angebote aufmerksam machen würde.“; „Zukünftig sollte in Supermärkten nur noch bargeldlos bezahlt werden können.“
2. Der Einstieg in die inhaltliche Auseinandersetzung kann anschließend über das 30-minütige moderator*innengeführte und interaktiv aufbereitete Web-Based-Training erfolgen, in dem u.a. auf das Phänomen der Informationsasymmetrien eingegangen wird und welches in grundlegender Form in die Thematik des Moduls einführt. Sofern gewünscht, kann auch das Interviewvideo mit dem Experten aus dem universitären Kontext hinzugezogen werden.
3. Anschließend ist es die Aufgabe der Schüler*innen, die für die Bearbeitung des Auftrags relevanten Inhalte im Wi.Fo!-Lab zu identifizieren und zu analysieren:
   - Bibliothek (16 jeweils einseitige Sachtexte, Geschichten, Übersichten, Einführungen, Artikelausschnitte etc.)
   - Statistiken (z.B. „Kund*innen fordern digitale Services“, „Angabe von persönlichen Daten: Wie viele haben Angst?“)
   - Karikaturen (z.B. dynamische Preisanpassungen, individuelle Beeinflussung, Generationenkonflikt am Beispiel des bargeldlosen Bezahlens)
   - Erklärfilme (z.B. „Was sich in Zukunft verändern könnte – Beispiel Bezahlen“)
   - Interviewvideos („Mia im Gespräch mit dem Marketingleiter einer Supermarktkette“, „Mia im Gespräch mit einer Vertreterin der Verbraucherzentralen“)

Die Schüler*innen können auf verschiedene Kreativitätstechniken zurückgreifen und eigenständig weitere Informationen recherchieren bzw. im Rahmen von Expert*innenbefragungen und Erkundungen sammeln. Hierzu stehen im „Methodenkoffer“ umfassende Informationen und Hilfestellungen bereit. Zur Koordination der arbeitsteiligen Gruppenarbeit wie auch der Ergebnispräsentation und -diskussion werden darüber hinaus verschiedene Tools bereitgestellt:

- Mithilfe des Spacedecks, eines virtuellen Whiteboards, können Ideen gesammelt, geclustert und kommentiert werden. Zudem können hier Ergebnispräsentationen erfolgen.
- Das Etherpad erlaubt die gemeinsame und gleichzeitige Bearbeitung von Dokumenten, beispielsweise zur Ergebnisfixierung.
- Der integrierte Messenger und das auf BigBlueButton basierende Webinar-Tool ermöglichen den schnellen und direkten Austausch untereinander sowie mit der Lehrkraft.

Die am Ende eines jeden Programmjahres durchgeführten Befragungen von Schülerinnen und Schülern sowie Lehrkräften ergeben in Summe eine positive Resonanz. Während die Schüler*innen v.a. eine Erweiterung ihrer Analysekompetenzen sowie ein erhöhtes Interesse an der Auseinandersetzung mit gesellschaftlichen und volkswirtschaftlichen Frage- und Problemstellungen artikulieren, plant die Mehrzahl der Lehrkräfte die langfristige Implementation des Wi.Fo!-Labs in den Unterricht.

Literatur

Arnold, Patricia/Killian, Lars/Thillosen, Anne/Zimmer, Gerhard (2018): Handbuch E-Learning. 5. Auflage. Bielefeld.

BAK – Bundesassistentenkonferenz (1970): Forschendes Lernen – wissenschaftliches Prüfen. Ergebnisse der Arbeit des Ausschusses für Hochschuldidaktik. 2. Auflage. Bonn (Schriften der Bundesassistentenkonferenz, 5).

Bell, Randy L./Smetana, Lara/Binns, Ian (2005): Simplifying inquiry instruction. In: The Science Teacher, 72(7), S. 30–33. Online: https://www.researchgate.net/publication/228665515_Simplifying_inquiry_instruction (Zugriff: 5.11.22).

Carretero Gomez, Stephanie/Vuorikari, Riina/Punie, Yves (2018): DigComp 2.1. The Digital Competence Framework for Citizens. With eight proficiency levels and examples of use. Luxembourg. Online: https://op.europa.eu/en/publication-detail/-publication/3c5e7879-308f-11e7-9412-01aa75ed71a1 (Zugriff: 18.2.22).

Günther, Dorith/Schiefer-Rohs, Mandy (2018): Mediale (Bildungs-)Räume in der Schule. Herausforderung mimetischer Konzeption. In: Pietraß, Manuela/Fromme, Johannes/Grell, Petra/Hug, Theo (Hg.): Jahrbuch Medienpädagogik 14: Der digitale Raum – Medienpädagogische Untersuchungen und Perspektiven. Wiesbaden, S. 177–195.

Günther, Dorit/Kirschbaum, Marc/Kruse, Rolf/Ladwig, Tina/Prill, Anne/Stang, Richard/Wertz, Inka (2019): Zukunftsfähige Lernraumgestaltung im digitalen Zeitalter. Thesen und Empfehlungen der Ad-Hoc Arbeitsgruppe Lernarchitekturen des Hochschulforum Digitalisierung. Arbeitspapier Nr. 44. Berlin. Online: https://hochschulforumdigitalisierung.de/sites/default/files/dateien/HFD_AP_44-Zukunftsfaehige_Lernraumgestaltung_Web.pdf (Zugriff: 4.11.22).

Huber, Ludwig/Reinmann, Gabi (2019): Vom forschungsnahen zum forschenden Lernen – Wege der Bildung durch Wissenschaft. Wiesbaden.

Kaminski, Hans (2017): Fachdidaktik der ökonomischen Bildung. Paderborn.

Kaminski, Hans/Koch, Michael/Loerwald, Dirk (2017): Programm „Wa(h)re Werte! Die Wirtschafts.Forscher". In: Unterricht Wirtschaft + Politik, 2, Seelze, S. 50–53.

Kerres, Michael/de Witt, Claudia (2004): Pragmatismus als theoretische Grundlage für die Konzeption von eLearning. In: Mayer, Horst O./Treichel, Dietmar (Hg.): Handlungsorientiertes Lernen und eLearning. Grundlagen und Praxisbeispiele. München, S. 77–100.

KMK – Kultusministerkonferenz (2016): Bildung in der digitalen Welt. Strategie der Kultusministerkonferenz (Beschluss vom 8.12.2016, in der Fassung vom 7.12.2017). Online: https://www.kmk.org/fileadmin/pdf/PresseUndAktuelles/2018/Digitalstrategie_2017_mit_Weiterbildung.pdf (Zugriff: 7.11.22).

Levy, Philippa/Little, Sabine/McKinney, Pam/Nibbs, Anna/Wood, Jamie (2011): The Sheffield Companion to Inquiry-based Learning. Sheffield.

Loerwald, Dirk (2020): Alles eine Frage der Perspektive – Zur relevanten Unterscheidung zwischen Wirtschaftsunterricht und Unterricht über Wirtschaft. In: Greimel-Fuhrmann, Bettina/Fortmüller, Richard (Hg.): Wirtschaftsdidaktik – Den Bildungshorizont durch Berufs- und Allgemeinbildung erweitern. Wien, S. 119–134.

Loerwald, Dirk/Schreiber, Gwen (2021): Erkenntnistransfer am Beispiel Wirtschaftsethik: Inhaltsfelder, Ansatzpunkte und wissenschaftliche Denkweisen einer wirtschaftsethisch fundierten ökonomischen Bildung. In: Loerwald, Dirk (Hg.): Ökonomische Erkenntnisse verständlich vermitteln – Herausforderungen für Wirtschaftswissenschaften und ökonomische Bildung. Wiesbaden, S. 191–218.

Messner, Rudolf (2009): Forschendes Lernen aus pädagogischer Sicht. In: Ders. (Hg.): Schule forscht. Ansätze und Methoden zum forschenden Lernen. Hamburg, S. 15–30.

Mieg, Harald A./Lehmann, Judith (2017): Forschendes Lernen: Wie die Lehre in Universität und Fachhochschule erneuert werden kann. Frankfurt/M.

Mooraj, Margrit/Pape, Annika (2015): Forschendes Lernen. In: Hochschulrektorenkonferenz (Hg.): NEXUS IMPULSE FÜR DIE PRAXIS 8. Online: https://www.hrk-nexus.de/fileadmin/redaktion/hrk-nexus/07-Downloads/07-02-Publikationen/impuls_Forschendes_Lernen.pdf (Zugriff: 4.11.22).

Retzmann, Thomas (2008): Von der Wirtschaftskunde zur ökonomischen Bildung. In: Kaminski, Hans/Krol, Gerd-Jan (Hg.): Ökonomische Bildung: legitimiert, etabliert, zukunftsfähig, Stand und Perspektiven. Bad Heilbrunn, S. 71–90.

Schulze-Vorberg, Lukas/Wenzel, S. Franziska C./Bremer, Claudia/Horz, Holger (2018): Die Öffnung von (Lern-)Räumen in Schule und Unterricht durch den Einsatz digitaler Medien. Der

Einfluss von Computereinstellungen, -ängstlichkeit und Lehrhaltung auf die digitale Mediennutzung von Lehrkräften. In: Pietraß, Manuela/Fromme, Johannes/Grell, Petra/Hug, Theo (Hg.): Jahrbuch Medienpädagogik 14: Der digitale Raum – Medienpädagogische Untersuchungen und Perspektiven. Wiesbaden, S. 215–236.

Spendrin, Karla (2018): Charakteristika online-medialer Räume als Lehr-Lern-Räume des E-Learning – raumsoziologische Kategorien und exemplarische Beschreibung eines Blended-Learning Tutoriums. In: Pietraß, Manuela/Fromme, Johannes/Grell, Petra/Hug, Theo (Hg.): Jahrbuch Medienpädagogik 14. Der digitale Raum – Medienpädagogische Untersuchungen und Perspektiven. Wiesbaden, S. 197–214.

Vuorikari, Riina/Kluzer, Stefano/Punie, Yves (2022): DigComp 2.2. The Digital Competence Framework for Citizens. With new examples of knowledge, skills and attitudes. Luxemburg. Online: https://data.europa.eu/doi/10.2760/490274 (Zugriff: 20.4.22).

Walber, Markus (2015): Konstruktionen virtueller Lernräume. In: Wittwer, Wolfgang/Diettrich, Andreas/Walber, Markus (Hg.): Lernräume. Gestaltung von Lernumgebungen für Weiterbildung. Wiesbaden, S. 219–230.

Evaluation/ Abstimmung

Taiga Brahm

Digitale Quizze als Möglichkeit des spielbasierten Lernens

1 Einführung in das unterrichtsmethodische Element eines (digitalen) Quiz

Spielbasiertes Lernen – nicht nur mit digitalen Medien – ist eine beliebte Methode, um Unterrichtsstunden abzuschließen oder Lernende während des Unterrichts wieder (kognitiv) zu aktivieren. Spiele sind seit jeher ein Bestandteil der menschlichen Erfahrung und Entwicklung in allen Kulturen. Sie stellen eine der ältesten Formen der gestalteten menschlichen Interaktion dar, die das Lernen fördert (Ifenthaler/Eseryel/Ge 2012; Plass et al. 2020). Für digitale Spiele konnten verschiedene Studien bereits zeigen, dass diese die Aufmerksamkeit von Lernenden wecken und sie zum Lernen motivieren können (Fokides 2020; Kaimara/Deliyannis 2019; Plass et al. 2020).

Auch in der ökonomischen und politischen Bildung werden digitale Spiele immer bedeutsamer. Dazu gehören Planspiele (siehe Eberle/Seeber, in diesem Band), Serious Games (siehe Platz/Bonnes, in diesem Band), Escape Games (siehe Remmele/Peichl, in diesem Band) und auch digitale Quizze, die im Mittelpunkt des vorliegenden Beitrags stehen.

2 Didaktische Verortung eines digitalen Quiz und Kompetenzentwicklung

Digitale Quizze gehören – wie oben skizziert – zu den spielbasierten Ansätzen der Unterrichtsgestaltung. Daher lohnt sich ein Blick in die umfangreiche Forschung zur Wirkung von computer- oder internetbasierten Spielen. Dabei werden verschiedene Forschungsstränge unterschieden:

- Studien zu handelsüblichen digitalen Spielen, deren primärer Zweck in der Unterhaltung liegt, beschäftigen sich mit deren Wirkung auf die kognitiven und weiteren Fähigkeiten der Nutzer*innen (z. B. Hébert/Jenson/Terzopoulos 2021; Kaimara et al. 2019; Mayer 2019). Es gibt Hinweise darauf, dass die Problemlösefähigkeit, die Aufmerksamkeit und das Gedächtnis durch solche digitalen Spiele gefördert werden. Im Vergleich dazu kann aber die

Wirksamkeit von sogenannten Gehirntrainingsspielen nicht nachgewiesen werden (wobei diese immer nur ein Spiel in einer Reihe von Minispielen darstellen, sodass es auch daran liegen könnte, dass die Wirkung ausbleibt) (Makransky/Borre-Gude/Mayer 2019).

- Ein weiterer Forschungsstrang untersucht die notwendigen Elemente von digitalen Spielen, damit diese lernwirksam werden. Dabei wird immer wieder auf die Motivation der Nutzer*innen verwiesen, die aufgrund der Spannung in den Spielen gesteigert wird (Huizenga et al. 2017).

Dieses Element der Spannung wird auch beim Online-Quiz über den in der Regel vorherrschenden Wettbewerbscharakter abgebildet. Dadurch, dass im Quiz Punkte gesammelt werden, gibt es am Ende eine/n oder mehrere Sieger*innen. In Online-Quizzen, z.B. Kahoot!, wird der Wettbewerbscharakter durch Zwischenstände sowie durch eine Sieger*innenehrung abgebildet, welche die Motivation der Beteiligten hochhalten und für Spannung sorgen.

Im Rahmen des Unterrichts nehmen Online-Quizze die Stellung eines sogenannten unterrichtsmethodischen Elements ein. Es handelt sich also um keine eigenständige methodische Großform wie das Plan- oder Rollenspiel. Entsprechend sind Online-Quizze in ihrer Komplexität und Umsetzung wesentlich weniger voraussetzungsreich als größere spielbasierte Methoden, was auch den häufigen Einsatz von Online-Quizzen erklären könnte (McVey 2016).

Digitale Quizze können eher als *drill and practice* angesehen und damit der behavioristischen Lerntheorie zugeordnet werden. Für die Kompetenzentwicklung der Schüler*innen bedeutet dies, dass mithilfe von digitalen Quizzen eher weniger anspruchsvolle Lernziele adressiert werden (wobei es auch sehr aufwendig konzipierte Aufgaben z.B. mit kleinen Fallbeispielen geben kann, die dann die Anwendung des Gelernten prüfen). Mit dem gewohnten Einsatz von Online-Quizzen können kaum digitale Kompetenzen entwickelt werden. Eine Variante, wie beispielsweise der Umgang mit Informationen und Daten, das Kooperieren mit digitalen Technologien und gegebenenfalls auch das Erzeugen digitaler Inhalte gefördert werden kann (Vuorikari/Kluzer/Punie 2022), besteht darin, dass Schüler*innen angeleitet werden, selbst digitale Quizze zu erstellen, um diese z.B. anderen Lernenden zur Vorbereitung auf eine Klassenarbeit zur Verfügung zu stellen, oder dass Schüler*innen bestehende digitale Quizze beurteilen.

Im Folgenden wird aber der „traditionelle“ Einsatz von digitalen Quizzen als methodisches Unterrichtselement dargestellt.

3 Ablauf eines Online-Quiz und Einsatzszenarien

Das vorbereitete Quiz wird im Unterricht durch die Lehrperson über eine entsprechende Website vorher erstellt und im Unterricht aufgerufen. Beispielhaft wird der Ablauf für die häufig verwendete Website Kahoot! erläutert. Die Vorbereitung des Quiz erfolgt in diesem Fall über kahoot.com (für eine detaillierte Beschreibung der Quizerstellung siehe webhelm 2021). Nach dem Starten durch die Lehrperson erscheint ein Code, den die Teilnehmenden auf kahoot.it eingeben und sich damit für das Quiz anmelden. Sie können ihren Namen eingeben, der dann auch für die Bestenliste während und am Ende des Spiels sichtbar ist. Sobald die Lehrperson das Quiz startet, können sich keine weiteren Schüler*innen mehr einloggen. Im Quiz werden die Fragen für eine vorher (von der Lehrperson) festgelegte Dauer auf der Anzeigefläche gezeigt. Auf dem digitalen Endgerät sind die vier verschiedenen Antwortoptionen in vier Farben sichtbar (nicht aber die Frage selbst). Die Schüler*innen wählen eine Antwort aus und erhalten direktes Feedback, ob diese richtig oder falsch ist. Nach jeder Quizfrage wird der Zwischenstand an Punkten angezeigt. Am Ende werden die fünf Personen mit den meisten Punkten in einer Art Sieger*innenehrung dargestellt. Dabei erfolgt die Auswertung in Kahoot! nach Richtigkeit und Schnelligkeit der Antwort.

Unter https://www.youtube.com/watch?v=AB8AfCD2NfA wird die Funktionsweise von Kahoot! in 90 Sekunden dargestellt und illustriert.

Quizze können in verschiedenen Varianten im Unterricht zum Einsatz kommen. Zu Beginn des Unterrichts kann mithilfe eines Quiz spielerisch das Vorwissen der Schüler*innen erhoben werden. Auch ist es möglich, die Meinung von Schülerinnen und Schülern zu einem bestimmten Thema mithilfe von Quizsoftware abzufragen. Diese erste Variante wird z.T. auch als „Blind Kahooting" bezeichnet mit dem (pädagogisch fragwürdigen) Ziel, eine Vielzahl falscher Antworten herzvorzurufen, um eine Diskussion innerhalb der Klasse auszulösen (Blank/Ammenwerth 2017; zit. n. Wampfler 2020).

Noch häufiger ist das Quiz am Ende einer Unterrichtseinheit anzutreffen, um den behandelten Lerninhalt nochmals spielerisch abzufragen. Dabei kann dem Quiz eine Übungs- oder Festigungsfunktion zukommen, die sich im Vergleich zu anderen Übungsvarianten durch eine vergleichsweise hohe Motivation der Schüler*innen aufgrund des spielerischen Charakters auszeichnet. Ein weiteres Szenario ist der Einsatz in Kombination mit einem Erklärvideo (siehe auch Ring in diesem Band). In dem Beispieltool Kahoot! kann ein Video eingebunden werden, was dann zu Beginn des Quiz gemeinsam geschaut wird.

In allen Einsatzszenarien zeigt sich neben der motivierenden Funktion des Quiz auch eine diagnostische Funktion, da der aktuelle Lernstand der Schüler*innen erhoben wird. Inwieweit die Diagnostik mithilfe eines Online-Quiz reliabel und valide ist, hängt sehr stark von der Ausgestaltung des Quiz ab (siehe auch Abschnitt 5 Potenziale und Herausforderungen von Quizzen).

4 Technische Voraussetzungen

Zur Vorbereitung benötigt die Lehrperson einen (kostenfreien) Account bei einem Quizanbieter. Dieser kann z.B. unter https://create.kahoot.it/auth/register erstellt werden. Dort kann man sich als Lehrkraft anmelden.

Für den Einsatz im Unterricht ist es notwendig, dass der Unterrichtsraum mit einem Beamer oder Smartboard ausgestattet ist, damit der QR-Code des Quiz angezeigt werden kann. Zusätzlich sollten die Schüler*innen entweder individuell oder mindestens zu zweit über ein digitales Endgerät mit Internetzugang verfügen. Es bietet sich an, ein Quiz über ein Smartphone und Tablet durchzuführen, aber auch die Nutzung von Notebooks oder PCs ist möglich.

Kahoot! ist von allen Geräten und allen Betriebssystemen zugänglich, solange eine Internetverbindung besteht. Das Installieren einer App ist im Falle von Kahoot! nicht notwendig.

Beim Aufruf der Website werden – wie üblich – personenbezogene Daten wie die IP-Adresse übermittelt. Einen Account benötigt nur die Lehrperson, damit sie das Quiz anlegen und starten kann; die Schüler*innen benötigen keinen Account, was den Einsatz im Unterricht vereinfacht und datenschutzrechtliche Bedenken ausräumt.

Denkbar ist auch, die Quizze selbst zu programmieren, z.B. mithilfe von PowerPoint oder H5P. H5P steht für „HTML5 Package“ und ermöglicht, interaktive Lerninhalte für das Web zu erstellen. Anleitungen zur Erstellung eines H5P-Quiz finden sich unter https://schule-digital-begreifen.de/ein-h5p-quiz-erstellen/ oder https://www.schule-bw.de/themen-und-impulse/medienbildung/interaktiv/anleitung-h5p. Im Unterschied zu den vorgefertigten Quizzen gibt es bei H5P die Möglichkeit, verschiedene Antwortformate zu wählen (z.B. Lückentexte, Drag-and-drop-Zuordnungsaufgaben). Außerdem können H5P-Elemente in Lernplattformen direkt integriert werden, z.B. in Moodle.

Neben dem Einsatz von selbst erstellten Quizzen ist auch der Einsatz von bereits bestehenden Quizzen möglich. Beispiele finden sich am Ende des Kapitels.

+− 5 Potenziale und Herausforderungen von Quizzen

Der spielerische Einsatz eines digitalen Quiz im Unterricht bringt verschiedene Vor- und Nachteile mit sich. Zu den Vorteilen zählt die hohe Akzeptanz der Quizmethode bei Schülerinnen und Schülern, die dazu führt, dass die Lernenden in der Regel gerne bei Quizzen mitmachen. Damit verbunden ist der Vorteil einer hohen Motivation der Schüler*innen, allerdings ist diese teilweise auch extrinsisch bedingt, sodass die Frage offenbleibt, wie nachhaltig ein Lern- oder Übungseffekt nach einer Übungssequenz mit einem Online-Quiz ist. Im Kontext der Hochschullehre konnte in einer Studie mit Studierenden im Fach Rechnungswesen gezeigt werden, dass ein regelmäßiges Quiz zu Beginn des Unterrichts die Vorbereitung und Teilnahme der Lernenden erhöhte und auch zu geringeren Durchfallquoten führte (Wilken Braun/Sellers 2012).

Wie oben ausgeführt, erfüllt das Quiz aus Sicht von Lehrpersonen auch einen diagnostischen Aspekt. Daher ist es als Stärke der Methode anzusehen, dass die Lehrkraft auf einfache und für die Schüler*innen motivierende Weise die Lernstandserhebung durchführen kann und daraufhin den eigenen Unterricht dementsprechend anpassen kann (indem z.B. identifizierte Fehlkonzepte nochmals erläutert werden oder eine weitere Übungsphase im Unterricht eingebaut wird). Auch Schüler*innen empfinden das direkte Feedback auf den eigenen Wissenserwerb oftmals als hilfreich.

Eine weitere Stärke besteht im flexiblen Einsatz des Online-Quiz in mehreren Phasen des Lernprozesses. Als nachteilig kann dagegen angesehen werden, dass es sich bei dem in einem Quiz abgefragten Wissen um die Reproduktion bereits erworbenen Wissens handelt (Reich 2003). Es ist auch möglich, dass die Stufe der Anwendung erreicht wird, indem beispielsweise das erworbene Wissen auf kleine Fälle angewendet wird (siehe Unterrichtsbeispiel in Abschnitt 6).

Ein Vorteil aus Sicht der Lehrperson ist die mithilfe von Websites/Apps einfache Erstellung und Wiederverwertbarkeit der erstellten Online-Quizze. Allerdings sind Online-Quizze wie Kahoot! auf Multiple Choice, Single Choice oder Wahr-/Falsch-Aufgaben beschränkt. Im Falle der Erstellung von H5P-Quizzen ist der Anfangsaufwand der Einarbeitung höher einzuschätzen. Gleichzeitig bietet H5P vielfältigere Aufgabenformate im Vergleich zu Kahoot!

Ein weiterer Aspekt mit Stärken und Schwächen ist die Gruppendynamik im Zusammenhang mit dem Online-Quiz. Auf der einen Seite ist es sinnvoll, das Quiz in der Gesamtgruppe oder in Kleingruppen durchzuführen, um damit den Wettbewerbscharakter zu erzeugen. Gleichzeitig kann das aber auch zu negativen Emotionen aufseiten der Schüler*innen führen, die regelmäßig bei solchen Quizzen schlecht abschneiden. Bei solchen Effekten ist es sinnvoll, diese in der Gruppe anzusprechen und gezielt heterogene Lerngruppen zusammenzustellen, um dieser Problematik entgegenzuwirken. Eine letzte Herausforderung beim Einsatz von Online-Quizzen besteht in der notwendigen Verfügbarkeit der digitalen Infrastruktur.

6 Praxisbeispiel Unterrichtseinheit zum Kaufvertrag mit Quizabschluss in Klasse 8

Im Folgenden wird das Online-Quiz als Abschluss einer typischen Unterrichtseinheit für den Wirtschaftsunterricht genutzt.

6.1 Lernziele der Unterrichtseinheit

Die Schüler*innen können ...

- „die Bedingungen (unter anderem Geschäftsfähigkeit, Willenserklärung) für das Zustandekommen eines Kaufvertrags mithilfe von gesetzlichen Regelungen erklären" (KM BW 2016, 16);
- Fallbeispiele analysieren und entscheiden, ob ein Kaufvertrag zustande gekommen ist;
- Informationen aus Gesetzestexten, hier dem BGB, entnehmen und sich die Informationen aus den Texten gegenseitig erläutern;
- die Informationen aus den Texten in (digitale) Schaubilder übertragen.

6.2 Unterrichtsverlauf

Die Unterrichtseinheit kann in zwei Unterrichtsstunden durchgeführt werden. Dabei stellt das Quiz die Ergebnissicherung am Ende der Unterrichtsstunde dar, was als typisches Einsatzszenario des digitalen Quiz zu sehen ist.

Sequenz und Minuten	Hinweise	Materialien/Medien
Einstieg: a. Dialog b. Schüler*innen fassen den Inhalt des Dialogs zusammen c. Lehrperson skizziert Situation am Smartboard 5 Minuten	Leitfrage: Kommt hier ein Kaufvertrag zustande? Zur Leitfrage kann nach Vortrag des Dialogs entweder im Klassenzimmer oder über ein Abstimmungstool (z. B. Mentimeter) ein Stimmungsbild eingeholt werden.	M1: Einstiegsdialog Smartboard oder Tablet mit Beamer Vorbereitete Abbildung wie auf Arbeitsblatt B
Erarbeiten der Wissensstruktur: a. Arbeitsteilige Einzelarbeit in Gruppen A und B 10 Minuten b. Partner*innenarbeit innerhalb der Gruppen A 5 Minuten c. Partner*innenarbeit mit je einem Experten/einer Expertin aus Gruppe A und Gruppe B 10 Minuten	Leitfragen: Wie kommen Kaufverträge zustande? Welche Stufen der Geschäftsfähigkeit werden unterschieden? Zur Selbstkontrolle liegt im Klassenraum eine Lösung bereit, mit der die Schüler*innen nach Phase (b) ihre Aufgaben kontrollieren.	M2 Informationstext: Kaufvertrag (Gruppe A) M3 Informationstext: Geschäftsfähigkeit (Gruppe B) Arbeitsblätter A und B *(idealerweise sollen die Arbeitsblätter in digitaler Form zur Verfügung gestellt werden)*
Ergebnissicherung durch Lösung des Fallbeispiels im Einstiegsdialog: a. Zustandekommen des Kaufvertrags b. Prüfen der Geschäftsfähigkeit 5 Minuten	Leitfragen: Kommt im Fallbeispiel ein Kaufvertrag zustande? Inwieweit ist Markus geschäftsfähig? Optional: Abstimmung vom Anfang der Unterrichtsstunde wiederholen	
Übung: Fallbeispiele a. Online-Quiz b. Auflösen und Klären von Fragen 10 Minuten	Weitere Fallbeispiele werden spielerisch über ein Online-Quiz eingeübt. Hinweise: Am Ende der Unterrichtsstunde oder zu Beginn der nächsten Unterrichtsstunde können mögliche Fehlkonzepte noch adressiert und Fragen der Schüler*innen zu den Fallbeispielen geklärt werden.	Vorbereitetes Quiz

Materialien

M1 Einstiegsdialog

Es ist Dienstagnachmittag und wir befinden uns im Elektrofachgeschäft „Smartphone for you". Eine Verkäuferin, Frau Meyer, wartet im Verkaufsraum auf Kundschaft. Der 14-jährige Markus betritt das Geschäft.

Markus: Guten Tag.
Frau Meyer: Guten Tag, was kann ich für dich tun?
Markus: Ich habe in Ihrem Werbeprospekt dieses tolle Smartphone gesehen. Eine SIM-Karte habe ich schon, das Smartphone würde ich mir gerne kaufen.
Frau Meyer: Da hast du aber Glück! Die Smartphones sind weggegangen wie heiße Semmeln, aber eines habe ich noch da!
Markus: Das ist super! Ich habe mein ganzes Taschengeld von diesem Jahr gespart, um mir endlich dieses tolle Smartphone zu kaufen.
Frau Meyer: Hier bitte, da steht das gute Stück! (Sie zeigt Markus das Smartphone.)
Markus nimmt die Verpackung und geht damit zur Kasse.
Frau Meyer: Das macht dann 95 Euro, bitte.
Markus: Hier bitte! (reicht Frau Meyer die 95 Euro)
Frau Meyer: Vielen Dank!
Sie nimmt das Geld und gibt Markus den Kassenzettel. Markus nimmt den Kassenzettel und die Verpackung.
Frau Meyer: Ich wünsche dir noch einen schönen Tag und viel Freude mit dem Smartphone!
Markus: Danke, gleichfalls! Tschüss.

M2 Informationstext: Kaufvertrag (Gruppe A)

Arbeitsauftrag

1. Lies den Informationstext und den Ausschnitt aus dem Bürgerlichen Gesetzbuch sorgfältig durch und markiere wichtige Informationen.
2. Bearbeite die Aufgabe auf dem Arbeitsblatt „Zustandekommen eines Kaufvertrags" mit deinem Sitznachbarn oder deiner Sitznachbarin.
3. Überprüft am Lösungstisch, ob eure Antworten richtig sind.
4. Jetzt bist du Experte bzw. Expertin für den Kaufvertrag. Erkläre einem/einer Mitschüler*in mit Text (B), wie ein Kaufvertrag zustande kommt.
5. Ergänze mit den Informationen deines/deiner Mitschülers/Mitschülerin die Aufgaben auf dem Arbeitsblatt zur Geschäftsfähigkeit (B). Wichtig! Schreibe nicht einfach ab!

Phase 1 des Kaufvertrags: Zwei übereinstimmende Willenserklärungen (= Abschluss des Kaufvertrags). Damit ein Kaufvertrag zustande kommt, müssen die/der Käufer*in und die/der Verkäufer*in eine eindeutige Willenserklärung abgeben.

Möglichkeit 1: Der/Die Verkäufer*in unterbreitet der/dem Käufer*in ein Angebot (Antrag) und die/der Käufer*in nimmt es an (Annahme).

Möglichkeit 2: Der/Die Käufer*in bestellt ohne ein vorhergehendes Angebot (Antrag). Der/Die Verkäufer*in nimmt die Bestellung an und liefert die Ware (Annahme).

Sieh dir bereits jetzt das Arbeitsblatt an.

Phase 2 des Kaufvertrags: Erfüllung des Kaufvertrags, d.h., die Willenserklärungen müssen eingehalten werden.

Bürgerliches Gesetzuch (BGB)
§ 433 Vertragstypische Pflichten beim Kaufvertrag

(1) Durch den Kaufvertrag wird der Verkäufer einer Sache verpflichtet, dem Käufer die Sache zu übergeben und das Eigentum an der Sache zu verschaffen. Der Verkäufer hat dem Käufer die Sache frei von Sach- und Rechtsmängeln zu verschaffen.
(2) Der Käufer ist verpflichtet, dem Verkäufer den vereinbarten Kaufpreis zu zahlen und die gekaufte Sache anzunehmen.

Quelle: https://www.gesetze-im-internet.de/bgb/__433.html
Das Bürgerliche Gesetzbuch (BGB) regelt die wichtigsten Rechtsbeziehungen zwischen Privatpersonen, z. B. das Familien-, Erb- und Vertragsrecht.

Merkmale eines Kaufvertrags:

- **Vertragsfreiheit:** Es muss eine freie Entscheidung sein, ob eine Ware gekauft wird oder nicht.
- **Grundsatz der Formfreiheit:** Grundsätzlich bedürfen Rechtsgeschäfte nicht einer bestimmten Form; insbesondere erfordern auch Verträge nicht einer speziellen Form. Der Grundsatz der Formfreiheit von Rechtsgeschäften besagt, dass ein Rechtsgeschäft nur dann einer besonderen Form bedarf, wenn das Gesetz eine solche Form für ein Rechtsgeschäft ausdrücklich vorschreibt. Der Vertrag kann mündlich, schriftlich oder formlos (z. B. durch eindeutiges Handeln) erfolgen.

Quelle: https://www.wipr-recht.de

M2 Informationstext: Die Geschäftsfähigkeit (Gruppe B)

Arbeitsauftrag

1. Lies die Ausschnitte aus dem BGB sorgfältig und markiere wichtige Informationen.
2. Bearbeite die Aufgaben auf dem Arbeitsblatt „Geschäftsfähigkeit (B)" mit deiner Sitznachbarin/deinem Sitznachbarn.
3. Überprüft am Lösungstisch, ob eure Antworten richtig sind.
4. Jetzt bist du der Experte bzw. die Expertin für die Geschäftsfähigkeit. Erkläre einem/einer Mitschüler*in mit Text (A), welche Stufen der Geschäftsfähigkeit zu unterscheiden sind.
5. Ergänze mit den Informationen deines Mitschülers bzw. deiner Mitschülerin die Aufgaben auf dem Arbeitsblatt „Kaufvertrag (A)". Wichtig! Schreibe nicht einfach ab!

Mit **Geschäftsfähigkeit** ist gemeint, dass eine Person rechtsgültig Geschäfte (z. B. Kauf einer Brezel) abschließen kann. Im BGB werden drei Stufen der Geschäftsfähigkeit unterschieden.
Das Bürgerliche Gesetzbuch (BGB) regelt die wichtigsten Rechtsbeziehungen zwischen Privatpersonen, z. B. das Familien-, Erb- und Vertragsrecht.

1. Stufe: Geschäftsunfähigkeit

Kaufverträge, die ein/ Geschäftsunfähige*r abschließt, sind ungültig.

Bürgerliches Gesetzuch (BGB)
§ 104 Geschäftsunfähigkeit

Geschäftsunfähig ist,

1. wer nicht das siebente Lebensjahr vollendet hat,
2. wer sich in einem die freie Willensbestimmung ausschließenden Zustand krankhafter Störung der Geistestätigkeit befindet, sofern nicht der Zustand seiner Natur nach vorübergehend ist.

Quelle: https://www.gesetze-im-internet.de/bgb/__104.html

2. Stufe: Beschränkte Geschäftsfähigkeit
Kaufverträge, die eine beschränkt geschäftsfähige Person abschließt, sind nur mit der Zustimmung der gesetzlichen Vertreter*innen (Eltern) gültig. Eine Ausnahme ist der sogenannte Taschengeldparagraf (BGB §110).

§ 106 Beschränkte Geschäftsfähigkeit Minderjähriger

Ein Minderjähriger, der das siebente Lebensjahr vollendet hat, ist nach Maßgabe der §§ 107 bis 113 in der Geschäftsfähigkeit beschränkt.

§ 107 Einwilligung des gesetzlichen Vertreters

Der Minderjährige bedarf zu einer Willenserklärung, durch die er nicht lediglich einen rechtlichen Vorteil erlangt, der Einwilligung seines gesetzlichen Vertreters.

§ 110 Bewirken der Leistung mit eigenen Mitteln

Ein von dem Minderjährigen ohne Zustimmung des gesetzlichen Vertreters geschlossener Vertrag gilt als von Anfang an wirksam, wenn der Minderjährige die vertragsmäßige Leistung mit Mitteln erwirbt, die ihm zu diesem Zweck oder zu freier Verfügung von dem Vertreter oder mit dessen Zustimmung von einem Dritten überlassen worden ist.

Quellen: https://www.gesetze-im-internet.de/bgb/__106.html; https://www.gesetze-im-internet.de/bgb/__107.html; https://www.gesetze-im-internet.de/bgb/__110.html

3. Stufe: Volle Geschäftsfähigkeit
Kaufverträge, die ein/e voll Geschäftsfähige*r abschließt, sind gültig.

§ 2 Eintritt der Volljährigkeit

Die Volljährigkeit tritt mit Vollendung des 18. Lebensjahres ein.

Quelle: https://www.gesetze-im-internet.de/bgb/__2.html

Arbeitsblatt A: Kaufvertrag

1. Skizziere, wie der Kaufvertrag aus dem Einstiegsbeispiel zustande gekommen ist.
2. Ergänze für die Fallbeispiele, wie jeweils ein Kaufvertrag zustande kommt.

Beispiel 1:

Für ihre Geburtstagsparty muss Lisa an die Verpflegung ihrer Gäste mit Essen denken. Da freut es sie besonders, dass sie vom Pizzaservice „Presto" ein Sonderangebot erhält. Lisa bestellt daraufhin 10 Partypizzen.

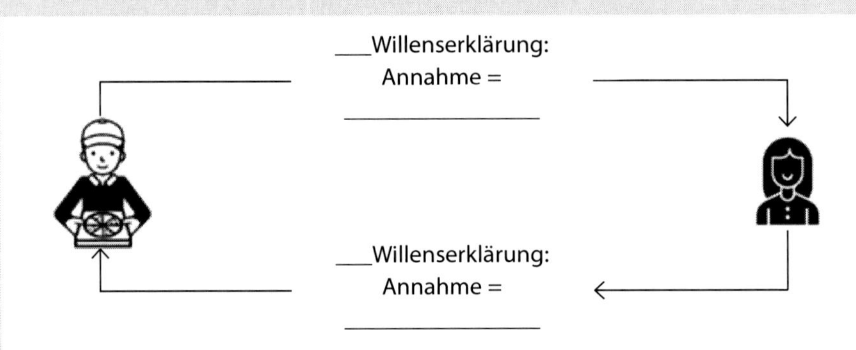

Beispiel 2:

Für ihre Geburtstagsparty benötigt Lisa auch Getränke. Beim Getränkehändler Müller bestellt sie zwei Kisten Bionade und eine Kiste Apfelschorle. Der Getränkehändler Müller schickt ihr daraufhin eine Auftragsbestätigung per E-Mail.

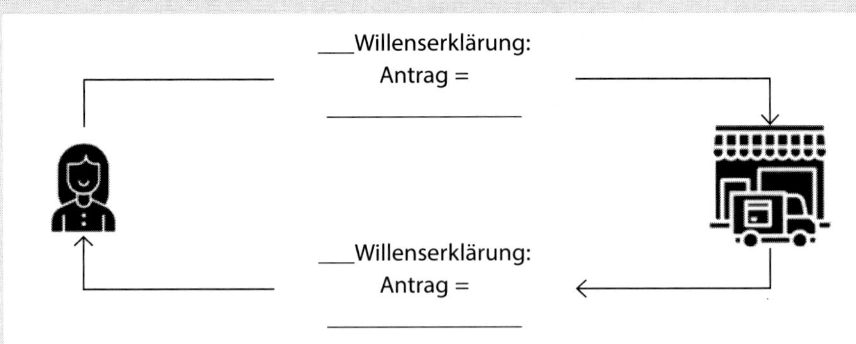

3. Ergänze die Tabelle.

Pflichten der/des Verkäufers/Verkäuferin	Pflichten der/des Käufers/Käuferin

Aufgabenblatt B: Geschäftsfähigkeit

Ergänze die Übersicht zu den Stufen der Geschäftsfähigkeit.

Stufe	Erklärung	Alter
		 ab 18 Jahre
Beschränkte Geschäftsfähigkeit		

Erkläre den Taschengeldparagrafen nach §110 BGB als Spezialfall der Geschäftsfähigkeit in eigenen Worten.

____

____

____

Erwartungshorizont zum Aufgabenblatt Geschäftsfähigkeit

Stufe	Erklärung	Alter
Volle Geschäftsfähigkeit	Kaufverträge sind gültig, da Käufer*innen voll geschäftsfähig sind.	 ab 18 Jahre
Beschränkte Geschäftsfähigkeit	Bei beschränkter Geschäftsfähigkeit bleiben Verträge schwebend unwirksam.	 7–17 Jahre
Nicht geschäftsfähig	Kaufverträge sind ungültig.	 < 7 Jahre

Ausnahme Taschengeldparagraf

Ein beschränkt Geschäftsfähiger kann ohne Zustimmung seiner Eltern einen Kaufvertrag wirksam abschließen, wenn er den Kauf von seinem Taschengeld oder anderen Geschenken (z.B. Gutscheinen oder Geldgeschenken) bezahlt.

Beispiel-Quizfragen für ein Kahoot!-Quiz

Frage	Antwort (Alternative Antworten müssen hinzugefügt werden)
Tim ist 6 Jahre alt und kauft sich auf dem Rückweg von der Schule ein Cowboykostüm. Ist der Kaufvertrag gültig?	Nein, es kommt kein Kaufvertrag zustande.
Alex (10 Jahre) kauft sich „Die SIMS 4" für 35 Euro. Ist der Kaufvertrag gültig?	Ja, sofern dies dem Umfang seines Taschengelds entspricht.
Sophie (19 Jahre) möchte sich das neue L-Phone X kaufen. Ihre Eltern sind dagegen. Ist der Kaufvertrag gültig?	Ja, Sophie ist volljährig und darf es sich kaufen.
Lisa legt im Supermarkt die Waren stumm auf das Band. Der Kassierer kassiert den Betrag. Ist ein Kaufvertrag zustande gekommen?	Ja, der Antrag erfolgt durch die Handlung von Lisa als Käuferin.
Ein Getränkehändler bietet eine Kiste Bionade für 9,99 Euro an. Frau Mayer bestellt 3 Kisten Bionade für 28 Euro per E-Mail. Kommt ein Kaufvertrag zustande?	Nein, der Kaufvertrag kommt nicht zustande.
Lotta (14) kauft sich ohne das Wissen ihrer Eltern einen Fernseher für 449 Euro. Ihr Vater bringt ihn zurück. Was sollte im Einkaufsladen passieren?	Lottas Vater muss das Geld zurückerhalten.
Oma bestellt per Telefon eine neue Waschmaschine bei Quelle. Sie bekommt eine Auftragsbestätigung.	Der Kaufvertrag kommt zustande. Die Annahme erfolgt durch den/die Verkäufer*in.

Weitere Beispiele für Online-Quizze

- Wirtschaftsquiz von Teach Economy (Registrierung bei Teach Economy notwendig) https://www.teacheconomy.de/unterrichtsmaterial/wirtschaftspolitik/wirtschafts-quiz/
- Themenfeld Globalisierung: https://www.bpb.de/nachschlagen/zahlen-und-fakten/globalisierung/52868/quiz
- Weitere Quizze der Bundeszentrale für politische Bildung https://www.bpb.de/lernen/formate/quiz/
- H5P-Quiz zu Exponentialfunktionen (relevant für Wirtschaft in der Oberstufe) https://schule-digital-begreifen.de/wiederholung-exponentialfunktionen/

Literatur

Fokides, Emmanuel (2020): Digital educational games in primary education: Revisiting the results of the research projects of the ETiE initiative. In: Daniela, Linda (Hg.): Epistemological approaches to digital learning in educational contexts. London, S. 54–68.

Hébert, Cristyne/Jenson, Jennifer/Terzopoulos, Tatyana (2021): "Access to technology is the major challenge": Teacher perspectives on barriers to DGBL in K-12 classrooms. In: E-Learning and Digital Media, 18(3), S. 307–324. https://doi.org/10.1177/2042753021995315.https://doi.org/10.1177/2042753021995315.

Huizenga, Jantina/Ten Dam, Geert T. M./Voogt, Joke/Admiraal, Wilfried (2017): Teacher perceptions of the value of game-based learning in secondary education. In: Computers & Education, 110, S. 105–115. https://doi.org/10.1016/j.compedu.2017.03.008.

Ifenthaler, Dirk/Eseryel, Deniz/Ge, Xun (2012): Assessment for game-based learning. In: Dies. (Hg.): Assessment in Game-Based Learning. Foundations, Innovations, and Perspectives. New York, S. 3–10.

Kaimara, Polyxeni/Deliyannis, Ioannis (2019): Why should I play this game? The role of motivation in smart pedagogy. In: Daniela, Linda (Hg.): Didactics of smart pedagogy. Cham, S. 113–137.

Kaimara, Polyxeni/Fokides, Emmanuel/Oikonomou, Andreas/Atsikpasi, Penelope (2019): Evaluating 2D and 3D serious games: The significance of student-player characteristics. In: Dialogoi! Theory and Praxis in Education, 5, S. 36–56. https://doi.org/10.12681/dial.20704.

KM BW – Ministerium für Kultus, Jugend und Sport Baden-Württemberg (2016): Bildungsplan des Gymnasiums. Wirtschaft/Berufs- und Studienorientierung (WBS). Stuttgart. Online: https://www.bildungsplaene-bw.de/site/bildungsplan/get/documents/lsbw/export-pdf/depot-pdf/ALLG/BP2016BW_ALLG_GYM_WBS.pdf (Zugriff: 21.2.22).

Makransky, Guido/Borre-Gude, Stefan/Mayer, Richard E. (2019): Motivational and cognitive benefits of training in immersive virtual reality based on multiple assessments. In: Journal of Computer Assisted Learning, 35(6), S. 691—707. https://doi.org/10.1111/jcal.12375.

Mayer, Richard E. (2019): Computer Games in Education. In: Annual Review of Psychology, 70, S. 531–549. https://doi.org/10.1146/annurev-psych-010418-102744.

McVey, Michael (2016): Preservice Teachers' Perception of Assessment Strategies in Online Teaching. In: Journal of Digital Learning in Teacher Education, 32(4), S. 119–127. https://doi.org/10.1080/21532974.2016.1205460.

Plass, Jan L./Homer, Bruce D./Mayer, Richard E./Kinzer, Charles K. (2020): Theoretical foundations of game-based and playful learning. In: Plass, Jan L./Mayer, Richard E./Homer, Bruce D. (Hg.): Handbook of game-based learning. Chambridge, MA, S. 3–24.

Reich, Kersten (2003): Methodenpool. Online: http://methodenpool.uni-koeln.de (Zugriff: 21.2.22).

Vuorikari, Riina/Kluzer, Stefano/Punie, Yves (2022): DigComp 2.2. The Digital Competence Framework for Citizens. With new examples of knowledge, skills and attitudes. Luxemburg. Online: https://data.europa.eu/doi/10.2760/490274 (Zugriff: 1.6.22).

Wampfler, Philippe (2020): Kahoot im Deutschunterricht – Einsatzszenarien und eine didaktische Analyse. In: MiDU – Medien im Deutschunterricht, Beitrag vom 23.6., S. 1–19. Online: https://journals.ub.uni-koeln.de/index.php/midu/article/view/286/277 (Zugriff: 10.11.22).

webhelm (2021): Toolbeschreibung Kahoot-Quiz. Online: https://webhelm.de/wp-content/uploads/2021/09/Toolbeschreibung-Kahoot.pdf (Zugriff: 23.3.22).

Wilken Braun, Karen/Sellers, R. Drew (2012): Using a "Daily Motivational Quiz" to Increase Student Preparation, Attendance, and Participation. In: Issues in Accounting Education, 27(1), S. 267–279.

Danksagung

Dieses Handbuch ist aus einer gemeinsamen Idee von Taiga Brahm und Claudia Wiepcke entstanden. Es konnte nur gelingen, indem eine Vielzahl von Autorinnen und Autoren ihre Artikel beigetragen haben. Wir freuen uns über den Zuspruch zu unserer Idee und danken den Autorinnen und Autoren für die gelungenen Beiträge. Bei der formalen Redaktion der Beiträge haben uns Lara Weber und Petra Stahl als Wissenschaftliche Hilfskräfte, Sari Rübe, Teamassistentin am Lehrstuhl für Ökonomische Bildung und Wirtschaftsdidaktik der Uni Tübingen, sowie Luisa Scherzinger unterstützt. Ihnen allen danken wir herzlich für ihren präzisen und engagierten Einsatz. Außerdem danken wir den Kolleginnen des Wochenschau Verlags dafür, dass sie die Umsetzung des Handbuchs von Anfang an begleitet haben.

Tübingen und Karlsruhe im Juli 2022
Taiga Brahm und Claudia Wiepcke

Autor*innenverzeichnis

Markus Allbauer-Jürgensen: Wissenschaftlicher Mitarbeiter am Institut für Ökonomische Bildung der Carl von Ossietzky Universität Oldenburg. Laborleiter des Oldenburger Experimentallabors Ökonomische Bildung (OX-Lab). Forschungsschwerpunkte: Unterrichtsexperimente, Bildung für nachhaltige Entwicklung, verhaltensökonomische Zugänge zu Ökonomischer Bildung. Kontakt: allbauer@ioeb.de

Stefanie Amtmann: Juristische Mitarbeiterin bei ARFMANN Rechtsanwälte in Karlsruhe. Studium der Rechtswissenschaften an der Eberhard Karls Universität Tübingen. Tätigkeitsschwerpunkt: Gewerblicher Rechtsschutz. Kontakt: amtmann@arfmann-recht.de

Nico Arfmann: Rechtsanwalt bei ARFMANN Rechtsanwälte in Karlsruhe. Fachanwalt für Informationstechnologierecht. Tätigkeitsschwerpunkte: Gewerblicher Rechtsschutz, IT-Recht, Gesellschaftsrecht. Kontakt: arfmann@arfmann-recht.de

Martina Baucom, M.Ed.: Wissenschaftliche Mitarbeiterin an der Universität Hildesheim in der Abteilung Wirtschaftswissenschaft und ihre Didaktik. Forschungsschwerpunkte: Kompetenzentwicklung im Lehramtsstudium, Digital Literacy, Gender & Berufswahl. Kontakt: martina.baucom@uni-hildesheim.de

Anja Bonfig, Dr. phil.: Juniorprofessorin für Verbraucherbildung in der digitalen Welt an der Pädagogischen Hochschule Schwäbisch Gmünd. Forschungsschwerpunkte: Sozioökonomische Bildung und Inklusion, Schüler*innenvorstellungen, (sozio)ökonomische Verbraucher*innenbildung, (sozio-)ökonomische Bildung in der digitalen Welt. Kontakt: anja.bonfig@ph-gmuend.de

Caroline Bonnes, Dr. phil.: Wissenschaftliche Mitarbeiterin am Lehrstuhl für Betriebspädagogik an der Universität Konstanz. Forschungsschwerpunkte: Empirische Weiterbildungsforschung, professionelle Handlungskompetenz von Lehrenden in der Aus- und Weiterbildung, Lehr-Lern-Prozesse in der Weiterbildung, medienpädagogische Kompetenz. Kontakt: caroline.bonnes@uni-konstanz.de

Taiga Brahm, Dr. oek.: Professorin für Ökonomische Bildung und Wirtschaftsdidaktik an der Eberhard Karls Universität Tübingen. Forschungsschwerpunkte: fachliche und überfachliche Kompetenzentwicklung von Lernenden, Übergänge im Bildungssystem, digitales Lehren und Lernen, (Social) Entrepreneurship Education. Kontakt: taiga.brahm@uni-tuebingen.de

Yvonne Burghardt: Studiendirektorin, Lehrerin für Gemeinschaftskunde und WBS/Wirtschaft am Friedrich-Schiller-Gymnasium Marbach am Neckar; Fachberaterin Gemeinschaftskunde und Wirtschaft am Zentrum für Schulqualität und Lehrerbildung

ZSL – Regionalstelle Schwäbisch Gmünd; Lehrbeauftragte für Gemeinschaftskunde und WBS/Wirtschaft am Seminar für Ausbildung und Fortbildung der Lehrkräfte Heilbronn (Gymnasium). Kontakt: burghardt.yvonne@semgym.hn.schule-bw.de

Jacqueline Dreisbach, M.Ed.: Wissenschaftliche Mitarbeiterin im Bereich der Digitalen Wirtschaftsbildung in Siegen am Lehrstuhl für Marketing und Handel an der Universität Siegen. Forschungsschwerpunkte: Entwicklung und Erforschung von interaktiven Schulbüchern. Kontakt: dreisbach@digitale-wirtschaftsbildung.de

Ira Diethelm, Dr. rer. nat.: Professorin für Didaktik der Informatik an der Carl von Ossietzky Universität Oldenburg. Mitglied des Digitalrats Niedersachsen und des Präsidiums der Gesellschaft für Informatik e. V. Forschungsschwerpunkte: Gelingensbedingungen informatischer Bildung für alle Kinder und Jugendlichen, Modelle digitaler Bildung, Unterrichtsmaterialien zur Informatik für fachfremde Lehrkräfte, informatische Bildung für alle Lehrkräfte. Kontakt: ira.diethelm@uol.de

Mira Eberle, M.A.: Wissenschaftliche Mitarbeiterin in der Abteilung Wirtschaftswissenschaft am Institut für Sozialwissenschaft der Universität Koblenz-Landau. Forschungsschwerpunkte: Ökonomische Bildung, empirische Bildungsforschung. Kontakt: meberle@uni-landau.de

Martin Ebner, Dr., Priv.-Doz.: Leiter der Abteilung Lehr- und Lerntechnologien an der Technischen Universität Graz. Forschungs- und Lehrtätigkeit: Bildungsinformatiker am Institut für Interactive Systems and Data Science rund um technologiegestütztes Lernen. Forschungsschwerpunkte: e-Learning, m-learning, Social Media, Learning Analytics, Open Educational Resources und informatische Grundbildung. Kontakt: martin.ebner@tugraz.at

Jürgen Frentz, Mag., M.A., B.A., B.A.: Akademischer Mitarbeiter und Promovend am Institut für Ökonomie und ihre Didaktik an der Pädagogischen Hochschule Karlsruhe. Ausgebildeter Gymnasiallehrer der Fächer Wirtschaft, Geografie und Französisch. Forschungsschwerpunkt: Sustainable Entrepreneurship Education in Schulen. Kontakt: juergen.frentz@ph-karlsruhe.de

Manuel Froitzheim, Dr. rer. pol., Dipl.-Gyml.: Wissenschaftlicher Mitarbeiter im Bereich Digitale Wirtschaftsbildung an der Universität Siegen (DiWiS). Forschungsschwerpunkte: interaktives Schulbuch, domänenspezifische Methoden, digitale Lernumgebungen und Finanzkompetenz. Kontakt: froitzheim@digitale-wirtschaftsbildung.de

Sabine Gans: Lehrkraft für besondere Aufgaben am Arbeitsbereich Didaktik der Gesellschaftswissenschaften der Universität Trier. Beraterin für Ökonomische Bildung am Pädagogischen Landesinstitut RLP. Lehrkraft an einer Realschule. Forschungsschwerpunkte: Lehrer*innenvorstellungen im Kontext von Schulfirmenarbeit, inklusive Berufliche Orientierung, sozioökonomische Bildung mit Jugendliteratur. Kontakt: gans@uni-trier.de

Jan-Martin Geiger: Wissenschaftlicher Mitarbeiter am Lehrstuhl Entrepreneurship und Ökonomische Bildung an der Technischen Universität Dortmund. Schwerpunkte in Forschung und Lehre: Schnittstellen zwischen Entrepreneurship, Wirtschaftsdidaktik und Digitalisierung. Kontakt: jan-martin.geiger@tu-dortmund.de

Jörg Hochmuth, M.A.: Wissenschaftlicher Mitarbeiter der Professur für ökonomisch-technische Bildung und ihre Didaktik der Universität Potsdam. Forschungsschwerpunkte: Lehren und Lernen mit digitalen Medien in der Ökonomischen Bildung, Einstellungen von Wirtschaftslehrpersonen zu Fortbildungen der Ökonomischen Bildung. Kontakt: joerg.hochmuth@uni-potsdam.de

Karina Junker: Extracurriculare Gründungsqualifizierung an der Universität Hildesheim. Forschungsschwerpunkte: Arbeit 4.0/Digitalisierung in der Arbeitswelt, Gestaltung von Weiterbildungsformaten, Kompetenzentwicklung am Arbeitsplatz, Übergang Schule – Hochschule unter dem Aspekt der sozialen Herkunft. Kontakt: junkerk@uni-hildesheim.de

Ulf Kerber, Dr. phil.: Akademischer Mitarbeiter am Institut für Transdisziplinäre Sozialwissenschaft mit dem Schwerpunkt Medienbildung, Mediendidaktik und Instructional Design. Forschungsschwerpunkte: Methodenarrangements virtueller Lernumgebungen, Digital Formative Assessment, sozioinformatisches Denken. Kontakt: ulf.kerber@ph-karlsruhe.de

Vera Kirchner, Dr. rer. pol.: Professorin für ökonomisch-technische Bildung und ihre Didaktik an der Universität Potsdam. Forschungsschwerpunkte: Entrepreneurship Education, finanzielle Allgemeinbildung, Berufliche Orientierung vor den Herausforderungen einer neuen Arbeitswelt, Digitalisierung und digitales Lehren und Lernen im WAT-Unterricht, Lehrer*innenprofessionalität und -kompetenzen in der Ökonomischen Bildung. Kontakt: vera.kirchner@uni-potsdam.de

Michael Koch, Dr. rer. pol.: Stellvertretender Wissenschaftlicher Leiter und Geschäftsführer des Instituts für Ökonomische Bildung, An-Institut der Carl von Ossietzky Universität Oldenburg. Zentrale Forschungsschwerpunkte: E-Learning & Digitalisierung im Wirtschaftsunterricht, Fort- und Weiterbildung von Lehrkräften, Wirtschaftsethik, Praxiskontakte Wirtschaft. Kontakt: koch@ioeb.de

Jana Krüger, Dr. phil.: Professorin für Ökonomie und ihre Didaktik an der Pädagogischen Hochschule Schwäbisch Gmünd. Forschungsschwerpunkte: Ökonomische Bildung und empirische Lehr-/Lernforschung, Didaktik ökonomischen Unterrichts, Entrepreneurship Education, Lehrerinnen- und Lehrerbildungsforschung. Kontakt: jana.krueger@ph-gmuend.de

Andreas Liening, Dr.: Professor für Entrepreneurship und Ökonomische Bildung an der Technischen Universität Dortmund. Schwerpunkte in Forschung und Lehre: Entrepreneurship, Wirtschaftsdidaktik, Komplexitätswissenschaften. Kontakt: Andreas.Liening@tu-dortmund.de

Christian Lippe: Lehrer an der Städtischen Gesamtschule Hattingen und Lehrbeauftragter für das Fach Wirtschaft am Lehrstuhl Entrepreneurship und Ökonomische Bildung an der Technischen Universität Dortmund. Kontakt: christian.lippe@tu-dortmund.de

Dirk Loerwald, Dr. paed.: Professor für Ökonomische Bildung an der Carl von Ossietzky Universität Oldenburg. Wissenschaftlicher Leiter und Geschäftsführer des Instituts für Ökonomische Bildung, An-Institut der Carl von Ossietzky Universität Oldenburg. Forschungsschwerpunkte: Bildung für nachhaltige Entwicklung, finanzielle Bildung und Verbraucher*innenbildung, Entrepreneurship Education, wirtschaftsethisch fundierte Ökonomische Bildung, Classroom-Experiments, Digitalisierung. Kontakt: loerwald@ioeb.de

Ewald Mittelstädt, Dr. rer. pol., Dr. h. c.: Professor für Betriebswirtschaftslehre insbesondere Entrepreneurship an der Fachhochschule Südwestfalen. Honorarprofessor an der Kharkov University of Humanities PUA. Forschungsschwerpunkte: Entrepreneurship Education, Innovationsmanagement und Digitale Transformation. Kontakt: mittelstaedt.ewald@fh-swf.de

Manfred Mohr, Dr. paed.: Konrektor an der Gemeinschaftsschule Weil im Schönbuch, Lehrbeauftragter am Institut für Ökonomie und ihre Didaktik an der Pädagogischen Hochschule Karlsruhe. Forschungsschwerpunkte: digitale Berufsorientierung, geschlechtersensible MINT-Berufsorientierung, Schulmanagement. Kontakt: mohr@schule-weil.de

Luis Oberrauch, Dr. rer. pol.: Wissenschaftlicher Mitarbeiter (PostDoc) am Lehrstuhl für Ökonomische Bildung und Wirtschaftsdidaktik der Eberhard Karls Universität Tübingen. Forschungsschwerpunkte: empirische Evaluation von Bildungsinterventionen in der ökonomischen und finanziellen Domäne mit Blick auf Kompetenzen, Einstellungen, individuelles Verhalten sowie experimentell elizitierte Zeit- und Risikopräferenzen. Kontakt: luis.oberrauch@uni-tuebingen.de

Jessica Peichl, M.A.: Wissenschaftliche Mitarbeiterin im Bereich Wirtschaftswissenschaft und ihre Didaktik an der Pädagogischen Hochschule Freiburg. Freie Medienpädagogin mit Schwerpunkt Kinder und Jugendliche. Forschungsschwerpunkte: Kompetenzvermittlung im Bereich Cybersecurity und Datenschutz, Game-based Learning, Audience Development. Kontakt: jessica.peichl@proton.me

Isabelle Penning, Dr. phil.: Juniorprofessorin für Didaktik der ökonomisch-technischen Bildung im inklusiven Kontext, kognitive Entwicklung (Sek. I) an der Universität Potsdam. Forschungsschwerpunkte: Inklusion im Wirtschaft-Arbeit-Technik-Unterricht; Methoden und Medien der technisch-ökonomischen Bildung (u. a. Schüler*innenfirmen und Maker-Aufgaben), Lehrkräftevorstellungsforschung. Kontakt: isabelle.penning@uni-potsdam.de

Athanassios Pitsoulis, Dr. rer. pol.: Professor für Wirtschaftswissenschaft und ihre Didaktik an der Universität Hildesheim, Direktor des Instituts für Betriebswirtschaft und Wirtschaftsinformatik und Leiter der Kompetenzwerkstatt für Entrepreneurship und Transfer an der Universität Hildesheim, Mitglied des Vorstands der Deutschen Gesellschaft für Ökonomische Bildung sowie Leiter der AG Ökonomische Bildung in einer Digitalen Welt. Forschungsschwerpunkte: Ökonomische Bildung in einer digitalen Welt, Entrepreneurship, geschlechtergerechte MINT-Berufsorientierung. Kontakt: athanassios.pitsoulis@uni-hildesheim.de

Liane Platz, Dr. rer. pol.: Studienrätin im Hochschuldienst für Fachdidaktik Wirtschaft an der Universität Konstanz (Fachbereich Wirtschaftswissenschaften, Lehrstuhl für Wirtschaftspädagogik II). Forschungsschwerpunkte: Financial Literacy, Game-based Learning, Reflexion, Unterrichtsqualität im Wirtschaftsunterricht. Kontakt: liane.platz@uni-konstanz.de

Gabriele Prinz: Wissenschaftliche Mitarbeiterin Abteilung Wirtschaftswissenschaft und ihre Didaktik an der Stiftung Universität Hildesheim. Projektmitarbeiterin Cu2RVE. Forschungsschwerpunkt: Erfassung von digitalisierungsbezogenen Kompetenzen in der Studieneingangsdiagnostik. Promotionsanliegen: Studienerfolg in MINT-Fächern. Kontakt: prinzg@uni-hildesheim.de

Lisa-Marie Pütz, M.A.: Wissenschaftliche Mitarbeiterin im Fachgebiet Entrepreneurship und Innovation an der Fachhochschule Südwestfalen. Doktorandin und Lehrbeauftragte am Institut für Ökonomie und ihre Didaktik an der Pädagogischen Hochschule Karlsruhe. Forschungsschwerpunkte: digitale Transformation im Mittelstand, Geschäftsmodellinnovationen, Entrepreneurship Education. Kontakt: puetz.lisa-marie@fh-swf.de

Bernd Remmele, Dr.: Wissenschaftlicher Mitarbeiter der Abteilung Wirtschaftswissenschaften und ihre Didaktik an der Pädagogischen Hochschule Freiburg. Forschungsschwerpunkte: ökonomische Kompetenzentwicklung, Game-based Learning, Datensicherheit in Kleinunternehmen. Kontakt: bernd.remmele@ph-freiburg.de

Malte Ring, Dr. rer. pol.: Akademischer Rat am Lehrstuhl für Ökonomische Bildung und Wirtschaftsdidaktik der Eberhard Karls Universität Tübingen. Forschungsschwerpunkte: Erfassung und Modellierung von Kompetenzen im Umgang mit visuellen Repräsentationen, Verwendung von (digitalen) Medien im Wirtschaftsunterricht. Kontakt: malte.ring@uni-tuebingen.de

Luisa Scherzinger, M.Ed.: Wissenschaftliche Mitarbeiterin und Doktorandin am Lehrstuhl für Ökonomische Bildung und Wirtschaftsdidaktik der Universität Tübingen. Forschungsschwerpunkte: Kompetenzanforderungen an bilingual unterrichtende Lehrkräfte, digitalisierungsbezogene Kompetenzen von Lehramtsstudierenden. Kontakt: luisa.scherzinger@uni-tuebingen.de

Sandra Schön, Dr. phil. an der LMU München: Senior Researcher im Team „Educational Technologies" an der TU Graz und beim „Forum Neue Medien in der Lehre Austria" im Rahmen des Projekts „Open Education Austria Advanced" sowie Adjunct Professor of Innovations in Learning an der Universitas Negeri Malang (Indonesien). Kontakt: mail@sandra-schoen.de

Gwen Schreiber, M.Sc.: Wissenschaftliche Mitarbeiterin am Institut für Ökonomische Bildung (IÖB), An-Institut der Carl von Ossietzky Universität Oldenburg. Forschungsschwerpunkte: Bildung für nachhaltige Entwicklung, nachhaltiger Tourismus, Wirtschaftsethik. Kontakt: schreiber@ioeb.de

Michael Schuhen (†), PD Dr. rer. pol.: Wissenschaftler im Bereich Digitale Wirtschaftsbildung der Universität Siegen (DiWiS). Forschungsschwerpunkte: interaktive Schulbücher, digitale Ökonomische Bildung, Verbraucher*innenbildung und empirische Wirtschaftsdidaktik. Kontakt: schuhen@digitale-wirtschaftsbildung.de

Günther Seeber, Dr. rer. pol.: Professor für Wirtschaftswissenschaft und ihre Didaktik am Institut für Sozialwissenschaften, Abteilung Wirtschaftswissenschaften an der Universität Koblenz-Landau. Forschungsschwerpunkte: ökonomische Kompetenz, Konzepte Ökonomischer Bildung, Entrepreneurship Education, finanzielle Bildung. Kontakt: seeber@uni-landau.de

Christian Staden, Dr.: Universitätslektor für Berufs- und Medienpädagogik am Fachbereich Erziehungs- und Bildungswissenschaften sowie Digital Media Coordinator am Institut Technik und Bildung (IT+B) der Universität Bremen. Arbeitsschwerpunkte: Berufs- und Medienpädagogik, Arbeits- und Berufsorientierung, Portfolio- und E-Portfolio-Arbeit. Kontakt: staden@uni-bremen.de

Claudia Wiepcke, Dr. phil., Dr. h. c.: Professorin für Ökonomie und ihre Didaktik an der Pädagogischen Hochschule Karlsruhe. Forschungsschwerpunkte: digitale Berufliche Orientierung, Social Entrepreneurship Education, geschlechtergerechte MINT-Berufsorientierung, Ökonomische Bildung in Museen. Kontakt: claudia.wiepcke@ph-karlsruhe.de

Franziska Wittau, Dr. phil.: Lehrkraft für besondere Aufgaben im Arbeitsbereich Didaktik der Sozialwissenschaften, Universität Bielefeld. Forschungsschwerpunkte: sozialwissenschaftliche Bildung in der Kultur der Digitalität, Verbraucher*innenbildung, sozialwissenschaftliche Lehrer*innenprofessionsforschung. Kontakt: franziska.wittau@uni-bielefeld.de

Nadja Wolf, M.Ed.: Wissenschaftliche Mitarbeiterin an der Universität Hildesheim in der Abteilung Wirtschaftswissenschaft und ihre Didaktik. Mitarbeiterin der KET – Kompetenzwerkstatt für Entrepreneurship und Transfer. Forschungsschwerpunkte: Berufsorientierung, Grundeinkommen, digitale Medienkompetenz, Gender. Kontakt: wolf@uni-hildesheim.de